희
년

믿음이란 한 알의 밀알이 땅에 떨어져 죽음으로 많은 열매를 맺음과 같이 진리의 열매를 위하여 스스로 죽는 것을 뜻합니다.
눈으로 볼 수는 없으나 영원히 살아 있는 진리와 목숨을 맞바꾸는 자들을 우리는 믿는 이라고 부릅니다. 「믿음의 글들」은
평생, 혹은 가장 귀한 순간에 진리를 위하여 죽거나 죽기를 결단하는 참 믿는 이들의, 참 믿는 이들을 위한, 참 믿음의 글들입니다.

Jubilee

禧年

희년

김근주·김덕영·김유준·김윤상·김회권·남기업
신현우·이성영·장성길·조성찬 지음

홍성사

차례

일러두기

이 책은 2012년 출간되었던 《희년, 한국사회, 하나님 나라》를 전면 개정한 것입니다.
새롭게 구성된 집필진의 분야별 연구와 기독단체 '희년함께'의 사례연구로 최신 동향을 담았습니다.

머리말

국가 '소멸'과 한국 사회

오늘날 한국 사회가 처한 상황은 참으로 암울하다. 가난한 자는 더 가난해지고 부유한 자는 더 부유해져 둘 간의 격차는 점점 벌어져만 간다. 부모에 따라 삶이 결정된다는 '세습 자본주의', '금수저', '흙수저'라는 말이 나온 지 오래다. 일자리가 없어 절절매는 청년들, 부채의 늪에 빠져 고립감으로 괴로워하는 청년들의 숫자 또한 점증하고 있다. '학벌'과 '입시 교육'으로 요약되는 제도권 교육은 초등학교 때부터 옆 친구들을 이겨야 살 수 있다는 생각을 주입했고, 그 심리적 압박감으로 청소년 10명 중 2명이 자살충동을 느낀다고 한다. 직장인들뿐 아니라 자영업자들의 삶도 고단하고 불안하기는 마찬가지다. OECD 국가 중 노인빈곤율 1위인 우리나라는 노인의 상당수가 죽지 못해 살고 있다고 해도 과언이 아니다.

무엇보다 '인구절벽'이란 단어가 이런 현실을 요약해 준다. 생육하고 번성하라는 하나님의 말씀을 더는 지킬 수 없는 사회가 되어 버린 것이다. 지방 소멸을 넘어 국가 소멸을 걱정하는 단계까지 이르렀으니 더 말해 무엇하랴.

방향을 잃어버린 한국 교회

인구절벽, 국가 소멸은 하나님의 뜻인가? 아니다. 빈부의 격차가 더 크게 벌어지고 대다수의 사람들이 먹고살기 위해 뼈 빠지게 일하는 것이 하나님의 뜻인가? 결코 아니다. 그렇다면 이 나라를 회복시킬 사명은 누구에게 있는가? 교회에 있다. 그런데 오늘날 교회는 사회보다 더 심각한 상황에 처해 있다. 교회를 안 나간다는 '가나안 성도'가 100만 명이 넘는다는 것은 둘째 문제. 교회가 사회를 위해 기도하고 섬긴다고 하지만, 실은 사회가 교회를 두고 걱정하고 있다. 대형교회 목회자들의 세습 문제, 성추행 문제, 법원에 계류 중인 심각한 교회 갈등 문제, 이웃을 사랑하자고 하면서 이웃을 고통스럽게 하는 정당과 그 정부가 만든 정책을 압도적으로 지지하는 이율배반적인 교회의 행태를 이 사회는 잘 알고 있다. 거리의 노숙자들에게 웃으면서 밥을 퍼주는 그 교인들이 노숙자들을 더 괴롭히는, 더 많은 노숙자를 양산하는 법을 만들고 있는 위선을 이 사회는 예리하게 간파하고 있다.

위기를 체감한 목회자들은 "말씀으로 돌아가야 한다", "초대교회로 돌아가야 한다", "종교개혁의 정신을 되찾아야 한다"라고 결의에 찬 얼굴로 교인들을 향해 선포한다. 그러나 이는 너무 진부한 말이 되어 버렸다. 큰 집회에 가보면 위기의 원인이 기도와 회개 부족에 있다고 하지만, 구체적으로 무엇을 회개하자는 건지, 어떤 말씀으로 돌아가자는 건지 불분명하다. 어찌 보면 우리는 "회개하자", "말씀대로 살자"라는 기독교적인 구호에 자동으로 만세삼창을 하고 있는지도 모른다.

회개는 총체적이어야 한다. 개인적이면서 사회적이어야 한다. 개인의 죄악과 사회적 불의를 아우를 수 있어야 한다. 그렇게 되려면 개인의 탐욕과 그 탐욕을 부추기는, 결과적으로 피해자를 양산하는 사회구조를 바꿀 수 있는 말씀의 근거가 분명하게 제시되어야 한다. 그래야 희망을 찾을 수 있다. 그 말씀이 성경에 근거한다면, 구약에 나타난 이스라엘 흥망성쇠의 과정이 그 말씀으로 설명되어야 하고, 무엇보다 예수님의 핵심 메시지여야 하며, 초대교회의 급진적 실천의 내용이어야 하고, 로마제국의 기독교 공인과 중세교회의 본질적 문제와 종교개혁의 한계 그리고 오늘날 한국 사회를 평가할 수 있는 기준이어야 한다.

희년과 이스라엘 역사

아브라함을 부르신 하나님은 그를 통해 열방이 복을 받게 될 것이라고 약속하셨다. 이를 이루기 위해 하나님은 이스라엘 민족에게 가나안 땅을 주신 것이다. 가나안 땅에 하나님의 형상을 닮은 거룩한 나라를 세워 열방이 그 나라를 본받게 하는 것이 하나님의 뜻이다. 그렇다면 거룩한 나라는 어떤 나라인가?

거룩한 나라가 어떤 나라인지, 어떻게 만들 수 있는지는 모세가 이집트 노예였던 히브리 민족을 탈출시켜 홍해를 건너 시내산에 도달해 받은 율법에 잘 나타나 있다. 그런데 이 시내산 율법의 정점에 '희년'이 있다. 희년은 안식일과 안식년을 포함하는데, 이 희년을 통해 이루려는 사회는 '평등한 사회'다. 거룩한 나라는 바로 희년이 성취된 사회인 것이다. 하나님께서 히브리 노예들을 택해 홍해를 건너게 하시고 가나안에 입성케 하신 이유는 노예가 없는 자유민의 나라를 세우시기 위해서였다.

시내산 율법의 주된 관심은 고아와 과부와 나그네에 있었다. 3,500년 전 이런 사람들의 안위를 염려한 종교는 없었다. "불쌍한 이들을 한없이 측은히 여기며 가난한 이들을 바라보면 가슴 아파 견디지 못하는"(출 34:6, 현대어성경) 신은 여호와 하나님이 유일하다. 이들을 돌보는 것이 하나님을 사랑하는 것과 동일하다고 보는 것이 성경의 입장이다. 당시 우상 종교는 지배계급의 폭정을 정당화하는 이데올로기로 존재했을 뿐이다.

시내산 율법의 안식일 제정부터 살펴보자. 안식일은 종과 노예를 위해 제정되었다. 매일같이 밤낮으로 일하던 종들에게 일주일에 하루를 쉬게 해준다는 것은 문자 그대로 '복음'이었다. 하나님은 이 말씀을 하시면서 이집트에서 노예였던 때를 생각하라고 말씀하신다(신 24:22). 가장 비참한 존재인 노예의 입장에 서보라는 것이다. 안식일 제정은 당시 상황으로 보면 가히 혁명적이다.

7년마다 돌아오는 안식년은 안식일보다 더 파격적이다. 안식년에는 아예 노예와 종들을 자유의 몸으로 풀어주고 자유인이 된 그들이 살 수 있도록 먹을 것을 넉넉히 주도록 했다. 심지어 부채도 탕감해 주었다. 다시는 이집트에서처럼 비참한 노예로 살지 말라는 것이다. 오늘날로 말하면 신분제도의 철폐를 주장한 것이나 마찬가지인데, 율법이 복된 소식이란 것이 여기에서 재차 확인된다.

그런데 이런 파격적인 안식년이 일곱 번 지난 그다음 해, 즉 50년째 되는 해인 희년에는 잃어버린 토지까지 돌려받을 수 있었다. 말 그대로 완전한 자유와 해방이다. 자유의 몸이 되고 부채까지 탕감받을 뿐 아니라 생활의 터전인 토지까지 생겼으니 말이다. 게다가 안식일과 안식년과 희년에는 휴경이었으니 가축도 안식할 수 있었다. 다시 말해 희년에는 모든 피조물이 자유와 해방을 누리게 되는 것이다.

더 놀라운 것은 이 시내산 율법을 온 백성에게 날마다 가르치라고 했다는 점이다. 요즘으로 치면 전 국민 무상교육이다. 고대의 절대 권력자들은 백성을 우민화(愚民化)했다. 백성들이 스스로 생각할 줄 알고 똑똑해지면 위험했기 때문이다. 반면에 시내산 율법은 백성을 가르쳐 스스로 생각할 수 있도록, 하나님을 섬기면서 누구에게도 지배받지 않도록 가르쳤다. 이렇게 안식일, 안식년, 희년이 지켜지는 나라가 바로 '거룩한 나라'인 것이다.

그러나 왕정 이후에 이스라엘은 시내산 율법에서 멀어져 갔고, 결국 나라가 망하는 지경에 이르게 되었다. 이사야, 예레미야, 아모스 등 선지자들은 시내산 율법으로 돌아가라고, 희년으로 돌아가라고 외쳤지만, 이스라엘은 그 말에 귀 기울이지 않았고, 바로 그 이유 때문에 나라도 잃게 된 것이다.

율법과 선지자를 완성하러 오신 예수님

예수님은 율법과 선지자를 폐하러 온 것이 아니라 완성하러 왔다고 말씀하셨다(마 5:17). 그러면 여기서 말하는 율법은 무엇일까? 시내산 율법이다. 안식일에는 걸으면 안 된다, 일을 해서는 안 된다, 손을 씻어야 한다는 규례가 예수님이 완성하시겠다는 율법은 아니다. 앞서 말했듯 시내산 율법의 핵심은 희년이고 선지자들은 이 희년으로 돌아가라고 외쳤다. 이런 까닭에 예수님은 자신의 사명 선언서인 누가복음 4장 18-19절에서 가난한 자, 눈먼 자, 눌린 자, 포로된 자에게 "은혜의 해", 즉 희년을 선포하러 오셨다고 한 것이다.

그런데 당시 서기관과 바리새인들은 예수님의 희년 선포 대상자들인 가난한 자, 눈먼 자, 눌린 자, 포로된 자들을 죄인으로 규정했다. 그들이 죄를 지었기 때문에 그런 비참한 상태에 놓였다는 것이다. 자신들이 만들어 놓은 율법을 지키지 않아서 대대손손 가난과 질병에 시달리며 눈이 멀고 정신도 온전치 못한 것이라고 해석했다. 자신들은 가난하지도 않고 밖에 나갔다 집에 들어오면 손을 반드시 씻고 안식일에는 일하지 않았기 때문에 의인이 될 수 있었다. 당시 유대교는 이런 양극화된 체제를 신앙적으로 뒷받침해 주는 종교였던 것이다. 그래서 예수님이 당시 '죄인'에게 은혜의 해를 선포하러 오셨다는 것을 그들은 전혀 이해할 수 없었다.

한편 예수님은 양극화된 체제, 즉 반(反)희년 체제를 신앙적으로 뒷받침하는 성전 체제를 가차 없이 비판하셨다. "성전을 강도의 굴혈로 만들어 놓았다", "이 성전을 헐어 버리라"라고 질책하셨다. 그리고 당시 율법을 철저하게 지킨다고 하는 서기관과 바리새인들이 오히려 시내산 율법의 정신을 저버렸음을 폭로하셨다. 안식일을 철저히 지킨다던 서기관과 바리새인들이 안식년과 희년 실천에는 전혀 관심 없던 반면에, 시내산 율법과 그것으로의 복귀를 설파한 선지자를 완성하러 오신 예수님은 안식일과 안식년의 정신이 무엇인지 보여 주시고, 나아가 안식일과 안식년을 포함한 희년을 선포하러 왔다고 천명하신 것이다.

초대교회의 희년 실천과 로마의 기독교 국교화

예수님이 희년을 선포하는 누가복음 4장 18절에는 "주의 성령이 내게 임하셨으니"라고 되어 있다. 실제로 예수님의 부활·승천 후 성령이 임하자 초대교회 성도들은 희년을 실천하게 된다. 죄에서 자유를 얻은 것은 물론이거니와 경제적 속박에서 자유를 누렸다. 이들은 50년 동안 기다렸다가 실천한 것이 아니라 희년을 자발적으로 실천했다. 즉 형식이 아니라 정신을 실천했다. 재산을 서로 나누어 쓰고 가난한 자를 없게 했다. 경제적 빈곤이 정신적 질환이나 신체적 질병의 주된 원인이라는 것을 생각하면 빈곤을 타파했다는 것은 놀라운 일이다. 성령께서 임하신 진정한 증거는 방언이 아니라 희년 정신을 실천하여 서로 재산을 아끼지 않고 나누어 주는 데 있었다.

그리스도인이 되는 것 자체가 목숨을 내걸어야 하는 상황에서 희년 실천은 참으로 놀라운 것이었다. 당시 그리스도인들은 서로 빚을 갚아 주는 것으로 유명했다고 한다. 하지만 그런 노력에도 한계가 있었다. 빚 규모가 너무 큰 경우에는 결국 가장이 옥에 갇히게 된다. 그러면 그 가족들은 더 큰 어려움에 봉착하게 되는데 "이를 보다 못한 기독교인들 가운데서 돈을 마련할 길이 없자 자유인인 자신의 몸을 노예로 팔아서 그 돈으로 옥에 갇힌 교우의 빚을 갚아 주는 일들이 비일비재하게 있었다"[1]는 것이다. 심지어 콘스탄티누스의 이복형제인 리치니우스 황제는 기독교가 공인되기 전 "감옥에 갇힌 자를 돌보아 주지 말라. 이를 어기는 자는 갇힌 자와 같은 죄로 다스리겠다"[2]라는 칙령을 내릴 정도였다. 이런 '보여 주는 선교'로 기독교는 전파될 수 있었고 결국 로마는 기독교를 공인하기에 이른 것이다.

반反희년적 중세사회

기독교를 국교로 공인한 로마제국하에서 전개된 중세시대를 우리는 어떻게 평가할 수 있을까? 놀랍게도 기독교가 지배했던 중세가 오히려 반(反)희년적이었다. 기독교가 로마제국의 국교가 되어 나라 전체를 사실상 운영하게 되었다면 당연히 '거룩한 나라'를 구현하고 세계 열방이 본받게 해야 함에도, 이들은 자신의 책임을 방기했다. 기독교 국가인 로마는 사회적으로, 국가적으로 희년 체제, 즉 빈부격차를 해소하고 누구나 자유롭게 자기 삶을 살 수 있는 사회여야 했다. "도둑질하지 말라", "살인하지 말라"라는 말씀을 국가 간에도 적용하여 자국의 경제적·군사적 이익을 목적으로 타국을 침략하지 않는 나라여야 했다. 다른 나라가 거룩한 나라인 로마를 보고 배울 수 있어야 했다.

그러나 중세 로마는 철저한 신분제 사회였다. 종을 자유롭게 해주는 사회가 아니었다. 로마는 기독교 국가가 되었지만 다른 신을 믿을 때와 마찬가지로 백성들의 삶은 전혀 나아지지 않았다. 오히려 더 열악해졌다. 성 프란시스 같은 수도사가 청빈과 나눔을 실천했지만, 시내산 율법과 복음에 정면으로 배치되는 삶을 사는 영주들과 귀족들, 지배자들에 대해서는 침묵으로 일관했다. 율법과 선지자의 관점에서 보면 이해할 수 없는 일이었다.

그렇다고 중세 수도사들이 고통받는 사람들에게 전혀 무관심한 것은 아니었다. 이들은 가난한 자들과 병든 자들을 열심히 찾아다니며 돌보았다. 그러나 중요한 것은 성경이 단순히 가난하고 병든 자들을 돌보는 데 머무르라고 하지 않는다는 것이다. 거기서 출발하여 가난한 사람, 소외된 사람이 생겨나는 구조를 뜯어고치는 데까지 나아가라는 것이 성경의 명령이다. 더구나 기독교를 국교로 선포했다면 중세의 시대적인 사명과 요청은 바로 이것이어야 했다. 신분, 지위, 빈부의 격차가 고착되어 있는 세속문화를 타파하고 희년 체제를 만드는 운동을 펼쳐야 했다. 날 때부터 귀족과 천민이 결정되는 사회구조, 신분과 빈부가 대대손손 이어지는 구조를 제거하는 것이 그 시대의 사명이어야 했다. 그러나 예수님 당시의 유대교가 양극화된 사회를 신앙적으로 정당화했듯이 중세시대 기독교도 신분 체제와 가난의 문제를 신앙적으로 정당화했다. 봉건 체제와 기독교 신앙은 양립할 수 없는데도 말이다.

종교개혁과 희년 그리고 한국 교회

위와 같은 중세에 대한 반성으로 나타난 것이 종교개혁이다. 이들은 '공로'가 아니라 '은혜', 수도원이 만들어 놓은 규례를 지키는 '행위'가 아니라 '믿음', 교황의 말이 아니라 하나님 말씀인 '성경'을 강조했고 실천 또한 강조했다. 그러나 종교개혁은 예수님이 말씀하신 율법과 선지자를 정면으로 다루지 못했다는 한계를 지닌다. '복음'의 일면은 복원했지만, '시내산 율법'과 '선지자'와 예수님이 선포한 '은혜의 해'를 종교개혁 사상에 충분히 녹여내지 못했고, 안타깝게도 이런 흐름은 지금까지 이어지고 있다. '새로운 사람'이 되는 것을 강조하지만 새로운 사람이 지향해야 할 '새로운 사회'에 대한 가르침이 과소하거나 부재한 까닭이 바로 여기에 있다고 우리는 생각한다. 성경이 말하는 새로운 사회는 단순한 이상이 아니다. 그것은 오늘날의 우리 사회와 세계 전체를 평가할 수 있는 기준이 되고 나아가야 할 나침판으로서의 역할을 한다. 그리고 새로운 사회에 대한 분명한 비전이 없으면 새로운 삶을 산다는 것 자체가 불가능하다. 무엇보다 하나님 나라를 구하려면 떠오르는 것이 있어야 한다. 아무것도 생각나는 것이 없는데 어떻게 구할 수 있단 말인가.

우리는 희년으로 돌아가야 한다. 시내산 율법, 구약 선지자들의 외침, 이를 완성하러 오신 예수님이 말씀하신 복음으로 돌아가야 한다. 이 희년의 말씀을 깊게 묵상하면 교회와 사회의 민낯이 드러나고 개혁 과제가 선명해진다.

우리에게는 세 가지 개혁 과제가 있다. 첫째는 교회가 희년으로 개혁되어야 한다는 것이다. 초대교회가 보여 주었던 상호돌봄 공동체의 관점에서 오늘날 교회가 얼마나 개인주의 신앙에 물들어 있는지, 즉 개인적으로 하나님께 기도해서 문제를 해결하도록 방치하는 것이 성경의 정신에서 얼마나 먼 것인지 회개해야 한다. 이웃의 고통을 내 고통으로 여길 수 있는 수준까지 나아가야 한다. 두 번째는 교회가 하나님 나라의 모델인 희년이 무엇인지 보여 주어야 한다는 것이다. 이스라엘을 거룩한 나라로 만들고 열방이 본받게 하는 것이 하나님의 뜻이라면, 초대교회가 희년 실천을 통해 하나님 나라가 무엇인지 당시 로마사회에 보여 주었듯, 오늘날 교회에도 '보여 주는 선교'라는 같은 사명이 주어진 것이다. 교회의 운영 구조에서 그것이 드러나야 하고, 성도들 간의 교제에서도 나타나야 한다. 그리고 이를 위해 우리는 성령을 구해야 한다.

마지막으로 한국 사회 개혁에 나서야 한다. 지금은 민주주의 사회다. 초대교회 성도들에게 로마의 불의한 시스템을 고치는 데까지 나아가지 못했다고 질책할 수는 없다. 그것은 그들의 사명이 아니었다. 그들은 보여 주는 선교로 로마를 전복시켰다. 그러나 지금은 다르다. 모두에게 참정권이 보장되는 사회에서 교회는 희년에 가까운 제도를 만드는 데까지 나아가야 한다. 가난한 사람을 도우면서 궁극적으로는 가난한 사람이 생기지 않도록 하는 데까지 나아가야 한다. 희년이 말하는 경제정의로 나아가야 한다. 사회적 도둑질, 즉 지대추구가 불가능한 제도를 만들어야 하며, 토지정의를 확립해 토지 때문에 피눈물 흘리는 사람이 없도록 해야 한다.

그동안 한국 교회는 율법과 선지자와 예수님 말씀의 중심에 있는 희년을 외면해 왔다. 이스라엘 사회가 희년을 지켰는지 아닌지에만 관심을 가졌지, 정작 중요한 그 말씀에 담긴 하나님의 뜻이 무엇이고 이 말씀을 어떻게 따를 수 있는지에는 무관심했다. 이 책에서는 희년이 무엇인지, 희년이 하나님 나라와 어떤 관련을 갖는지, 예수님이 희년에 대해 어떻게 말씀하셨는지, 초대 교부들과 종교개혁자들이 희년을 어떻게 실천해야 한다고 했는지, 오늘날 희년의 정신을 구현한 경제체제의 모습과 새로운 사회의 모습이 무엇인지, 북한에 희년을 어떻게 적용할 수 있는지, 그리고 오늘날 우리가 실천할 수 있는 것은 무엇인지를 다루었다. 한마디로 희년에 관한 모든 것을 다루었다. 한국 사회에 절망하고 한국 교회를 보며 가슴 아파하는, 그러면서 대안을 갈구하는 그리스도인에게 이 책을 바친다.

2019년 2월
필자들을 대표해서

남기업

1
희년과
하나님 나라

김회권 숭실대학교 기독교학과 교수

학부 시절 내내 계속된 운동권 시위와 우리나라 민중의 이념적 생존 투쟁을 목격하며 '하나님 나라'를 열망하던 저자는 복음주의 선교단체에 참여해 기독교 신앙에 입문했다. 그 후 20대 중반부터 30대 중반까지 젊은 날을 성경연구와 대학생 복음화에 투신했다. 성경의 하나님 나라 메시지에 매료되어, 개인 구원을 넘어 이기심, 계급투쟁, 탐욕으로 찢긴 사회를 고치고 회복시킬 유일한 대안은 하나님 나라뿐임을 확신하게 되었다. 그리고 하나님 나라 신학을 요약하는 사상을 희년이라 보았다. 구약성경의 희년은 탐욕에 얽매인 인간을 해방하고 구원하는 뿔나팔 소리, 가난한 이웃들에게 살 길을 내는 뿔나팔 소리, 모든 육체가 하나님의 영광을 보도록 초청하는 나팔 소리다. 남은 생애를 하나님의 보좌에서 울려 퍼지는 아름다운 뿔나팔 소리를 내는 성경학자, 설교자로 살고 싶은 소망이 있다. 가난한 이웃에게는 복된 회복의 뿔나팔 소리로 들리고, 물신숭배와 재물 집착으로 황무지로 전락한 사람들에게는 참된 행복과 자유의 뿔나팔 소리로 들리기를 바라며 설교와 저술 활동을 이어 가고 있다.

외연을 넓혀 가는 복음주의 청년들의 하나님 나라 운동[1]

2000년대 초반부터 지금까지 '복음주의적 기독 청년'들의 '사회참여'가 점차 외연을 넓혀 가고 있다. 복음주의와 사회참여는 오랫동안 서로 멀찍이 떨어져 있었다. 1974년 로잔에서 열린 복음주의자들의 선교대회 이후 복음주의 교회도 사회정의 추구가 중요한 과업의 하나임을 인식하기 시작했다. 1991년 한국 복음주의 청년들이 창간한《복음과 상황》은 로잔언약을 기치로 걸었다. 원래 복음주의 교회는 사회 전반의 기독교적 변혁보다 '개인에게 예수 그리스도의 구원복음을 구두로 선포해 결신에 이르게 하는 데 치중하는 교회'다. 복음선포적이고 개종유도적인 교회다. 복음주의 교회의 으뜸 성경구절은 마태복음 28장 18-20절과 사도행전 1장 8절이다. 복음주의 교회는 모든 족속으로 그리스도의 제자 삼으라는 세계선교 명령을 지상명령으로 간주한다. 그런데 복음주의 교회와 달리 인류가 공통으로 관리하고 운영하는 생존 터전인 오이쿠메네(oecumene), 즉 공통의 살림살이터(household)를 기독교적으로 변화시키는 데 치중하는 교회를 '에큐메니칼 교회'라고 부른다. 세계 체제의 근본적인 변화를 위해 애쓰는 모든 활동은 에큐메니칼 교회의 본령이다. 에큐메니칼 교회의 으뜸 성경구절은 누가복음 4장 18-20절과 이사야 11장 1-9절이다. 사회정의와 인류공동체 전체에 임하는 샬롬 추구가 에큐메니칼 교회의 본령이다.[2]

그런데 놀랍게도 한국 복음주의 교회 안에서 사회일반의 공통적인 쟁점 영역에서 기독교적 목소리를 내려고 하는 '광장참여'적 청년들이 일어났다.[3] 그들은 박정희 유신체제, 전두환-노태우 군부독재, 그리고 장기간의 분단 체제로 인한 인권유린 등 모든 사회악의 폐해에 눈뜬 청년들이었다. 그들은 주로 공의정치 실현, 한반도의 평화와 통일, 성경적 토지정의의 입법화, 공정무역, 교회 갱신, 교육개혁과 사교육 폐해 극복, 세상에 대한 기독교의 선한 영향력 확장 및 교회에 대한 자기비판적 담론 형성을 위한 언론 운동, 기독교 윤리 실천 등에서 참여의 폭과 질을 넓혀 가고 있다. 이 복음주의 청년들의 사회변혁적 선교활동은 한국 기독교의 앞날에 밝은 전망을 갖게 한다. 이들의 활동은 한국 주류 교회로부터 아직 두터운 지지와 환영을 받지는 못하지만 뜻 있는 그리스도인들의 기대를 받고 있다.

이런 다양한 부문 활동에 종사하는 청년들을 통합시키는 중심 주제는 하나님 나라다. 여기서 하나님 나라는 영토적, 제도적 그리고 인적 구성을 가리키는 것을 뛰어넘는 개념이다. 그것은 분명히 영토적, 제도적 그리고 인적 실체를 갖는다. 하지만 이 글에서는 일차적으로 하나님의 통치 자체를 의미한다. 하나님 나라는 개인의 인격, 가정, 조직체, 국가, 국제 질서 그리고 피조 세계 전체에 하나님의 통치가 온전히 관철되는 사건이요 상태다. 하나님 통치의 완성으로서 하나님 나라는 예수 그리스도의 재림으로 실현될 것이지만, 인간 역사를 통해 귀납적으로 그리고 점진적으로 성취될 것이다. 예언자적 정의실현 운동으로 나타난다. 그동안 복음주의 교회에서는 오스카 쿨만, 죠지 E. 래드, 헤르만 리델보스 등 대부분의 학자가 '이미'와 '아직 아니'의 논리로 하나님 나라를 설명했다. 예수 그리스도를 통해 보다 구체적으로 그의 십자가 죽음, 부활, 그리고 오순절 강림으로 하나님 나라가 이 땅에 도래했지만 아직 완성되지 않았다고 말한다. 외견상 '이미'와 '아직 아니'의 한복판에 선 입장을 취한다. 그런데 대체로 복음주의자들은 이미 도래한 하나님 나라의 활동상, 각론적 확장을 다루기보다는 '아직 오지 않은' 하나님 나라의 미래상에 무게중심을 둔다. 그래서 하나님 나라는 여전히 미래적인 종말 완성의 나라, 즉 우리가 수동적으로 기다려야 하는 대상으로 규정될 뿐이다. 결과적으로 이런 입장을 취하는 복음주의적 그리스도인들에게는 '이미' 도래한 하나님 나라 복음을 선포한 예수 그리스도와 사도들의 세상 침투적(浸透的)이고 세상 변혁적인 기상이 상당히 약화되어 있다. 예수 그리스도와 사도들이 증언한 하나님 나라는 이미 세상에 활동 중인 나라다. 예수가 부활하셔서 하나님 우편보좌에 앉으신 주(主)가 되셨다는 바울과 사도들의 복음과 하나님 나라가 도래했으니 회개하고 복음을 믿으라고 선포한 예수의 복음은 동일하다. 둘 다 회개하고 도래하는 하나님 나라의 새 정치 질서에 응답하라는 촉구다. 따라서 이미 도래한 하나님 나라를 선포하는 교회와 그리스도인들은 이미 이 세상에 터 잡은 권력 집단들과 개인들의 집단적이고 완강한 저항을 감수하기 마련이다. 이미 도래한 하나님 나라를 증언하는 사람들은 누구도 이 세상에 유토피아적 하나님 나라가 인간의 노력으로 들어설 것이라고 믿지 않는다. 나사렛 예수와 사도들은 유토피아적 환상에 매몰되어 인간의 노력을 절대시하지 않았다. 그러면서도 그들은 성령의 감화 감동 속에 사는 하나님 자녀들의 온전한 순종과 부단한 실천을 통해 하나님 나라가 질과 양에서 성장해 갈 것임을 의심하지 않았다.[4] 그들은 예수 그리스도의 재림을 통해 종말에 완성될 하나님 나라는, 특정한 시공간의 역사 속에서 점진적으로 건축되어 가는 것이다. '영원한' 하나님 나라가 덧없는 '특정한' 시대의 과업을 통해 건축되어 간다. 세계사는 하나님 나라의 가치와 목표를 인류에게 각인시키는 사건들로, 즉 하나님 나라 운동들로 가득 차 있다.

하나님 나라의 관점에서 세계사를 보면, 어떤 시대는 하나님 나라의 자유 가치를 실현하는 데, 또 다른 시대는 하나님 나라의 정의와 공평, 연대성과 평화를 실현하는 데 바쳐졌다. 어떤 민족은 하나님 나라의 기초를 놓는 데, 어떤 민족은 하나님 나라의 세계적 확장에 쓰임받았다. 이처럼 하나님 나라는 하나님 당신의 고유한 과업이지만 동시에 하나님께 공명하고 응답하는 사람들의 과업이다. 하나님 나라는 하나님의 고유하고 '절대 주권적인' 통치 확장 행위지만 특정 시대와 장소에 사는 하나님의 자녀들에게 위임된 과업인 것이다. 그것은 하나님의 절대 주권적 운동임과 동시에 하나님께 붙잡힌 하나님 자녀들의 '응답적'인 운동이다. '운동'이라는 말 때문에 하나님 나라가 인간 주도적인 기획 혹은 인간의 힘만으로 성취되는 특정한 역사 발전이나 정치·경제상의 진보를 의미하는 말로 오해될지도 모른다. 그러나 단연코 그런 말이 아니다. '운동'이라는 개념은 성경에 근거를 두고 있다.

하나님 나라 '운동'의 의미와 그 성경적 기원

첫째, 창세기 1장 2절이 하나님의 창조를 하나님의 영 혹은 큰 바람(신적 바람)의 '운행'임을 증언한다. "흑암이 깊음 위에 있고(붜호세크 알퍼네 터홈) 하나님의 영은 수면 위에 운행하고 있었다"(붜루아흐 엘로힘 머라헤페트 알퍼네-함마임)라는 구절은 하나님의 세계 창조가 하나님의 명령과 하나님의 영이 주도한 '운행'의 산물임을 보여 준다. '터홈'(těhôm)과 '함마임'(hammayim)은 둘 다 원시의 태고적 우주 바다(深淵)를 의미한다. "운행하고 있었다"라고 번역된 히브리어 '머라헤페트'(měraḥepeth)는 '라하프'(rāḥaph)라는 동사의 강세능동 분사형으로 '바닷물을 말리는 지속적인 운동'을 의미한다. 이 동사는 어떤 문맥에서는 독수리가 새끼를 품는 동작(신 32:11)을 가리키기도 하지만 바람이 너풀거리며 부는 모습을 묘사하기도 한다. 따라서 이 소절은 하나님의 바람이 알이나 새끼를 품는 새처럼 지속적으로 원시 바다를 품는 상황을 묘사하거나,[5] 하나님의 영(혹은 바람)이 지속적으로 흑암에 뒤덮인 바다를 향해 불어 대는 상황을 표현한다. 땅을 낳거나(뭍이 드러나도록 바람이 부는 행동은 '뭍을 낳는' 행위로 보인다) 땅을 바다 바깥으로 드러내기 위해 하나님의 바람(영)이 적극적으로 운동했다는 뜻이다. 흑암의 원시 바다에 뒤덮여 있는 '땅'을 건져내기 위해 쉴 새 없이 운행하는 하나님의 바람이 하나님 나라 운동의 첫 모습이었다(창 1:9-10; 8:1; 출 14:21; 15:19).[6] 마치 출애굽 구원을 위해 하나님의 동풍이 밤새도록 홍해 위에 불어서 마른 땅이 드러나게 했듯이(출 14:21) 하나님 나라의 기초가 될 마른 땅이 드러나도록 불어 대는 바람 같은 야훼 하나님 영(靈)의 운행이, 바로 하나님 나라 운동의 으뜸되는 신학적 근거인 것이다. 하나님 나라 운동의 원천은 마른 땅을 원시 바다에서 건져 올려 모든 피조물을 위한 보금자리로 창조하신 하나님의 영(혹은 신적인 바람, 큰 바람)이다. 하나님 나라를 하나님께서 친히 세워 가신다는 명제는 항상 참이다. 하나님은 하나님의 통치를 피조물 속에 온전히 관철하실 때까지 불어 대는 거룩한 바람이시며, 생명의 숨결이시다. 기독 청년들은 하나님의 바람에 추동되어 극히 자발적으로 하나님 나라 운동에 참여하도록 초청받고 있다. 여기에는 하나님의 바람, 즉 신(神)바람에 추동된 사람들이 혼돈의 바다 아래 잠겨 있는 땅을 드러내기 위해 쉼 없이 부는 하나님의 바람 같은 사역자가 되어야 한다는 함의가 있다. "주께서 옷을 입음같이 빛을 입으시며 하늘을 휘장같이 치시며 물에 자기 누각의 들보를 얹으시며 구름으로 자기 수레를 삼으시고 바람 날개로 다니시며 바람을 자기 사신으로 삼으시고 불꽃으로 자기 사역자를 삼으시며 땅에 기초를 놓으사 영원히 흔들리지 아니하게 하셨나이다"(시 104:2-5; 참조. 히 1:7). 하나님은 바람을 사신 혹은 사자로 삼으신다. 성령에 이끌림받는 사람들은 하나님이 하나님 나라 운동을 위해 쓰시는 사역자라는 말이다.

둘째, 하나님 나라 운동론의 성경적 토대를 제공하는 또 다른 본문은 사도행전 2장 1-4절이다. 여기서도 여전히 하늘로부터 강습하는 바람 같은 운동력이 중심이 된다. 오순절 이후의 신약 교회를 탄생시킨 원동력은 불의 혀같이 갈라져 예루살렘 120문도의 예수 제자들을 강습한 바람 같은 성령의 사역이다. 성령의 불 같고 바람 같은 역동적 '운동'은 낱낱의 개인들을 공동체로 변형시키는 운동이며, 하나님의 영에 전적으로 공명하고 공감하도록 결단케 하는 인격창조 운동이다. 바람과 불 같은 성령의 내습(來襲)을 경험한 개인들은 하나님 나라 운동의 대의에 합류할 수 있는 능력을 덧입게 된다.[7] 성령은 죄책감으로 자아분열을 겪고 고립되어 파편화된 예수의 제자들을 하나님 말씀에 순종하는 견고한 공동체로 만들어 내신 하나님의 바람이요 생명숨결이다. 이 본문은 하나님 나라 운동이 하나님의 큰 바람과 생명숨결 고취 운동임과 동시에, 하나님의 영에 사로잡힌 예수 그리스도의 제자들을 통해 추진되는 운동임을 강조한다. 하나님 나라 운동은 성령 충만한 사람들의 공동체적인 운동이라는 것이다. 여기서도 강조되어야 할 것은 성령의 주도권이다. 성령으로 감화 감동된 개인과 공동체가 하나님의 세계통치를 앞서 맛보며 세상 속에 확산시키는 하나님 나라 운동의 전위로 활동할 수 있다는 것이다.

셋째, 히브리서 4장 12 – 13절이 증언하는 하나님 말씀의 창조적 권능과 사역이 하나님 나라 운동의 원천이 된다. "하나님의 말씀은 살아 있고 활력이 있어 좌우에 날선 어떤 검보다도 예리하여 혼과 영과 및 관절과 골수를 찔러 쪼개기까지 하며 또 마음의 생각과 뜻을 판단하나니 지으신 것이 하나도 그 앞에 나타나지 않음이 없고 우리의 결산을 받으실 이의 눈앞에 만물이 벌거벗은 것같이 드러나느니라." 하나님 나라 운동은 하나님 말씀에 감동되어 자복하는 운동이라는 것이다. 이 본문은 하나님 나라가 곧 하나님께 가장 자발적이고 지극히 순전한 순종을 드리는 운동이며, 하나님 당신의 거룩한 현존을 대표하는 하나님 말씀에 자신을 쳐서 복종시키는 운동임을 강조한다. 하나님 말씀의 운동력은 인간의 가장 깊은 마음까지 분석해 내고 폭로하는 신적 예지(叡智)이자 자복시키는 능력이다. 관절과 골수를 찔러 쪼갤 정도로 하나님 말씀에 설복되고 감화되어 발생하는 활동이 바로 하나님 나라 운동이다. 개인과 집단을 단단하게 세우고 지탱하는 구성요소들인 계급, 계층, 신분, 민족과 국가에 대한 소속감 등까지 거룩하게 해체하여 하나님의 보편적인 통치에 순복하게 만드는 운동이다. 관절과 골수 등으로 대표되는 인간 존재의 중심도 하나님 말씀 앞에 서는 해체되고 재구성된다는 것이다. 계급적, 계층적 토대 위에 영위되는 인간의 삶 전체가 하나님의 말씀으로 재구성된다는 말이다. 결국 이 본문도 하나님 나라 운동의 두 가지 요소인 신적 주도성과 인간적 응답성을 동시에 부각한다. 하나님 나라 운동은 하나님의 영과 말씀이 주도하는 운동임과 아울러 하나님의 영과 말씀에 사로잡힌 사람들의 파생적이고 응답적인 운동이라는 것이다. 그것은 하나님께 지극히 순전한 복종을 바치는 운동이며, 자기 기득권(계급적, 계층적, 신분적 기득권)을 희생하면서까지 추진하는 자기부인 운동이다. 하나님 나라 운동에 대한 보상으로는 하나님과의 생명 연합, 하나님 닮기, 하나님 자녀들의 친밀한 관계 그리고 종말론적으로는 하나님 나라의 상속이다.

그런데 놀랍게도 2천 년 교회사나 120여 년의 한국 교회사는 하나님 나라보다는 교회에 집중했다. 그래서 하나님 나라는 주변화되었다. 주기도문의 '나라이 임하옵시며'라는 청원에도 하나님 나라는 주목받지 못한 기독교의 핵심이었다. 그것은 성경의 중심 주제요 기독교 신앙의 핵심임에도 현실의 종교 권력에게는 철저히 외면당하고 배제된 성경 사상이었다. 하나님 나라 대신 종교 권력을 휘두르는 제도권 교회 권력이 하나님 나라를 불충분하게, 불충하게 대리했기 때문이다. 하나님 나라는 지상에 존재하는 모든 기득권자나 권력 체제를 향해 항구적인 자기 갱신과 자발적 변혁을 요청할 뿐 아니라 모든 개인들에게는 급진적 전향을 요구한다.[8] 그래서 하나님 나라는 마치 파괴적인 방사선을 내뿜는 고장난 원전(原電) 취급을 당했으며 견고한 콘크리트 장벽 안에 유폐되어 보관되었다. 하나님 나라라는 성경의 중심 메시지는 패역하고 음란한 세대에 살면서 정신적 불안정과 고독을 느껴 보지 못한 사람들에게는 위기요 거추장스러운 신탁으로 들린 것이다. 2천 년 교회사를 보면, 이스라엘 본토에서 시작된 기독교 복음이 유럽 문명에 이식될 때 '성경의 하나님'은 본래의 체제 변혁적인 급진성을 잃고 기존 세계의 상류층 문화에 길들여진 채 전파되었음을 확인할 수 있다. 그 결과 하나님 나라 복음은 제왕들과 영주들의 종교로 전락했고, 기독교회는 적어도 1,500년 이상 세상 정치권력과 종교, 경제적 권력의 최상층부에 자리 잡은 사람들로 대표되는 귀족들과 왕후들의 지배자 종교가 되어 버렸다.

로마의 성베드로 대성당이나 파리의 노트르담 대성당을 보면 유럽 문명이 하나님 나라의 복음을 얼마나 결정적으로 왜곡하고 변질시켰는지 가늠할 수 있다. 거대한 대리석 석궁과 엄청난 크기의 돔 지붕과 화려한 예배당이 기독교 문명의 가시적 기념물로 남겨지는 동안, 하나님 나라의 세계 변혁적이고 자아 갱신적인 에너지는 억제되고 억압되었다. 그것은 종교 권력자들이 장악한 거대한 대리석 예배당과 그 안에서 벌어진 거창한 종교 제의들 안에서 소거되어 버렸다. 우리는 이 시점에서 기독교 신앙이 거룩한 문화 창조의 에너지도 발출하기 전에 세속화의 위협 아래 굴러 떨어진 한국 사회와 한국 교회의 앞날을 다시금 걱정하며, 하나님 나라의 성경적 가르침을 깊이 묵상해 보아야 한다.

하나님 나라의 신적 주도성과 인간적 응답성

1 하나님 나라는 하나님에 의해 시작되고 완성된다

하나님 나라가 성경의 중심임을 인정하는 학자들 대부분은 신약성경 공관복음서에서부터 하나님 나라론을 전개한다. 좀더 거슬러 올라가는 경우 출애굽 구원이나 다윗왕정의 역사에서 하나님 나라론을 시작한다. 이런 견해들은 하나님의 창조 행위 자체가 하나님의 왕적 명령 행위의 현장이자 그 결과임을 간과하고 있다. 하나님 나라는 창세기 1-2장에서 첫 모습을 드러낸다. 창세기 1장은 하나님 나라의 기원과 토대를 말하고, 2장은 하나님 나라의 인간적-역사적 지향을 부각한다. 1장에서 하나님은 우주의 최고 주재권을 가진 왕만이 내릴 수 있는 명령(fiat)으로 세계를 창조하신다. 우주 창조 자체가 하나님의 우주적 왕권과 통치권을 증명한 사건이다. 우리가 알고 있는 이 우주 삼라만상은 하나님의 명령으로 창조된, 하나님의 고유한 통치권역이다. 하나님의 세계 창조는 인간의 협조와 지지, 믿음과 순종의 매개 없이 일어났다. 하나님께서는 아무에게도 의논하지 않고 인간과 세계를 창조하셨다. 하나님은 자기만족적 자기평가를 일곱 차례나 반복하심으로써 이 세계가 하나님의 의도대로 창조되었음을 인정하셨다. 화가가 자기 그림에 낙관을 찍듯이, 하나님은 "보시기에 좋았더라"라는 반복된 말로 자신의 창조물을 품평하신다. 이 세계에 대한 하나님의 애착과 무한 긍정을 표현하신 것이다. 적어도 우리는 창세기 1장에서 이 세계의 창조 목적이 하나님의 자기만족, 자기 왕권의 과시요 확장임을 짐작할 수 있다. 하나님의 자기만족과 왕권 선포는 피조물에게는 우주적 안정과 평화의 향유를 의미한다. 하나님께서 삼라만상 안에 당신의 영광이 확산되고 온 피조물에게 당신의 다스림이 관철되는 상황을 보고 만족하신 것이기 때문이다.

후대의 예언자들은 하나님의 창조 목적에 부연 설명을 했다. 이사야에 따르면 하나님의 세계 창조 목적은 하나님을 아는 지식을 창조 세계에 가득 채우는 것이었다(사 11:9). 하박국에 따르면 그것은 하나님의 영광을 알고 인정하는 거룩한 교양이 온 피조 세계에 넘치게 하기 위함이었다(합

2:14). 이 두 구절은 하나님께서 통치하시기 위해 이 세상을 창조하셨음을 강조한다. 온 세계가 하나님의 보좌요 발등상이라는 말이 바로 온 세계가 하나님의 통치 대상임을 의미한다(사 66:1). 하나님의 통치는 온 세계 안에 하나님을 아는 지식, 하나님의 영광을 인정하는 지식과 교양을 충만케 하는 사역인 것이다.

　창세기 2장은 하나님 나라의 의존성을 보여 준다. 이 장은 하나님 나라가 인간의 순종과 믿음을 통해 역사 속에 뿌리내릴 것을 보여 준다. 하나님 나라는 천상 영역, 이데아 영역에 머무는 것이 아니라 인간을 대표로 하는 피조물의 세계 속으로 내려오는 것이다. 이 과정에서 하나님의 세계 통치에 결정적 동반자인 '사람'이 등장한다. 하나님 나라는 하나님의 말씀과 그것에 대한 피조물의 대표자인 사람의 순종과 응답으로 완성되는 것이다. 여기에 바로 피조물인 인간의 믿음과 자발적 순종의 우주적 위상이 드러난다. 아담과 하와의 순종과 믿음이 하나님의 피조물 통치의 결정적 지렛대가 된다는 것이다. 아담과 하와는 하나님의 통치권을 대리해 땅의 모든 피조물을 다스리고 땅을 정복할 사명을 위임받았다. 아담의 피조물 통치를 통해 하나님은 피조물을 통치하실 것이다. 하나님의 인간매개적 세상통치 계획인 것이다. 바로 이런 이유 때문에 아담과 하나님의 인격적 결속은 중대한 의미를 갖는다. 창세기 3장은 아담이 하나님의 부왕(副王)사명(시 8:1-8; 80:17) 수행에 실패했다고 증언한다. 하나님의 아담매개적 통치계획이 차질을 빚게 되고 피조 세계는 죄와 죽음의 권능 아래 신음하게 되었다. 아브라함과 그 후손 이스라엘에게 하나님은 또다시 부왕적 사명을 위임하신다. 제사장 나라 거룩한 백성이 되어 정의(체데크)와 공의(미슈파트)를 실천하라고 명하신다(창 18:19). 아브라함에게 맡겨진 정의와 공의 실천의 사명은 다윗 왕에게 계승되고(삼하 8:15) 마침내 다윗의 후손인 나사렛 예수에게 전승된다(눅 4:18-20).

이런 구속사적 흐름의 논리 안에서 나사렛 예수의 사역이 하나님 나라의 결정적인 지상구현을 개시한다. 인류의 대표자인 마지막 아담, 그리스도의 순종이 첫 사람 아담의 실패를 일거에 만회하는 사건이 된 것은 바로 이러한 연유에서다(롬 5:12-21). 결국 창세기 1-2장은 하나님 나라가 전적으로 하나님의 말씀과 명령이 성취해 가는 하나님 스스로의 통치권 확장 활동인 동시에 피조물 인간의 응답을 요청하는 매우 인간적이고 역사적인 과업임을 강조한다. 하나님 나라는 하나님의 전적인 고유 절대주권과 권능으로 시작되고 세워지는 나라임과 동시에(시 33:8-9), 인간의 자발적인 순종으로 완성되어 가는 것이다(신 30:11-16).[9] 이 자발적인 순종의 화신이 바로 나사렛 예수다(사 53장).

요약하자면 창세기 1-2장에서 인간에게 위임된 중심 활동은 다스리고 통치하고 관리하고 지키는 행위다. 하나님 나라와 인간에게 위임된 이러한 사명은 긴밀하게 결속되어 있다. 하나님 나라 운동은 하나님의 창조에서 시작된다. 창조는 물과 땅이 뒤얽힌 혼돈(混沌)에서 경작지를 건져내어 피조물들을 위한 생명의 왕국을 건설하는 행위였다. 하나님의 창조는 질서 부여 행위였으며, 더 구체적으로 말하면 이 세계의 기초를 하나님의 성품인 공평과 정의 위에 세우는 일이었다. 하나님의 창조는 물리적 환경의 창조를 넘어서서, 하나님의 성품에 맞는 질서, 신적 친절과 공평(시 89:13-14)으로 운영되는 생명 공동체의 창조까지 포함하는 활동이었다.

그러나 창세기 1-2장 이후의 하나님 나라 행로는 아담 자손의 불순종과 저항으로 숱한 좌절과 퇴행을 겪었다. 창세기 3-11장에 나타난 인류 원역사는 하나님 나라 운동의 전진을 가로막는 인간적 저항과 방해들로 점철되어 있다. 하나님께서는 인간적 저항과 방해에 대해 징벌과 심판으로 응답하셨다. 인간의 죄악을 징치하는 징벌 행위는 하나님께서 이 세계를 다스리신다는 증거였다. 그러나 사람과 피조 세계에 대한 하나님의 통치가 징벌과 심판만으로 관철되지는 않았다. 하나님은 일부 인간을 먼저 선택하셔서 구원하는 구원사를 개시하심으로써 당신의 세계 통치를 이어 가셨다. 죄와 불순종으로 부패하는 인간을 갱생시켜, 자발적으로 순종하는 하나님의 동역자로 변화시키기 위해 믿음의 사람들을 이 땅에 일으키셔서 세상에 보내신 것이다. 아담-셋-에노스-노아-셈-아브라함-이삭-야곱으로 이어지는 믿음의 계보는 하나님께서 이 세상을 다스리고 계심을 보여 주는 증거다. 또한 하나님의 특별 계시인 율법을 받아 나라를 구성하고 사회를 이루도록 부름받은 아브라함의 후손, 이스라엘 민족의 역사 자체가 하나님의 세계 통치의 증거였다. 특히 하나님께서 이스라엘 역사에 일으키신 예언자들은 인간 왕국들을 아우르시고 어거하시는 초월적인 세계 통치 지휘부가 존재함을 보여 준다(사 6:1-3; 렘 22:18-22; 암 3:7-8; 왕하 22장; 시 103:19-22). 이스라엘 역사를 세계 만민의 역사와 결정적으로 구분 짓는 표지는 초월적인 하나님 나라의 특명 전권대사로 활약한 이 예언자들이었다. 그들은 이스라엘 역사의 참된 왕이 인간 왕들이 아니라 천상 보좌에 앉아 세계를 통치하시는 야훼 하나님임을 결정적으로 증거했다.

이스라엘 예언자들의 역사의 종점에 나사렛 예수가 등장했다. 하나님 나라 운동은 구약 예언자들을 거쳐 독생자 나사렛 예수 그리스도를 통해 절정에 이른 것이다. 구약 예언자들의 야훼의 말씀 대언은 창조 때 시작된 하나님 나라 건설 과업을 계승하는 작업이었고, 나사렛 예수의 하나님 나라 선포는 창세기 1장에서 시작된 하나님 나라를 완성시키려는 활동이었다. 나사렛 예수는 단지 하나님의 말씀을 잠시 혹은 부분적으로 대언하는 예언자가 아니라 하나님의 말씀 자체였다. 창조적 권능을 내뿜는 하나님의 말씀 자체이면서 아버지 하나님의 말씀에 대한 전적 순종의 화신이었다. 그래서 나사렛 예수의 인격과 사역 전체는 태초부터 이 세계 속에 활동해 온 하나님 나라의 총체적 면모를 일시에 계시했다. 나사렛 예수의 순종을 격려하고 돕는 성령이 예수의 하나님 나라 운동의 고갱이였다. 열두 사도와 사도 바울의 복음 전파 사역은 성령으로 추동된 자발적인 순종 운동이었다.

하나님 나라는 이처럼 철저하게 하나님 주도적인 나라다. 성령의 감화 감동으로 하나님의 말씀에 온전히 순종하는 자들에게 하나님의 통치, 즉 하나님이 이 세계를 다스린다는 증거가 나타난다. 하나님의 통치가 이 세계 속에 작동하는 곳에서는 사랑, 평화, 희락, 연대와 우정, 돌봄과 치유가 일어난다. 나사렛 예수가 '하나님 나라'를 말할 때는 십자가에서 죽기까지 이어지는 부단하고 순전한 순종을 담보로 한 것이었다. 따라서 우리가 하나님 나라를 말하려면 스스로 성령의 감화 감동으로 하나님의 말씀에 순종하는 삶을 살아야 한다. 순종이 담보된 사람들의 입술에서 하나님 나라가 선포될 때 자아갱신적이고 세계 변혁적인 파급력이 발산되기 때문이다.

하나님 나라 운동은 철저히 하나님의 일방적인 은총으로 주도되는 운동이다. 보다 구체적으로 말하면 하나님 나라 운동은 하나님께서 성령의 감화 감동과 말씀의 감화력으로 개인과 공동체를 추동시켜 하나님 나라에 근사치적인 세계를 만들어 가는 운동이다. 이런 이유 때문에 한국 교회의 영적 분투나 열심만으로는 하나님 통치를 구현할 수 없다. 하나님 나라 운동은 약간 더 의로운, 약간 더 청빈한 그리스도인들이 주도하는 대중 계몽운동도 아니고 윤리 각성 운동도 아니다. 그런 행동들도 의미 있기는 하나 성경적인 하나님 나라 운동은 아니다. 이 말이 모든 점진적이고 상대적인 의미의 사회 개선 활동의 의의를 훼손하는 말로 오해되어서는 안 된다.[10]

2 하나님 나라는 역사 속에서 점진적·유기적으로 성장한다

하나님 나라는 하나님이 선택하시고 하나님 말씀에 순종하는 피조물에게 나타나는 은총이다. 그것은 구원의 형태, 약속과 인도의 형태로 나타나지만 종종 징벌, 정화적 심판 그리고 쉼 없는 징계와 연단으로 나타나기도 한다. 아담과 하와가 범죄하기 전의 에덴동산은 물리적 인간세계에 나타난 하나님 나라였다. 하나님 나라는 첫째, 하나님의 생명에 연합된 자, 거듭난 자, 믿는 자에게 영생으로 나타난다. 영생은 하나님의 성품에 참여하는 삶으로서 의와 진리, 거룩함으로 거듭난 개인의 삶이다. 둘째, 하나님 나라는 믿음의 가정에 나타난다. 셋째, 하나님 나라는 하나님의 사랑이 지배하는 확대된 가족 공동체나 교회 공동체에 나타난다. 넷째, 하나님 나라는 하나님의 사랑과 정의가 지배하는 국가 공동체에 나타난다. 다섯째, 하나님 나라는 하나님의 인애와 정의가 지배하는 국제 질서에 나타난다. 마지막으로 하나님 나라는 하나님의 인애와 정의가 지배하는 피조물 전 생태계 공동체에 나타난다(사 11, 65장).

따라서 하나님 나라 운동은 그리스도의 형상을 닮기 위한 개인의 부단한 인격 갱신(롬 8:1-16)과 하나님 나라의 질서에 근접하는 공동체를 이루기 위한 중단 없는 사회변혁 운동을 내포한다. 무엇보다도 하나님 나라 운동은 하나님의 감화 감동으로, 혹은 하나님의 강력한 부름에 응답한 개인들의 복음 영접과 회개 운동이다. 세례 요한과 나사렛 예수 모두 하나님 나라가 도래했다는 복음 선포를 통해 복음 영접과 회개를 동시에 요청했다. 개인의 믿음과 회개가 하나님 나라 운동의 가장 기초적인 단위이기 때문이다. 하나님 나라의 복음을 듣고 하나님 나라의 질서에 편입되려면, 개인이 하나님 나라 도래의 현실성을 인정하고, 하나님 없이 살던 때의 삶을 전적으로 혁파하고 돌이켜야 한다. 하나님 없이 살던 때는 돈과 권력, 부동산과 동산, 인맥과 학맥, 종교적 열심과 세습적 상속 등이 구원과 안정감을 주었다. 그러나 하나님 나라의 질서에서 이런 세상적인 토대들은 아무런 가치가 없어진다. 그래서 그것들을 버리고 나사렛 예수가 전파하는 하나님 나라의 가치에 순복하는 것이다. 이런 점에서 복음을 믿고 회개한 개인들이 많아지면 사회구조적 변혁 가능성이 그만큼 커진다. 로마제국의 콜로세움 검투사 경기장이 사라지는 역사가 이런 진실을 잘 예증해 준다.

콜로세움 원형경기장은 주후 72년에 유대 전쟁을 통해 이스라엘을 멸망시키고 예루살렘 성전을 초토화했던 베스파시아누스 황제가 짓기 시작하여 거의 500년간 로마제국의 대중 오락장으로 성황을 누렸다. 하지만 주후 520년경에는 사실상 용도 폐기되었다(523년경 마지막 검투 경기를 했다는 기록이 있다). 로마 인구의 대부분이 기독교인들로 바뀌면서 검투사 경기가 관중동원 흥행에 실패했기 때문이다. 이런 해석은 로마의 원형경기장 2층의 베스파시아누스 황제 유물 전시장에 걸려 있는 해설문에 실려 있다. 이것은 한 사회의 구조악을 해체하는 데 개인들의 자각적이고 의식 있는 조용한 결단이 얼마나 중요한지를 보여 주는 일화다. 초대 로마의 기독교인들이 콜로세움 경기장 안 가기 운동을 한 것이 아니다. 그들의 신앙고백과 가치 지향 자체가 잔인한 동물 학대, 전쟁 노예 학대, 잔악한 살인 경기와는 상극이었던 것이다.

기독교인들 개개인의 사사로운 소비 행위, 내밀한 윤리·도덕적 결단 등이 중요한 이유가 여기에 있다. 기독교인들의 내밀하고도 자발적인 결단이 축적되어야 비로소 한 사회에 기독교적 가치를 표방하는 문화가 생겨난다. 예를 들어, 기독교인들이 교회력에 충실한 신앙생활만 해도 한국의 대중문화를 어느 정도 순화시킬 수 있을 것이다. 40여 일의 사순절 기간이나 종교개혁 주간에 모든 기독교인이 절제와 금욕을 실천한다면 그 기간에는 영화사들이 자극적인 블록버스터로 흥행을 시도하지 않을 것이며, 과도한 육류 소비가 줄어들 것이다. 이를 통해 기독교가 어떤 가치를 지향하는지 세상에 널리 공포할 수 있을 것이며, 절제와 겸손, 자비와 나눔의 기독교 문화를 형성해 갈 수 있을 것이다.

그러나 동시에 하나님 나라 운동은 개인들에게 엄청난 영향을 끼치는 사회 관습, 제도, 법 그리고 가치관이나 세계관을 성경적 진리와 일치시키는 사회구조를 만들어 가는 운동이어야 한다. 하나님 나라 운동은 한 사회의 운영 원리를 성경적 정의와 공평, 인애와 자비의 원칙에 수렴시키는 운동인 것이다. 가령 먼지가 가득 찬 체육관에서 성실하게 운동하는 개인을 생각해 보자. 운동하는 것은 건강에 좋은 일이나 먼지가 가득 찬 체육관에서 막무가내로 운동하면 할수록 건강에 해롭다. 먼지가 가득 찬 체육관 시설과 구조 문제를 해결하지 않고는 개인의 건강 증진은 어렵다. 한국 사회가 부동산 투기로 재테크를 하거나 온갖 편법과 탈법, 위법과 불의로 토지를 매입하여 부를 구축하는 틀을 바꾸지 않고 개인의 양심만 세차게 담금질해서는 한계가 있다. 마약 밀수업 조직에 뛰어든 조직폭력배가 아무리 성실하게 일해도 그 조직의 목표 자체가 반(反)사회적이라면 그의 성실한 조직 생활은 반사회적일 수밖에 없다. 나치 체제가 흉악무도한 악의 왕국이었기에 그의 지휘 계통에 따라 성실하게 공무를 수행한 아돌프 아이히만의 행동 자체가 악의 실행 이상 아무것도 아니었듯이,[11] 우리가 속한 조직이나 사회의 구조적 악과 불의를 해소하지 않고 개인의 윤리적 깨끗함만 강행해서는 안 되는 것이다. 우리 기독 청년들의 하나님 나라 운동은 개인의 양심을 더럽히고 죄를 짓지 않고는 살 수 없게 만드는 사회 운영의 틀, 즉 법, 제도, 관습, 심지어 가치관까지 바꾸고자 하는 활동이다.

이러한 하나님 나라 운동은 다양하고 구체적으로 나타날 수 있다. 예를 들어, 생태 환경을 지키기 위한 활동이 하나님 나라 운동의 일환일 수 있다. 남한강과 북한강이 만나는 양수리 부근의 한강 상류는 서울 시민이 식수를 채취하는 1급수 수원지다. 따라서 이곳 농촌 마을은 농약 사용이 금지된 지역이다. 농약 대신 오리가 물이 찬 논 사이를 오가며 벌레를 잡아 병충해를 막고 있다. 그런데 인근 지방자치 단체들이 러브호텔 건축을 무분별하게 허가해 그곳에서 폐수를 배출해 문제가 되었다. 또 4대강 정비 사업으로 이 유기농 지역이 인위적인 제방 구축 등의 이유로 시멘트 구조물로 뒤덮였다. 시민들은 팔당 수원지를 보호하기 위해 온갖 노력을 했다. 비슷한 경우 기독교인들이 할 수 있는 일은 다양하다. 해당 지자체장과 의회를 찾아가 항의하는 일, 관할 국회의원 사무실에 전화하고 관련 자료를 보내는 일, 이런 사회적 영향력이 큰 쟁점을 언론에 보도하는 일 등 할 수 있는 일은 많다. 생명가치가 기업의 단기적·경제적 이익보다 훨씬 소중한 하나님 나라의 본질적인 가치임을 믿는 기독교 신앙고백은 생태 환경을 지킬 수 있는 세부 실천지침을 제공할 수 있을 것이다.

3 하나님 나라는 세계 변혁운동으로 그 현존을 드러낸다

계몽주의 이후의 실증주의 역사가들은 역사의 진보를 추동하는 내적 기제로 하나님의 목적이나 섭리 등을 거론하는 기독교 역사가들을 맹렬하게 배척한다. 에드워드 H. 카는《역사란 무엇인가》에서 니콜라이 베르자예프, 자크 마리땡, 라인홀드 니이버 등의 입장을 비판한다.[12] 그는 그들이 역사 밖에서 역사의 의미를 추구한 기독교 형이상학자들이라고 보았기 때문이다. 그러나 아브라함 요슈아 헤셸은 역사에서 형이상학을 배제하는 계몽주의적 실증사관을 비판한다. 그에게 역사는 하나님의 행동을 담는 그릇이며 역사는 하나님의 심판을 통해 하나님의 목적이 관철되는 장(場)이다. 이것이 예언자적 역사 이해라는 것이다.[13] 하나님의 공평과 정의의 관철 과정, 즉 하나님 나라 완성이 역사의 의미이자 목적이다. 우리는 인간 역사라는 격류 흐르는 심연 위에 하나님 나라를 세우시려는 하나님의 비전을 설파한 예언자들과 나사렛 예수와 사도들의 역사 이해가 실증주의 역사 이해의 빈곤을 보완한다고 본다. 인간 역사를 추동시키는 원동력은 하나님 나라를 완성하시려는 하나님의 열심이다(사 9:1-7; 11:1-9).

하나님 나라 운동은 하나님의 거룩한 영에 추동된 하나님 자녀들의 자발적이고 자기희생적인 헌신 운동이며 오메가포인트를 향해 전진하는 신인(神人) 감응적 열심 운동이다. 그것은 성령의 감화 감동을 덧입은 하나님 자녀들에게 위임된 운동이지 정치권력을 휘둘러 타인의 의지를 복속시키는 현실 정치 운동이 아니다. 예언자 예레미야에 따르면, 하나님의 영이 임하면 고도의 민중 자치적·자율적인 계약공동체가 형성된다. 아무도 다른 사람에게 "너는 이렇게 살아야 한다"라는 식으로 율법 준수를 강요하지 않는다(렘 31:31-34). 하나님의 영에 감동된 사람들은 인간의 시민적 법적 강제가 요구하는 것을 초월하는 자기희생적인 봉사를 할 능력으로 가득 차게 되기 때문이다.

사도행전 2장과 4장에서 성령의 감화 감동에 사로잡힌 120문도는 자발적으로 자신의 재산을 팔아 가난한 형제자매들의 생존권을 보호해 주었다. 그 결과 아무도 핍절한 사람이 없는 공동체가 탄생했다. 사도 바울은 하나님의 영에 사로잡힌 그리스도인들의 자발적이고 자원적인 물적 희사로 유지되는 공동체적 삶을 그리스도의 몸이라고 불렀다. 한 지체가 다른 지체의 불편과 고통을 공감하고 체휼하는 완벽한 공동체인 것이다. 교회는 그리스도의 몸이자 이상 사회의 표본이다. 교회, 즉 그리스도의 몸에 붙어 있는 지체들의 삶이야말로 육법전서로 대표되고 법적 강제력으로 유지되는 세속 왕국을 거룩하게 해체하는 참 대안 사회, 곧 하나님 나라라고 본 것이다. 사랑이 율법의 완성이라는 말은 바로 그것이다. 예수 그리스도의 자발적인 십자가 순종을 재현하는 그리스도인의 삶은 십계명의 금지 조항이 요구하는 윤리적인 기대를 넘어서는 사랑과 공의의 능력을 발휘한다(롬 13:8). 이처럼 하나님 나라 운동에 동참하는 그리스도인들의 삶은 하나님의 감미로운 생명력 넘치는 통치가 구현되는 현장이어야 한다. 약간 더 의로운 삶을 살아서는 다른 사람의 불의함을 고칠 수 없고, 이 세상을 거룩하게 변혁시킬 수도 없다. 하나님의 영에 사로잡힌 하나님의 자녀들만이 하나님께 순종할 수 있다. 바로 이런 점에서 하나님 나라는 하나님께서 친히 세워 가신다는 말이 맞다. 하나님의 성령으로 감동된 자들만이 하나님의 율법 요구에 복종할 수 있기 때문이다.

몸소 하나님 나라이신 예수 그리스도

1 구약성경은 하나님 나라를 꿈꾸었다

앞에서 살펴보았듯이, 구약성경의 주제는 하나님의 통치, 하나님 나라다. 하나님은 처음 창세기 1장부터 왕으로 등장하신다. 우주 창조 자체가 왕이신 하나님의 통치행위인 것이다. 왕이신 하나님의 왕적 권능은 무질서와 혼돈의 원시우주에 질서를 부여하시는 창조행위로 표현된다. 창조 자체가 하나님의 왕적 통치행위의 시작이라는 말이다. 오직 왕만이 말씀(명령이나 포고령)으로 현실을 창조한다. 불완전하게나마 지상의 왕들도 칙령과 포고령으로 자신들이 원하는 현실세계를 창조하고 구성한다. 창세기 1장에서 하나님은 왕적 명령으로 천지를 창조하신다. 모세오경은 하나님의 명령과 율법에 복종하는 한 나라와 공동체(영토와 국가적인 틀과 상관없는 사람들 중심의 공동체)를 형성하시려는 하나님의 분투를 증언한다. 모세오경이 묘사하는 하나님 백성은 영토적 안정성과 신정통치의 대리자들이 주도하는 인간왕정에 속하지 않는 절대적 의미의 순례공동체, 도상에 있는 공동체다.

여호수아서부터 열왕기하는 하나님의 뜻에 따라 운영되는 영토적인 하나님 백성 공동체를 세우려고 하지만 이스라엘의 불순종으로 좌절을 겪으시는 하나님과 그 나라 이야기다. 가나안에서 이뤄진 하나님 나라 운동은 실패로 끝났다. 예언서에서 하나님의 천상보좌에서 파견된 예언자들은 왜 이스라엘 백성 안에 하나님 나라를 세우려 했던 하나님의 열망이 좌절되었는지를 밝힐 뿐 아니라, 인간왕정의 실패와 좌절을 초극하며 다시금 귀환 포로들을 중심으로 하나님 나라의 토대를 세우실 하나님의 꿈을 노래한다. 그들은 인간의 실패와 불순종을 넘어 계속되는 하나님 당신 자신의 절대주권적 희망과 미래를 증언한다.

시편은 하나님 나라의 흔적이 사라진 현실에서 하나님의 통치를 갈망하는 억눌린 백성들의 기도문이자 하나님 백성들을 위한 하나님의 부단한 구원 응답을 이야기한다. 성문서는 이 세상 질서 안에 내재된 하나님의 통치현존을 깊이 사색하고 반성하면서, 동시에 하나님 나라의 현실에 회의하고 하나님 나라의 부재에 저항하고 냉소하며 그 의심과 냉소마저 신앙의 이름으로 포용하는 하나님 나라의 광대하고 신비한 외연을 탐색하는 이야기다. 묵시 문서인 다니엘서는 하나님 나라의 대적자인 악의 원형적 세력들이 성도들을 죽이는 데까지 승리하는 악의 이야기임과 동시에 죽음 너머까지 확산되는 하나님 나라 이야기다. 다니엘서 때문에 하나님 나라 운동의 지평은 죽음 저편, 부활까지 포섭하게 되었다. 역대기상하와 에스라서, 느헤미야서는 두 번째 시도되는 하나님 나라 운동 이야기다. 예언서의 희망과 위로에 기대를 걸고 하나님의 통치가 남은 이스라엘 백성들에게 다시금 임하도록 대망하는 메시아 대망 공동체의 영적 분투와 좌절을 증언한다. 이처럼 구약은 철두철미하게 하나님 나라 이야기다. 나사렛 예수는 구약을 단숨에 하나님 나라 이야기로 읽으셨고, 구약의 구원사가 완전한 순종자인 독생자에 관한 예언임을 선포했다. 구약성경을 하나님 나라 신학으로 읽게 만드는 주요 성경구절들은 무수하게 많지만 몇 개만 간추리면 다음과 같다.

창세기 1장 1 - 31절 천지만물은 하나님의 명령에 의한 창조물이다. 인간은 하나님의 피조 세계 대리 통치자로 창조되었다. 하나님 나라 안에서 하나의 부분적 요소로서 인간 정치, 인간의 나라가 내포되어 있다. 하나님 나라는 아담과 하와로 대표되는 지상의 인간 대리자에 의해 위임되는 나라이기도 하다. 1장 26 - 28절은 인간의 사명이 하나님을 대신한 피조물을 향한 위임통치임을 가르친다.

창세기 2장 6 - 7절, 16 - 17절 하나님 나라는 인간 나라, 하나님의 통치에 대한 인간의 복종 여부에 따라 그 진로가 결정되는 것처럼 보이는 나라다. 인간이 하나님 동산을 얼마나 잘 관리하는지, 다스려 지켜야 하는 사명을 얼마나 잘 감당하는지가 하나님 나라의 일어서고 무너짐의 관건이다. 황무지를 개간하고 야수적 동물을 다스리는 활동이 하나님 나라의 구현 행위다. 이 세상을 하나님과 인간이 동거하고 연합할 수 있게 만드는 활동이 하나님 나라의 구현 활동이다. 인간 안에 하나님의 말씀이 거하여 그리스도 예수의 형상이 구현되고 이 세상 질서가 하나님을 아는 지식, 하나님의 영광에 대한 인정과 고백이 가득 넘치는 것이 하나님 나라다.

창세기 12장 1 - 3절 아브라함을 통해 이룰 한 위대한 민족, 바벨론 축조 세대의 대안 공동체, 이 세상에 믿음의 사람들과 그 계보를 일으키시는 것 자체가 하나님의 통치현장이다.

창세기 18장 19절 아브라함의 후손을 통해 이룰 의와 공도의 나라가 소돔성의 대안 공동체, 곧 하나님 나라의 구체적 양태다. 히브리서 12장 26 - 28절(참조. 히 11:8 - 11)은 그 나라를 진동하지 않을 나라, 하나님이 친히 지으시고 경영하시는 도성이라고 말한다.

출애굽기 15장 18절 출애굽의 목적은 하나님이 영원히 다스리기 위함임을 부각한다.

출애굽기 19장 5-6절 거룩한 백성, 제사장 나라, 하나님의 보화된 백성이 온 세계를 하나님께 이끄는 사명을 부여받았다.

사무엘하 7장 12-16절 다윗의 후손을 통해 세워질 하나님의 집, 즉 다윗 왕조가 이 하나님 나라를 구현할 나라로 선택받았다.

사무엘하 8장 15절 의와 공도의 지상구현자 다윗이 세운 왕국은 후손 왕들의 불순종으로 하나님 나라 구현에 실패하고 다윗왕국 프로젝트는 실패로 끝난다. 그리하여 종말에 올 다윗의 후손, 메시아에게 모든 기대와 소망이 집중된다. 다윗의 종말론적인 후손 왕에게 기대감을 집중시키고 그 열망을 점화시킨 사람이 예언자들이다. 그중 이사야가 최고봉이다.

이사야 9장 5-6절 다윗의 후손이 이룰 의와 공도의 공동체를 예견한다.

이사야 11장 1-9절 이새의 줄기에서 난 싹이 이룰 공동체, 온 피조물과 만민에게 공평과 정의를 구현할 이상왕과 그의 왕국을 노래한다.

이사야 53장 4-12절 야훼의 고난받는 종은 자신의 대속적 고난을 통해 많은 사람을 야훼의 통치 아래로 재결집시킨다.

이사야 61장 1-6절 야훼의 기름부음을 받은 종은 가난한 자, 눈먼 자, 갇힌 자, 포로된 자, 마음이 상한 자들을 치유하고 재활복구시켜 야훼의 언약 공동체로 재창조하신다. 이스라엘의 제사장적인 지위가 회복되고 열방들도 구원에 참여하게 된다.

이사야 65장 17-25절 모든 피조물에게 임한 하나님 나라는 영적 소통, 번영, 영생복락으로 나타날 것이다.

2 하나님 나라를 땅에 구현하신 예수 그리스도와 그의 사도들

사사기부터 말라기서까지, 구약은 하나님 나라가 인간의 불순종으로 만신창이가 되는 이야기이기도 하다. 그래서 결론적으로 하나님 나라의 꿈은 좌절되었다. 말라기부터 세례 요한까지 400년간 하나님은 침묵하셨다. 이 400년의 침묵과 구원사적 공백기 같은 역사적 여백은 하나님 통치의 철수가 아니라 하나님 통치의 또 다른 양상이었다. 하나님 나라에 대한 앙망을 심화시키는 시기였다는 말이다. 세례자 요한과 나사렛 예수가 이 400년의 침묵을 깨고 돌연 하나님 나라 운동을 펼쳤다. 세례자 요한은 구약성경을 집약적으로 선포한 마지막 예언자로 메시아 예수의 선구자였다. 구약성경을 하나님 나라라는 틀로 요약하고 총체적으로 화육시킨 분은 나사렛 예수다. 치유 사역, 귀신축출 사역과 그의 비유, 그의 논쟁과 주기도문 등에 대한 강론은 이 땅에 임하는 하나님 나라의 현존을 여실히 보여 주었다. 그런데 중요한 것은 하나님 나라는 예수의 십자가의 순종으로 시작되고 완성된다는 것이다. 예수가 행한 기적은 예수의 복종을 담보로 일어난다. 병자 치유 사역이라는 예수의 초인적 파워의 과시는 자신의 생명력으로 죽음의 권세를 무력화하는 행위다. 생명과 죽음의 맞교환 행위였고 자신의 생명력을 소진시키는 행위였다(마 8:15 - 17). 예수가 어떤 병을 낫게 했다는 것은 하나님의 통치를 드러내기 위해 하나님께 죽기까지 복종하는 결단이 동반되었다는 것을 뜻한다. 12년 동안 혈루병 걸린 여인이 예수의 몸을 만지는 순간 예수는 "누가 내 옷을 만졌느냐" 하고 말씀하신다(마 5:30). 자신의 능력이 빠져나가는 것을 현저하게 느꼈기(빈혈) 때문에 누군가 치료받을 목적으로 자신을 의도적으로 만졌다고 본 것이다. 예수의 생명력이 빠져나가면서 12년간 혈루병 걸렸던 여인이 살아났다. 생명 대 죽음이 맞교환된 것이다. 하나님 나라의 기적을 일으키는 모든 순간에는 예수의 복종이 담보되었다. 이것이 바로 우리가 모방하고 실현해야 할 하나님 나라 운동 원리다. 최소한 우리가 복종할 때 하나님의 능력이 나타난다는 뜻이다. 우리가 현기증을 느낄 만큼 생명력을 소진할 때야 누군가가 낫는다는 것이다. 우리가 옆구리에서 물과 피를 쏟아 내면 다른 누군가가 소생한다는 말이다. 예수 그리스도는 하나님 나라가 자신의 복종을 담보로 주변 사람들에게 나타나는 현장을 보고, 구약이 꿈꾸었던 하나님 나라가 가까이 왔다고 선포할 수 있었다. 그러나 동시에 하나님 나라는 예수에게마저도 미래의 일이었고 여전히 이루어야 할 꿈이었다.

하나님의 이름이 거룩하게 여김을 받게 해달라는 예수의 주기도문 간청은 하나님의 이름을 거룩하게 받드는 순종 공동체의 탄생을 간청하는 기도였다. 거룩하신 하나님의 이름을 거룩하게 받드는 한 공동체가 탄생할 때만이 하나님의 이름이 거룩해진다(겔 36:20 - 23). 한 무리의 거룩한 공동체를 창조해 주시도록 간청했던 예수의 기도는 열두 제자 공동체로 응답되었다(눅 6:12). 예수 그리스도는 열두 제자 공동체를 창조해 12지파로 구성되었던 고대 이스라엘의 신앙적·정치적 이상을 회복하려고 했다(마 10:1 - 6; 23:37). 다섯 강대국(앗시리아, 바벨론, 페르시아, 그리스, 로마)에 의해 파괴되고 부서진 이스라엘 역사를 재활복구해 야훼 하나님의 언약백성으로서 흩어진 이스라엘 12지파를 회복하려고 했다. 이스라엘 지배층과 파워 엘리트들의 불순종과 이방제국들의 잔혹한 압제에 의해 파괴된 이스라엘 언약백성 공동체를 회복하려고 한 것이다. 다윗의 위에 앉아 다윗왕적인 공평과 정의의 나라를 구현할 비전을 품고 나사렛 예수는 당대 백성들을 목자 없는 양처럼 불쌍히 여기며 사랑의 통치를 행했다. 세속적인 의미에서는 너무나 왕 같지 않은 진짜 왕이신 나사렛 예수가 12지파를 대표하는 열두 제자를 부름으로써, 즉 한 무리의 공동체를 건설함으로써 하나님 나라를 세우려고 한 것이다. 이 하나님 나라의 회복과 세계적 확산을 증언하는 대표적인 신약성경 구절들은 다음과 같다.

마가복음 1장 15절 "때가 찼고 하나님 나라가 가까이 왔으니…" 하나님의 친정(親政)통치가 시작된다. 하나님 나라는 급진적이고 총체적인 회개를 요구하며 도래한다.

요한복음 1장 12절 하나님의 독생자, 즉 순종의 화신이 세상에 도래했다. 나사렛 예수는 걸어 다니는 하나님 나라, '아우토 바실레이아'가 되었다.

요한복음 3장 16절 하나님의 다스림을 100퍼센트 받고 사는 그리스도를 하나님 통치의 현장으로 받아들이고 믿는 자는 영생을 얻는다.

사도행전 2장 31 - 36절 주와 그리스도가 되신 예수의 대리통치 시대가 도래한다.

고린도전서 15장 20절 예수는 자신에게 위임된 메시아 왕국을 마침내 하나님께 바쳐 하나님의 통치가 완성되도록 한다.

에베소서 2장 11 - 22절 4장 16절 지상에서 하나님 나라의 근사치는 성령 충만한 교회다. 성령의 역사로 각종 은사와 재능이 꽃핀 개인들이 한 몸을 이룬 공동체가 동터오는 하나님 나라를 예해(例解)한다.

빌립보서 2장 6 - 11절 모든 피조물의 입술이 예수를 주라고 고백하는 시대가 도래한다.

요한계시록 1 - 3장 하나님 나라의 전위부대인 교회는 배교, 세속화, 호전적 야만화의 위협과 유혹에 시달리면서 하나님 나라 운동 지평선에서 명멸을 거듭한다. 그래서 종말에 가까워질수록 하나님 나라 운동은 소규모화되고, 세속 문명의 중심으로부터 소외된 자들의 활동처럼 보일 때가 많다. 너무나 많은 배교와 세속화에 직면한 교회는 커다란 용에게 쫓김을 당하는 여인으로 비유된다. 하나님 나라가 가까워질수록 하나님 나라에 속할 참백성들의 삶은 불 섞인 유리 바다를 통과하는 고난과 환난의 여정이 될 것이다.

요한계시록 1장 7절; 11장 15절; 19 - 22장 그러나 예수 그리스도의 재림으로 사탄은 멸절되고 죽음도 극복되며 새 하늘과 새 땅에서 하나님 나라가 열린다. 하나님의 장막과 사람의 장막이 한데 어울리는 나라, 하나님 나라가 새 하늘과 새 땅에서 완성된다. 이렇게 종말에 완성될 하나님 나라는 인간의 역사와 연속적이면서도 초극적이며 단절적이다. 세상 모든 나라들(민족국가, 합중국, 연방국가 등)은 그리스도의 나라 아래서 해체되고 창조적으로 흡수된다.

예수 그리스도는 구약성경, 즉 모세의 글과 시편의 글과 선지자의 글들이 자신에 대하여 말한다고 이야기하신다(눅 24:44). 이 말은 구약성경이 곧 하나님 나라에 대하여 말한다는 것과 같은 말이다. 오리게네스가 말한 것처럼 예수 그리스도 자신이 하나님의 다스림 아래 철두철미하게 복종한, 걸어 다니는 하나님 나라, 즉 몸소 하나님 나라였기 때문이다. 나사렛 예수는 하나님의 왕적인 통치를 극대화하기 위해 자신을 극소화, 즉 십자가에 죽기까지 복종하신 분이다. 그분이 하나님 나라를 말할 때마다 그는 하나님 아버지에 대한 자신의 순도 높은 복종을 담보했다. 하나님 나라의 핵심 주장은 이스라엘/그리스도인이 하나님의 말씀(명령)에 순종할 때 하나님의 통치(하나님 나라)가 양적으로, 질적으로 확장·심화된다는 사실이다. 예수님이 주기도문에서 "(하나님) 나라가 임하옵소서"라고 기도하실 때, 그것은 기도하는 사람이 하나님의 말씀에 복종할 것을 요청하는 기도다. 성경을 공부하면서 우리는 다시금 하나님 나라가 그리스도인들의 십자가를 지는 자기부인과 복종 없이는 지상에 정착하지 못하고 종교적 형이상학으로 전락할 수밖에 없음을 발견한다. 하나님 말씀에 대한 순종은 그분의 명령에 대한 순종이며, 그리스도인이 하나님 말씀 때문에 자기의 기득권을 부인하는 결단이다. 이런 의미의 말씀에 대한 순종을 통해 거대한 로마 가톨릭 권력 체계를 뚫고 탄생한 것이 바로 종교개혁 교회다.

성령에 의해 '개혁당하는' 교회, 하나님 나라의 전위부대

   종교개혁의 신앙을 계승한 개혁교회(장로교, 루터교, 성공회 등)는 말씀에 대한 순종의 힘이 거대하고, 막강한 교회 위계질서와 세상 군왕들의 비호 아래 발호하는 제사장 권력 엘리트들을 압도한 역사적 경험이 있다. 개혁교회는 하나님의 말씀에 따라 자신을 부단히 개혁의 대상으로 바침으로써 스스로 갱신되고, 바깥세상을 향해 개혁의 에너지를 방출한다. 우리가 꿈꾸는 교회 갱신의 기준점과 목표는 하나님 나라의 완성이지만 개혁교회는 하나님 나라의 완성을 향해 전진하는 도상에 있다. 하나님 나라가 온 세계를 온전히 다스릴 때까지 교회는 하나님의 왕적 다스림에 늘 목말라 한다. 교회는 그 안에 속한 그리스도인 개개인이 그리고 조직체와 유기체로서의 교회가 삼위일체 하나님의 왕적인 통치 아래 온전히 복속될 때까지 성령의 역사에 항상 자신을 노출시킨다. 교회 갱신의 시발점은 교회·개인의 양심이 하나님의 왕적인 통치 앞에 굴복하고 엎드리는 것이다. 하나님의 사죄 은총을 경험함으로써 하나님의 왕적 다스림 아래 복속되는 것이다. 믿음으로 말미암아 이신칭의를 경험하는 것, 즉 사죄 경험(눅 24:47)은 하나님의 왕적인 다스림 아래로 들어가기 위한 준비다. '구원'은 하나님의 왕적인 통치 아래 복종할 수 있는 자유를 얻는 것이다. 우리는 하나님의 왕적인 통치 아래 복종하기 위해 구원받아야 하는 것이다. 그러므로 하나님께서 죄인을 구원하는 행위는 죄인을 거룩하게 하는 행위인 것이다. 구원받은 죄인은 하나님의 거룩한 인격 앞에서 자유함을 누리며, 그분 앞에 자발적으로 복종하는 존재로 변화된다.

   그래서 사죄의 은총을 맛본 그리스도인들은 죄인인 동시에 의인으로서 하나님 나라의 도래 메시지가 회개 촉구 메시지임을 이해할 수 있다. "하나님 나라가 가까이 왔으니 회개하고 복음을 믿으라"라는 나사렛 예수의 메시지는 자신의 복종을 통해 분출되는 하나님의 생명력을 받아들이라는 초청이자 명령이다. 예수가 자기를 부인하고 복종한 그 여백에 하나님 나라가 임했다. 예수는 "네가 하나님의 아들이거든 십자가에서 내려오라"라고 조롱하던 자들의 야유에도 불구하고 십자가에 달려 있었다. 전능자의 무한한 자기비움이었다. 하나님 아들로서의 권력포기였다. 전능자가 무능자처럼 십자가에 달려 있어야 하나님의 다스림이 극대화되기 때문이다. 예수는 이런 극단적인 자기비움(유대광야에서 시험을 이기고 무기력한 메시아가 되기로 결단함)을 통해 자신의 십자가상의 대속적 죽음의 효력을 앞당겨 씀으로써 공생애 동안 여러 차례 담대히 하나님의 사죄 선언을 집행했다. 하나님 나라에 대한 그의 초청은 사실상 "선(先)복음 경험(선 사죄의 은총 경험), 후(後)회개" 결단으로의 초청이었다. 그의 하나님 나라는 자신의 공로로 획득할 수 없고 하나님의 사죄 은총으로만 누릴 수 있다.

나사렛 예수가 공생애 동안 구사했던 사죄의 대권(大權)은 그의 십자가상에서의 대속적·대신적·대표적 죽음과 부활에 근거한다. 나사렛 예수는 저주받은 자로서의 죽음을 당하고, 그를 믿는 사람들의 사죄 확신을 결정적으로 입증하는 증거로서 하나님의 일으키심(죽은 자 가운데서의 부활)을 맛보았다(롬 4:25; 갈 3장). 지상에서 새롭게 시작될 공동체 생활, 즉 하나님 나라는 예수 그리스도가 자신의 의로운 삶을 바쳐 얻어 낸 사죄 선언과 사죄 효력과 더불어 시작된다. 나사렛 예수의 인격과 사역 안에서 활동하는 하나님 나라는 세계 변혁을 위한 필요조건이다. 나사렛 예수가 가져온 사죄 은총과 구원은 결국 구원받은 사람들을 나사렛 예수처럼 하나님 앞에서 자신을 부인하고 복종하는 삶을 살게 만든다.

하나님의 뜻에 순종하기 위해 자신을 죽기까지 무기력하게 만드신 나사렛 예수의 복종은 자신의 무력함 속에서 하나님의 큰 권능을 드러낸다. 하나님 아버지께 자신의 모든 기득권을 양도하고 자신을 무기력한 자처럼 굴복시킨 그 십자가 순종 속에서 하나님은 인간과 세계를 변화시키는 능력을 창조하신 것이다. 그리스도인들은 이 변혁적인 십자가(순종) 말씀의 동력에 이끌려 기존의 현실 이해를 뒤집어엎고, 세계와 삶을 갱신시키는 하나님 나라 운동 속으로 끌려들어 간다.

하나님 나라는 마지막 때 이 새로운 백성(교회 공동체)에서 시작하고 현존한다. '현존하다'라는 것은 어떤 물체나 공간에 지배당하지 않으면서 그곳에 영향을 끼치는 방식으로 존재하는 것을 의미한다. 교회 안에 현존하시는 하나님은 자유롭고 초월적으로 교회 안에 거하신다. 따라서 교회가 하나님 나라를 독점하는 것이 아니며 하나님의 현존이 교회로부터 언제든지 철수될 수 있다는 말이다(겔 8-11장).

성령의 피조물로서 교회는 도래하는 하나님 나라의 전위(前衛)이지 하나님 나라 자체는 아니다. 주기도문에서 나사렛 예수는 "나라가 임하옵소서"라고 기도하지 않았던가? 예수에게 하나님 나라는 아직도 미래형이다. 그러나 이 미래적 하나님 나라가 이미 죄와 죽음이 역사하는 역사 속에 통치권을 행사하기 시작했다. 귀신들이 추방되고 질병이 치유되고 가난한 자들에게 희년복음이 전파되어 하나님 자녀의 존엄을 회복하기 시작했다(마 11:1-5; 12:28-29; 눅 4:18-20). 역사 속에서 하나님 나라의 도래를 막는 '강한 자'는 이미 결박되었다. 나사렛 예수와 성령 충만한 사도들은 인간의 악충동을 발동시켜 이 세상을 하나님께 저항하는 요새로 만드는 악령과 그것의 임자몸인 법적 제도적 틀을 무력화하거나 해체하고 있다(행 19장). 개혁교회는 이 강한 자 결박에 동참하는 교회다. 그러기 위해 개혁교회는 하나님 나라가 먼저 자신을 다스리도록 자기 자신을 드리는 존재다. 교회는 하나님 나라의 운동과 상관없이 자율적으로 성장하는 인간의 조직체로 변질되어서는 안 된다. 교회는 부활절-오순절에 태어나 주의 재림 때까지 과도기로 설정된 유예된 시간에 산다. 교회는 하나님 나라의 완성을 기대하며, 성령의 역사와 그리스도의 살아 계신 현존(사도행전에는 부활하신 예수로, 요한계시록에서는 일곱 교회를 거니시는 것으로 표현)을 통해 이미 충만해지고 그 충만케 된 경험으로 세계 변혁을 주도할 수 있다(히 6:5). 그래서 교회 갱신은 사회변혁과 문화변혁의 에너지를 창출한다. 그러나 항상 성령 충만하지 않으면 교회는 하나님 나라 운동에 자신을 드릴 수 없게 된다.

하지만 교회가 존재하는 땅은 아직도 하나님의 다스림을 벗어난 찬탈자들의 세계다. 심지어 종교 권력자들의 탐욕과 중산층 기독교인들의 물신숭배적 신앙으로 교회 자체가 성령에 의해 결박당해야 할 강한 자의 동맹세력으로 전락하고 있다. 결국 이 세상에는 하나님께서 종말을 진압하실 때까지 최대한 반역을 시도하는 권력기관들과 체계들이 철옹성처럼 버티고 있다. 이런 세계에 대해 하나님 나라(통치)는 위기인 동시에 변혁을 의미한다. 하나님 나라는 모든 개인과 권력기관을 향해 급진적으로 회개할 것을 촉구하기 때문이다. 인간과 세상의 모든 결사체들은 '회개 없이'는 하나님 나라 도래를 환영할 수 없다. 회개 없는 모든 자율적인 개인, 조직, 기관, 국가들은 하나님 나라의 왕권을 잠정적으로 탈취한 찬탈자들인 정사(政事)와 권세일 뿐이다(골 2:15; 엡 1:21; 6:12). 그래서 인간들과 인간들이 구성한 모든 단위의 결사체들은 급진적인 자기부인과 자기갱신을 통해서만 도래하는 하나님 나라와 직면할 수 있다. 이 회개의 선봉에 선 자들이 모인 것이 개혁교회다. 개혁교회는 급진적인 사랑과 우정 공동체를 구성해 하나님께 등을 돌린 세상을 변혁하고, 그 세상의 기초를 허물고 이 세상의 신으로부터 사람들을 해방시키는 하나님 나라의 대리자다. 그러나 교회 공동체는 주류 질서와 지배적인 이데올로기에 적응하라고 위협당하거나 유혹당하고 있다. 그러므로 자신의 사회적인 삶에 대한 자기비판적인 검토를 통해 교회는 주류사회의 이데올로기 체제를 비판함으로써 그

것의 정당성에 대한 질문을 끊임없이 제기해야 한다.[14]

교회는 '하나님 나라가 도래했다'는 복음선포와 성령의 능력으로 변화된 공동체적 삶을 통해, 세상을 하나님께로 이끄는 빛이 되며 하나님의 언약 동반자로 격상시키는 언약의 소금이 된다. 세상의 빛과 소금이 되도록 부름받은 교회는 주류 이데올로기와 그것의 몸체인 사회체제에 대한 해방적인 공격을 감행해야 한다. 이렇게 함으로써 교회는 사회적이고 정치적인 삶의 모든 영역에 침투해, 주류세계를 변혁하려고 분투하는 하나님 나라의 실체를 증언해야 한다. 비록 잠정적이지만 포괄적인 의미에서의 하나님 나라 운동에 참여함으로써 교회는 세상을 죄와 죽음에서 해방시키는 복된 공격을 감행한다.[15] 이런 이유 때문에 하나님 나라는 모든 인간적인 정치체제에 엄청난 정치적인 동요를 일으킨다. 하나님은 거룩한 동요자요 체제 전복적인 촉진자이시다. 자신을 둘러싼 주류 이데올로기와 그것의 지지를 받는 지배적 사회체제를 거룩하게 변화시키려고 분투함으로써 교회는 특정 사회체제의 상부구조로 편입되지 않을 수 있으며, 결과적으로는 그 기존의 지배 체제를 온존하는 역할에서 면제될 수 있다. 예수 그리스도가 선포하는 하나님 나라의 관점에서 보면 모든 단위의 인간적·정치적 결사체들(민족, 국가, 정당, 국제기구)은 극도의 자기중심적 편집증에 빠져 있는 형국이다. 모든 나라, 모든 민족에게 하나님 나라는 거룩한 체제 전복이요 창조적 해체력으로 작동한다. 따라서 그리스도인들과 교회는 자신이 속한 공동체에서 따돌림을 당하고 박해를 자초한다. 세계에 흩어져 있는 그리스도인들은 이러한 자기중심적인 혈과 육의 집단들(국가와 민족)의 편집증과 정신착란을 경각시키며, 하나님 나라의 도래에 대면시켜야 한다. 모든 민족에 흩어진 그리스도인들은 국가주의 및 민족주의라는 이름의 완강한 저항세력을 예상해야 한다. 동유럽의 사회주의 체제에서 저항적인 그리스도인들이 하나님의 지하활동을 대리하며 체제 전복적인 변화를 꿈꾸었듯이, 물신숭배에 빠져 인간의 존엄을 파괴하는 범기계인간(AI) 시대에도 복된 저항을 시도해야 한다. 인간 노동을 불필요하게 만드는 4차산업의 극단한 전자동화와 세계의 모든 육체노동자를 사실상 용도폐기하는 신자유주의적 세계단일 경제체제화 경향은 값싼 노동력이라도 팔아 생존하려는 경제난민들을 무한정 양산하고 있다. 하나님 나라는 인간의 노동을 무가치하게 만드는 이런 극단적 기업이익주의에 거룩한 저항을 시도해야 한다. 하나님 나라 운동 참여자들이 하나님 나라의 지향에 정면으로 반기를 드는 이 세상의 정사와 권세들과 벌이는 싸움은 하나님 나라의 도래를 앙청하는 기도이기도 하다.

따라서 교회 공동체의 신앙은 하나님 나라의 완성을 기다리면서도 한편 서둘러야 한다. 그리스도의 부활과 승천 이후의 역사는 재림의 지연이며, 이 지연은 인간들의 회개를 위한 하나님의 인내를 드러내는 유예 선언이기 때문이다.[16] 하나님 나라의 궁극적인 성취를 교회가 주도할 수 없다는 뜻에서 하나님 나라의 도래에 대한 교회의 기다림은 수동적이다. 그러나 이 기다림은 단순히 수동적인 태도가 아니라 긴장 속에서 살펴보고 망보고 서둘러 신랑을 마중 나가는 신부와 같은 깨어 있는 기다림이다(마 25장). 그것은 하나님 나라의 도래를 지상 속에 앞당겨진 현실이 되도록, 세상을 향해 하나님 나라의 도래를 준비하도록 호소하는 예언자적 기다림이다. 새벽이 온다는 것을 알리는 깨어 있는 파수꾼이다(사 23장). 깨어 있는 기다림은 결코 수동적인 기다림이 아니다. 하나님 나라의 궁극적 완성을 믿는 그리스도인들은 하나님을 감히 대신하려는 이데올로기들과 신들을 거부하며 해방자와 구원자를 끈기 있게 앙망한다.[17] 이런 하나님 나라와 개혁교회에 대한 이해에 입각해 우리는 구약성경이 이상적인 삶의 모습으로 규정해 준 희년사상을 주목하며 그것의 한국 사회에의 창조적 접목 가능성을 탐색해 보고자 한다.

하나님 나라의 근사치 모델, 희년 공동체 이스라엘[18]

희년은 고대 이스라엘의 이상적인 계약공동체의 유지를 위한 면제년법(출 21:1 - 2; 신 15:1 - 11; 렘 34장)의 후기(포로기 혹은 포로기 이후) 수정증보판으로, 가장 이른 시기에 실시되었을 면제년법(출 20 - 23장의 계약법전의 규정)을 완화시킨 법이다. 7년에 한 번 돌아오는 면제년법의 급진성이 많이 완화된 버전이 희년이라는 말이다. 희년은 일곱 번의 안식년을 마친 후 50년째 되는 해를 특별 안식년으로 선포하여 이스라엘 계약공동체 구성원들을 총제적으로 자유케 하고 야훼 신앙의 법도대로 살 수 있는 토대를 회복해 주는 주기적인 사회적 예전(禮典)혁명이다. 이 희년법은 성막을 중심으로, 하나님의 기업의 땅인 가나안 땅에서 이뤄지던 이스라엘 공동체 생활을 전제한다. 레위기의 모든 율법과 계명은 이스라엘 백성들이 시내산에 머물던 1년간 모세를 통해 중개된 율법들이라고 선포된다. 그러나 그 율법들을 자세히 살펴보면, 레위기의 많은 율법은 이스라엘이 가나안 땅에 들어가 살았던 상황을 전제하거나 반영하는 율법들이다. 모세 시대가 아니라 사사시대, 왕국시대, 그리고 심지어 포로기 이후의 귀환 공동체 시대를 반영하는 율법들도 포함되어 있다(성전 세겔, 땅과 가옥법, 경작지 유지법 등). 특히 '성결법전'이라고 불리는 레위기 17-26장의 대부분은 이미 가나안 땅에 오래 정착했던 상황을 반영하며 가나안 문화와의 충돌과 혼합을 동시에 겪고 있던 이스라엘 백성들에게 선포되었던 계명들이다. 그런데 왜 레위기는 그 안에 포함되어 있는 율법 모두를 '모세가 시내산에서 중개한 율법'(27:34)이라고 하는가? 이것을 이해하기 위해서는 이스라엘의 계약갱신 신학을 먼저 알아야 한다. 신명기 5장 1 - 11절(특히 3 - 6절)에 의하면 이스라엘 출애굽 2세대들이 제2대 시내산 계약체결 당사자 세대로 규정된다. 계약의 '동시대화'인 것이다. 즉 이스라엘 모든 세대는 '실존적으로는'

시내산 계약에 참여했던 세대라는 것이다. 또한 신명기 18장 15-18절은 하나님께서 각 시대에 모세적 권위를 가진 예언자를 일으켜 하나님의 말씀을 각 시대 백성들에게 적용 가능한 율법이 되도록 중개해 주시겠다는 약속을 담고 있다. 이런 식으로 보면 여호수아는 제2대 모세적 예언자가 되는 것이다. 주전 10세기에는 사무엘이, 주전 9세기에는 엘리야와 엘리사가 모세적 예언자가 되는 셈이다. 시내산에서 모세를 통해 주신 중개된 '하나님의 율법'들은 역사가 진행될수록 수정·보완되고 대체되는 과정에서 탄생했다. '시내산에서 모세를 통해 중개되고 가르쳐진 율법들'이란 이스라엘 백성들에 의해 하나님의 율법이라고 승인된 율법들로, 공동체의 안녕과 존립에 결정적으로 중요한 율법들을 총칭하는 말이다. '모세의 율법'이란 모세 시대의 법만을 가리키지 않는다는 것이다. 따라서 레위기 17-26장에서 포로기 혹은 포로기 이후 시대의 귀환포로 공동체의 삶의 정황에 잘 부합하는 법들을 발견한다고 해서 당황할 필요가 없다. 이스라엘이 계약공동체로서 존립하기 위한 최소한의 경제적 안전장치인 희년을 다루는 레위기 25장은 성결법전의 일부로서 바벨론 귀환 포로들의 상황에서 연원한 율법이었을 가능성이 크다.[19] 이 희년법은 귀환 포로들이 남겨 두고 떠난 땅들의 소유권을 회복시켜 주려는 맥락에서 선포된 법이었을 것이다.[20]

출애굽 구원의 영원한 기념 축제, 희년법

레위기 25장은 모세오경에 있는 땅 점유 주제에 관한 유일한 실례를 담은 규정이다(23-25절). 그것은 고대 이스라엘 문중(clans), 지파, 개인들에 의해 점유된 땅의 법적 지위를 규정하는 유일한 율법 규정이다. 이 규정의 근저에는 하나님께서 이스라엘에게 영원한 '아후자'('aḥûzzā), 즉 영구 임대 토지로 주셨다는 사상이 깔려 있다. 이것은 모든 땅의 사적 소유를 금지하는 규정이며 공적 용도를 공공연히 규정한 법령이다. 따라서 하나님이 주신 가나안 땅에 대해서는 영구 매매나 양도가 있을 수 없다. 25장은 안식년 규정(1-7절)과 희년[21] 규정(8-55절)으로 구성되어 있다. 여기서 땅과 야훼 관계가 대단히 직접적이라는 사실은 주목할 만하다. 이스라엘 백성이 야훼께 직접 소속된 하나님의 백성이듯 가나안 땅 또한 직접적이고 특별한 의미에서 야훼께 소속된 땅이라는 것이다. 이 땅 신유(神有)사상은 자본주의 제도의 근간을 이루는 토지사유제와 충돌할 여지를 갖고 있다. 고대사회에는 원시공산사회였다. 고대 왕정사회에서 땅은 정복군주 혹은 군벌가문의 소유였다. 그럼에도 인류는 오랫동안 땅을 독점하거나 배타적으로 소유할 필요를 느끼지 않을 만큼 땅과 인구의 비대칭적 비율을 유지했다. 그러나 경작지를 개간할 필요성이 있던 사회 곳곳에서 버려진 땅이나 비어 있는 땅을 경작지로 바꾸는 노동을 투입한 개인이나 가문에게 땅의 소유가 허락되기 시작했다. 개인 혹은 가문의 땅 경작과 소유는 왕이나 군사정복자형 군주로부터 어느 정도 자유를 확보한 자유민을 탄생시켰다. 그래서 토지사유는 압제적인 군주로부터 자신을 보호하는 자유의 토대였다. 이런 역사에 비추어 18-19세기 철학자들은 토지사유를 정당화하는 조건들을 제시하기 시작했다. 영국의 존 로크는 토지사유를 정당화하는 데 앞장섬으로써 절대군주들의 지배로부터 자유시민들의 권리와 자유를 지키려고 했다.[22] 토지사유는 자유민의 탄생을 의미했다. 그런데 로크의 사상은 인구와 경작지/주거지의 호혜적인 비대칭성이 역전되며 땅과 토지에 대한 수요가 급진적으로 증대되는 시대에는 역기능을 초래했다. 토지의 공공성이 상실되고 토지를 가진 자와 못 가진 자의 갈등을 초래하게 되었다. 현재의 자본주의는 토지소유 옹호자유주의와 제휴하고 있다. 따라서 토지가 하나님의 것이라는 성경사상은 토지사유제도에 친숙한 자본주의적 자유주의 체제 사람들에게 충격이자 도발로 들린다. 그런데 하나님은 단 한 번도 토지의 사적 영구소유를 재가하신 적이 없다. 처음부터 성경은 토지의 신적 소유, 인간의 경작권 임대라는 사상에 충실하다. 자본주의적 토지사유 체제를 요동시킬 수 있는 토지제도가 바로 희년사상에 들어 있다.

레위기 25장 1-7절은 안식년법을 규정하는 더 오래된 전승인 출애 굽기 23장 10-11절(땅의 안식)을 되풀이하고 있다. 이스라엘 백성들이 약속의 땅에 들어온 시점부터 계산하여 7년마다 순환적으로 땅이 안식년 휴식을 가져야 한다는 것이다. 희년은 일곱 째 안식년의 그다음 해, 즉 50년 되는 해를 가리킨다. 나팔을 불어 땅과 채무노예들을 동시에 자유케 하는 해방의 축제절기다. 8-12절은 희년이 "너희(이스라엘)에게 거룩할 것이다"(12절; 참조. 10절)라는 사실을 전면에 부각한다. 희년이 이스라엘 백성의 거룩한 품격을 드러내는 표징 중 하나가 된다는 말이다. 13-28절이 희년법의 뼈대다. 여기서 이스라엘은 하나의 거대한 가족 집단으로 이해되고 있다. 특히 빈번하게 사용되는 "형제", "이웃"이라는 용어가 희년제도의 사회학적 배경을 명료하게 드러낸다. 희년법은 하나님이 선물로 주신 땅이요 조상에게 유산으로 받은 땅에서 가족 구조를 이룬 이스라엘 공동체가 가나안 땅에 계속 정착할 수 있는 토대 구축을 가능케 하는 법이었다. 희년법은 이스라엘 공동체에 속한 거류민이나 가난한 자들의 생존을 가능케 하는 공동체적 돌봄을 법제화하고 예전화하고 있다. 가난한 자와 신분이 불안정한 경제적 약자인 거류민들에 대한 돌봄과 공동체적 자비 구현을 법(명령)과 축제적인 예전(자발적 참여)이라는 맥락 속에 배치하는 것이다. 따라서 희년은 기쁨의 해로서 나팔(요벨)을 불어서 그것의 도래를 알릴 만한 가치가 있는, 50년 주기의 자발적인 사회변혁적 축제절기였다.

하지만 사회학적인 견지에서 보면 모든 사람에게 나팔을 불어 그것의 도래를 알릴 만한 보편적인 기쁨의 해는 아니었다. 희년 절기는 가난한 자 중심의 축제였기 때문이다. 부자들은 오히려 재산을 상실하고 기득권의 상실을 감수하며 축제에 참여해야 했을 것이다. 하나님의 은혜에 마음이 감동되어 있지 못한 부자들과 지주들은 나사렛 회당의 지주들처럼 예수님의 희년 도래 선포에 거세게 저항할 수밖에 없었을 것이다. 이처럼 희년의 목표는 어떤 이유로든지 파산되어 생존 경계선 밖으로 추방당한 자들을, 계약공동체를 지탱시키는 하나님의 구원 은혜에 수혜자로 재활복구시키는 것이었다. 이스라엘의 잃어버린 양이었던 삭개오를 아브라함의 자손으로 재활복구시키는 과정은 이런 희년의 영적인 적용인 셈이었다(눅 19장). 희년은 법제화된 신적 친절과 자비였던 것이다.

법제화된 친절과 이웃 사랑의 중심에는 23절에서 잘 요약되듯이, 땅에 대한 하나님의 배타적 소유권 신앙이 있다. 나봇처럼 왕에게 땅을 빼앗기거나(왕상 21장; 참조. 겔 46:18) 빚, 기근, 전쟁 등으로 파산된 이스라엘 백성들은 자신의 기업의 땅에서 소외되고 이산과 방랑의 삶을 살 수밖에 없었을 것이다(룻기). 자신의 본거지를 떠나 이방 지역 주변에서 간신히 살아가는 불안정한 빈곤층을 '게르'(gēr)라고 부르는데, 23절은 이스라엘 백성 모두가 하나님 앞에서는 땅에 대한 어떤 기득권도 주장할 수 없는 거류민, 게르라고 규정한다. 하나님은 이스라엘 땅 한복판에 사는 경제적 약자인 게르를 보호하기 위해 이스라엘 모두를 하나님께 붙어사는 게르라고 규정해 버린 것이다. 원칙적으로 페르시아 제국이나 로마제국 아래 식민지 백성으로 살아가는 모든 이스라엘이 게르였던 셈이다.

이처럼 희년법의 근저에는 거류민과 가난한 자의 생존권과 인간 존엄성을 확보해 주려는 신적 자비가 흐르고 있다. 이미 땅을 가진 유산자와 유력자들이 되어 버린 일부 이스라엘인들에게 그들이 본디 이스라엘 땅

에 정착할 때의 법적 신분이 이주민 정착자요 거류민이었음을 깨우치게
함으로써 그들이 붙어사는 거류민들과 나그네들을 신적 자비로 돌보도록
촉구하는 전략이었던 것이다. 이주민들이었던 이스라엘에게 땅은 영속
적으로 매각될 수 있는 사유재산이 될 수 없을 것이다. "땅은 하나님의 것
이요 이스라엘 백성들은 하나님께 붙어사는 나그네들이요 거류민들이기
때문이다." 이 말은 몇 가지 중요한 결과들을 내포한다.

　　첫째, 하나님께서 땅에 사는 인간 거주자들과는 전적으로 독립적으
로 존재하는 땅을 스스로 소유하신다는 것이다. 둘째, 하나님께서 토지재
산을 매매 가능한 일반적 상품과는 다른 수준으로 취급하신다는 것이다.
즉 누구도 어떤 땅을 사서 영구적으로 소유할 수 없다는 것이다. 절대적
인 의미에서 인간은 땅의 소유자가 될 수 없다. 셋째, 이스라엘이 하나님
앞에서 거류자요 나그네라는 사실은 거류민과 나그네를 환대해야 한다는
사상을 발전시키는 신학적 준거를 제공한다. 이스라엘 계약 공동체는 가
난한 자들의 살림살이가 파탄되지 않도록 공동체적으로 돌볼 윤리적·신
앙적 의무 아래 있는 것이다(레 25:39-42). 25절은 23절에 상관없이, 사람
들이 재정적인 이유 때문에 현실적으로 자신들의 토지재산을 팔지 않으
면 안 될 상황에 직면할 것을 인정하고 있다. 이 사실은 단지 인정되고 있
을 뿐 아니라, 그러한 팔린 토지재산이 원소유자(경작자)에게 궁극적으로
회복되는 과정에 대한 규정들에 반영되어 있다. 어떻게 매각된 땅이 다시
회복될 수 있는가?

　　첫째, 원주인은 그것을 다시 사들일 수 있다(레 25:26-27). 둘째, 친족
이 팔린 토지를 다시 사서 가문의 재산으로 복구시킬 수 있다. 즉 기업 무
르는 일이 가능했다(레 25:25). 셋째, 희년이 오면 성벽으로 둘러싸인 지역
안에 있는 집을 제외하고는 토지재산은 원소유주에게 다시 회복되었다
(레 25:8-12, 29-31). 희년이 안식년의 확장이었기 때문에(레 25:1-8, 25-28),

어떤 땅이 원래의 재산으로 회복되는 것은 원래 매매거래와 관련된 채무의 탕감이라는 전제 아래서 가능한 일이었을 것이다. 이런 규정들을 통해 안식일법과 안식년법(희년법 포함)에서 명령하는 두 가지 특징적인 사건은 땅의 안식(휴경)과 이스라엘 동포 노예들의 해방, 채무 탕감이었음을 알 수 있다. 그래서 우리가 사회복지라고 부르는 일이 이스라엘 백성 (한때 애굽의 노예요 가나안 땅에 들어와서는 약 200년간 거류민 신세를 경험한 이스라엘)을 향해 베푸신 하나님의 선행적(先行的)인 환대와 돌봄을 반영하는 법과 축제절기 속에서 시행되고 있었던 것이다.

35-46절은 희년 정신의 적용 사례다. 이스라엘 공동체 안에서 극빈자에 대한 공동체적인 돌봄을 명령하고 있다는 점에서다. 이방인은 종으로 부릴 수 있지만 동포 이스라엘은 종으로 팔리더라도 희년까지만 섬기게 하고 풀어 주어야 한다. 47-55절은 이방인에게 노예로 팔린 이스라엘 동포를 속량하도록 하되 가까운 친족부터 속량 책임을 더욱 직접적으로 느껴야 한다. 결국 희년법은 광범위한 공동체적인 사랑의 연습을 위한 제도적 장치였던 셈이다.

희년에 취해야 할 이상의 조치들은 이스라엘 백성들뿐 아니라 가나안 땅도 야훼 하나님 자신에게 할당된 기업(基業)이라는 보다 오래된 전제에 근거한다(삼상 26:19; 삼하 14:16; 렘 2:7; 16:18; 50:11; 시 68:10; 79:1). 그래서 희년의 법적·예전적 조치들의 핵심은 영구적인 땅 상실과 땅의 소출로부터의 소외라는 현실에 직면했을 때, 옛 조상들에게 할당해 주신 가문의 토지재산을 지켜 주시겠다는 하나님 편에서의 계약 조항 실천에서 찾아볼 수 있다. 토지재산의 복구와 관련된 '친족-기업 무를 자' 사상은 성경의 다른 책들에서도 잘 알려져 있는데, 확실히 그것은 오래된 가족 공동소유 재산을 보전하는 데 영향을 끼쳤다(룻 4:3-6; 렘 32:6-12; 왕상 21:1-19). 희년제도의 근저에 깔린 세계관은 확실히 자발적인 평등주의적인 사회를 지향하고 있다. 그러나 이 평등은 개인의 행복의 총량을 균등하게 배분하거나, 물질적 재화나 용역을 산술적으로 균등하게 배분하는 평등주의적 이데올로기로 각질화되지 않는다. 한 공동체의 건강하고 평화로운 존립을 해치지 않는 한에서 개인별, 가족별 재산상의 차이를 인정한다. 다만 묵은 땅을 주기적으로 갈아엎고 객토함으로써 땅의 비옥도를 높이듯이, 공동체의 불평등과 세습화된 가난을 상대화시키는 사회학적 기경과 객토 작업을 해주자는 것이었다.

구약이 말하는 하나님 나라는 두 가지 사건으로 구성되어 있다. '죄 사함을 통한 하나님과의 언약관계 돌입'(참여)과, '하나님의 은혜에 추동되어 이스라엘 백성이 서로에게 기업 무르는 자 되어 주기'였다. 결국 구약성경과 신약성경이 말하는 하나님 나라는 이런 점에서, 영적인 기업 무르기(죄 사함을 통한 언약공동체 구성원 자격 획득)와 물질적 기업 무르기(물질적인 땅 회복을 통한 언약공동체 구성원 자격 획득), 즉 희년 사회의 구현을 의미했다. "군주는 백성의 기업을 빼앗아 그 산업에서 쫓아내지 못할지니…백성이 각각 그 산업을 떠나 흩어지지 않게 할 것이니라"라는 에스겔 46장 18절 말씀이 암시하듯, 왕이 만일 이스라엘 자유농민의 땅을 빼앗아 버리면, 자유농민은 땅을 잃고 정처 없이 떠도는 유민(流民)으로 전락한다. 지킬 땅이 없는 유민들은 외적이 침입할 때 국방의 의무를 떠맡지 못한다(왕하 15:20 은 북이스라엘 왕 므나헴이 부자들에게 군역을 부과하는 상황 묘사).[23] 열왕기상 4장 25절이 보여 주듯이 각자 자기 포도원과 무화과 과수원을 경작하는 자경자영 농민이야말로 애국심과 국방력의 기초 단위였다(미 4:4).[24] 따라서 이스라엘 백성이 가나안 땅을 점유하고 있는 현실은 하나님의 다스림 아래 있다는 표지이며, 가나안 땅을 잃고 열국 중에 흩어져 사는 것은 하나님 통치의 중단이자 구원의 소멸을 의미했다. 하나님의 백성이 자기 땅을 떠나 이방 땅에 사는 것 자체는 자신들을 더럽히는 일이었고, 하나님의 이름을 이방인 중에 더럽히는 일이었다(겔 36:20–22). 야훼의 기업을 떠나는 것은 언약공동체로부터의 이탈을 의미하는 것이었고, 언약공동체에 주어지는 하나님의 통치 혜택, 즉 구원과 평안, 생존 안전권과 인권보호의 박탈을 의미했다. 그래서 주전 8세기에 예언자들은 야훼의 백성 중 가난한 자들이 집단적으로 출현하는 것을 보고 엄청난 위기의식을 느낀 것이다. 기업의 땅을 잃는 것은 구원의 상실이자 하나님 상실이었다. 다윗도 자신을 추격하여 이방 땅으로 도피할 수밖에 없게 만드는 사울에게, 이방 땅 거주는 야훼 대신 이방 신들을 섬기게 하는 배교 강요 행위라고 항변했다(삼상 26:19). 이처럼 하나님의 백성 이스라엘이 가나안 땅, 하나님의 기업으로 주신 땅에 평안히 거주하는 것은 구약성경이 그리는 최고의 구원이자 극락(極樂)이었다. 이스라엘 백성의 질적·양적 번영은 그들이 하나님이 하사하신 토지를 맡아 얼마나 잘 경작하고 생산성 있게 사용하는가에 달려 있었다. 땅의 점유와 사용 방법 자체가 하나님의 율법 준수의 시금석이었던 것이다.[25]

이처럼 면제년법이나 희년법은 둘 다 이스라엘 자유농민의 수를 일정 정도 확보하기 위한 국가경영적인 목적이 있다. 예레미야 34장에서 암시된 면제년법이나 레위기 25장이 말하는 희년법은 단지 윤리·도덕적 명령이 아니라, 국가 공동체를 유지하기 위해 고안된 주도면밀한 정치적 장치였던 것이다. 땅을 잃고 떠도는 유민(流民)들로 붐비는 나라, 그것은 모래 위에 지은 집과 같다. 땅이나 생계수단으로서의 안정된 직장을 갖지 못한 사람들이 많으면 아무리 계량화된 경제지표가 선진국임을 자랑할지라도 사실상 그런 나라는 사상누각이며 붕괴될 수밖에 없는 공동체다.[26] 희년사상의 핵심은 하나님이 주신 언약공동체를 유지하기 위한 50년 주기의 사회 재구성이자 언약 재갱신이다. 피 한 방울도 흘리지 않고 사회경제적 혁명을 자발적으로 성취하는, 축제 열기가 가득 찬 혁명이다.

하나님 나라 운동의 각론으로서의 희년운동

앞에서 살펴보았듯이, 이스라엘의 이상적인 국가 공동체의 구성과 생활에 대한 강령들과 율법들은 모세오경의 면제년법이나 희년사상에 잘 집약되어 있다. 이 두 율법은 출애굽 구원과 가나안 땅 정복이라는 하나님의 선행적(先行的)인 구원에 대한 이스라엘의 응답 차원에서 실행되기로 예정된 가르침들이었다. 이스라엘에 주어진 국가 공동체의 삶에 대한 모든 율법은 파라오의 압제에서 자신들을 해방시키고 가나안 땅을 선물로 주신 하나님에 대한 감사의 응답으로 지켜야 할 것들이었다. 두 사상의 핵심은 땅의 영구적 사적 소유의 금지였다. 이스라엘에게 선물, 즉 기업으로 주어진 가나안 땅은 원천적으로 하나님의 땅이요, 이스라엘 백성은 땅의 거류민(일시적 경작자)이었기 때문이다[레 25:23, "너희는 소작인(gērîm)이요, 동거하는 자(tošābîm)로서 나와 함께 있느니라"]. 특히 희년은 땅의 일시적 매매를 허용했으나 매입된 땅의 수익권을 49년만 보장했고 50년이 되는 해에는 모든 팔린 땅들이 원래의 주인에게 되돌아가도록 규정했다. 가난이 50년 이상, 즉 두 세대 이상 세습될 수 없었던 것이다. 따라서 이스라엘에서 계약공동체의 일원으로 태어나는 사람은 누구나 하나님의 땅 선물을 누릴 자격을 갖게 된다. 어떤 가난한 이스라엘 국민도 땅의 소출로부터 영구적으로 소외될 수 없게 한 것이다(신 15:11). 이처럼 희년법으로 대표되는 모세오경의 이상적 공동체 규정은 자발적인 우애 실천과 상호견인적 사랑 실천을 최고의 덕목으로 삼는 계약공동체 사회였다. 이스라엘 사람들은 하나님과 맺은 언약으로 동포와 이웃과 자신을 결속시켰다. 하나님께 속한 계약백성은 자연적으로 동포들과 이웃들과 계약관계에 묶여 있음을 인정했다. 희년 율법이 상정하는 이상적인 국가는 우애와 협동, 상호돌봄과 지지가 전제된 공동체다. 이 이상적인 성경적 국가 공동체는 어떤 파라오의 압제도 허용하지 않는 자유사회인 동시에 특정 계급이나 계층의 절대적 지배권력의 소유를 인정하지 않는 균등적인 우애 공동체였다. 그것은 전체주의나 압제, 독재정치, 노예화를 금지하며, 사유재산을 보유할 자유나 거주·이전의 자유가 보장되지만 그 개인의 자유는 공동체의 공공선을 해치지 않는 범위에서 보장된 자유다. 결국 희년사상이 설정하는 이상적인 사회는 하나님과의 계약적 친밀성 안에서 수평적인 동포와 이웃과 결속되는 인애주의 공동체였다. 인애(헤세드)는 계약공동체의 의리와 친절을 가리킨다. 사흘 굶은 장발장이 고대 이스라엘에 태어났다면 그는 절도죄로 감옥에 가지 않는다. 구약의 법에 의하면 굶은 자의 생존권은 사유재산권보다 더 신성한 권리였기 때문이다. 거칠게 말하면 모세오경이 설정하는 이상적인 국가는 개인의 자유와 형제자매적 우애 의무를 절묘하게 결합시키며, 빈부격차의 영구적 세습을 금지하는 사회다. 이런 사회는 법적 강제와 외적 규제를 통해서가 아니라, 하나님의 은혜에 대한 응답으로서의 자발적인 헌신과 우애로 유지되는 것이다. 그래서 학자들은 구약의 희년제도의 구체적 실행을 담보할 책임을 진 계층은 안식일과 안식년 시행을 관장하는 제사장들이었다고 본다. 나아가 희년이 대속죄일과 거룩한 나팔을 부는 관습과 연관되어 있기에 제사장들이야말로 안식년과 희년의 실행을 계도하고 감독할 일차적 책임을 맡았을 것이라는 것이다.[27] 즉 희년제도가 일률적으로 실행되는 법이 아니라 제사장들의 영적 감화력과 영향력으로 시행될 수 있는 제도였다는 것이다. 따라서 제사장들의 영적 지도력이 확보되지 못한다면 7년 주기의 땅 안식도 불가능했다. 역대기 기자는 70년의 바벨론 유수 기간이 열 번의 안식년을 어긴 결과 한꺼번에 가나안 땅에 안식년을 선사하는 하나님의 특별조치였다고 말한다(대하 36:21). 희년이나 안식년이 과연 시행되었을까에 대한 의심이 있는 것은 사실이다. 얼마나 신실하게 정기적으로 지켜졌는지를 확인할 수 있는 증거는 없다. 그러나 예레미야 34장의 시드기야 치하의 노예해방령이나 열왕기하 8장의 수넴 여인이 엘리사의 중재로 7년 만에 재판을 통해 자신의 땅을 되찾는 이야기는 안식년이나 희년사상이 이스라엘의 지배층과 유력 시민들에게 큰 실천 부담을 안겨 주었을 가능성이 크다. 그렇지 않다면 토지와 주택 등을 탐욕적으로 사유하던 지배층에 대한 이사야(5:8)나 아모스의 탄핵(8:4)은 돌연스럽게 들렸을 것이다. 나사렛 예수가 아주 초기에 (아마도 메시아 사역의 첫 순간) 희년제도를 상기시키는 이사야서 61장 1-4절의 "은혜의 해" 단락을 읽고 청중들에게 실천을 요구하고 그 결과 린치를 초래한 일화는 안식년제도나 희년제도의 역사적 실행가능성을 아예 배제할 수 없게 만드는 간접적인 증언이 될 수 있다. 앙드레 트로끄메 같은 학자들은 희년의 역사적 실천가능성을 옹호하고 나사렛 예수의 하나님 나라 복음 선포는 희년 도래 선포였다고 주장한다.[28]

나사렛 예수는 헬레니즘화된 개인주의가 유대 사회를 지배하던 당시에 아주 보수적인 원칙을 선포한 신앙인이었다. 그는 오래전 12지파 시대의 모세율법을 존숭(尊崇)했고 그것을 어기며 사는 동시대인들을 향해 예언자적 비판을 서슴지 않았다. 나사렛 예수가 선포한 하나님 나라는 모세오경과 예언자들이 가르친 하나님께 순종하는 백성들의 공동체로서 하나님을 지극 정성으로 사랑하고 이웃을 자기 몸처럼 사랑하는 우애 공동체였다. 부재지주들에게 땅을 빼앗기고 유민들과 소작인으로 전락한 팔레스타인 농민들에게 이런 하나님 나라를 선포했다. 메시아 취임 설교로 알려진 나사렛 회당 설교에서 그는 청중에게 오랫동안 잊힌 희년법을 구현하라고 했다가 큰 반발을 샀다. 희년을 선포하는 이사야서 61장 1-4절을 인증하면서 청중에게 "희년 실천을 촉구하는 이사야 말씀이 오늘 여러분의 귀에 응했습니다"라고 선포했다. 듣는 자들에게 실천 의무를 일깨운 것이다.

하지만 구약성경의 토라 말씀은 정치와 경제, 종교와 문화의 권력 상층부로 진입한 엘리트들에게는 실천하기 어려운 계명들로 가득 차 있다. 7년에 한 번씩 종들을 풀어 주고, 채무를 탕감하고, 50년에 한 번씩은 원소유자들에게 땅을 돌려주라는 것은, 이스라엘 계약공동체 구성원이 준행해야 할 의무임에도, 힘써 부를 일군 성실한 지주들에게도 상당히 부담스러운 일이었을 것이다. 풍요로운 생활에 익숙한 부자가 50년에 한 번씩 낙차 큰 자기강하를 통해 자발적인 궁핍화를 감수하는 일은 자신의 탐욕과의 쟁투를 요청했을 것이다. 선한 부자들의 상황이 이러했을진대, 부당한 방법으로 지주가 된 자들에게는 면제년이나 희년 계명 실천이 얼마나 어려운 과업이었을까? 누가복음 4장 19절 이하의 나사렛 회당 사람들의 반응에서 보듯이 희년 실천을 촉구하는 예수의 설교는 그의 목숨을 위태롭게 하는 행위였다. 이것은 무엇을 의미하는가? 하나님의 압도적인 은혜에 사로잡힌 자들만이 모세오경의 희년 강령들을 실천할 수 있었다는 것이다. 오순절 성령강림 때에야 이런 희년적 사랑과 우애 실천이 일어났다. 성령의 첫 열매인 원시 예루살렘 교회가 탄생했고, 압도적인 성령의 감동으로 초대교회는 물질적 유무상통의 공동체를 이루어 낼 수 있었다 (행 2장; 4장).

그런데 이런 나사렛 예수의 하나님 나라 메시지가 바울에게 오면, 나사렛 예수가 주와 그리스도가 되셨다는 복음초청의 메시지로 바뀐다. 가장 큰 이유는 토라의 가르침을 실천할 사회·정치적 맥락이 사라졌기 때문이다. 주후 70년 이후 모세오경을 만들어 냈던 팔레스타인의 영토적·국가적 실체인 이스라엘은 사라져 버렸다. 결과적으로 바울서신들과 신약의 기타 책들은 팔레스타인의 이스라엘을 대상으로 쓰인 글들이 아니라 그리스 로마제국의 헬레니즘화된 도시 공동체에 흩어져 살던 소수의 이주민 공동체에게 보내진 글들이었다. 이런 상황에서 유대교인들이 가장 중요하게 생각하는 모세오경의 토지법, 재판법, 가정법, 민법, 상법 등을 지중해 일대의 유대인 디아스포라에게 적용하는 데는 무리가 있었다. 하지만 바울이 희년 정신에 담긴 이상적인 삶의 원칙, 모세오경이 상정한 강력한 상호돌봄적인 계약공동체주의를 포기한 것은 아니다. 오히려 그는 그것을 팔레스타인을 넘어 국제주의적인 영적 공동체의 구성원리로 활용했다. 그는 기근을 당한 예루살렘 성도들을 이방 교회의 물질적인 기부로 돕는 일을 자신의 필생의 선교 사명 중 하나로 설정했다(고후 8-9장; 롬 15:16, 25-27). 이것은 단지 일과성 구제활동이 아니라 희년 율법이 설정한 이상적인 공동체 정신을 디아스포라 교회 안에 접목하려는 시도로 보인다. 비록 그는 희년 율법을 자신의 이방 교회에 문자적으로 적용하지는 못했으나 그것의 핵심인 계약공동체주의나 나사렛 예수가 그토록 강조했던 가난한 자들을 위한 사랑 실천을 포기하지는 않았다.

다른 신약성경의 문헌들도 마찬가지다. 신약성경의 많은 책이 비록 과도한 종말론과 임박한 재림신앙으로 채색되어 있지만 과연 이 세상에서 어떻게 살아야 할 것인지에 대한 전망도 제시하고 있다. 야고보서와 요한복음, 요한서신들 그리고 대부분의 바울서신들은 한결같이 종말에 나타날 하나님 나라의 완성 시점에 실현될 과격한 사랑과 돌봄을 펼치도록 격려하고 촉구하고 있다. 바울은 지극히 조밀한 종말론적인 형제자매 공동체를 구성하는 것을 목표로 사역에 매진했다. 형제우애가 구현된 사랑의 공동체를 지중해 여러 거점 도시들에 형성하여 예루살렘의 성도들과 교제, 즉 신코이노니아라고 불리는 물질적 유무상통을 실천하는 데까지 성장하도록 도왔다. 바울은 가난한 자들의 구제와 물질적 유무상통까지 포함하는 복음의 교제를 이방 교회에 가르침으로써, 팔레스타인의 이스라엘 국가 공동체를 떠나서도 실천가능한 신앙의 중간 공리(middle axiom)를 개발해 낸 것이다. 여기서 한국 교회의 하나님 나라 운동이 배울 점이

있다.[29]

　요약하면, 국가를 재구성하고자 할 때 우리가 주목해야 하는 성경적 진리는, 압제주의에 대한 자유주의, 원자화된 개인주의를 초극하는 계약 공동체주의, 무한 양극화로 고착되는 빈부격차 대신 주기적인 희년적 형평주의, 고도로 조밀한 형제자매 돌봄주의다. 이런 희년적 계약공동체주의와 나사렛 예수 안에서 선포된 하나님 나라의 진리를 과연 무한경쟁주의적 신자유주의를 채택한 오늘의 한국 사회가 어느 정도 감당할 수 있을까? 무한경쟁을 동력으로 삼아 개인을 원자화하고 생산성을 극대화하려는 한국 사회에, 어떻게 상호돌봄적인 인애와 계약공동체주의라는 성경적 진리가 접목될 수 있을까?

　바울처럼 희년사상의 근본정신을 살리되 적용상의 변화를 가미한 중간 공리를 개발할 필요가 있다. 하지만 우리가 이런 국가 공동체의 구성과 운영에 관한 성경적 진리를 먼저 세속적인 국가를 향해 외칠 것이 아니라 하나님의 선행적인 구원을 경험한 교회 공동체에 외쳐야 한다. 하나님의 선행적인 구원을 경험한 교회 안에서 그 성경적 진리가 먼저 적용되고 실험된 후 세속사회로 그 파급력을 확장해 가야 하는 것이다. 그러므로 하나님의 선행적인 구원을 경험한 교회 공동체가 우선적으로 실천한 후, 그 실천의 성과 위에서 세속사회를 향해 일반적인 입법운동을 추진할 수 있을 것이다. 사실 희년운동을 세속국가에 문자적으로 적용하기에는 무리가 있을는지도 모른다.

　하지만 교회 공동체가 희년 계명을 우선적으로 실천해야 할 사명이 있다고 해서, 희년사상의 중간 공리를 세속국가나 일반 사회에 동시에 적용할 수 있는 길이 원천적으로 봉쇄된 것은 아니다. 헨리 조지의 토지단일세론이나 최근 한국의 '희년함께' 등이 주장하는 공정국가론, 토지신탁운동 등은 희년사상의 실천을 위한 중간 공리들이다. 토지 공동체소유 사상에 입각한 토지단일세론이나 공정국가론은 토지를 인류 공동체에 주신 하나님의 선물로 보는 희년사상의 연장선상에서 나온 이론들이다. 개인의 토지소유권을 보장하기보다는 개인의 토지사용권을 보장하고 그 토지사용권 매매를 장려하는 데 초점을 두는 '공정국가'가 출현한다면 토지를 통한 불로소득 환수와 개발이익 환수제도 등을 통해 희년사상을 어느 정도 구현할 수 있을 것이다. 나아가 구약의 희년법 사상은 인간의 자연법적인 정의감에 호소하는 입법원리와도 제휴할 수 있다. 특정 종교를 신봉해야만 실천 가능한 법이 아니라, 국가경영적 측면이나 경제적 측면에서도 사회적 통합이나 생산성 향상에 이바지할 가능성이 크기 때문이다.

최근 세계 경제학자들이 중국의 토지제도에 증대된 관심을 보이는 이유는 역설적으로 중국의 토지제도가 토지공개념에 근접하기 때문이다. 토지의 사적 소유를 무제한 허용하고 정당화하는 현재의 자본주의 토지경제관은 기독교 신앙이나 윤리에 부합하지 않는 것은 물론이거니와 국가경영적 차원이나 경제발전 차원 모두에서 영구적인 장애물이 된다. 토지공개념[30]은 토지권의 공동귀속을 천명함으로써 공동체 구성원의 인권을 향상시키고 소속감을 증대시켜 경제적으로도 훨씬 생산성 높은 공동체를 창출할 수 있다고 보는 입장으로, 희년사상의 중간공리를 위한 유용한 제도가 될 것이다. 이것은 무엇을 의미하는가? 이론적으로는 하나님의 특별 구원 은총을 경험한 교회가 희년 실천의 우선적 사명이 있을지라도, 교회와 그리스도인들은 세속사회를 향해서도 희년사상의 자연법적 타당성과 경제적인 효용성을 환기시키는 운동에 참여해야 한다. 희년운동은 토지에서 나오는 모든 이익을 한 나라의 토지 위에서 태어난 모든 사람과 근본적으로 나누자는, 지극히 성경적이고 합리적인 운동이다.

희년사상의 실천적 중간공리로서 기본소득과 그것의 헌법적 근거와 성경적 토대[31]

2016-2017년 5월 촛불시위로 우리는 '민주공화국' 대한민국의 헌법적 국체를 새삼스럽게 그리고 엄숙하게 확인했다. 민주공화국 대한민국이 지켜지려면 그것의 구성원인 '국민'이 존재해야 한다. 그런데 그 국민은 노예적 대우와 신분을 강요당해서는 안 되는 자유시민이어야 한다. 자유시민이 국민인 나라는 스스로 세금을 내고 국방을 책임지는 사회의 세포단위체다. 헌법 제1조, 23조, 그리고 119조 1항과 2항은 민주공화국 대한민국을 유지하기 위해 국민 됨의 요건을 이렇게 규정한다.

제1조 ① 대한민국은 민주공화국이다. ② 대한민국의 주권은 국민에게 있고, 모든 권력은 국민으로부터 나온다.

제23조 ① 모든 국민의 재산권은 보장된다. 그 내용과 한계는 법률로 정한다. ② 재산권의 행사는 공공복리에 적합하도록 하여야 한다. ③ 공공필요에 의한 재산권의 수용·사용 또는 제한 및 그에 대한 보상은 법률로써 하되, 정당한 보상을 지급하여야 한다.

제119조 ① 대한민국의 경제 질서는 개인과 기업의 경제상의 자유와 창의를 존중함을 기본으로 한다. ② 국가는 균형 있는 국민경제의 성장 및 안정과 적정한 소득의 분배를 유지하고, 시장의 지배와 경제력의 남용을 방지하며, 경제주체 간의 조화를 통한 경제의 민주화를 위하여 경제에 관한 규제와 조정을 할 수 있다.

특히 제119조 2항은 국가는 적정한 소득분배를 유지하면서 경제주체인 가계·기업·정부의 조화를 통한 경제민주화를 이룰 의무를 지니며,

이 과정에서 규제와 조정을 할 수 있다고 말한다. 대한민국 공화국은 시장의 전횡과 범람을 억제할 공적 질서를 이루어야 하는 것이다. 여기서 경제주체들의 적정한 소득분배는 우리 헌법이 지극히 예민한 관심을 기울인 명문조항으로써 국가의 공적 책무를 규정하는 맥락 중 가장 인상적인 부분이다. 그런데 지금 우리나라의 경제적 대동맥인 대기업과 국가에는 돈과 자금이 충분히 공급되는 데 비해 모세혈관에 해당되는 가계, 국민 개인들, 특히 청년들의 구매력은 빈혈을 일으킬 정도로 바닥을 치고 있다. 높은 주거비, 치솟는 사교육비, 막대한 결혼비용, 여전히 낮은 월소득, 각종 보험료 등은 경제적 하층국민들, 특히 정규직에 진입하지 못하는 청년들의 삶을 근원적으로 위협한다. 국민 대다수가 노예처럼 착취당하는 모멸적 근로조건에 속박당한 채 서서히 비인간화의 심해로 가라앉고 있다.

특히 정체불명의 글로벌 투기자본과 국내의 토호세력급 국내 대자본가들과 고위층, 입법가들, 언론 등의 철의 동맹으로 전체주의적인 권력을 휘두르는 시장의 전일적 국민 지배로 돈의 위력이 국가 헌법보다 더 직접적으로 국민의 생활을 좌우하는 현실에서, 공화국의 실종은 공평과 정의의 붕괴를 일상적으로 경험하는 국민들에게 비국민 대우를 강요한다. 이제 삼성이나 SK 등이 아무리 기업이익을 성취해도 국민들에게 즉각적인 낙수효과를 발생시키지 못한다. 주주들에게, 거대 투자자들(주로 해외투자자)에게로 빠져나간다.

물론 이윤추구 외에 특정시민에게 책임지지 않는 글로벌 시장이 국가를 예속시키는 과정은 IMF 이래로 심화되었다. 김영삼의 문민정부는 국가재정의 파탄을 초래했고, 김대중 정부는 국가 전체의 재무창고와 기업경영 장부를 IMF와 글로벌 투자자들에게 공개했고 한국 경제가 글로벌 체제에 예속되는 대로를 열었다. 그래서 노무현의 참여정부는 "이제 권력은 청와대에서 시장으로 넘어갔다"는 공리로 출범했고, MB정부와 박근혜 정부는 헌법이 경제민주화를 위해 설정한 각종 규제를 완화함으로써 '국가민영화'를 부단히 시도했다. 국가민영화는 국가로부터 승인받은 도둑떼들의 활무대를 의미한다. MB정권의 비정(秕政)으로 거론된 '사자방'(4대강·자원외교·방위산업) 비리는 국가민영화를 시도했던 자들의 흑심을 잘 보여 준다. 국가민영화주의자들은 공화국 파괴주의자들로서 천문학적 국가예산을 국민적 합의도 안 된 사기성 농후한 사업들에 투자해 국민 혈세를 낭비하는 것은 물론, 방위산업 비리 같은 악행을 얼마든지 저지를 수 있다. 인간의 악행과 탐욕이, 기업 혹은 사업이라고 하는 거짓된 대의명분을 뒤집어쓰고 공화국의 토대를 일순간에 허물어 버리는 것이다. 촛불혁명으로 탄생되었다고 자임하는 문재인 정부 또한 민주공화국 대한민국의 정체와 국체를 회복하기에는 역부족으로 보인다. 주거비 안정을 위한 토지공개념 도입에는 아직도 소극적인 대부분의 입법가들과 지주급 토지소유자들의 철의 동맹세력들을 넘기에는 정치력이 형편없어 보인다.

로마제국 시대의 공화주의자였던 아프리카누스, 스키피오, 그리고 키케로 등은 공화국이 자유시민들의 상호부조와 상호결속적 유대로 성립된다는 점을 설파했다. 《하나님의 도성》 제19권 21장에서 아우구스티누스는 로마의 위대한 공화주의자 스키피오가 정의한 것과 같이(키케로의 《대화》,《공화국》 등에 소개) 로마공화국이 로마 역사상 한 번도 존재하지 않았다고 비판하면서, 참된 공화국은 참된 하나님 예배가 실현되는 곳에만 존재할 수 있다고 강조한다.《대화》,《공화국》 등에서 키케로는 로마공화국의 타락과 부패를 포에니 전쟁의 두 영웅인 스키피오와 아프리카누스의 입을 빌려 비판하고 개탄한다. 키케로의 책에서 스키피오는 공화국의 정의는 시민의 행복이라고 말하고 시민은 온갖 종류의 모임이나 군중이 아니라 법에 관한 공동의 인식과 공동의 이해관계에 의해 연합된 결사체라고 정의한다.

아우구스티누스는 이 정의에 따르면 이런 의미의 시민을 위한 정의로운 공화국은 실제 로마 역사상 존재한 적이 없었다고 단언한다.[32] 공화국을 국민 복지라고 간단히 정의했던 스키피오(또한 키케로)의 정의가 옳다면, 로마 사람들 사이에서 국민 복지를 얻은 일이 없으므로 로마공화국은 존재한 적이 없다. 진정한 공의가 없는 곳에서는 권리를 서로 인정함으로써 뭉친 사람들의 집단이 있을 수 없고, 따라서 스키피오나 키케로가 정의한 국민이 있을 수 없다. 또한 국민이 없으면 국민의 복지도 있을 수 없고, 있는 것은 국민이라고 부를 가치도 없는 잡동사니 군중에 불과하다. 따라서 가장 확실한 결론은, 공의가 없는 곳에는 공화국도 없다는 것이다.[33]

예를 들어 로마제국의 해외영토 정복 자체가 불공정하기에 로마는 바른 공화국이 될 수 없다. 해외영토를 다스리는 로마의 명분이 충족되려면, 로마의 통치가 외국인들에게 더 유익하며, 횡행하는 불법을 막아 주어야 하고, 정의가 확장되어야 한다. 한 나라의 국민이 식민지 백성 같은 압제를 경험하고 모멸을 당하여 국가 권력의 지배를 받는 곳에는 공화국이 존재하지 않는다는 것이다. 따라서 한 나라의 일부 국민이 생계를 유지할 정도의 경제주권도 확보하지 못하는 곳에는 공화국이 이루어질 수 없다는 결론이 나온다. 아우구스티누스는 개인에게 공의가 없으면 개인들로 구성된 공동체에 공의(권리의 상호 인정)가 있을 수 없다고 말한다. 따라서 공평과 정의라는 헌법적 질서가 붕괴되는 순간 공화국은 붕괴되고 인간은 국가를 숭배해야 하는 을(乙)의 위치로 전락하고 만다. 아우구스티누스는 하나님이 사람을 다스리시며 영혼이 신체를 다스리고 이성이 정욕과 영혼의 악한 부분을 다스리는 것을 정의라고 규정하면서, 열등하고 악한 존재들은 이성적이고 의로운 자를 섬기는 것 자체가 그들 자신에게 유익하다고 결론 내린다. 그런 점에서 만민은 의로우신 하나님을 섬겨야 한다.

영혼이 하나님을 섬길 때 자기 신체를 바로 통제할 수 있기 때문이다. 따라서 영혼 내부에서는 이성이 정욕과 그 밖의 악습들을 바르게 지배하려면 스스로 하나님께 순종해야 한다.[34]

《하나님의 도성》제19권 24장에서 아우구스티누스는 공화국과 국민에 대한 좀더 섬세한 정의를 시도한다. 그는 국민을 사랑할 대상에 대한 합의로 뭉쳐진 개인들의 공동체라고 정의한다. 그에 따르면 사랑의 대상이 고급이면 국민도 고급이 된다. 로마가 한 번도 참된 공화국(카토·키케로·스키피오·아프리카누스 등이 정의한 '시민적 배려와 우의로 뭉쳐진 공동체')으로 존재하지 못한 이유는, 우상숭배를 금하는 하나님을 믿지 않는 나라에서는 영혼이 신체에 지배권을 갖지 못하며 이성이 악습에 권위를 행사하지 못하기 때문이다. 유일하신 참 하나님에 대한 사랑, 즉 경건함을 잃어버렸다면 '진정한 경건이 없는 곳에는 진정한 덕성(공동체적 예의범절, 도덕성)도 없다'고 하겠다. 공동체적 예의범절이 상실된 곳에 공화국은 없다는 것이다.

만일 돈에 대한 숭배로 뭉친 국민들이 대한민국의 중심 구성원을 이루게 되면, 그것은 맘몬숭배와 인간멸시를 일상화하는 나라로 전락한다. 반면에 대한민국의 헌법적 가치에 대한 사랑으로 뭉쳐진 국민이 나라의 중심 구성원이라면, 대한민국은 고상한 민주주의 사회가 된다. 지금 대한민국은 돈 숭배 사회, 시장권력 절대우위 사회로 전락해 가면서 민주공화정의 붕괴를 고통스럽게 대면하고 있다.[35]

지금 대한민국은 위임된 권력을 동원해서라도 공평과 정의를 지키고 집행하는 데 온갖 노력을 기울여야 했음에도, 오히려 국민을 지배하고 예속시키고 숭배를 요구하는 괴물로 변질되어 가고 있다. 이명박 정부와 박근혜 정부 시절의 통치기구들인 검찰, 국세청, 헌법재판소, 통제된 방송과 언론 권력 등은 공화국 정체성의 왜곡에 앞장섰다. 이는 대한민국의 공화국적 기상을 국가 권력 담당자들이 심각하게 훼손하고 무너뜨리고 있다는 의미다. 국가 권력은 거대해져 가고 국가를 구성하는 국민들은 생존의 벼랑 끝에서 국가가 제공해야 할 공평과 정의의 서비스를 전혀 받지 못한 채 스스로 생존 방안을 강구해야 하는 처지에 놓여 있다. 현 문재인 정부도 대한민국 공화국의 위엄을 회복하기에는 역부족으로 보인다. 빈부격차를 해소하기 위해 소득주도 성장론을 내건 청와대는 문제의 본질을 간과하고 있다. 토지독점과 사유, 그것으로 인한 막대한 임대료 불로소득, 아파트 및 토기 투기로 발생하는 투기소득이 정상적인 노동으로 얻는 소득을 조롱하는 법 체제 아래서는 소득주도 성장이 이루어질 수 없다. 토지공개념을 헌법에 조문화하고 땅의 만민귀속을 선언하지 않는 한 최저임금 인상이나 소득증가를 통한 경제양극화는 결코 해소될 수 없다. 청와대와 국회, 정부의 고위층, 세습지주급 부유층이 공화국의 이념에 감화 감동되어야 공화국의 상호부조를 가능케 하는 법 체제가 들어설 수 있다. 지금 우리나라는 신통한 개별적인 경제정책 한두 가지로 고칠 수 없는 공화국 붕괴를 겪고 있다. 공화국을 구성할 시민들이 생존 자체에 매몰되어 공화국을 지킬 패기와 헌신을 잃어 가고 있다.

국가라는 거대복합 권력기관을 통제하고 감독하려면 자유시민적 지위를 갖는 국민이 깨어 있어야 하는데, 국민 대다수가 노예 혹은 전쟁에도 나가지 못한 채 아이 생산만 담당하는 무산자(proletariat)로 전락하면 공화국은 위기에 빠진다. 대한민국 민주주의 위기는 공적 질서의 정립과 유지에 관심 쏟을 여유도 없이 강압적 착취적 생계유지 노동에 동원된 국민들의 가혹한 노예노동, 혹은 장기간의 생업 수단 박탈을 맛보는 무산자계급의 절대빈곤에서 시작된다.

대한민국 헌법 제119조 2항은 국민경제의 성장 및 안정과 적정한 소득분배를 유지하기 위해 시장지배와 경제력 남용을 방지할 책무를 갖고 있으며 국민 모두가 대한민국이 생산한 부의 분배에 참여할 수 있는 경제

민주화를 위해 시장지배와 경제력 남용을 적극 막아야 할 것을 규정하고 있다. 그런데 지금 우리나라는 절대다수 국민이 노예, 농노, 혹은 무산자 계급으로 전락하여 공화국 대한민국을 지킬 능력이나 의향을 급격하게 상실하고 있다. 파시즘적 강압정권이 등장하기 좋은 정치심리적 토양이 다져지는 중이다. 장기간의 청년실업률 고조, 자영업자의 몰락, 월급노동 자들의 조기은퇴 압박, 급격한 노령화사회 진입으로 노동인구의 감소 등 은 대한민국의 공화국 토대를 붕괴시키는 요인들이다. 공화국은 적어도 법적으로 대등한 자유시민들의 상호유대, 공유된 가치, 이웃의 복지에 대 한 인륜적 관심 공유, 전쟁과 위기 시의 참여와 위기분담 등을 통해 형성 되었다. 주전 5세기 중엽의 그리스 역사가 헤로도투스의 《역사》는 페르시 아 제국과 그리스 도시국가들 사이의 전쟁에서 객관적인 열세인 그리스 의 도시국가들이 막강한 페르시아 침략군을 맞아 승리를 거둘 수 있었던 이유가 그리스 도시국가 자유시민 참전군인들의 자유의 가치에 대한 자 부심, 그리스 공화정적 국체에 대한 충성심이었다고 말한다. 지금 우리나 라는 '자유시민'(요즘 식으로 말하면 중산층, 곧 생계문제를 해결한 후 공적 정의와 자유 등 공공가치의 실현에 열심을 내는 국민)의 층이 급격히 엷어지고, 생계를 유지하기 위해 필사적으로 노동해야 하는 노예적 국민들의 비율이 높아지고 있다.

1 우리 사회의 '기본소득' 논의 현황

1997~1998년 IMF 경제위기 이후부터 대한민국의 공화국 국체 붕괴 를 염려하는 선각자들(강남훈, 곽노완, 김종철, 최광은) 사이에서 국민소득 논의 가 시작되었다. 전 세계적으로 볼 때 최근의 기본소득 논의는 1990년대의 신자유주의의 극악한 발흥으로 국가의 보호를 받지 못하는 최악의 저임 금 노동자들이나 실업자들이 대규모로 등장한 사태를 본 북유럽식 보편 복지주의 사상에 익숙한 사회과학자들에 의해 촉발되었다. 그리고 신자

유주의 세계체제가 기세를 떨치기 시작하던 1990년대부터 유럽연합의 선구자적 사상가들에 의해 세계적으로 퍼졌다. 앙드레 고르, 필리페 반 빠레이스, 브루스 에커만, 앤 알스톳 등 유럽 선진 복지국가의 여러 기본소득 주창자들의 사상이 약 20여 년 전부터 국내의 진보사상가들에게 유입되었고, 2000년도를 전후하여 강남훈, 곽노완, 김종철 등이 이 논의를 주도했다. 국민기본소득 주창자들은 시장이나 선진복지체제도 국가 하층민의 소득박탈, 빈곤화를 막을 길이 없다는 근본 확신을 가지고 있다. 그들은 국민의 소득박탈과 무산자계급화는 국가를 통제할 민주시민들의 결사체인 공화국의 몰락을 가져온다고 본다. 그들은 사회보호형 경제사상가들로서 경제는 공평과 정의의 사회질서를 유지하는 데 이바지하는 경제가 되어야 한다고 믿는다.

국민기본소득은 시장거래, 부동산, 이자 및 임대노동, 투자금, 임노동 등으로 얻어지는 소득 외에 국가가 공화국적 정체를 지키기 위해 국민들에게 주는 국민배당금이다. 반 빠레이스, 브루스 애커만, 앤 알스톳 등이 주장하는 기본소득은 자산조사나 근로조건부과(work requirement) 없이 모든 구성원이 개인 단위로 국가로부터 지급받는 소득을 가리킨다. '기본소득'이 종래의 사회복지제도들과 근본적으로 다른 점은, 재산이나 건강, 취업 여부 혹은 장차 일할 의사가 있는지 없는지 등 일절 자격심사를 하지 않고 일률적으로 모든 사회성원에게 일정한 돈을 주기적으로 평생 지급한다는 데 있다.

반 빠레이스 등이 쓴《분배의 재구성》에서는 16세기까지 거슬러 올라가 기본소득사상의 맹아 단계를 추적할 수 있지만 유럽역사에서 이 기본소득론이 진지한 주목을 받기 시작한 지는 200년이 되었다고 본다.[36] '지역수당'(territorial dividend), '국가보너스'(state bonus), '데모그란트'(demogrant), '시민급여'(citizen's wage), '보편수당'(universal benefit), '기본소득'(basic income)

등 다양한 이름으로 불려 온 이 기본소득사상은 1960년대 후반과 1970년대 초반, 미국에서 인기를 누리며 대선후보들이 주장하기도 했으나 곧 잊혀 갔다. 그러나 지난 20년 동안, 신자유주의의 득세로 이 사상이 전례 없이 빠른 속도로 유럽연합 전역에 걸쳐 대중적으로 논의되어 왔다.

이 기본소득제도는 지금 우리나라 사람들의 눈에는 아주 급진적인 보편적 복지의 전형인 셈이다. 하지만 알고 보면 우리나라도 기초노령연금, 65세 이상 노인지하철 무료승차권, 장애인수당, 무상보육, 무상급식 등이 시행 중인 보편복지시대에 돌입했다. 그럼에도 우리나라는 빈부양극화를 해결할 수 있는 어떤 법적·사상적·제도적 안전장치가 전무한 탓에, 사회 중심 구성원이 공화국적 충성유대에서 이탈할 조짐을 보이고 있다. 그런 점에서, 주권의식을 갖고 주권을 행사할 수 있는 국민들이 주인이 되는 공화국의 이상을 유지하기 위해 국민 중 아무도 생계형 노예노동으로 내몰리거나 대한민국의 국부 생산에 아무런 기여도 못하는 열외자 취급받는 무산자로의 전락을 막고 국민 됨을 누리게 만드는 주식배당금형 소득이 바로 국민기본소득이다.

2 기본소득에 대한 반대 논리

이 논의에 대한 가장 큰 반대 쟁점은 재원마련 문제 등으로 표현되는 실현불가능성, 국민기본소득 제공 시 노동윤리의 와해, 기업의 노동자 고용상의 난점으로 인한 기업도산과 경제엔진 작동중지 등이다. 강남훈과 곽노완의 사상을 이어받아 최광은이 쓴《국민 모두에게 소득을》과 반 빠레이스 등의《분배의 재구성》은 이 반대에 대한 답변을 비교적 자세하게 제시한다. 최광은은 나미비아의 기본소득 실험이 노동윤리의 와해가 아니라 노동의욕의 증가와 생산성 증가를 가져왔다는 점을 강조한다. 최광은에 따르면, 미국 알래스카주의 석유기금 이익금 배당이 전형적인 국민

기본소득의 사례다. 알래스카주는 주 소유의 유전개발에서 얻는 이익이 알래스카 주민 모두에게 귀속된다는 전제 아래 1년에 알래스카 주민 1인 당 1-2천 달러를 제공한다.[37]

　　강남훈과 곽노완 등 우리나라의 기본소득 주창자들은 모든 복지를 국민기본소득으로 총집결시킨다면 1인당 월 30만 원 정도의 국민기본소득 제공도 가능하다고 본다. 국민기본소득은 노후에 받을 국민연금 등을 대신해 생애 내내 앞당겨 받는 국민기본소득이기에 미래에 받기 위해 저축할 필요가 없다. 이 국민기본소득을 실시하면 현재 400조 원이 넘는 국민연금 기금 등의 운영 부실이나 전용 등의 위험부담을 영구적으로 없애준다. MB정부 당국자들이 캐나다 하베스트 자원회사 인수 시 국민연금을 전용할 가능성을 고려했다는 신문보도에서도 보듯, 400조 원의 국민연금도 악한 정부가 들어서서 분탕질한다면 순식간에 탕진될 가능성이 큰 위험한 저축자산이다.

　　국민기본소득에 대한 가장 원시적 반대는 무노동 무임금 원칙일 것이다. 일반적으로 무노동 무임금 원칙을 내세우는 사람들에게는 기본소득 제도가 노동하지 않는 자들에게도 임금을 지불하는 반이성적 무원칙, 정의배반적 과잉복지라고 생각될 수 있다. 이것은 단견이다. 노동을 임노동(임금을 받기로 한 고용조건하의 노동)으로만 한정하기 때문이다. 일찍이 이반 일리치가《그림자 노동》에서 갈파했듯이,[38] 주부노동은 임노동은 아니지만, 그렇다고 식당 조리사의 노동보다 덜 중요한 것은 아니다. 주부가 자녀를 낳고 키워 사회의 시민으로 진출시키는 것은 어떤 임노동보다 귀하고 소중하지만 임노동이 아니기에 임금이 지불되지 않는다. 따라서 주부노동은 '그림자 노동'으로 취급되어 경제성장의 생산량 계측에는 전혀 고려되지 않는다. 아주 협소한 견해가 아닐 수 없다. 자동차 수출이 가져온 외화생산성보다 자녀를 출산하는 주부들의 출산, 육아노동이 한국 경제

성장의 인적 인프라 구축으로 훨씬 경제적 가치가 큰 업적이다. 오늘날 임노동자 중심의 노동관에 따르면, 사회가 존속되기 위한 가장 결정적인 노동도 경제성장이나 경제가치 창출에 기여하지 않는 활동으로 배제된다.

기본소득 사상은 이런 편견에 도전한다. 기본소득은 모든 국민이 저마다 기본적으로 공화국 유지를 위해 노동한다는 대전제를 갖고 있다. 아마도 국민기본소득으로 발생할 가장 큰 충격적 변화는 노동자 친화적인 기업만이 살아남고 잔혹한 이윤추구 집착형 잔혹기업들은 노동자를 고용하지 못해 어려움을 겪을 것이라는 사실이다. 예를 들어 주유소 아르바이트를 하고도 생계가 보장되는 사람들은 가혹한 조건의 노동이나 비윤리적인 생산품을 생산하는 회사 등에 취업하기를 꺼릴 것이며, 기업과 노동자의 갑을 관계가 갑자기 역전되는 사태가 벌어질 가능성이 크다. 일부 기업인들에게 재앙스러운 소식이겠으나 장기적으로 인간의 윤리와 도덕감을 거스르는 기업들이 퇴출되어 기업환경과 생태계가 건강해지며 그 윤리적 수준도 격상되어 모든 기업인이 사회적으로 존경받는 명사로 대우받을 수 있는 분위기가 조성될 수 있다. 그러면 이 기본소득을 주창할 수 있는 토대나 근거는 무엇일까? 자연권 사상과 그것을 뒷받침하는 성경의 무상공여 땅소출 향유사상이다.

3 기본소득의 사상적 배경 : 자연권 사상, 민주주의 시민권의 토대

녹색사상에 입각한 문명비평가인 김종철은 기본소득의 연원을 자연권 사상에서 찾는다.[39] 18세기 영국의 정치사상가 토마스 페인이 만년에 쓴 《토지분배의 정의》에서 기본소득의 핵심 논리를 찾았는데, 그는 미국 독립전쟁의 사상적 원동력이었던 《상식》을 쓰기도 했다. 페인은 원래 미경작 상태의 토지는 '인류의 공유재산'이라는 '논란의 여지없는 사실'에서 기본소득론을 도출한다. 존 로크의 사상을 따라 페인도 특정 개인의 토지소유권은 토지 그 자체가 아니라 토지를 경작하거나 개량한 부분에만 한정된다고 보았다. 따라서 토지 소유자는 토지의 절대적 순수사유자로서의 재산권 행사를 주장하기 이전에 무엇보다도 먼저 '기초지대'(ground-rent)를 사회에 지불해야 한다고 보았으며, 이것은 나중에 19세기 중반 헨리 조지에게 일부 계승되는 사상이기도 하다.

페인은 그 토지경작자들이 지불한 지대로 '국민기금'을 만들어, 토지의 사적 경작제도로 인해 '토지에 대한 자연적 상속권'을 잃은 데 대한 보상으로 21세가 되는 청년들에게 정액의 일시금을, 또한 50세 이상의 사람들에게는 남은 생애 동안 매년 얼마간의 돈을 주어야 한다는 것이다. 김종철이 잘 지적했듯, 페인의 이 '국민기금' 구상은 결코 가난한 사람들을 돕기 위한 공적 부조나 자선 프로그램이 아니라, 토지가치의 만민귀속성을 주창하려던 것이었다. 근대적 토지사유제가 확립된 사회일지라도 그 토지사유제가 토지의 원천적 가치의 절대소유를 정당화하는 것은 아니다. 원래 토지란 만인의 공동재산인 만큼 그 토지로 인한 이익의 상당 부분은 사회 구성원 전체가 나누어 가져야 하며, 따라서 유력자가 열등자에게, 혹은 국가가 인민에게 시혜적으로 베푸는 인위적 공여물이 아니라 땅에 태어난 모든 사람이 공평하게 누려야 할 자연적 권리라는 것이다. 그러므로 여기서 '국민기금'을 통해 지급되는 돈은 국가에 의한 생활지원금이 아니라, 어디까지나 국민 각자가 응당 자신의 몫으로 지급받아야 할 '배당금'인 셈이다.

김종철은 토지는 공기, 물, 숲, 바다와 같은 공유지(혹은 공유재)며 근대적 토지사유제도도 토지공유지 사상을 도말할 수 없다고 주장한다. 이런 논리의 연장에서 김종철은 기본소득의 형태로 원천적 공유물인 토지를 민중에게 돌려주는 방법 중 하나가 기본소득이라고 본다. 이런 자연권 사상의 원형이라고 할 수 있는 사상이 구약 모세오경의 땅 선물 신학이다.

4 기본소득의 성서적 토대: 신명기의 땅 신학

헌법 제119조 2항에 따라 우리나라도 국민연금, 기초노령수당, 무상보육, 무상급식 등 각종 보편복지제도를 실시해 시민들의 생활안전망 구축에 힘쓰고 있다. 그러나 수년 전(2013년 5월) 홍준표 경남도지사 시절 그가 강행한 경남진주의료원(도립) 폐쇄와 일방적 무상급식 중단 등을 볼 때 보편복지에 대한 평균시민들의 저항도 예상 외로 크다. '왜 이건희 회장 손자에게까지 무료급식을 줘야 하나?' '부자들에게 돌아갈 몫을 가난한 자들에게 몰아줘야 되지 않겠느냐?' 많은 그리스도인도 무상급식을 반대하고 보편적 복지 때문에 재정이 파탄난다는 보편적 복지 반대자들의 이런 선전을 쉽게 믿는다. 그런데 우리나라 헌법은 국가를 구성하는 국민들의 행복추구권을 인정하고 있으며 소득분배를 공정하게 관장할 의무를 국가에게 지운다. 소득을 얻을 수 없는 장애인들에게 장애수당을 주고, 인구감소를 막기 위해 다자녀가구에게 보육혜택을 주고, 더 이상 현직 생업이 없는 노인들에게 지하철 무료승차권을 공여하는 것 등은 이미 공화국적 국가이념의 부분 실현이다.

공화국은 시민들의 상호의존적 부조, 결속, 유대가 없으면 무너지게 된다. 공화국적인 건전사회질서가 무너진 곳에 경제활동을 통한 이윤추구가 불가능하다. 민주공화국을 유지하기 위한 장치 중 하나인 보편복지를 좀더 근원적으로 집행하자는 것이 국민기본소득이다. 그런데 토마스 페인보다 훨씬 오래전 모세 시대에, 이스라엘의 국가형성 시초부터 하나님의 백성 이스라엘은 가나안 땅을 하나님의 선물로 공여받았으며 땅의 사적 소유를 금하고 공적 사용을 하나님의 법으로 받았다. 이스라엘 백성들은 왕이나 제후, 국가적 체제에 소속되기 이전에 대지주이신 하나님의 땅을 경작하는 소작인으로서 땅의 경작권을 향유하며 그 경작된 땅의 소출을 통해 하나님 예배와 이웃과의 계약적 결속을 유지했다. 이런 이스라엘 백성은 자유농민이었고 저마다 자기의 포도원과 무화과나무를 재배하여 하나님과 자신을 언약적 결속으로 묶었다(왕상 4:25; 미 4:4).

왕이나 전제군주가 함부로 압제해서도 안 되고 강제로 징집해서도 안 되는 이 자유로운 농민들, 즉 오로지 하나님께 가장 우선적으로 결속되어 있는 백성을 구약성경은 야훼의 백성, 혹은 거룩한 백성이라고 부른다. 이 거룩한 백성, 야훼의 백성은 공평과 정의의 열매를 수확하여 하나님께 바쳐야 하는 소작인들로서 자신의 경작을 통해 십계명과 부대조항을 지키는 데 투신했다(사 5:1-7). 이것이 모세오경의 하나님의 땅 신학이다. 창세기, 레위기, 신명기 등이 주장하는 땅 신학은 세 가지 명제로 구성된다.

첫째, 모든 땅은 하나님의 소유다. 둘째, 모든 이스라엘 자유농민은 땅의 소작인이며 그 소작인이 지주에게 바칠 소작료는 공평과 정의, 1/10조를 통한 사회부조, 하나님의 율법이 명하는 하나님 예배, 이웃사랑의 실천이다. 셋째, 이스라엘 땅의 소출은 경작에 참여하지 못한 사람들, 나그네와 고아와 과부와 레위인(무산자 성직자)에게까지 향유되어야 한다. 야훼 하나님을 믿는 모든 사람은 땅의 소출향유권을 보편적으로 누리도록 규정한다. 레위기 25장 23절(땅은 하나님의 것)과 신명기 15장 11절(어느 누구도 땅의 소출 향유에서 배제되어서는 안 된다)은 성경의 기본소득사상 대헌장이다.

신약 성도들과 초대교회는 구약성경 39권을 그대로 정경으로 수용함으로써 이런 하나님의 땅 신학을 진리로 받아들였다. 구약성경은 토지의 절대적 사적 소유를 바알제도라고 비판하며 희년사상과 땅 소출 보편향유사상을 하나님의 법이라고 선포한다. 따라서 근대적 토지사유제도를 절대화하여 땅의 소출을 소유자가 배타적으로 향유하는 것을 정당화하는 것은 모세오경의 하나님 땅 신학과 크게 충돌한다.

많은 그리스도인은 구약성경의 율법이 그리스도의 십자가로 폐기되었기에 구약의 율법을 따라 정치, 경제 등을 논하는 것 자체를 신학적 오류라고 생각한다. 신약성경만이 성경이고 구약의 최고 사명은 그리스도의 도래를 예언하는 것이라고 판단한다. 그런데 이런 구약폐기론은 정통 기독교와는 거리가 먼 마르시온적 이단이다. 신약의 그리스도인들은 구약성경 39권을 유대교로부터 정경으로 받았고 주후 4세기 말에 신약의 정경 결정과 더불어 구약성경 39권을 총망라해 66권의 성경을 확정지었다. 구약성경의 성전 중심의 제사법들과 의식법들 대부분은 예수 그리스도의 십자가 안에서 창조적으로 폐기되었지만 구약성경의 십계명, 시민법 특히 십일조법, 토지법 등 주요 공동체 규약법은 신약 성도들과 교회에 고스란히(한편으로는 더 급진적으로 재해석되어) 이월되었다. 산상수훈에서 십계명은 훨씬 더 급진적으로 수정증보되어 신약 성도와 교회로 이월되었고 희년법이나 십일조 부조법 등은 동시에 고스란히 이월되었다. 그래서 313년 콘스탄티누스의 기독교 이전까지 모든 교부들은 구약성경의 경제율법을 특별히 강조하여 교회공동체의 급진적 사랑, 이웃봉사, 사회봉사 등을 실천했다. 구약성경의 토지법은 토지절대사유금지와 토지공유제를 말한다. 하나님의 선물인 가나안 땅이 모든 공동체 구성원에게 속했듯이, 하나님의 선물인 구원을 받은 성도들은 사도행전 2장 43-47절, 4장 32-37절에서 희년적 부조사회를 이루었다. 모든 공동체 구성원은 가난한 자들을 돕기 위해 자기 재산을 기꺼이 공여했고 희사했다. 산 위에 있는 동네 같은 교회가 착한 삶이라는 빛을 사방에 비추어 외인들로 하여금 하나님께 영광을 돌리게 했다.

5 성경이 지지하는 경제학

성경은 아무리 가난한 자라도 땅에서 얻어지는 소출을 향유하는 데서 결코 소외되어서는 안 된다고 주장한다(신 15:11). 성경은 이스라엘 자유농민의 생존을 위한 경제구조를 최우선적 과제로 설정한다. 그것은 이스라엘 자유농민이 하나님의 율법 순종을 통해 가나안 땅을 영속적으로 차지할 수 있게 만드는 조건을 충족시키는 경제다. 성경이 말하는 경제학의 대전제는 모든 토지가 하나님께 속해 있고, 공동체 구성원에게 경작권이 분여(分與)되어 있다는 사상이다(레 25:23). 이는 땅에서 발생한 소출은 모든 사람에게 나눠져야 한다는 것을 함의한다.

모세오경의 율법, 예언자들, 시편과 잠언서 등 모든 구약성경이 그리는 이상사회는 하나님의 선행적(先行的)인 은총 위에 세워진 계약공동체다. 그것은 하나님의 은혜에 감동된 자들이 실천하는 이웃사랑과 공생의 모둠살이다. 이 계약공동체주의의 대전제는 생산수단인 토지가 하나님께서 이스라엘 백성 모두에게 하사하신 선물[基業]이라는 사상이다. 땅이 하나님의 선물이기에 하나님과 언약을 맺은 계약공동체 구성원들은 모두 땅의 소출을 누릴 권리가 있다는 것이다. 이스라엘은 공동체적 돌봄(헤세드=인애)이 중심이 되는 경제활동이 되는 사회였다.

성경이 말하는 경제는 바로 공동체 존속과 번영을 위한 자원의 배분과 활용을 통한 공동체 구성원 전체를 위한 살림살이를 가리켰다. 영어 이코노미(economy)의 헬라어 오이코노모스(οἰκονόμος)는 집안 살림살이를 책임지는 청지기를 가리키는 말[οἶκος(집)+νέμω(분배하다, 경영하다)]에서 유래했다. 동근어(同根語)인 오이코노미아(οἰκονομία)는 가정살림살이(household management), 즉 대가족 전체의 결속을 위한 살림살이를 의미했다. 이 정의에 따르면 특정 기업이나 경제주체들의 경제활동 결과 양극화가 심화되고 빈부격차가 생긴다면 그것은 반(反)경제다. 성경적인 경제는 공동체의 안녕과 평화를 해치는 특정 집단의 무한정한 이윤 추구를 경계하기 때문이다.

이런 이유 때문에 성경의 주요 관심은 불의한 사회구조, 법, 관습, 그리고 강한 자들의 탐욕 때문에 가난하게 된 자들에 대한 하나님의 보호와

돌봄이었다. 메시아에게 임한 거룩한 성령이 하시는 첫째 과업은 가난한 자들에게 복음을 전하는 일이며, 그것의 구체적 내용은 채무자들에게 빚 탕감을 선언하고 갇힌 자들을 해방시키는 일이었다(눅 4:18-20). 가난한 자들을 우선적으로 배려하는 경제활동은 이스라엘 계약공동체에게 사활적 중요성을 갖는 일이었다. 엘리야, 엘리사, 아모스, 호세아, 이사야, 예레미야 등 예언자들은 가난한 자들이 이스라엘 공동체에서 소멸되지 않도록 각별히 하나님의 공의와 정의를 대변했다. 오늘날의 의미로 말하면, 사회 구성원들에게 삶의 토대를 이룰 일거리를 나누고, 일거리를 갖지 못하는 경우에는 실업수당, 복지장애 수당을 지급함으로써 사회에 소속되어 있다는 자긍심을 고취해 주는 일에 앞장섰다는 말이다. 모든 이스라엘 백성이 자기 몫의 경작지를 가지도록 도와주고 보살펴 주는 것이 예언활동의 중심축이었다. 이처럼 가난한 자들의 공동체 잔존이 하나님의 지대한 관심사였기 때문에 가난한 자들에 대한 하나님의 우선적 배려를 강조하는 구약성경 구절들이 빈번히 발견된다.

성경은 대부분 공동체의 유지와 존속에 목적을 두는 생존경제(subsistence economy)를 상정한다. 그것은 하나님의 율법을 지키는 토라 준수 공동체의 존속을 위한 대의명분에 종속된 경제였다. 그래서 성경에서 경제는 하나님의 율법을 순종하는 시험 영역이었으며, 하나님의 은총과 구원, 심판과 저주를 동시에 경험하는 신앙적 진실성의 시금석이었다(신 28:1-19, 20-68). 신명기 28장은 하나님과 이스라엘 백성 사이에 체결된 언약과 그것의 조항인 토라 준수 여부에 따라 경제적 번영과 몰락을 천명한다. 28장 1-14절은 하나님의 토라와 언약에 순종했을 때 누리게 되는 경제적 번영을 열거한다. 하나님은 당신의 토라에 순종하는 경우 경제적 번영과 땅에서의 영속적 정착을 보증하신다. 이 단락이 예시한 경제적 번영은 인구 증가, 가축의 다산, 농작물 풍년, 호의적인 기후 조건, 금융상의 우위성 확보 등이다.

신명기 28장 15-68절은 하나님의 토라 준수에 실패했을 때 받게 될 저주와 심판을 다룬다. 이 단락이 상정하는 저주와 심판은 가나안 땅을 빼앗기고 출애굽 구원 이전의 노예상태로 되돌아가는 것이다. 신명기 28장의 결론은 십계명 준수 실패에 대한 하나님의 심판이 가나안 땅 상실과 열국으로 흩어지는 이산과 유랑이라고 선언한다. 그렇다면 왜 하나님의 계명 준수 실패가 가나안 땅 상실을 초래했을까? 이스라엘 백성 모두를 하나님 앞에 책임적인 자유농민으로 규정하는 하나님 계명을 배척한다는 말은 토지경작권을 가진 자유농민의 권리박탈을 의미했기 때문이다. 왕과 지배층의 신민이 아니라 하나님의 멍에를 메고 하나님께만 배타적으로 소속된 자유민이 왕과 지주들의 노예가 되는 순간, 그 땅을 지키고 관리할 언약보존의 주체가 사라지기 때문에 나라 전체가 멸망당한다는 것이다.

6 요약과 소결론

국민기본소득은 선천적으로 노동 능력을 갖지 못한 채 태어나는 사회구성원들에게 주는 장애수당, 아예 일하지 못하지만 미래의 대한민국 핵심 구성원들인 아이들과 청소년들에게 실시하는 공교육 혜택, 실업자들에게 주는 실업수당 등 보편복지 제도에서 그 실마리를 엿볼 수 있다. 여기에는 성경의 땅 신학이나 자연법적 땅 이해에서 나오는 땅 소출 향유 사상이 어느 정도 반영되어 있다. 기본소득제도는 낯선 개념이 아니라 이미 시행 중인 보편 혹은 선별복지제도를 급진적으로 격상해 온 국민이 민주공화국의 발전과 융성에 이바지하도록 활성화하자는 제도다. 파라오적 압제자에게 착취당하는 사람들이 비국민이나 노예, 식민지 백성으로 전락하는 것을 막아 주는 최소한의 장치로서 하나님의 땅에서 파생되는 선물을 향유하는 데 참여시키자는 제도다.

구약성경이 보여 주는 하나님 나라는 개인이나 기업의 이윤추구 자유를 극한으로 존중하는 '자기조정적인 시장'보다는 하나님의 주기적 개입과 간섭을 통한 가난한 자 배려와 돌봄에 치중하는 경제를 보여 준다. 경제활동의 중심에는 가난한 자들의 생존권 보호와 하나님의 통치에 대한 신뢰유지를 돕고자 하는 신적 의지가 작동하고 있었다. 그래서 성경은 애덤 스미스가 《국부론》에서 상정한 '보이지 않는 손에 의해 작동되는 자기조정적인 시장'을 믿지 않는다. 고전주의 경제학자들로부터 존 하이에크, 밀턴 프리드먼 등 신자유주의 경제학자들까지, 소위 주류 경제학자들이 생각하는 자기조정적 시장 사상은 성경에 나타나지 않는다.

시장주의자들은 개인의 이기적인 활동이 공공선이 되는 시장, 하위 단위 경제주체들의 이기적인 활동이 더 넓은 공공선을 창출한다는 이념을 신봉하면서, 국가(또는 사회/공동체)의 역할을 감축하는 데 전력투구해 왔지만, 성경의 경제학은 하나님 백성들이 하나님의 다스림 안에 머무는 것을 도와주는 재화와 용역의 공동향유를 의미한다. 굳이 분류하자면 성경이 말하는 경제는, 칼 마르크스보다 한 세대 앞선 19세기의 사회주의 사상가들이었던 앙리 생시몽, 로버트 오웬 등 소위 공상적 사회주의부터 시작해서 칼 마르크스의 평등주의적 정치경제학, 20세기의 칼 폴라니의 시장을 통제하는 "사회" 우선의 "사회보호형 경제학"[40]에 이르는 사회적 지향이 강한 경제학 전통에 가깝다. 성경의 경제는 하나님 앞에 사는 "거룩한 백성"(고이 카도쉬, 출 19:6)의 번영과 유지에 그 초점을 두고 있기 때문이다. "거룩한 백성"은 열방 백성들과는 거룩하게 구별된 백성이라는 말이다. 왕이나 제후의 신민(臣民)이 아니라 야훼 하나님께 직접 책임을 지되, 어떤 인간 제왕이나 지배 체제 아래 노예화될 수 없는 자경·자영·자작 농민을 가리킨다(왕상 4:25; 비교. 삼 8:11–18). 그들은 야훼 하나님께 언약 준수의 책임을 지는 조건으로 땅을 경작하고 그 소출을 먹는 자유를 천부불가

양의 선물로 받았다. 따라서 구약에서는 자기 땅을 경작하는 사람만이 자유민이었다. 하나님의 선물인 땅을 소유한 목적 자체도 생물학적인 존속이 아니라 하나님의 토라를 구현하고 실천하기 위함이었다(시 105:44-45).

그러므로 성경의 경제는 이스라엘 자유농민들의 인권과 자유 옹호학이었다. 성경에서 경제는 하나님의 통치 아래 유지되는 이스라엘 언약공동체 안에 규제되고 조절되는 사회 내적 활동이며 야훼 하나님께 책임을 지고 이스라엘의 정체성을 수호하도록 위임받은 자경·자영·자작 농민들의 공동체 보호활동이었다. 성경의 압도적인 경제적 관심은 가난한 자들이 여러 이유로 산업이 거덜 나 이스라엘 언약공동체로부터 이탈되는 것을 막으려는 것이었다. 즉 언약공동체를 유지하고 존속시켜 가나안 땅을 영구적으로 경작하도록 하는 데 있었다. 현재 이스라엘 애국가이기도 한 시편 133편 1절("형제가 연합하며 동거하는 것이 어찌 그리 선하고 아름다운고") 이 구약성경의 이상적 사회를 노래한다. 하나님의 위로부터 내리는 은총과 혜택이 가장 밑바닥 구성원들에게까지 확산되는 과정을 노래한다. 이런 사회에서는 자기 스스로 가치를 갖고, 인간욕망을 충족시키는 재화와 용역을 마음대로 사고파는 데 사용되는 신격화된 화폐, 즉 맘몬(마 6:24)을 숭배하는 일이 불가능한 것이다.

요약컨대 하나님 나라 경제학은 공동체에 소속할 자유와 그 터전을 잃어버린 가난한 사람들을 공동체 안에 묶어 놓는 데 투신된 경제학이다. 이것은 모세오경, 예언서, 시편과 잠언서, 복음서, 바울서신에 나타나는 공동체 경제학이다. 성경 경제학의 대전제는 공동체에 태어난 모든 사람은 하나님의 선물인 땅으로부터 오는 소출을 누릴 권리를 갖고 있다는 것이다. 공동체 구성원 모두 자기 포도원과 무화과나무 아래서 안연히 사는 사회를 궁극적으로 지향했다(왕상 4:25). 아무리 가난한 사람도 땅의 소출로부터 영구적으로 배제되어서는 안 된다는 명제(신 15:7-11)가 경제와 반

경제의 경계선의 지표석이었다. 특히 신명기 15장 11절의 "땅에서는 언제든지 가난한 자가 그치지 아니하겠고"라는 구절은 가난한 자가 땅으로부터 끊어짐을 당해서는 안 된다는 말이다. 즉 땅의 소출을 향유하는 데서 배제되어서는 안 된다는 의미였다. 이처럼 성경 경제학은 무한 성장 경제학이 아니라 공동체의 존속과 공동 번영을 위한 경제학으로, 사회의 가장 연약한 자들의 생존권을 보장하는 데 최대의 관심을 갖는 경제학이다. 경제활동이 '인류문명사회'의 기관의 존속과 번영을 위한 윤리적·정치적 고려를 완전히 일탈해서는 안 된다. 경제는 사회, 즉 인간이 서로 의존하는 포용력 있고, 연대감 넘치는 통일체를 위한 부분 활동이기 때문이다.

경제활동 자체를 인간의 삶을 위한 대의명분에 종속시키지 않는 한, 즉 경제가 그 자체의 자율적인 원리로 움직이는 자율왕국 영역이 될 때 인류 공동체라는 '사회'가 치명상을 입는데도 그들은 태연자약하다. 바로 이런 이유 때문에 기업의 경제활동은 공동체 전체의 생존과 평화로운 모둠살이에 기여해야 한다. 경제(이코노미, 오이코노미아)는 집, 즉 생존공동체 전체를 위한 살림살이이기 때문에 그 말 안에는 인류가 생존을 위해 취하는 긴밀한 상호적 계약 상태가 전제되어 있다. 그래서 공동체적 삶이 무너지는 것은 '경제'가 무너지는 것이다. 공동체 구성원 간의 우애와 협동, 운명공동체적인 유대를 강화시키는 것이 경제활동의 본질이 되어야 한다는 말이다. 따라서 특정기업이 수조 원의 순이익을 남겼다면 그 혜택이 공동체 구성원들에게 골고루 분여될 때 참된 생산성인 것이다. 따라서 성경적인 경제민주화는 헌법에 명시된 의무를 수행하는 헌법적 결속공동체 구성원 모두에게 이 땅에서 발생한 부와 자본 등의 혜택향유가 보장되는 제도를 안출할 것을 요구한다. 국민기본소득은 신명기 15장 11절의 원칙을 가장 포괄적으로 적용한 장치다. 모든 국민은 대한민국 땅의 소출로부터 소외되거나 배제되어서는 안 된다.

신(神)바람 타는 개인들이 주도하는 희년운동

이상에서 살펴본 것처럼 희년사상은 기본소득제도를 통해 부분적으로 구현 가능한 사상이다. 우리가 예수 그리스도를 주와 구세주로 고백해 구원을 받아도 이 땅의 질서를 순식간에 박차고 영적인 천국으로 직행하거나 순간이동 하지 않는다. 상당히 긴 시간을 땅의 질서 안에서 살아야 한다. 기독교 구원은 이 세상으로부터의 도피, 정치적 책임과 시민적 의무의 방기나 그것으로부터의 도피가 아니다. 하나님 나라 운동은 인류사의 마지막 단계에 가서야 꽃필 수 있는 종말론적 사랑, 우애를 앞당겨 맛보고 실천하는 운동이다. 그것은 정책적 특혜나 여론을 통해 일시에 기독교적 영향력을 행사할 수 있는 고관대작의 자리를 기독교인들이 차지하는 운동이 아니며, 특정 도시를 하나님께 봉헌하겠다고 선언하는 조야한 선교 열정의 방출도 아니다. 그것은 성경적 진리를 일반인들이 알아들을 수 있게 실천하는 운동이며 그리스도인들의 자기희생적 이웃사랑과 기독교적 영성 실천을 통해서만 가능한 것이다.

성경적 진리가 한국 사회 일반에 통용되는 진리임을 증명하기 위해서는 먼저 교회 공동체 안에서 실험해 보고 실증해 보는 일이 중요하다. 따라서 현 단계의 하나님 나라 운동은, 참 감람나무인 이스라엘에 접목된 돌감람나무인 이방 교회인 한국 교회가 먼저 모세오경 율법을 교회 안에서 실천하는 것이다. 교회 안에서 빈부격차가 형제우애와 돌봄의 계기가 되고, 사회적 신분 차이가 적대의 담벼락으로 더 이상 기능하지 못할 때, 세상은 교회 안에 역사하는 진리에 비상한 관심을 쏟을 것이다. 교회가 모세오경과 공관복음서, 바울서신과 사도행전이 묘사하는 물질적 영적 유무상통의 신코이노니아를 실현할 때, 기독교 진리가 세상을 설득할 수 있을 것이다.

기본소득 제도 외에도 오늘날 한국 교회가 개발해 낼 수 있는 희년 율법의 중간 공리는 많다. 토지공개념 전파와 확산, 토지공개념을 제도화하기 위한 입법 추진, 토지신탁제도를 도입해 기본적인 생계를 해결할 수 있는 터전을 확보하는 운동, 삶의 조건(땅, 생산수단)이 없는 사람들에게 직장을 만들어 나누는 일, 장학 운동, 집 지어 주기 운동, 생계비가 없어 돈을 빌려야 하는 사람들에게 이자 없이 돈을 빌려 주는 마이크로크레디트 운동, 기독교적 자애로 운영하는 의료보험 운동 등 얼마든지 중간공리들을 개발할 수 있다. 대한민국의 영토와 헌법으로 결속된 계약공동체 구성원들의 사회적 결속과 유대를 위한 모든 공의롭고 자비로운 인격적·사회적·법적 실천들이 시작될 수 있다. 곧 대한민국 헌법에 나오는 행복추구권이며 의식주의 기본권, 인간의 존엄을 지키는 인권 차원의 기본권이 충족되는 세상을 만들기 위한 노력이다. 그것은 해방, 청지기, 은혜, 나눔의 가치와 실천으로 표현되는 모든 행동이다. 외국인 노동자, 북한 동포, 제3세계의 굶주리는 사람들도 희년 실천의 궁극적 수혜자가 될 것이다. 이런 경우 주거 나누기, 식량 나누기, 안정된 수입을 보장하는 일터 나누기가 희년 운동의 중추가 될 것이다. 우리나라가 이런 희년을 구현하는 언약공동체로 거듭나려면 서로가 서로에게 빚 탕감자가 되어 주는 것, 기업 무르는 자가 되어 주는 개인적 실천이 체계적으로 누적되어야 할 것이다.

결국 희년운동은 성령에 감화 감동된 그리스도인, 신(神)바람에 휩쓸린 개인들이 주도하는 운동이다. 교회의 우선적 실천을 통해 검증된 성경적 진리는 반드시 외부로 파급력을 갖게 될 것이다. 그럴 때 한국 교회의 하나님 나라 운동은 고착된 기득권 권력을 견제하고 가난한 자들의 인권을 보장하는 법과 제도를 구축하는 운동을 벌일 수 있고, 나아가 장애인과 외국인 등 사회경제적 약자들의 아우성에 응답할 수 있다. 희년 실천은 모든 가난한 자들에게 전파되는 하나님 나라 복음인 것이다. 물론 이 과정에서 이런 법과 제도를 운영할 참다운 그리스도인을 만들어 내는 일의 중요성은 조금도 훼손되어서는 안 될 것이다. 개인적 회심이나 구원을 무시하는 사회선교는 뿌리 없는 나무처럼 생명력을 갖지 못한다. 법과 제도의 성경적 변화와 더불어 기독교적 영성과 덕을 갖춘 인물들을 사회 각 분야에 파견해 신적 인애와 정의를 구현할 법과 제도를 운영하게 하는 일은 중요하다.

2
구약성경에 나타난
희년법

장성길 서울성경신학대학원대학교 구약학 교수

희년법은 하나님 백성의 삶의 방식이다. 성경해석학을 공부하며 구약법의 특성에 관심을 갖게 되면서 이 주제로 논문을 쓰게 되었고, 레위기와 신명기를 연구하면서 그 중요성에 눈뜨게 되었다. 무엇보다 희년 규례에 제의적 성격이 강하게 반영되어 있음을 주시했고, 더욱이 삶의 거룩을 강조하는 레위기 17-26장에 희년 규례가 포함되어 있음을 발견했다. 희년을 지키고 그 정신을 실현하는 것은 모든 시대에 하나님의 공동체를 정화시키고 새롭게 유지하는 일련의 회복 장치다. 한편으로는 인간의 본질적인 악함과 욕망을 정화시키고 다른 한편으로는 삶에 대한 자기 포기와 의지를 새롭게 하여 하나님의 성품을 닮아 가는 선한 의지를 공동체적으로 되살아나게 하는 장치가 희년 규례인 것이다. 이러한 희년 규례 연구에 앞으로 더 매진하려고 한다.

희년법, 하나님 나라 백성다운 삶의 방식

구약성경은 하나님의 백성들이 따라야 할 삶의 방식과 하나님 나라의 백성다움을 지킬 수 있도록 이끄는 법적 장치들을 말씀 속에 새겨 넣고 있다. 그 법적 장치들 가운데 희년법은 오늘 우리 사회가 안고 있는 다양한 문제를 진단하고 근본적인 해결책을 제시한다. 희년법은 신구약성경의 중심 주제 중 하나다. 그럼에도 오늘날 교회와 신학계에서 희년법을 깊이 다루지 않는 현실이 안타깝다. 이러한 배경에서 이 글의 목적은 구약성경이 말하는 희년의 원리와 희년법 정신이 무엇인지를 살피는 것이다.

구약성경 가운데 희년을 가장 명확하게 언급한 본문은 레위기 25장이다. 희년을 뜻하는 영어 단어 'Jubilee'는 라틴어 'Jubilus'에서 유래하는데, 히브리어에는 실제로 희년이라는 단어가 없으며 히브리어 '요벨'에서 유래된 것으로 전해진다.[1] 여호수아서 6장 5-6절에 따르면 요벨의 본래 뜻은 수양의 뿔(요벨림)을 의미한다. 그러나 레위기 25장 9절에서 모세는 요벨을 '쇼파르'(나팔이란 뜻)와 바꿔 쓰고 있다.

희년의 핵심 본문이 출애굽기나 신명기가 아닌 레위기에 집중되는 이유는 무엇일까? 희년 규례에 '제의적' 성격이 강하게 반영되어 있음을 나타내려는 의도일 것이다. 다른 한편 희년 규례가 레위기 후반부(17-27장)에 있다는 사실도 주목된다. 희년법을 주신 목적이 일상생활에서 구체적인 삶의 거룩을 이루게 하기 위한 것임을 강조하는 것이다.

그렇다면 구약성경에서 법(laws)을 선포할 때 화자들은 어떠한 형식을 사용하고 있는가? 법을 공포할 때 특별한 형식이 있는가를 파악하는 것은 넓은 의미에서 희년법의 특성을 파악하는 데 도움이 될 것이다. 알트에 따르면 구약성경에 나타나는 구약법의 양식은 필연적인 법(apodictic law)과 결의론적인 법(casuistic law)으로 구분된다.[2] 전자는 "~을 하라" 또는

"~을 하지 말라"라는 형식의 무조건적 명령을 말한다. 반면 결의론적인 법은 조건절과 평서문으로 조합을 이룬다. 즉, "만일 ~이면, 그때 ~하라"는 형식이다(예를 들어 "안식일을 기억하여 거룩히 지키라"). 이러한 틀에서 레위기 25장의 양식을 분석해 보면, 25장 1 - 7절과 8 - 17절은 일방적인 명령을 선포하는 필연법이 두드러지게 나타나는 반면, 18 - 22절은 조건이 붙어 있는 결의론법의 양식을 띤다.

그렇다면 하나님께서 이런 다양한 법을 이스라엘 자손들에게 주신 목적은 무엇일까? 구약법의 가장 근본 원리는 '거룩'에 있다. 거룩은 하나님의 속성 그 자체가 반영되어 나타난 것이다. 하나님은 레위기 19장 2절에서 "내가 거룩하니 너희도 거룩하라"라고 말씀하셨다. 이 본문을 언급하는 이유는 구약법을 연구하고 묵상하는 근간이 되기 때문이다. 한편, 구약성경에서 법은 대부분 오경에 분포되어 있다. 그중에서도 출애굽기에는 20장 22절부터 23장 33절(소위 언약의 책)까지에 집중적으로 나타나며, 레위기에서는 출애굽기와의 연속성 안에서 제사 규례(1 - 7장)와 제사장 제도의 설립(8 - 10장) 그리고 정결과 부정의 규례(11 - 16장)로 이어지며 거룩한 삶을 위한 규례(17 - 27장)로 마무리된다. 아울러 신명기의 경우 법적 규례는 주로 12 - 26장에서 설교 형태로 선포되고 있다.

구약법의 상위 개념

어렵게만 느껴지는 많은 분량의 구약법들을 읽을 때 누군가 이런 질문을 던질 수 있다. '구약의 법은 누구에게 주어진 것일까?' 이 법들은 본래 하나님의 백성, 즉 모든 언약백성에게 주어진 말씀이다. 여호와께서 이스라엘 백성에게 언약법을 주신 목적은 이 땅에 하나님 나라를 세우시기 위함이었다. 따라서 일차적으로는 이스라엘 백성에게 주어진 법이지만 그 법의 효력은 이스라엘인들에게만 한정하지 않았다. 열방의 백성이 언약법의 정신과 그 법의 가치를 깨닫고, 법을 수용하여 말씀을 따라 살아가도록 펼쳐 가는 것이다. 따라서 구약의 법을 이해하려면 '법과 언약'의 상관관계를 먼저 알아야 한다. 구약법의 특징은 법 자체가 목적이 아니기 때문이다. 구약법은 법의 상위 개념인 언약을 이루는 수단으로 주어진 것이다. 이것이 핵심이다. 다시 말하면, 구약법은 하나님과 그의 백성 사이에 맺은 언약을 유지하기 위한 수단으로 기능한다. 이러한 배경에서 우리는 구약의 법을 언약법이라 정의할 수 있을 것이다. 한편, 법을 수여하신 하나님은 이스라엘 백성이 언약법을 기억하고 지킬 수 있도록 매 7년마다 장막절에 언약을 갱신하라고 명령하셨다(신 31:9 - 13). 이렇게 함으로써 하나님께서는 그의 백성들과의 언약관계를 회복하시고 유지시켜 나가기를 원하셨다. 이러한 구약의 법 개념의 기본 틀 안에서 이제 희년법이 무엇인가를 말할 수 있을 것이다. 희년법은 다름 아닌 하나님의 백성이 언약관계를 갱신 또는 회복하며, 언약공동체로서의 정체성을 유지하도록 하는 것이다.

그 법들을 말하게 되는 동기 역시 하나님께 기원을 둔다. 이러한 법들은 모든 사람이 아니라 하나님의 백성에게, 즉 언약백성에게 주어진 것이다. 법은 법 자체로 의미 있는 것이 아니라 언약을 이루는 수단으로 주어진 것이다. 이것이 법의 특징이며 한계다. 하나님과 하나님 백성 간에 맺은 언약을 이루는 수단인 것이다. 그렇다면 언약은 왜 맺는 것일까? 언약은 둘 중 누군가 지키지 않을 경우 깨어질 수 있다. 하나님 나라를 이루는 합법적 수단으로서 언약이 주어진 것이다. 그런데 이스라엘이 언약을 깨뜨릴 수 있었기 때문에 7년마다 장막절에 언약갱신을 하도록 명령하신다. 그것 자체가 하나님의 은총이며 배려였다. 하나님은 언약관계를 회복시키고, 유지하고, 발전시켜 나가도록 하신 것이다. 이러한 배경에서 볼 때, 희년법은 하나님과 그의 백성 간에 언약관계를 회복하고 언약백성으로서의 정체성이 기억되는 공동체가 되게 하기 위해 주어진 것이다. 일차적으로 이 법은 하나님의 백성들에게 수여된 법이다. 따라서 구약성경의 법들은 하나님 나라 백성다운 삶을 유지할 수 있게 하려는 목적이 있다.

희년법의 기초

희년법의 기초는 무엇일까? 하나님은 시내산에서 구약법의 헌장이라 할 수 있는 십계명을 선포하기에 앞서 애굽의 노예였던 히브리 사람들에게 새로운 정체성을 부여하셨다. 이것이 희년법에 가장 적합한 기초라고 생각한다. 그 내용은 출애굽기 19장 5 - 6절에 기록되어 있다.

세계가 다 내게 속하였나니 너희가 내 말을 듣고 내 언약을 지키면
너희는 열국 중에서 내 소유가 되겠고
너희가 네게 대하여 제사장 나라가 되며
거룩한 백성이 되리라.

이스라엘은 하나님의 소유다. 그리고 그 나라는 열방을 위한 제사장 나라로서의 사명이 있기에 거룩한 백성이어야 한다. 이 선포의 의미는 그들이 존재하는 이유가 세상을 향해 하나님의 뜻을 계시하기 위한 것임을 나타낸다. 그 역할을 수행하기 위해 이스라엘은 하나님의 고유한 속성을 비추는 거룩한 백성이어야 한다.

이러한 논의 위에서 레위기 25장에 나타난 희년법의 기초가 무엇인

지 생각해 보자. 먼저 희년법은 하나님께서 그의 크신 경륜 안에서 언약을 유지하는 수단으로 이스라엘 백성에게 주셨다는 사실에서 출발한다. 상기한 대로 희년법은 레위기에 속해 있으므로 그 특성상 제의적 성격을 지닌다. 즉, 삶으로 드려지는 제사의 속성을 말하는 것이다. 이러한 희년법의 메시지는 오늘날 그리스도인들이 삶으로 드리는 제사인이 되어야 함을 강조한다. 이러한 배경에서 레위기 25장 본문으로 들어가 보자.

레위기 25장의 구조

학자들은 레위기 25장의 구조를 다양하게 제시한다. 게스텐버거는 크게 안식년(2-7절)과 희년(8-55절)으로 나눈다. 또 밀그롬은 서론(1-2a), 안식년과 희년법(2b-22절), 기업 무르는 법(23-34절), 땅 상실에 대하여 무르기(35-38절), 동족 채무 노예(39-55절), 이렇게 네 단락으로 구분한다. 필자는 아래와 같이 나누었다.

I. 서언(1절)

II. 안식년과 희년 규례(2-22절)

    1. 안식년(2-7절; 참조. 출 23:10-11)

    2. 희년법(8-17절)

    3. 권면(18-22절)

III. 희년과 관련한 친족에 의한 기업과 종 무르기 법(23-55절)

    1. 기본적인 희년법 원리(23-24절)

    2. 땅의 상실로 인한 기업(property) 무르기(25-28절)

    3. 주택(home) 상실에 대하여 무르기(29-34절)

4. 가난한 이스라엘 사람들을 위한 대부법(35–38절)

5. 자유의 상실에 대한 무르기(39–46절)

6. 체류 이방인들에게 종이 된 채무 노예에 대한 법(47–55절)

레위기 25장은 땅의 휴경(안식년), 기업의 회복, 노예 해방이라는 세 가지 주제를 다룬다. 여기서 우리의 관심을 끄는 점은 희년법 논의가 안식년제도를 상기시킴으로 시작한다는 것이다. 무엇보다 레위기의 저자는 25장에 앞서 이스라엘이 전 국가적으로 지킨 절기들에 대한 규례를 23장에서 먼저 언급하고 있다. 그리고 그 기초 위에서 안식년과 희년 그리고 기업 무르기와 종 무르기 등의 내용을 다루고 있다.

안식년과 희년 규례

1 안식년에 관한 규례(2–7절)

레위기 25장의 희년법 선포는 안식 개념에서 시작된다.[3] 안식 개념은 시간의 거룩성, 즉 안식일→ 안식년→ 희년으로 이어지는 일련의 시간의 거룩성을 기초로 한다는 의미다. 먼저 안식년에 대해 살펴보면, 안식년 규례는 출애굽기에 잘 나타나 있다. 출애굽기 20–23장을 소위 '언약의 책'이라 명명하는데, 출애굽기 23장 10–11절에 휴경년에 대한 규례가 나온다. 출애굽기 저자는 사회적 약자인 가난한 사람들과 들짐승을 위해 매 7년마다 한 해 농사를 쉬도록 규정하고 있다. 법을 수여하신 여호와 하나님이 7년째 되는 해에 땅을 묵혀서 가난한 자와 들짐승들이 함께 나누도록 하신 데 초점을 두고 있다. 그렇다면 레위기 25장 2–7절의 초점은 무엇인가? 레위기 25장은 출애굽기 23장과 달리 단순히 가난한 자들을 배려하는 차원에서 말하는 것이 아니라, 땅 자체의 휴식에 강조점이 있다. 특히 4절은 땅의 휴식이 단순히 경제적 계산에서 나온 것이 아니라, '여호와께 대한 안식'이라고 규정한다.[4] 땅의 안식을 여호와 하나님과의 관계에서 설명하고 있다. 본문은 땅의 소유권은 결코 인간에게 있지 않으며, 땅의 참주인이 하나님이라는 사실을 강조하고 있다.

2 희년 규례에 대한 일반 규정과 희년법(8 – 17절)

희년법(14 – 17절)을 공포하기에 앞서 레위기 저자는 희년 주기를 언급한다. 8절에 따르면, 일곱 안식년이라는 햇수가 나오며, 10 – 11절에는 50년이라는 햇수가 나타난다. 그런데 학자들에 따라 희년 주기 계산법에 대한 견해가 다르다. 49년 주기를 주장하는 학자들이 있는가 하면, 50년 주기를 지지하는 학자들도 있다. 한 예로 허네히에 따르면 49년마다 달력에 49일짜리 윤년을 끼워 넣은 것이라는 가설을 제시했다. 웨넘은 이 견해를 받아들여 49년째 되는 해의 일곱 번째 달에 윤년이 삽입된 것으로 해석한다. 한편 크나우트는 그의 논문에서 희년은 일곱 번째 안식년(7월 10일), 즉 49년에 시작되어 50년 일곱 번째 달까지 계속되는 해라고 보았다. 또 다른 가설로 가네는 희년이란 단지 안식년에 이어지는 해를 말하는 것으로, 50번째 해는 독립적인 해라기보다는 다시 시작되는 안식년 주기의 첫해라고 주장한다. 이처럼 희년 주기를 명확하게 해석하기는 어렵다. 분명한 것은 18 – 22절에 근거해 볼 때 안식년과 희년이 구분되고 있다는 사실이다. 또한 6년째 되는 해에 3년간 먹을 소출을 얻게 될 것이라는 말씀이 있다. 따라서 본문의 흐름을 따른다면 50년 주기가 더욱 설득력 있어 보인다. 이와 같이 안식년과 희년이 계속되는 때의 추수의 흐름을 도표로 그리면 다음과 같다.

년	가을	봄
6	씨 뿌림	추수(x3)
7	안식년	안식년
8	희년	희년
9	씨 뿌림	추수

한편, 9절에 따르면 희년을 맞이하는 때의 신학적 의미가 중요하다. 희년은 그해의 일곱 번째 달 제10일에 수양의 뿔을 부는 의식으로 시작된다. 그날이 중요한 이유는 대속죄일이기 때문이다. 백성들이 지은 죄를 용서받는, 1년 중 가장 거룩한 날인 7월 10일에 희년이 시작된다. 앞서 레위기 16장에서 선포되는 속죄일은 이스라엘 절기 중에 가장 중요한 절기로 여겨진다(오늘날 달력을 기준으로 보면 10월경이다). 무엇보다 대속죄일을 제정한 목적은 죄와 부정으로 더러워진 제사장들과 백성들의 죄를 대속하고, 성소를 정화하는 데 있었다.

그렇다면 다른 날도 아닌 속죄일에 희년이 선포된다는 의미는 무엇인가? 희년을 지킴에는 진정한 화해가 있어야 하며, 나아가 다른 사람들과의 관계에 거룩을 실현하는 감격의 날이 되어야 한다. 또한 그날은 과거를 청산하고 새로운 출발을 가능케 하는 날이다. 14-17절에 따르면, 당시 이스라엘 사회에서 땅 매매는 희년을 기준으로 다음 희년까지 남아 있는 시간에 비례해 농지 사용에 대한 적정 가격을 정했다. 이처럼 희년은 이스라엘 사회와 경제 안에서 미래에 새롭게 회복될 수 있는 동기를 제공하는 법적 장치로 기능할 수 있었다. 동시에 이 본문은 오늘날 그리스도인들에게 각자가 속한 사회에서의 경제활동, 이웃 사람들 간의 관계 등에서 구체적인 거룩이 실현되어야 함을 촉구한다. 원론적으로 본다면 희년 정신은, 우리가 그리스도인이라면 적어도 남의 것을 갈취하려는 마음이나 타인을 속이고 이득을 취하려는 마음은 일어나지 않아야 한다는 것이다.

3 희년을 지키도록 격려(18-22절)

이어지는 본문은 이스라엘 백성이 자발적으로 희년 규례를 지키도록 마음에 동기를 불러일으키고 있다. 하나님께서 이스라엘 백성의 필요를 채워 주실 것이라는 약속의 말씀이다. 이제 이 말씀을 들은 백성은 하나님의 말씀을 신뢰할 것인가 아니면 눈에 보이는 이익을 추구할 것인가의 기로에 서게 된다. 만약 그들이 희년법을 고수하고 신실하게 그 규례들을 지켰다면 약속의 땅에서 형통한 삶을 누릴 수 있었을 것이다. 20-22절은 가상의 질문을 던지고 답하는 일종의 수사적 기법을 써서 메시지를 전하고 있다.

> 만일 너희가 말하기를 우리가 만일 일곱째 해에 심지도 못하고 소출을 거두지도 못하면 우리가 무엇을 먹을까 하겠으나
> 내가 명령하여 여섯째 해에 내 복을 너희에게 주어 그 소출이 삼 년 동안 쓰기에 족하게 하리라
> 너희가 여덟째 해에는 파종하려니와 묵은 소출을 먹을 것이며 아홉째 해에 그 땅에 소출이 들어오기까지 너희는 묵은 것을 먹으리라.

핵심 메시지는 앞서 희년 주기에 대해 살펴본 대로 여섯 번째 해가 되었을 때 여호와께서 그 땅을 복 주심으로 3년간 먹고도 남을 충분한 양의 소출을 주시겠다는 약속이다. 이제 관건은 그들이 여호와의 말씀을 따라 순종하며 살 것인가 아닌가의 선택에 달려 있다. 이것은 과거 구약 시대에만 적용되는 말씀이 아니다. 희년 정신은 오늘 우리 시대에도 사회 회복을 위해 실현되어야 할 중요한 가치다. 이 땅에 살고 있는 많은 그리스도인이 하나님 백성으로서의 삶의 가치를 깨닫고 그 정체성을 회복해 희년 정신을 따라 살아간다면, 이 사회의 정의는 회복될 수 있을 것이다.

희년법 시행에 대한 구체적인 규례들

23-55절은 세부법으로, 친족에 의한 무르기에 대한 규정이다. 세부 규정은 다시 땅, 가옥 그리고 종 무르기에서 언약백성들이 기억해야 할 규정들을 약술하고 있다.

1 희년법의 신학적 기초 (23-24절)

23절은 땅이 궁극적으로 누구의 소유인가에 초점을 둔다.

> 토지를 영구히 팔지 말 것은 토지는 다 내 것이라 너희는 거류민이요 동거하는 자로서 나와 함께 있느니라.

모세는 땅은 인간이 아니라 창조주이신 하나님께 그 소유권이 있음을 공포한다. 이것이 구약성경에서 말하는 땅의 신학의 기초다. 여호와가 땅의 주인이라는 사실은 시내산 언약을 맺기 직전에 이미 선포된 말씀이다(출 19:5). 그런데 그 말씀을 레위기 25장에서 다시 상기시키는 이유는 그들이 약속의 땅에 들어가서 분배받을 땅에 대해 땅 무르기를 시행해야 했기 때문이다(24절).

2 기업 무르기 (25-34절)

한편 25절부터는 세부 규정을 선포하는데, 인칭의 변화가 나타난다. 2인칭 단수(또는 복수) 형태의 '너'에서 3인칭으로 바뀌며, 동시에 결의론 법들로 바뀌고 있다(13-23절). 결의론법은 가상의 사건들을 미리 예시하고 그 정황에 맞는 법규를 제시하는 방식이다. 원칙적으로는 이스라엘 모든 지파와 그 가족들에게 할당된 땅이 다른 사람에게 양도될 수 없었다.

하지만 부득이한 상황에서 친족이 땅을 팔아야 할 처지에 놓였을 경우, 가까운 친척이 그를 대신해 땅을 무를 수 있도록 법으로 규정한 것이다. 만약 자기가 팔아 버린 기업에 대해 스스로 갚을 능력이 생겼을 경우, 희년까지 남은 햇수를 계산해 값을 치르도록 했다(26절; 참조. 렘 32:7-15). 그러나 자신을 포함하여 그의 친척들 가운데서도 기업 무를 여력이 없는 경우 다가오는 희년에 가서야 그 땅을 돌려받을 수 있었다.

결국 희년법은 이스라엘 공동체 내에서 가진 자가 어떠한 인격적인 삶을 추구해야 할 것인지를 가르치는 사회법이다. 고리대부업이 합법적으로 인정되는 오늘날, 희년법은 가난한 사람들이 삶의 의욕을 상실하고 자식에게 빈곤을 되물림 하는 악순환의 문제를 해결할 수 있는 열쇠가 된다. 무르기는 '만민에 대한 평등한 토지권 정신', 즉 '평등지권'(平等地權)을 구현하기 위한 방법이었는데, 이는 오늘날 토지에서 발생하는 이익을 사회 전체가 공유하는 방법으로 적용할 수 있다.

한편 사람 사는 곳이라면 땅뿐 아니라 주택도 남의 손에 넘어갈 수 있다. 레위기 25장 29-34절은 도시가 아닌 촌락의 가옥일 경우 희년에 돌려주어야 한다고 규정한다(31절). 그러나 성읍 내에서 팔린 주택의 경우에는 1년 내에 무를 수 있으나 그 후에는 매입자가 소유주가 된다. 하지만 레위인의 경우에는 땅을 분배할 때 48개의 성읍과 약간의 목초지만 분배받았기 때문에 예외적으로 적용되었다. 만일 가난한 레위인의 주택이 팔렸을 경우 희년에 돌려받도록 규정한 것이다.

3 이스라엘의 가난한 사람들을 위한 대부법(35-38절)

만일 어떤 이스라엘 사람이 가난해져서 남에게 돈이나 음식을 꾸게 되었을 때, 그 이자 때문에 가난한 자들이 노예가 되는 것을 막고자 이자를 금지하는 법이다. 그러나 대부를 통한 상업 활동 자체를 금지하는 것은 아니며, 다소 소극적 차원에서 빈민에게 이자 받는 것을 금지한 것이다. 오히려 35절은 가난한 자들을 적극적으로 돌보아 주어야 하며, 그들에게 관대할 것을 요청한다. 이처럼 가난한 자들에게 이자를 금지하는 명령은 고대 근동의 다른 법들과 비교되는 성경법의 특성이다. 특히 36절은 출애굽기 22장 24절의 내용을 확대 설명한 것인데, 신명기 23장 20-21절에서 거듭 진술되고 있다.

그렇다면 왜 가난한 형제에게 빌려준 돈이나 음식의 이자를 받지 말아야 하는가? 38절에서 해답을 제시한다. 그런데 언약적 관점에서 당위성을 주장하는 점이 특징이다. 화자는 언약법의 헌장인 십계명의 서문 내용을 적용해, 그들도 이전에는 애굽의 노예 신분이었음을 상기시키면서 여호와가 그들에게 자유를 허락하셨음을 강조한다.

4 종 무르기 (39-46절)

본 단락은 동족인 이스라엘 사람이 종으로 팔려 왔을 때, 그 종을 어떻게 대우해야 하는지에 관한 규례다. 동족 이스라엘 사람은 재산이나 소유 개념으로 노예를 삼지 못한다. 따라서 노예를 부려야 할 경우에는 주변 열방으로부터 이방인들을 사서 노예로 소유할 수 있었다. 이 법은 영속적으로 사람을 노예로 삼는 것을 금지함에 있어, 동족으로 한정해 적용한 소극적 법 장치라 할 수 있다.

종 무르기에 대한 규정을 좀더 구체적으로 살펴보면, 같은 민족인 이스라엘인이 노예로 팔려 왔을 경우, 그 팔려 온 동족을 노예로 다루지 말고 고용된 일꾼으로서의 지위를 부여하라고 명령한다. 동족 노예를 인격적으로 대하라는 의미다. 한편, 모세오경 속에서 레위기 25장 39-46절과 유사한 종에 관한 규례는 출애굽기 21장 2-6절과 신명기 15장 12-18절에서도 발견된다. 그러나 레위기 25장 내용과 비교해 볼 때 약간의 차이가 있는데 그 차이는 상보적이다. 출애굽기와 신명기의 경우, 동족이 종살이를 하게 되었을 때 그 기간을 최대한 6년으로 제한한다. 따라서 7년째에는 종에서 자유인으로 그의 지위를 회복시켜 주어야 한다. 또한 종살이에서 해방된 종이 먹고살아 갈 수 있도록 필요를 채워 주라고 명시하고 있다. 그러나 만일 그 종이 주인과 그의 가족을 사랑한 나머지 함께 거하기를 원할 경우에는 그의 귓바퀴를 뚫어 영구히 종을 삼을 수 있도록 규정하고 있다. 그러나 출애굽기 21장 4절에 따르면 종살이를 하는 동안 결혼했을 경우, 그의 아내와 자식은 주인의 차지가 되고 자기만 홀몸으로 나가야 했다. 반면 레위기 25장 42-43절은 출애굽기 21장 4절과 비교했을 때, 희년에는 종과 그가 종살이를 하는 동안 태어난 자식까지도 그들의 지위가 회복되도록 규정하고 있다.

그렇다면 왜 이스라엘 사람들은 이 규례를 따라야 하는가? 화자는 42-43절을 통해 그 이유를 밝힌다. 앞서 38절에서 언급한 말씀으로 소위 언약의 헌장, 즉 십계명의 서문과 유사하다.

그들은 내가 애굽 땅에서 인도해 낸 내 종들이니 종으로 팔지 말 것이라 너는 그를 엄하게 부리지 말고 너의 하나님을 경외하라.

화자는 종의 해방 규례를 하나님 경외 사상과 연결시킨다. 매우 독특한 선포라 할 수 있다. 풀어 설명하면, 이제 그 종은 돈을 주고 그를 샀던 주인(너)의 종이 아니라, 나(하나님)의 품꾼이라는 말이다. 따라서 주인은 더이상 그를 함부로 다룰 수 없다. 이 법을 따라 살아가는 것이 바로 하나님을 경외한다는 증거가 된다는 것이다.

5 체류 이방인들에게 종이 된 채무 노예에 대한 법(47-55절)

마지막 단락은 동족 사람이 일시적으로 체류 이방인에게 팔렸을 경우, 언약공동체가 어떻게 행동해야 하는지에 관한 규례다. 만일 동족 가운데 누군가가 비이스라엘인에게 팔렸다면, 가장 가까운 친족의 범주(형제-삼촌-사촌)에서 점차 근족의 범위로 확대해 가며 그를 속량할 적임자를 결정하게 된다. 그리고 그 값은 다음 희년까지 남아 있는 햇수에 비례해 계산했다. 그렇다면 이스라엘 사람이 이방인에게 팔렸을 경우에도 그 주인에게 희년법을 요구할 수 있을까? 실제로 언약법은 언약백성에게 유효한 법으로 이해되고 있다. 그러나 이스라엘 지경에 들어와 살고 있는 체류 이방인에게도 희년법은 적용되었다. 44-55절에 따르면, 그 주인은 자기에게 익숙한 고대 근동의 노예법을 따라 이스라엘인을 부려서는 안 되고, 고용된 일꾼으로 인식해야 할 뿐 아니라 희년에는 그를 자유인으로 해방시켜 주어야 했다. 그러나 이 법이 실제로 시행되려면, 가나안 땅에 들어와 살고 있는 비이스라엘인들이 이스라엘 사회의 무르는 법에 동의해야만 가능했다.

그렇다면 어떻게 이러한 관계가 가능했을까? 이 물음에 대한 적절한 해답이 레위기 19장 33-34절에 나타난다. 하나님은 이스라엘에게 약속의 땅에 들어와 함께 살고 있는 이방인들을 학대하지 말고, 그들을 동족같이 사랑하라고 명령하셨다. 이처럼 하나님 나라의 백성은 선을 행함에 적극적이어야 했다. 이방인들과 인격적인 관계를 쌓아 가는 만큼 이방인들도 토라의 법을 존중하고 지키도록 설득할 수 있었던 것이다. 서로 가치관이 다른 사람들이 함께 의로운 사회를 만들어 갈 수 있는 사회 정화를 위한 법이 희년법이다. 이는 하나님 백성 됨의 멋이다. 이러한 법 정신을 우리 사회에도 실현시켜 간다면 모두가 여호와를 경외하게 될 것이며, 희년법 정신이 자연스럽게 세상 속으로 스며들게 될 것이다.

지금까지 레위기 25장에 나타난 희년법이 무엇인지 살펴보았다. 이제 그 의미를 되새겨 보며 몇 가지 중심 사상을 정리해 본다.

첫째, 안식에 대한 참된 묵상은 우리로 하여금 희년법의 근간이 하나님의 안식에 기초하고 있음을 깨닫게 한다. 둘째, 희년법은 당위법으로 언약 백성이라면 예외 없이 지켜야 할 법이다. 무엇보다 여호와 하나님을 만물의 주인이신 창조주로 인정함에서 출발한다. 이 사실이 인정된다면 인간은 더 이상 땅의 주인이라 주장할 수 없게 된다. 레위기 26장 1 - 13절에 따르면, 하나님이 인간에게 땅을 주신 목적은 그들에게 복 주시기 위함이었다. 그러나 인간의 탐욕과 죄악은 언제나 건강한 공동체를 해칠 수 있는 위험성을 안고 있다. 희년법은 이와 같은 인간의 악한 의지(탐욕)로부터 사회를 지켜 내는 법적인 자정 장치로 기능할 수 있다. 따라서 만일 한 사회가 안식법과 희년법을 지속적으로 지켜 간다면 그 사회는 가난으로 가옥과 토지를 잃거나 자신의 몸을 노예로 팔아넘긴 사람들이 자연스럽게 신분을 회복할 기회를 얻게 할 수 있으며, 가난한 이들의 가문이 역사에서 사라지는 비극이 더 이상 발생하지 않게 될 것이다. 셋째, 희년법은 언약 백성이 부를 축적하는 목적이 안전과 행복에만 있지 않고, 자신이 속한 공동체 사람들의 자유와 인격을 함께 지켜 감에 있음을 가르친다.

희년법 개념이 반영된 구약의 다른 본문들

지금까지 살펴본 희년법 개념이 구약의 다른 성경에서는 어떻게 반영되어 나타날까? 레위기를 제외하면 출애굽기 21장 1 - 11절, 23장 10 - 11절, 민수기 36장 1 - 12절, 신명기 15장 1 - 11절, 열왕기상 6 - 9장과 21장 1 - 18절에도 반영되어 나타난다. 그 외에도 선지서 본문 중에서는 이사야 58장 1 - 14절, 61장 1 - 3절, 예레미야 32장 1 - 15절, 34장 8 - 22절 그리고 에스겔 40장과 다니엘 9장에도 반영되어 나타난다. 여기 서는 민수기 36장 1 - 12절과 이사야 37장 30절, 아모스 2장 6 - 8절, 예레 미야 34장 8 - 22절, 에스겔 46장 16 - 18절 그리고 이사야 61장 1 - 3절 을 중심으로 살펴보고자 한다.

1 민수기 36장 1-12절(참조. 27:1 - 11)

본문에서 민수기 저자는 희년법을 직접 언급하지는 않지만 희년의 속성을 반영하고 있다. 민수기 36장은 슬로브핫의 딸들이 제기한 땅의 상 속에 관한 문제를 소개한다. 사건의 발단은 슬로브핫의 딸들이 아버지의 기업을 상속할 수 있도록 요청한 것이다. 고대 이스라엘 사회에서 딸은 상 속권을 갖지 못했다. 그러나 만일 슬로브핫의 딸들이 이스라엘의 다른 지 파의 남자들과 결혼했을 경우, 슬로브핫의 기업은 다른 지파의 소유로 넘 어가게 되어 희년이 되었을 때도 그들의 기업은 사라질 운명에 처할 수 있었다. 이에 모세는 슬로브핫의 딸들에게 땅의 상속권을 인정해 줌으로 써 그 지파가 땅을 유업으로 보존할 수 있게 했다. 한편 모세는 슬로브핫 의 기업이 다른 지파에게 넘어가지 않도록 슬로브핫의 딸들이 같은 조상 의 종족에게 시집가도록 명한 사실을 기록한다. 결과적으로 이 본문은 이 스라엘 초기 역사에 희년사상이 기억되고 있었음을 보여 주는 예가 된다.

2 이사야서 37장 30절(참조. 왕하 19:29),
예레미야서 32장 1-15절(참조. 룻 4:4 - 6)

이사야서 37장 21 - 36절은 앗수르의 산헤립이 이스라엘을 침략했 을 때 선지자 이사야가 히스기야 왕에게 전하는 말씀이다.

왕이여 이것이 왕에게 징조가 되리니 금년에는 스스로 난 것을 먹을 것이요 제 이 년에는 또 거기서 난 것을 먹을 것이요 제 삼 년에는 심고 거두며 포도나무를 심고 그 열매를 먹을 것이니이다.

본문의 핵심은 안식년과 희년이 지난 후 제3년째에 그들이 곡식을 심고 추수할 수 있을 것이라는 내용을 담고 있다. 즉 희년 규정이 살아 있음을 암시한다.

<u>3</u> 아모스서 2장 6-8절(참조. 8:4 - 6), 미가서 2장 1-4절, 예레미야서 34장 8-22절, 느헤미야서 5장 1-5절 등

주전 8세기 선지자 가운데 특히 아모스와 미가는 당시 이스라엘과 유다 사회에 불의가 얼마나 편만해 있던가를 생생하게 증언한다. 먼저 아모스서 2장 6-8절의 고발 내용을 보면, 아모스는 "그들(재판관들)이 은을 받고 의인을 팔며, 신 한 켤레를 받고 가난한 자를 팔며"(2:6)라고 꾸짖고 있다. 당시 법정에서 의롭게 재판해야 할 재판관들이 뇌물을 받고 의인에게 불리한 판결을 내렸을 뿐 아니라, 가난한 자들이 채주에 의해 신 한 켤레 정도의 작은 빚이 있어도 자신들의 소유권을 양도당하고 종으로 팔리는 사례가 있었다고 고발한다(참조. 8:6). 따라서 아모스 선지자는 당시 시대 상황에서 공평과 정의의 삶을 매우 강력하게 촉구한다. 하나님 나라 백성의 삶은 마땅히 하나님을 찾는 즐거움으로 사는 것이며(5:4), 역으로 공평과 정의를 행하지 않는 자에게는 인생에 어둠이 드리울 것이다.

한편 미가서 2장 2절에 따르면, 당시 힘 있는 세도가들이 가난한 평민들의 전답을 탐해 그것을 빼앗고, 집들을 취하며, 사람을 학대해 그들의 기업을 빼앗는 일이 많았음을 폭로한다. 그러나 레위기 25장 25 - 34절에 공포했듯이 하나님이 그의 백성들에게 기업으로 주신 땅은 결코 인간적인 탐욕으로 빼앗을 수 있는 성질의 것이 아니었다. 또한 희년법은 언약백성 간에 동족 이스라엘인을 노예로 삼을 수 없도록 규정하고 있으나 미가 선지자가 사역하던 당시에는 동족을 학대하는 일이 다반사였다(참조. 미 3:1-4). 이런 예들은 마음의 동기를 살피시는 하나님의 시각에서 보았을 때, 이스라엘과 유다 사회가 필연적으로 멸망할 수밖에 없었음을 보여 주는 증거가 된다.

또 다른 예로, 예루살렘의 멸망을 예고하는 예레미야 선지자 역시 주전 7-6세기, 그가 사역하던 당시의 유다 사회가 하나님을 경외하지 않았고 언약법을 지키지 않았기 때문에 멸망하게 된 것이라고 반복해 지적한다. 특히 희년법과 관련한 내용은 예레미야서 34장 8-22절에 나타난다. 본문의 배경은 유다 왕 시드기야의 통치 말기에 예루살렘에서 히브리 남녀 노예들을 자유인으로 풀어 주는 일련의 사건에서 시작된다. 본문 내용은 크게 두 단락, 즉 노예 해방에 관한 산문체 보도(8-11절)와 그에 대한 가르침(12-22절)으로 구분된다. 여기서 예레미야 선지자의 말씀은 출애굽기 21장 1-11절과 신명기 15장 그리고 레위기 25장 39-46절에 기록된 언약법의 세부 조항 가운데 히브리 노예법을 근간으로 삼고 있다.

이야기의 배경은 예루살렘이 바벨론에 포위되어 있는 동안(주전 약 588년 1월부터 시작해 586년 7월까지)으로, 유다 왕 시드기야는 히브리 남녀 노예들을 자유인으로 해방시키기로 모든 백성과 언약했다(8절). 14절에서 화자는 7년마다 히브리 종들을 해방시켜 주도록 규정한 히브리 노예법의 원칙을 상기시킨다. 그런데 당시 유다 사회는 정기적으로 노예를 풀어 주지 않았음이 분명하다. 더구나 유다의 세도가들과 귀족층은 바벨론의 공격에 노예를 풀어 주기로 시드기야와 약조하고서도 바벨론 군대가 애굽을 견제하기 위해 잠정적으로 예루살렘에 가한 압박 수위를 늦추자(주전 587년경), 언제 그런 약조를 했었냐는 태도로 약조를 철회하고 노예들을 다시 속박하는 악행을 저질렀다(16절). 따라서 하나님의 진노가 유다 땅에 임하게 되고, 그 징표로 하나님은 17절에서 "너희가 형제와 이웃에게 자유를 선언한 것을 실행하지 아니하였은즉 내가 너희를 대적하여 칼과 전염병과 기근에게 자유를 선언한다"라고 선포하신다. 이 말씀은 하나님과 이스라엘 간에 맺은 언약이 깨어졌음을 공적으로 선포하는 기능을 한다. 여기서 유다 백성의 죄목은 첫째, 언약백성이 언약의 땅에서 살아가기 위해 마땅히 지켜야 할 세부적인 언약법 규정들을 지키지 않은 죄목 위에 둘째, 그들이 시드기야와 공적으로 언약했던 도덕적 신의를 저버린 것이다. 그 결과 유다와 예루살렘은 하나님의 심판을 피할 수 없었으며 예루살렘은 바벨론의 침략으로 폐허가 되고 말았다(22절). 정리하면, 예레미야가 사역하던 주전 6세기 당시 이스라엘을 이끌던 리더십들은 노예 해방에 대한 오경의 기본 원칙을 기억하고 있었음은 분명하나, 인간의 탐욕으로 그 법이 제대로 지켜지지 않았다고 진단할 수 있다.

나아가 바벨론 포로기에 선포된 선지서들을 읽으며 놀라게 되는 점은, 70년이라는 한정된 기간이 흘러갔다고 해서 인간의 악한 본성이 변화되는 것은 아니라는 사실이다. 하나님은 바벨론 포로기라는 용광로를 준비하시고 유다 백성이 그 기간을 거치는 동안 악한 본성이 회복되고 깨끗하게 정화되기를 기대하셨다. 그러나 이런 기대와 달리 느헤미야서 5장의 경우를 보면, 화자는 가난한 평민들이 기근으로 인해 고리대금업자들에게 곡식을 빌리는 실정이었고, 동시에 세금을 강요당하는 처지에 놓여 있었다고 고발한다. 그래서 당시 가난한 사람들은 자신의 전답이나 포도원 그리고 집을 저당 잡혔을 뿐 아니라 급기야는 아들과 딸들을 노예로 파는 지경에까지 이르게 되었다. 그들은 희년법이 보호하는 모든 권리를 상실한 비참한 모습으로 그려진다. 이런 실태를 목격한 느헤미야는 가난한 백성을 쥐어짜는 관리들이나 세도가들을 꾸짖어 결국 가난한 사람들에게 빼앗은 것들을 돌려주게 했다. 그리고 돈과 곡식을 빌려주고 받은 이자를 면제해 줄 것을 요청했다.

4 에스겔서 46장 16-18절, 47장 21-23절

에스겔서에도 희년법 개념이 살아 있음을 볼 수 있다. 대표적인 예로 에스겔서 46장 16-18절은 왕이 자신의 기업을 늘리려고 백성들의 기업을 빼앗지 말 것을 경고한다(18절). 역으로 만일 왕이 자신의 기업을 신하들에게 선물로 주었던 경우라 할지라도, 궁극적으로 그 땅은 왕의 아들들에게 되돌려 주어야 한다고 가르친다.

한편 47장 13-23절 역시 희년법 사상을 잘 반영한다. 본문 내용은 미래에 시행될 땅 분배에서 땅을 어떻게 재분배해야 하는지 그 원칙을 제시한 것이다. 가장 기본이 되는 원칙은 모든 지파 사람들이 공평하게 골고루 땅을 부여받아야 한다는 것이다. 나아가 에스겔 선지자는 자신들의 영토 안에 들어와 살고 있는 이방인들까지도 히브리인과 동일하게 땅을 분배받을 수 있도록 규정한다. 땅 분배에서 이 원칙은 레위기 25장과 비교했을 때 상당히 발전된 면을 나타낸다.

5 이사야서 61장 1-3절(참조. 눅 4:18-20)

희년법 사상을 논의할 때 빼놓을 수 없는 본문이 이사야서 61장 1-3절이다. 이 구절이 중요한 이유는 오경의 희년법을 그대로 반영하는 동시에 구약의 희년사상을 신약적 메시지로 발전시켜 나가는 핵심 본문이기 때문이다.

주 여호와의 영이 내게 내리셨으니 이는 여호와께서 내게 기름을 부으사 가난한 자에게 아름다운 소식을 전하게 하려 하심이라 나를 보내사 마음이 상한 자를 고치며 포로된 자에게 자유를, 갇힌 자에게 놓임을 선포하며 여호와의 은혜의 해와 우리 하나님의 보복의 날을 선포하여 모든 슬픈 자를 위로하되 무릇 시온에서 슬퍼하는 자에게 화관을 주어 그 재를 대신하며 기쁨의 기름으로 그 슬픔을 대신하며 찬송의 옷으로 그 근심을 대신하시고 그들이 의의 나무 곧 여호와께서 심으신 그 영광을 나타낼 자라 일컬음을 받게 하려 하심이라.

레위기와 비교했을 때, 본문 1절은 레위기 25장의 희년법 정신을 그대로 이어 가면서도 그 의미를 확대 적용하고 있다. 앞서 레위기 25장에서는 여호와께서 모세를 통해 희년법의 세부 조항들을 선포하게 하셨다. 반면에 이사야서 61장 1-3절의 담화(poetic discourse)는 1인칭 선포로 시작하며, 발화 내용은 화자 자신이 스스로 감당해야 할 사명을 전하는 데 초점이 있다. 1절 본문을 직역하면 이렇다. '주께서 나에게 기름을 부으셨으므로, 주 여호와의 신(성령)이 내 위에 (있다).' 레위기 25장과 비교했을 때, 이사야서 61장에는 익명으로 소개된 기름부음 받은 인물이 등장하는데, 그는 이사야 40장 9절에서 언급하고 있는 여호와의 종이다.[5] 따라서 오스왈트가 언급한 대로 화자의 정체보다 중요한 것은 그에게 주어진 사명이다.[6] 그는 하나님의 영, 즉 성령의 기름 부으심을 받았으며 새로운 사명이 그에게 부여되었다. 따라서 그는 이사야서 42장을 상기시키는 종의 역할과 메시아적 사명을 동시에 감당하는 인물이다(사 42:1; 44:3; 59:21 등).[7] 이러한 논리가 적절하다면 이사야서 61장 1-3절의 선포는 메시아적으로 재해석되어야 할 것이다. 본문에서 소개되는 기름부음 받은 종은 하나님의 뜻을 가시화하는 역할을 한다. 그런데 그가 이러한 일을 감당할 수 있는 능력은 전적으로 주의 영, 즉 성령에 기인한다. 주의 영의 부으심, 즉 성령이 그에게 능력을 주셔서 여호와 하나님의 뜻을 행하게 하신 것이다.[8] 그렇다면 여호와께서 그를 보내신 목적이 무엇일까? 이사야서 61장 1절 b 행에 따르면, 그의 사명은 복된 소식을 전하는 것이었다.[9] 앞서 이사야서 41장 27절은 그 복된 소식을 시온(예루살렘)을 향해 선포하는 것이었는데, 61장 1절에서는 세 부류의 대상이 언급되고 있다. 가난한 자와 마음이 상한 자 그리고 포로된 자다. 그리고 화자는 여호와의 종이 자신의 사명을 밝히는 데 정동사를 대신해 연계형 부정사를 쓴다. 무엇보다 그의 사명은 미래에 성취될 하나님 나라 공동체의 회복과 구원에 있다. 첫째는 가난한 자에게 복된 소식을 전하게 하려는 것이었다. 가난한 자에게 복된 소식을 전하는 것은 이사야서의 일관된 메시지다.[10] 이사야서 49장 13절은 여호와께서 고난당한 자, 즉 포로된 자들을 긍휼히 여기신다고 말씀하고 있다. 특별히 이 메시지는 예수님의 산상수훈에서 잘 반영되어 있다. "심령이 가난한 자는 복이 있나니 천국이 그들의 것임이요"(마 5:3).[11] 이처럼 여호와의 종은 가난한 자들에게 하나님 나라를 전하는 자이다. 두 번째로는 마음이 상한 자에게 관심이 있다. 그는 마음이 깨어지고 영혼이 눌린 자들의 상처를 싸매 주는 일을 할 것이다. 시편 147편 3절에서도 여호와께서 상심한 자들을 고치시고, 그들의 상처를 싸매신다고 노래한다(참조. 시 34:19; 51:19 등). 셋째는 포로된 자에게 자유를, 갇힌 자에게 놓임을 선포하기 위함이다. 이사야서 본문 가운데 포로된 자에게 자유를 선포하는 내용은 수차례 발견된다(사 42:7; 49:9; 58:6). 특히 포로된 자에게 자유를 준다는 선포는 레위기 25장 10절에 희년에 자유를 주라는 명령과 같은 의미로 해석된다. 또한 압제당하는 자를 풀어 주는 내용은 이사야서 58장 6절에도 언급되고 있으며 희년의 담론과 맥을 같이한다. 한편, 이사야서 61장 2절은 그날을 가리켜 여호와의 은혜의 해라고 부른다. 여호와 하나님은 메시아적 종을 보내서 이스라엘을 속량하기 원하셨으며, 그를 통해 '은혜의 해'를 선포하려고 계획하신 것이다(2절). 여기서 은혜의 해란 다름 아닌 희년을 암시한다. 그렇다면 구체적으로 누구를 회복시키신다는 말인가? 그 질문의 답은 3절에서 얻을 수 있다. 3절 서두를 보라. "시온에서 슬퍼하는 자"라는 말이 나오는데 이는 영적 시온, 즉 하나님 나라 백성의 공동체를 가리키는 것으로, 시온에 위로를 주시기 위함이다. 그런데 그날은 이중적 의미를 지니게 된다. 고난당하는 시온의 백성에게는 그날이 오랜 시간 고대하며 기다리던 놓임과 기쁨의 해가 되겠지만, 동시에 그날은 여호와의 대적들에게 신원의 날로도 기능하는 것이다(2절). 즉 신실한 시온의 백성에게 그날은 '은혜의 해'로 주어지지만, 여호와의 원수들에게는 '보응의 날'이 될 것이다.[12] 그날에 여호와께서 모든 슬픈 자들을 위로하실 것이다(2절). 따라서 이 사역은 궁극적으로 기름부음을 받은 메시아 사역이며, 그의 사역의 결과가 3절에 잘 나타나 있다. 그의 사역은 하나님의 백성이 의의 나무가 되는 것으로 시작한다. 이사야서 1장 27 – 31절에서 선포하는 것처럼 하나님의 백성은 시들어 가는 나뭇잎이 아니라 의의 도시, 즉 신실한 자들의 공동체로 자리매김하게 되는 것을 말한다. 그때 하나님의 백성은 준비된 찬양으로 화답하게 될 것이다. 이사야서 61장 3절에서 화자는 여호와의 은총의 날에 있을 기쁨을 은유적으로 잘 표현한다. 여호와께서 시온의 애곡하는 백성에게 재 대신 화관을 씌워 주시고, 슬픔 대신 즐거움의 기름을 주실 것이며, 낙심하는 넋 대신 찬양의 옷을 주실 것이라고 노래한다. 따라서 여호와의 은혜의 해에 시온의 백성은 찬양의 옷을 입고 여호와께 나아갈 것이며, 그들을 가리켜 '의의 나무'라 칭한다. 그들을 통해 이 세상 가운데 하나님의 영광, 곧 하나님의 의가 비추게 될 것이다. 이처럼 하나님 백성의 삶의 속성은 의를 나타내는 데 있음을 증거한다. 따라서 이사야서 61장 1 – 3절의 예언은 단순히 안식년을 복원하는 차원에 머무는 것이 아니라, 희년의 회복을 가능케 하는 메시아적 성취를 바라보고 있는 것이다.

한편 신약성경 누가복음 4장 18-20절은 이사야서 61장 1a, b, d절과 58장 6d절 그리고 61장 2a절을 인용하고 있다.

주의 성령이 내게 임하셨으니 이는 가난한 자에게 복음을 전하게 하시려고 내게 기름을 부으시고 나를 보내사 포로 된 자에게 자유를, 눈먼 자에게 다시 보게 함을 전파하며 눌린 자를 자유롭게 하고 주의 은혜의 해를 전파하게 하려 하심이라 하였더라.[13]

누가복음 4장에 따르면, 앞서 이사야서 61장 2b행에 나타나는 신원의 날은 생략되는 대신 은혜의 해가 강조되고 있다. 한편 누가복음에서 기름부음 받은 선지자는 예수님을 가리키며, 그가 왕적 권능을 지니고 가난한 자에게 좋은 소식, 즉 복음을 전파하게 하셨다는 말이다. 그렇다면 누가복음 4장 18절에서 말하는 가난한 자란 누구를 가리키는가? 대다수 주석가들은 본문의 가난한 자를 경제적인 어려움에 처한 사람들만이 아니라, '영적으로 가난한 자'[14] 또는 '겸손하게 하나님께만 소망을 두는 자'로 해석한다.[15] 한편 19절에서 누가는 예수께서 행하시는 중요한 메시아적 사역이 포로 된 자를 풀어 주는 것이라고 선포한다.[16]

마음을 새롭게 하며

지금까지 논의한 내용들을 정리하면, 희년법 사상은 크게 하나님의 주권, 자유, 평등 그리고 회복이라는 주제로 세분화된다. 레위기 25장의 희년법은 구체적인 삶의 거룩을 이루기 위한 수단으로 주어진 법이다. 거룩하신 하나님은 그의 백성이 삶의 모든 영역에서 거룩한 자가 되기를 기대하신다. 거룩은 삶의 모든 영역에서 드러나야 할 성경적 가치이기 때문이다(참조. 레 11: 44 - 45; 19:2; 20:7, 26). 희년법은 정치, 사회, 경제 모든 수준에서 하나님의 질서가 무엇인가를 보여 주는 대표적인 언약법이다. 안식년과 희년은 '창조 세계와 하나님'의 관계, '하나님과 인간'의 관계 그리고 '인간과 인간 사회'에 다차원적인 메시지를 전한다. 일차적으로 희년법은 안식년법과 관련이 있는데, 창조 질서를 따라 땅을 포함해 모든 자연이 함께 쉼을 얻게 하라는 하나님의 명령에서 출발한다. 한편 안식년 개념은 사회의 약자들과 가난한 자들에 대한 배려를 나타낸다. 안식년에 땅은 쉼을 누리지만, 저절로 자란 곡식과 포도는 고아와 과부와 나그네의 몫이었다. 가난한 자들에 대한 기본적인 배려가 하나님 나라 백성의 삶의 특징이다.

희년법은 땅에 대한 하나님의 뜻을 언약백성에게 계시하는 중요한 통로다. 땅은 하나님께 속한다. 그러나 땅을 개인의 소유라고 보는 오늘의 한국 사회에서 과연 이러한 땅 개념의 가치가 존중받을 수 있을까? 우리 모두는 겸손하게 하나님의 지혜를 구해야 한다. 토지는 하나님의 소유다. 인간은 그 땅을 경작하는 소작농일 뿐이다. 빚을 져서 땅을 저당 잡힐 수는 있어도 땅은 영원히 팔 수 없는 성질의 것이다. 토지 회수법에 몇 가지 원칙을 제시할 수 있을 것이다. 첫째, 남에게 사용권이 넘어간 토지는 희년에 원주인에게 돌아가게 한다. 둘째, 가까운 친척 중에 기업 무를 수 있는 능력이 있는 자는 그 땅을 되사야 한다.

희년법은 땅에만 관심을 갖는 것이 아니고 사람에게도 적용된다. 여기에 자유의 개념이 적용된다. 채무에 대해 돈으로 대가를 지불하고 속량 받지 못한 자는 희년에 자유롭게 속량될 수 있었다.

또 다른 시각에서 보면, 희년을 지키는 것은 세상 가운데 하나님 나라를 확장해 가는 것을 의미한다. 레위기 25장에 선포된 희년은 인간 사회에서 발생할 수 있는 난제들 가운데 사회를 거룩하게 유지시켜 가는 하나의 회복 장치로 기능한다. 이 법은 법적 구속력을 가질 뿐 아니라, 제의적 차원에서도 의미가 있다. 제의적 차원에서 생각할 때, 희년을 지키는 것은 하나님을 경외하는 하나의 척도가 된다. 하나님은 선악의 판단에서 증거나 행위가 아니라 마음의 동기를 보신다. 한편 전자와 관련하여 볼 때 희년을 지키는 것은 '(정)의'와 '공의'의 실현과 관련이 깊다. 크게 보면 희년법 준수는 공의를 추구하는 삶으로 정의된다. 이사야서 1장 17절에서 언급하는 것처럼, 학대받는 자와 가난한 자를 돌보는 일이 공의로운 행동이기 때문이다. 이사야서 5장 8절을 보자.

> 가옥에 가옥을 이으며 전토에 전토를 더하여 빈틈이 없도록 하고 이 땅 가운데에서 홀로 거주하려 하는 그들은 화 있을진저.

이사야 선지자는 남의 땅을 소유하지 못하도록 금지한 희년법 사상에 기초해 남의 가옥과 전토를 빼앗는 행위가 멸망을 자초하는 일이라고 경고한다(참조. 사 1:17). 또한 예레미야서 22장 3절에 의하면 왕의 의무가 바로 약자들(고아, 가난한 자, 이방인)을 보호함에 있음을 증언한다. 결과적으로 성경은 공의와 정의가 사라진 사회는 어둠으로 변할 수밖에 없으며, 멸망으로 안개같이 사라지게 될 것이라고 일관되게 주장한다(참조. 사 59:9, 14).

지금까지 우리는 희년법과 관련해 통치자나 백성이 하나님 나라 공동체를 거룩하게 유지해 나가기 위해 어떻게 살아야 하는지를 논했다. 이런 관점에서 볼 때, 이사야서 61장 1-3절에서 화자의 관점은 매우 색다르다. 앞서 살펴본 본문들에서는 하나님의 백성이 지켜야 할 의무 조항들을 전하는 것이 핵심이었다면, 이사야서 61장 1-3절에서는 한 사람에게 초점이 맞추어진다. 이사야 선지자는 '왕적인 메시아'를 의와 성령으로 충만케 되어 기름부음 받은 메시아적 선지자로 소개한다. 하나님은 자신의 공의로 완악한 백성을 찾아오시고 마음이 상한 자나 포로 된 자들에게 회복을 가능케 할 것을 약속하신다(참조. 렘 32:5 - 6). 하나님은 메시아적 선지자를 통해 하나님 나라의 공동체를 회복시키셔서 그들로 거대한 의의 나무가 되어 자라나게 하실 것이다. 레위기 25장과 이사야서 61장으로 대표되는 이러한 두 가지 큰 그림은 희년에 의미를 두는 우리 모두의 청사진일 것이며, 희년법을 교회와 사회에 적용하는 것이 선택이 아니라 필수적인 삶의 양식이자 사명임을 깨닫게 한다.

3
하나님 나라와
정의와
공의

김근주 기독연구원 느헤미야 구약학 교수

　　80년대 한복판에 대학을 다니며 신앙과 현실 사이에서 고민하고 괴로워하는 시절을 보냈다. 그때 듣고 배운 희년은 기독교 신앙의 이상향으로 남아 있었다. 대학을 마친 후 신학교에서 공부하면서, 구약에 큰 흥미와 열심을 품게 되었다. 값싼 복음이 난무하는 한국 교회의 현실에서 구약의 말씀이야말로 다시 찾을 영적 자산임을 확신하며 예언서를 공부했다. 영국 유학 기간 내내 예언서를 공부하며 예언자들이 줄기차게 외쳤던 공평과 정의의 복음을 발견하고, 희년 규례는 공평과 정의를 행할 땅과 가족의 회복에 관한 것임을 깨달았다. 하나님 나라, 하나님의 뜻이 하늘에서처럼 이 땅에서도 이루어지고 임하기를 바라는 기도, 그것이 바로 이 땅 가운데 이루어질 공평과 정의의 나라며, 희년이 성취되는 나라를 향한 기도임을 믿는다.

하나님 나라를 이루는 두 기둥, 정의와 공의

성서 시대 이스라엘을 둘러싼 고대 중동의 노예 해방법과 구약의 희년법을 비교해 보면 상당히 유사한 내용을 확인할 수 있다. 가장 큰 차이가 있다면, 근동의 해방법은 새로운 왕의 등극과 맞물려 시혜적인 차원에서 베풀어진다면, 구약의 희년법은 참된 왕이신 여호와 하나님의 명령에 의해 정기적으로 시행된다는 점을 들 수 있다. 근동의 법은 왕위에 오른 왕의 변덕과 호의에 좌우되지만, 구약의 희년법은 변치 않으시는 여호와 하나님께서 제정하신 정기적 해방 조치를 통해 단행되므로, 인간의 변덕스러운 감정에 의지하지 않는다. 그런 점에서 희년법은 근본적으로 하나님께서 왕으로 다스리시는 하나님 나라의 법이라고 할 수 있다.

하나님께서는 희년법을 통해 가난이 구조화되거나 대물림되지 않게 하셨다. 모든 땅이 하나님의 것이라는 선언은 땅이 단지 사유재산이 아님을 명확히하고 있으며, 땅의 사유화를 통한 가난의 심화와 왜곡을 근본적으로 막고 있다. 또한 모든 이스라엘은 오직 하나님께만 종임을 분명히 하며, 사람이 다른 사람에게 종이 되는 상황 역시 근본적으로 차단하고 있다고 할 수 있다. 그런 점에서 희년법은 가난한 이들에 대한 하나님의 긍휼이 담겨 있다. 레위기 25장의 희년 규례에서 가난하게 되는 여러 상황을 다루고 있다는 것(레 25:25, 35, 39, 47)은 이 점을 잘 보여 준다. 그래서 가난한 이들에 대한 긍휼은 하나님의 다스리심의 본질과 통하고 있다고도 할 수 있다.

그런데 가난한 이들에 대한 긍휼은 '정의와 공의'를 통해 구현된다. 또한 구약의 여러 본문은 하나님 나라를 이루는 두 기둥이 정의와 공의임을 증언한다. 그 점에서 가난한 이들에 대한 긍휼을 근본으로 하는 희년법은 정의와 공의에 기반한 하나님의 통치와도 연결된다고 할 수 있다. 이 글은 정의와 공의가 무엇을 의미하는지, 그리고 구약의 본문들을 통해 정의와 공의가 어떻게 선언되고 적용되는지 살펴보려고 한다.

포도나무와 포도원

요한복음 15장은 유명한 포도나무 비유를 들려준다. 예수님은 포도나무이고 하나님은 농부이며, 예수님을 따르는 이들은 포도나무의 가지들이다. 가지가 포도나무에 붙어 있으면 열매를 많이 맺듯이, 가지 된 우리도 예수님 안에 있으면 열매를 많이 맺게 된다. 예수님 안에 있다는 것은 예수님의 사랑 안에 거하는 것이며(요 15:9), 예수님이 우리 안에 있다는 것은 예수님의 말씀이 우리 안에 있다는 것이다(요 15:7). 그렇기에 그의 사랑 안에 거하는 것은 다름 아닌 그의 계명을 지키는 것이다(요 15:10). 그러면 예수님의 계명은 무엇인가? "내가 너희를 사랑한 것같이 너희도 서로 사랑하라"(요 15:12)이다. 포도나무 비유는 여러 번 들어서 익숙하지만, 사실 이 비유의 초점이 '서로 사랑하라'에 있다는 점은 자주 간과된다. 그래서 많은 경우 이 본문은 '예수님 안에 거하기'가 주제가 되면서 기도나 말씀 묵상, 심지어 전도에 관한 메시지에 사용되기도 한다. 예수 그리스도로 말미암아 이미 깨끗해진 제자들이(요 15:3) 예수님 안에 거한다는 것은 서로 사랑하는 것이다. 예수님 안에 거하고자 우리는 곧잘 하늘을 바라보지만, 정작 예수께서는 우리로 하여금 함께 살아가는 이웃을 바라보게 하신다. 예수 안에 거하는 것은 더 깊은 기도하기나, 예수님 늘 묵상하기가 아니라 사람을 사랑하는 것이다. 그런 점에서 이 비유의 핵심은 예수 그리스도께서 일관되게 선포하신 것과 닿아 있다.

그리스도인들에게는 익숙한 비유지만, 사실 성경 전체에서 하나님 백성과 이스라엘 관계를 포도나무에 비유하는 것은 그리 많지 않다. 이사야서 5장 1 – 7절, 시편 80편, 에스겔서 17장 7 – 10절 등이 이에 해당하는 대표적인 본문들이다(참고. 사 27:2 – 6; 렘 2:21; 12:10; 겔 15:1 – 8; 호 10:1). 그러나 대부분의 본문은 포도원 혹은 포도나무에 임한 재앙에 초점이 있는 반면, 이사야서 5장 본문만 이러한 재앙이 임하게 된 까닭을 강조하여 다룬다는 점에서, 다른 포도원/포도나무 본문의 기초가 된다고 할 수 있다. 주제적인 면뿐 아니라, 본문의 형성 시기에 있어서도 가장 이른 시기(주전 8세기 중반)를 대변하고 있다는 점에서도 이사야서 5장 본문은 포도원에 관한 구약 본문 전체의 배경이 된다고 할 수 있다. 특히 하나님과 그 백성의 관계를 이렇듯 포도나무에 비유하는 것은 고대 근동의 문헌들에서는 유례를 찾아볼 수 없다는 점에서도, 이사야서 5장의 '포도원의 노래' 본문은 특별하다. 그러므로 요한복음 15장의 포도나무 비유는 이사야서 5장에 등장하는 포도원의 노래를 전제하고 이해해야 한다.

이사야서 5장에 등장하는 포도원의 노래는 포도원 주인이 포도원에 기울인 정성을 여러 동사로 상세하게 표현한다. 이러한 정성의 결과가 뜻밖에도 들포도로 나타난다는 점에서, 이 노래는 처음의 기대와 예상이 완전히 뒤바뀌는 극적인 반전을 보여 준다. 3절 이하의 본문은 포도원 주인이 포도원에 대해 제기한 재판의 형식을 띤다. 이에 따르면 포도원 주인은 이 포도원을 뒤엎기로 하는데, 주인의 행동 역시 상당히 인상적인 일련의 동사들로 표현된다. 그야말로 주인은 이 포도원을 아무런 기대할 것이 없을 정도로 완벽하게 황폐케 한다. 마지막 7절은 포도원의 노래에 대한 풀이로서, 이 노래를 통해 하나님께서 이스라엘에게 이르시는 말씀이 선포된다. 포도나무를 심고 최선을 다해 가꾼 주인이 그에 합당한 좋은 포도 열매를 기대하듯이, 이스라엘과 유다라는 포도나무를 심고 가꾸신 하나님께서 이들도 좋은 열매 맺기를 기대하신다. 그러면 하나님께서 그 돌보시고 인도하신 백성에게 원하시는 것은 무엇인가? 이사야서 본문은 포도 열매에 해당하는 것이 '정의'와 '공의'임을 명확하게 제시한다. 정의와 공의의 반대 개념으로 쓰인 '포학'과 '부르짖음'은 정의와 공의가 무엇을 의미하는지 잘 보여 준다. 이러한 포학과 부르짖음의 구체적 내용은 이사야서 3장 13-15절 같은 본문에서 볼 수 있다. 5장 말씀에 따르면 하나님께서 이스라엘, 곧 불러내고 구별하신 백성에게 찾으시는 열매는 정의와 공의다. 그러므로 정의와 공의는 하나님 백성의 사회적인 실천이나 구제의 차원을 말하는 것과는 거리가 멀다. 이것은 하나님께서 그 백성에게 원하시는 전부다.

이스라엘을 하나님께서 심으신 좋은 포도나무에 비유하는 것은 예레미야서 2장 21절에서도 볼 수 있다. "내가 너를 순전한 참 종자 곧 귀한 포도나무(개역개정에서 "귀한 포도나무"로 번역된 히브리말 '소렉'은 이사야서 5장 2절에서 "극상품 포도나무"로 옮겨졌다)로 심었거늘 내게 대하여 이방 포도나무의 악한 가지가 됨은 어찌 됨이냐." 예레미야서의 맥락에서 이스라엘이 맺은 이방 포도나무의 악한 가지는 하나님을 떠난 우상숭배를 가리킨다. 예레미야는 백성을 향해 하나님께로 돌아오라고 권면한다(렘 3:12, 14, 22). 이어지는 예레미야서 4장 1-2절은 여호와께 돌아옴의 의미가 무엇인지 설명한다.

> 여호와께서 이르시되 이스라엘아 네가 돌아오려거든 내게로 돌아오라 네가 만일 나의 목전에서 가증한 것을 버리고 네가 흔들리지 아니하며 진실과 정의와 공의로 여호와의 삶을 두고 맹세하면 나라들이 나로 말미암아 스스로 복을 빌며 나로 말미암아 자랑하리라.

'우상숭배를 버리고 여호와께로 돌아감'의 구체적 내용은 '진실과 정의와 공의로' 여호와께 나아가는 것임을 볼 수 있고, 그 점에서 이사야서

5장의 맥락과 일치함을 알 수 있다.

이제 하나님께서 찾으시는 전부로서 정의와 공의에 대해 살펴볼 차례다. 정의와 공의는 기본적으로 관계적 개념이다. 이에 해당하는 히브리 말은 각각 '미슈파트'와 '쩨다카'이다. 대부분의 구절에서 미슈파트와 쩨다카의 순서로 나오고, 창세기 18장 19절, 신명기 33장 21절, 시편 33편 5절, 37편 6절, 72편 2절, 89편 14절, 103편 6절, 잠언 1장 3절, 2장 9절, 8장 20절, 16장 8절, 21장 3절, 이사야서 58장 2절, 예레미야서 22장 13절, 호세아서 2장 19절에서는 순서가 바뀌어 있다. 이 어구는 구약에 빈번하게 쓰이지만 개역성경에서 여러 단어로 번역되다 보니 개역개정으로만 읽으면 이 어구의 빈도와 중요성을 깨닫기 어렵다. 그래도 개역개정에서는 대체로 정의와 공의로 번역되어 있지만, 여전히 몇몇 경우에는 다양하게 옮겨졌다. 창세기 18장 19절(공도와 의 - 개정초판들에서는 공의와 정의), 신명기 33장 21절(법도와 공의), 시편 36편 6절(심판과 의), 37편 6절(공의와 의), 72편 1절(판단력과 공의), 103편 6절[각각의 복수형들이 쓰이면서 공의와 심판; 잠 8:20(공의와 정의); 사 56:1(정의와 의); 58:2(규례와 공의)]의 경우다.[1] 미슈파트와 쩨다카가 함께 쓰인 경우가 40여 회, 미슈파트와 쩨데크가 함께 쓰인 것이 약 17회, 합해서 60회 가까이 구약에서 쓰였다.[2]

두 단어 각각의 의미에 대해서는 위에 소개했던 개역개정 성경의 여러 표현과 본문들에서 짐작할 수 있다. '쩨다카'는 인간의 절대적인 윤리 기준을 의미하는 것이 아니다. 기본적으로 관계적인 개념이며, 이스라엘에게 가장 중요하고도 기본적인 관계는 하나님과 이웃임을 생각할 때, 하나님과 이웃에 대해 어떤 관계를 맺는가에 연관된 개념으로 '올바른 관계'라고 표현할 수 있다. 하나님께서 명하신 규례를 따라 올바르게 살아갈 때 그는 의롭다(신 6:25). 아브라함은 자신의 한계에 매여 있지 않고 그를 향한 하나님의 말씀을 그대로 받았고, 하나님은 이것을 그의 의, '쩨다카'로 여기셨다(창 15:6). 이 의로움은 하나님께서 명하신 규례에 대한 믿음에서 비롯된 순종과 준수에서 주어지는 의로움이며, 그런 점에서 하나님과의 올바른 관계에서 비롯된 의로움이라고 할 수 있다. 보다 쉽게 말하면 자신의 가능성이나 한계로 판단하거나 제한하지 않고 하나님 말씀에 마음을 같이하는 것을 일러, 하나님께서 보시는 사람의 의로움이라고 할 수 있다. 아브라함은 자신의 형편을 생각하면 하늘의 별처럼 자손이 많아지리라는 말씀을 결코 믿을 수 없었을 것이다. 그러나 하나님께서 그리 말씀하시니 자신의 가능성이 아니라 하나님의 말씀을 따라 믿은 것이며, 하나님께서는 이것을 아브라함의 의로 여기셨다. 나의 경험과 수준으로 하나님을 제한하지 않고, 처지를 따라 제약하지 않고, 하나님께서 말씀하시면 그것이 현실인 줄 믿는 것이며, 그를 소망하고 기대하는 것이다. 그것이야말로 사람의 의로움이다. 사람이 하나님과 맺을 수 있는 올바른 관계의 핵심이다. 사람이 무엇으로, 어떤 행위로 하나님을 기쁘시게 할 수 있을까? 사람의 어떠함보다 하나님은 강하고 크시며 위대하시다. 그러므로 사람이 드릴 수 있는 최선은 하나님을 믿는 것이며, 하나님의 행하심을 신뢰하는 것이다. 그리고 이것이 바울이 증거하는 믿음으로 얻는 의로움이기도 하다.

한편 어떤 사람이 이웃에게 쩨다카/쩨데크를 행한다는 것은 그가 이웃과 올바른 관계를 맺는다는 의미다(시 15:2). 그는 이웃을 참소치 않으며, 행악지 않고, 훼방치 않는다(시 15:3-5). 주리고 어려운 사람을 보고 불쌍히 여기는 마음을 품고 그들을 도울 때, 그는 의로운 사람이다(사 58:8-9; 겔 18:5-9). 에스겔서 18장 5-9절에서 법과 의로 번역된 용어는 미슈파트와 쩨다카이며 이를 행하는 자는 의인(짯디크)이다. 결국 쩨다카는 이웃에 대한 올바른 행실, 이웃을 긍휼히 여기는 삶과 연관되어 있음을 알 수 있다. 이웃에 대한 이러한 진실한 자세는 경제적인 거래에서도 일관되어야 한다. 그래서 이스라엘 상거래의 기본은 쩨다카의 저울이다(레 19:36; 신 25:15;

겔 45:10). 그런 점에서 사람과 사람 사이의 의로움은 이웃을 내 몸과 같이 여기는 것이다. 누군가가 나에게 돈을 빌렸고 그 저당으로 옷가지를 받았다 하더라도 해가 질 때는 돌려준다. 그래야 그 사람이 옷을 입고 추위를 견디며 잘 것이기 때문이다. 이렇게 이웃이 당한 어려운 처지에 마음을 같이하여 옷을 돌려줄 때 그 사람에게 쩨다카가 될 것이다(신 24:13). 즉 쩨다카는 마음인 동시에 행동임을 알 수 있다. 이웃과 공감한다면 어떻게 그에 부합한 행동을 하지 않을 수 있을까. 나는 비록 불행한 일을 당하지 않았더라도 마치 내가 그 일을 당한 것처럼 함께 슬퍼하고 우는 것이 이웃을 향한 의로움이며, 내가 싫은 일을 이웃에게 시키지 않고, 내가 대접받고 싶은 대로 남에게 대접한다. 이웃을 내 몸처럼 여기기 때문이다. 그러므로 예수께서 말씀하신 황금률은 실상 구약성경이 증거하는 쩨다카를 의미한다는 것을 알 수 있다.

쩨다카는 이처럼 일상을 향해 명령된다. 이사야서 5장 23절에서 뇌물로 인해 악인을 의롭다 하는 이들이 언급된다. 이 경우 재판이 배경이 되었을 것 같다. 범죄 한 자에게 뇌물을 받고서는 아무 문제 없다고 선고해서 풀어주는 것을 가리키는 듯하다. 이 경우 '의롭다 하다'가 법정과 연관해서 사용되는데, 여기서 '의롭다 하다'는 '그는 죄 없는 사람이다', 혹은 '올바른 사람이다'를 의미한다고 볼 수 있다. 흔히 우리는 '칭의의 법정적 의미'라는 특이한 표현을 보게 되는데, 구약에서 죄인을 그렇게 의롭다 하는 경우는 찾아볼 수 없다. 다음과 같은 이사야서 구절은 법정적 칭의와 같은 표현의 적절한 맥락을 잘 보여 준다.

나를 의롭다 하시는 이가 가까이 계시니 나와 다툴 자가 누구냐 나와 함께 설지어다 나의 대적이 누구냐 내게 가까이 나아올지어다 보라 주 여호와께서 나를 도우시리니 나를 정죄할 자 누구냐 보라 그들은 다 옷과 같이 해어지며 좀이 그들을 먹으리라(사 50:8-9).

이 본문은 이른바 '세 번째 종의 노래'(사 50:4-11)에 속한 본문으로, 때리고 핍박하며 반대하는 이들에게 고난을 당할지라도 물러가지 않고 부끄러워하지 않는 여호와의 종을 보여 준다. 위에 인용한 구절에는 '의롭다 하다'는 동사도 쓰였고, 그 반대말에 해당하는 '죄 있다 하다', 즉 '정죄하다'는 동사도 쓰였다. 이 본문 역시 재판이 그 배경에 있다고 할 수 있다. 흔히 우리는 칭의를 일러 '죄인을 무죄라 선언하다', '죄인을 의롭다 선언하다' 같은 의미로 풀이하지만, 이사야서 본문에서는 여호와의 이끄심을 따라 곤고한 자를 도운 여호와의 종에게 누명을 씌우고 그를 잡아 가두어 때리고 침 뱉고 모욕하는 이들 앞에서 여호와의 종이 외치는 담대한 고백의 맥락에 '의롭다 하다'가 쓰였다. 여호와의 종을 대적하는 세상, 그렇게 이 종을 잡아 가두고 때릴 권력을 지닌 세상은 여호와의 종과 같은 이에게 누명을 뒤집어씌워 박해하며 억누르지만, 하나님께서는 그를 보고 의롭다 하심을 확신한다. 세상은 악인이라 규정하여 정죄하지만, 하나님은 그를 정죄하지 않으신다. 그러므로 여기서 이른바 '칭의'는 죄인을 의롭다 하심이라는 말과 겉으로는 비슷할 수 있지만, 억울한 누명을 쓴 이를 회복하고 신원하심을 의미한다는 것을 알 수 있다. '의롭다 하심'에 법정적 성격이 있는데, 이 점은 단적으로 '신원'을 의미한다고 결론 내릴 수 있다. 하나님은 억울하고 부당하게 고발당한 하나님의 사람을 회복하고 신원하시며 '의롭다 하신다'.

아울러 하나님의 행하심을 가리켜 쩨다카를 사용하기도 한다. 시편 71편 2절에서 "시편 기자는 주의 의(쩨다카)로 나를 건지시며 나를 풀어 주시며 주의 귀를 내게 기울이사 나를 구원하소서" 기도한다. 여기에서 하나님의 쩨다카야말로 시편 기자가 의지하고 사모하는 근거임을 볼 수 있다. 의로우신 하나님께서는 사람의 형편과 처지의 곤고함을 보시고 불쌍히 여기신다. 사람의 중보자 없음을 보시고 안타까워하신다. 예수께서 이 땅에 계실 때 목자 없는 양과 같이 방황하는 무리를 보시고 불쌍히 여기셨다(마 9:36; 막 6:34). 여기에 쓰인 헬라어는 '스플랑크니조마이'인데, '긍휼히 여기다', '애타하다'와 같은 의미를 지닌다. 사마리아인도 강도 만난 이를 보고 그러했으며(눅 10:33), 아버지도 돌아오는 탕자를 보며 그러한 마음을 품었다(눅 15:20). 높고 존귀하신 하나님께서 그와는 너무도 거리가 먼 사람의 곤고하고 참담한 형편을 보고 마음 아파하시고 애태우시며, 마침내는 견디다 못해 그를 건지신다. 하나님께서는 사람의 마음을 아셨고, 그들의 형편에 '공감하셨다'. 그래서 이렇게 하나님의 구원을 경험한 이들은 하나님의 의로우심을 찬양한다. 하나님의 의로우심은 그의 구원과 동의어라고 할 수 있다.

이상에서 보았듯이, '쩨다카'는 마음을 같이하는 것, 공감하는 것과 연관된다. 하나님께서 주신 말씀에 마음을 같이하여 따르는 것이 하나님께서 보시는 인간의 의로움이다. 그리고 인간의 처지를 보고 불쌍히 여기시고 바로잡으시고 건지시는 것이 하나님의 의로움이며, 많은 경우 하나님의 쩨다카는 구원과 같은 의미를 지닌다(사 56:1; 62:1). 이웃에게 정의를 행한다는 것은 단지 불의를 보고 참지 못함만이 아니라, 다른 이의 어려운 처지에 대한 긍휼이 우선이다. 그래서 일반적인 정의 개념에서 구약의 쩨다카는 긍휼이 포함된 개념이라고 할 수 있다. "의인은 가난한 자의 사정을 알아주지만 악인은 알아줄 지식이 없느니라"(잠 29:7) 같은 잠언 구절은 이 점을 잘 보여 준다. 의인의 공감은 여기서 그치지 않는다. "의인은 자기의 가축의 생명을 돌보나 악인의 긍휼은 잔인이니라"(잠 12:10). 이 두 잠언 구절에서 각각 '알아주다', '돌보다'로 번역된 히브리말은 동사 '야다'다. 지식은 의로움과 단단히 결부된다.[3] 가난한 자의 사정을 알아주는 공감이야말로 의인의 지식의 본질이다. 그래서 잠언은 지혜로운 자와 의인을 하나로 결합한다. 두 번째 구절이 단순히 가축을 돌보라는 의미는 아닐 것이다. 의인의 본질은 가축의 사정까지 알아주는 '공감'이다.

그에 비해 '미슈파트'는 하나님의 법도에 근거해 이루어지는 올바른 사회 질서를 가리킨다. 그런 점에서 이 단어는 '법, 재판, 규례 혹은 심판'까지 넓은 의미 영역을 지니게 된다. 쩨다카와 미슈파트가 다루어지는 주된 현장은 구약에서 다름 아닌 성문이다. 성문은 이스라엘 공동체 생활의 중심지로서, 누군가의 덕행에 대한 공개적인 칭찬이 이루어지기도 하고 (잠 31:23), 거래가 이루어지기도 하며(왕하 7:1), 때로 우물이 존재하기도 했다(삼하 23:15). 그러나 성문의 가장 중요한 기능은 '재판'이었다. 보아스는 성문에서 장로들에게 문제를 이야기하고 룻을 아내로 맞아들였다(룻 4:1 이하). 그의 말을 들은 장로들과 백성들이 증인이 되어 문제가 된 상황을 판결하고 해결한다(룻 4:11; 신 25:7). 부모에게 문제가 되는 자녀가 있어 징계해도 듣지 아니하면 그 부모는 그 아이들 데리고 성문으로 가서 성읍 장로들에게 자초지종을 고한다. 장로들은 이를 듣고 판정하며 장로의 판정을 따라 성읍 사람들이 집행한다(신 21:18-21). 부부간에 문제가 생긴 경우에도 이같이 성문으로 나가서 성읍 장로들에게 아뢰고 그에 합당하게 판결한다. 장로들의 판결 권위는 절대적이었으며 사람을 살릴 수도 있고 죽일 수도 있었다(신 22:13-21). 이것이 이스라엘 가운데 죄를 제거하는 과정이다. 그런 점에서 성문에서 올바른 판결이 내려지지 않으면 사회 전체에 죄가 만연케 된다. 가령, 누군가가 자신의 가난한 처지로 인해 억울한 일을 겪게 되었을 때, 그는 성문으로 나아가 성읍의 장로들이 앉은 곳에서 호소한다. 이웃들은 그의 억울한 사정을 듣고 그를 불쌍히 여기면서 그를 위해 옳고 그른 것을 증언해 준다. 이렇게 행하는 것을 가리켜 쩨다카를 실행하는 것이라고 할 수 있다. 성읍의 장로들은 이 호소를 듣고 무엇이 옳고 그른지 판결하되, 이 가난한 사람을 억울케 한 사람들의 외모나 그들이 몰래 가져다주는 뇌물에 현혹되지 않은 채 곧게 판결해야 한다. 이러한 판결이야말로 미슈파트를 행하는 것이며, 이렇게 해서 그 가난한 자의 억울함이 풀릴 때, 그 사회는 미슈파트가 살아 있는 사회, 쩨다카와 미슈파트가 실행되는 사회인 것이다. 그런 점에서 외모와 뇌물은 이 판결을 굽게 하는 최대의 방해요소다. 외모와 뇌물에 좌우되지 않는 재판은 공의로운 재판이다.

> 네 하나님 여호와께서 네게 주시는 각 성에서 네 지파를 따라 재판장과 지도자들을 둘 것이요 그들은 공의로 백성을 재판할 것이니라 너는 재판을 굽게 하지 말며 사람을 외모로 보지 말며 또 뇌물을 받지 말라 뇌물은 지혜자의 눈을 어둡게 하고 의인의 말을 굽게 하느니라 너는 마땅히 공의만을 따르라 그리하면 네가 살겠고 네 하나님 여호와께서 네게 주시는 땅을 차지하리라(신 16:18-20).

그러나 외모와 뇌물에 따른 판결로 그 억울함이 풀리지 않을 때, 억울한 사람들은 이제 하나님께 부르짖는 것 외에는 달리 의지할 데가 없다. 그래서 하나님께 부르짖으면 하늘에 계신 하나님이 친히 그 부르짖음을 듣고 친히 미슈파트를 세우시며 불의를 징벌하고 책망하며 나아가 때로 그 성읍 전체를 진멸하신다. 소돔과 고모라가 겪은 일은 바로 그러한 부르짖음의 결과다. 이방인, 고아, 과부를 압제할 때 그들이 부르짖으면 하나님께서 들으신다. 이때의 부르짖음은 법적 도움을 위한 부르짖음이다.[4] 그러므로 이들이 법정에서 제기하는 소송은 부르짖음이다. 가난한 자들의 소송은 부르짖음이다. 그것을 세상 법정이 제대로 다루지 않으면 하나님께서 다루시며 진멸하실 것이다.

'재판하다'는 구약에서 대체로 '다스리다'는 의미와 동일하다고 할 수 있다. 재판은 통치자의 가장 중요한 업무 사항이다(잠 31:8-9). 재판이 제대로 이루어지지 않는다면 사람들의 억울한 사정은 해결되지 않을 것이다. 그러면 세상에 사사로운 복수가 확산되든지 오로지 힘을 키워 억울하고 분한 일을 당하지 않기 위해 애쓰는 세상이 될 것이며, 그러한 세상은 약한 자들에게는 지옥 같을 것이다. 이 모든 일은 재판 기능의 약화와 쇠퇴에서 비롯된다. 그러므로 국가 권력이 존재하는 가장 중요한 이유는 미슈파트의 구현, 억울한 일이 없도록 법적, 제도적 틀을 마련하는 것이다. 그 점에서 국가 권력은 하나님께서 세우신 이들이라고 할 수 있다. 그들은 그 부분에서 하나님을 대신해 일하고 있다.

이스라엘의 미슈파트와 쩨다카의 준수 여부는 그 사회의 가난하고 약한 사람들을 통해 정면으로 드러난다. 성문에서 궁핍한 자를 억울하게 하면 하나님께서 명하신 공의(미슈파트)가 세워지지 못한다(암 5:12, 15). 이렇게 궁핍한 자가 억울하게 되는 주된 원인은 뇌물이다(암 5:12). 외모와 뇌물은 단순히 사회 정의와 연관된 어떤 요소이지 않다. 외모와 뇌물을 보지 않는 것은 매우 중요하다. 하나님께서 외모를 보신다면 우리가 어떻게 살 수 있을까. 그러면 목소리 큰 사람이 다일 것이다. 죄인을 건지시며 불쌍히 여기심도 이와 연관된다. 그러므로 외모와 뇌물에 좌우되지 않는 것은 단순한 윤리사항이 아니며, 하나님의 다스리심과 연관된 근본적인 사항이다.

성문에서 무엇이 옳은지를 분명히 밝히는 사람들—증인이든, 재판장이든, 혹은 억울함을 호소한 사람이든—을 싫어하는 사람들이 있다(사 29:21; 암 5:10). 그들은 이러한 사람을 함정에 빠뜨리려고 애쓰는데(사 29:21), 이들은 강포한 자 혹은 경만한 자로 불리며, 이들이 사라지게 될 때 겸손한 자와 빈핍한 자가 하나님을 인해 기뻐하며 즐거워한다(사 29:19-20). 그러므로 의의 공평을 행하는 것은 제사를 드리는 것보다 여호와를 기쁘시게 한다(잠 21:3).

'공의'로 옮길 수 있는 '쩨다카'가 두 당사자 사이의 관계에 초점이 있다면, '정의'로 옮길 수 있는 '미슈파트'는 억울함으로 부르짖는 이들을 둘러싼 문제가 불편부당하게 처리되는 틀과 관계된다고 할 수 있다. 그러나 이 두 단어는 곧잘 '정의와 공의' 전체를 대표하는 의미로 쓰이기도 한다는 점도 주의해야 한다. 가령 다음과 같은 시편 구절은 이를 잘 보여 준다.

> 네 의(쩨데크)를 빛같이 나타내시며 네 공의(미슈파트)를 정오의 빛같이 하시리로다(시 37:6).

위 구절의 전반절과 후반절이 서로 동의 평행되어 있다는 것을 생각하면, 전반절에 쓰인 쩨데크와 후반절에 쓰인 미슈파트는 사실상 동의어 역할을 한다고 볼 수 있다. 미슈파트와 쩨데크/쩨다카는 두 단어이지만 사실 한 단어처럼 역할 한다(hendiadys)고 말할 수도 있을 것이다. 그렇다면 이 가운데 어느 한 단어가 쓰인 경우에 실제로는 두 단어가 포괄하고자 하는 전부를 대신하고 있다고 볼 수 있기도 하다.

결론적으로 기억해야 할 것은 정의와 공의는 '법대로의 세상' 정도의 좁은 의미가 아니라는 점이다. 앞서 보았듯이, 여기에는 그 백성을 향한 하나님의 사랑이 담겨 있다. 구약에서 곧잘 정의를 의미하는 미슈파트가 인애 혹은 자비를 의미하는 '헤세드'와 함께 쓰이는 것에서도 이를 볼 수 있다. 사실 미슈파트의 짝인 쩨다카의 의미의 핵심에 있는 것이 이러한 긍휼이라고 할 수 있을 것이다. 이를 생각할 때, 정의와 사랑을 대립되는 듯 표현하는 것은 적어도 구약 본문 안에서는 타당하지 않다.

하나님을 본받는 삶

그런데 반드시 기억해야 할 것은 이상에서 언급되는 정의와 공의가 단지 인간적인 덕목이 아니라는 점이다. 구약성경은 정의와 공의가 하나님의 보좌의 두 기둥임을 말하고 있다.

의와 공의가 주의 보좌의 기초라(시 89:14).
구름과 흑암이 그에게 들렸고 의와 공평이 그의 보좌의 기초로다(시 97:2).
그는 공의와 정의를 사랑하심이여(시 33:5).
여호와께서는 정의와 공의를 시온에 충만하게 하심이라(사 33:5).

보좌에 앉으셨다는 것은 하나님께서 왕이 되어 통치하시는 나라, 즉 하나님 나라를 말한다. 하나님께서는 친히 왕이 되어 다스리시되 정의와 공의로 다스리신다(시 99:4). 그러므로 정의와 공의는 하나님의 다스리심, 하나님 나라의 핵심이기도 하다. 하나님은 그가 행하시는 미슈파트로 말미암아 자신을 알게 하신다(시 9:16).

하나님 나라에 대해 이제껏 많은 이야기가 있었지만, 막상 하나님 나라, 하나님의 통치를 이야기할 때 그 내용이 무엇인지는 상당히 모호했다. 정의와 공의는 하나님의 통치의 원칙들이라는 점에서 중요하다. 하나님 나라는 정의와 공의의 나라이며, 정의와 공의는 사람을 향한 하나님 사랑의 다른 표현이라 할 수 있다. 우리가 하나님을 안다는 것은 하나님 통치의 이러한 특징을 아는 것이다.

자랑하는 자는 이것으로 자랑할지니 곧 명철하여 나를 아는 것과 나 여호와는 사랑(헤세드)과 정의와 공의를 땅에 행하는 자인 줄 깨닫는 것이니라

나는 이 일을 기뻐하노라 여호와의 말씀이니라(렘 9:24).

이 점은 요시야에 대한 예레미야의 평가에서도 잘 드러난다.

네가 백향목을 많이 사용하여 왕이 될 수 있겠느냐 네 아버지가 먹거나 마시지 아니하였으며 정의와 공의를 행하지 아니하였느냐 그때에 그가 형통하였었느니라 그는 가난한 자와 궁핍한 자를 변호하고 형통하였나니 이것이 나를 앎이 아니냐 여호와의 말씀이니라(렘 22:15−16).

이 구절에서 보듯이, 하나님을 안다는 것은 그가 행한 정의와 공의의 통치, 가난한 자를 돌아보는 통치로 드러난다. 다음과 같은 호세아서 구절도 같은 것을 말한다.

나는 인애를 원하고 제사를 원하지 아니하며 번제보다 하나님을 아는 것을 원하노라(호 6:6).

제사와 연관하여 '기뻐하다', '열납하다' 같은 동사들이 쓰이지만, 위 구절들은 참으로 하나님께서 제사에서 본질적으로 기뻐하시는 것이 무엇인지를 일러 준다. 하나님이 기뻐하시는 것은 헤세드이다. 하나님이 어떤 분인지를 아는 것이야말로 하나님을 기쁘시게 한다. 그리고 그 하나님은 헤세드와 체다카, 미슈파트를 땅 위에 행하시는 분이다.

하나님께서 다윗을 비롯한 세상의 왕들을 세우시는 것은 이러한 하나님의 통치를 구현할 이들로 세우시는 것이다. 그래서 하나님 나라는 다윗의 통치를 통해, 다윗 후예의 통치를 통해 이루어진다. 이러한 맥락에서 새로 등극하는 왕을 위한 기도인 시편 72편을 살펴볼 만하다. 여기서 왕을 위한 기도는 1절에서 볼 수 있으며, 2절 이하 말씀은 왕의 통치의 결과로 볼 수 있다. 정의와 공의의 통치는 수많은 가난한 사람으로 하여금 여호와를 앙망하게 하고, 그 나라에 의인이 흥왕하게 되며, 경제적 풍요 역시 넘쳐나게 한다. 최종적으로 열방이 그로 인해 복을 받게 된다(시 72:17). 아브라함에게 주신 복이 성취되고 있는 것이다. 이 나라가 다윗의 나라다.

정의와 공의는 왕이신 하나님의 통치 방식이며, 이스라엘 왕에게 요구된 내용이다. 그런데 정의와 공의는 왕뿐 아니라 하나님 백성 이스라엘에게 요구되는 사항이다(사 5:1-7). 시온을 가리켜 신실한 성읍이라 부르는 것은 그 안에 정의와 공의가 가득 찼기 때문이다(사 1:21). 그러므로 정의와 공의가 왕적 통치의 영역에만 국한되지 않는다.[5] 혹은 모든 사람이 하나님의 형상대로 지음받은 왕이기에, 모든 사람에게 정의와 공의가 요구된다. 그 가운데 왕이 존재한다면, 그 왕은 이제 사람의 대표로서 정의와 공의를 행해야 할 책임과 사명이 있다. 그렇기에 다윗은 이스라엘의 대표로서 이 사명을 감당하는 것이며, 다윗은 홀로 있는 왕이라기보다 이스라엘 대표로서의 왕이다. 그래서 그의 기도는 시편에 그리 많이 언급되면서, 모든 개개의 이스라엘을 대표하는 것이다. 그러므로 구약의 왕에 관한 말씀은 당시로서는 이스라엘 왕을 가리키는 말씀이었고, 예수 그리스도를 향한 말씀으로 재해석되었으며, 나아가 오늘 우리를 향한 말씀으로 적용된다. 그것이 '왕적인 제사장'(royal priesthood)의 의미다. 그러므로 시편 72편은 오늘을 살아가는 왕 같은 제사장인 우리 그리스도인을 위한 기도라 할 수 있다. 예수께서 명령하신 그의 나라와 그의 의를 구하는 기도와 삶이라고 할 것이다. 그런 점에서 세상에서 정의와 공의를 행하는 하나님 백성의 삶은 세상을 정의와 공의로 다스리시는 하나님을 본받는 것임을 알 수 있다. 정의와 공의를 행하는 삶은 한마디로 '하나님을 본받는 삶'(Imitation of God)이다.

아브라함

하나님께서 그 백성을 정의와 공의의 삶으로 부르셨다는 것은 낯선 이야기가 아니다. 이미 이 표현들이 구약에 얼마나 널리 쓰이고 있는지 보았거니와, 그 최초는 아브라함을 부르신 목적을 설명하는 본문에서 볼 수 있다. 흔히 아브라함에 관한 말씀을 나눌 때 땅과 자손을 약속하신 하나님에 대해 생각하게 되지만, 창세기 18장 18-19절은 하나님께서 아브라함에게 땅과 자손을 약속하신 목적 그리고 아브라함을 부르신 목적에 대해 알려 주고 있다.

> 아브라함은 강대한 나라가 되고 천하 만민은 그로 말미암아 복을 받게 될 것이 아니냐 내가 그로 그 자식과 권속에게 명하여 여호와의 도를 지켜 의와 공도를 행하게 하려고 그를 택하였나니 이는 나 여호와가 아브라함에게 대하여 말한 일을 이루려 함이니라.

아브라함은 그 주신 땅에서 그 주신 자손에게 명하여 정의와 공의를 행하는 삶을 살도록 부름받았다. 정의와 공의를 행할 공간이 필요하기에 땅이 약속되며, 정의와 공의를 행할 주체가 필요하기에 자손이 약속된다. 그런 점에서 구약성경 전체에서 강조되고 있는 기업과 자손에 대한 약속은 이 땅에 이루어지는 하나님 나라와 바로 연결된다는 것을 알 수 있다. 아브라함을 비롯한 믿음의 조상들에게서 거듭 강조되고 있는 땅과 자손의 약속은 여호수아의 가나안 정복으로 성취된다. 땅과 자손에 대한 이 약속은 이제 하나님께서 주신 기업과 가족에 대한 강조로 이어지게 되며, 이것이야말로 희년에 선포되는 자유(드로르)의 핵심 내용이기도 하다(레 25:10). 희년법을 이루는 근본정신이 두 가지 있다면 모든 토지가 하나님의 것이라는 점(레 25:23), 그리고 모든 이스라엘은 하나님의 종(레 25:55)이라는 점을 들 수 있다. 모든 땅이 하나님의 것이지만, 하나님께서는 이 땅을 이스라엘에게 유업으로 주셨다. 모든 이스라엘은 하나님의 종이지만, 하나님께서는 이스라엘을 애굽에서 이끌어 내어 자유케 하셨다. 그러므로 자유한 이스라엘은 그들에게 주어진 유업 위에서 살아가되, 근본적으로는 여호와 하나님의 땅 위에서 여호와 하나님의 백성으로 존재하는 이들이다. 달리 표현하면, 이스라엘은 하나님 나라의 백성으로 부름받은 이들이다.

일곱 번의 안식년 다음 해의 속죄일이 되면 이스라엘 전역에서 자유가 뿔나팔 소리와 함께 선포된다. 그러면 가난으로 기업과 가족을 떠나야 했던 모든 이스라엘은 하나님께서 주신 기업과 가족들에게로 돌아가게 되며, 하나님이 주신 기업 위에서 하나님이 주신 자손들과 더불어 살아갈 수 있게 된다. 아브라함에게 주신 약속이 희년마다 새로 회복되는 것이며, 이를 통해 그 땅 위에서 그 자손에게 명하여 정의와 공의를 행하는 삶이 이루어지게 된다. 그래서 희년은 이 땅에 이루어지는 하나님의 통치, 하나님 나라를 상징한다.

아브라함에게 주신 약속 가운데 하나는 아브라함이 하나님의 부르심을 따라 살게 될 때 땅의 모든 족속이 그로 인해 복을 받게 된다는 약속이다(창 12:3). 하나님의 백성에게 주어진 땅과 자손의 약속은 하나님의 사람들만을 풍성하게 하고 그들만이 복을 누리게 하지 않되, 땅의 모든 족속에게 하나님의 복이 넘쳐흐르게 한다. 하나님의 부르심으로 말미암아 아브라함은 땅에서 자손과 더불어 정의와 공의를 행하며 살아가되, 그로 인한 복은 열방에게 미친다. 하나님께 순종함에 있어서 배타적으로 부르심을 받았고, 하나님의 복을 받음에 있어서는 배타적이지 않은 것이다. 하나님의 사람을 통해 땅의 모든 사람이 복을 받게 되는 것을 보여 주는 대표적인 예는 요셉이다. 다른 사람들과 달리 요셉의 삶은 고난이었으되, 그의 고난과 낮아짐을 통해 그가 이르는 곳마다 사람들은 복을 받게 된다. 애굽의 총리대신이 된 요셉은 애굽의 토지 개혁을 단행하면서 모든 애굽 거주인들을 왕 앞에 평등한 이들로 세웠으며 토지를 개인의 사유로부터 해방시키되 오직 경작권만을 지니도록 했다. 그로 인해 애굽과 인근에 살고 있던 모든 사람이 살아날 수 있었다. 참으로 요셉의 고난과 순종은 전적으로 땅의 모든 사람을 구원하시려는 하나님의 구원 계획에서 비롯된 것이었다(창 50:20).

고대 중동 법들에서도 정의와 공의에 대한 요구가 있음을 이미 살펴본 바 있다. 그런데 고대 중동 법체계에서 이러한 정의는 왕들에게 요구되는 사항이었지만, 구약성경에서 이 정의는 아브라함에게 처음 주신 명령으로 등장한다. 여기에 고대 중동의 법과 구약의 또 다른 차이가 있다. 구약에서 정의와 공의는 하나님 백성의 대표라 할 수 있는 아브라함에게 주신 법이며, 고대 중동 법과 비교하자면 아브라함과 그 후손은 왕적인 존재라 할 수 있다. 그래서 아브라함에게 주신 명령은 하나님께서 세우신 왕인 다윗을 통해 이어져 간다는 것을 이해할 수 있다.

다윗

하나님께서는 그 백성에게 정의와 공의를 지켜 행할 것을 명령하신다. 이스라엘은 강력한 다윗과 솔로몬 시대에도 앗수르 세력의 반도 되지 않았다. 다음 구절은 다윗의 강성과 승리를 인상적으로 언급한다.

만군의 하나님 여호와께서 함께 계시니 다윗이 점점 강성하여 가니라(삼하 5:10).

다윗이 어디를 가든지 여호와께서 이기게 하셨더라(삼하 8:14).

이러한 말씀은 다윗의 이스라엘이 세계 최강국이 되었음을 의미하지 않는다. 세계 최대의 면적을 지니게 되었음을 의미하지도 않는다. 만군의 여호와는 '모든 군대의 하나님'을 의미한다. 그러나 하나님은 전쟁의 하나님이 아니다. 그래서 아예 다윗은 그러한 시도조차 하지 않는다. 앗수르와 바벨론, 세계 강국들은 힘이 강해지면 다른 나라를 침공하고 정복하고 차지하기를 시도하지만, 다윗의 나라는 하나님이 주신 범위를 넘어 침략을 추구하지 않았다. 그러므로 하나님 앞에서의 강성함은 세상 나라의 강성함과 다르다. 다윗이 어디를 가든지 이기게 하셨다는 사무엘하 8장 14절에 이어지는 구절은 다음과 같다.

다윗이 온 이스라엘을 다스려 다윗이 모든 백성에게 정의와 공의를 행할새(삼하 8:15).

다윗의 이스라엘은 모든 백성에게 정의와 공의가 이루어지는 나라다. 이것이 하나님께서 나라를 세우시고 이스라엘을 선택하신 까닭이다. 세상에서 가장 강한 나라가 되라고 부르신 것이 아니다. 세상에서 가장 큰 교회를 만들라고 부르신 것도 아니고, 세상에서 기독교인 수가 가장 많은 나라를 이루라고 부르신 것도 아니다. 그렇게 하려면 우리는 앗수르 방식을 배워야 한다. 아하스가 나라의 위기를 겪으면서 예루살렘 성전에 앗수르 제단을 본뜬 제단을 만들어 돌파구를 모색했듯이(왕상 16:10-16), 우리도 교회 안에 온통 앗수르 방식, 세상 방식을 끌어들여 세상을 본떠서 하나님을 섬긴다고 해야 할 것이다. 그러나 하나님이 부르신 까닭은 그 나라 안에서 모든 백성이 각자의 기업을 누리고 살면서 정의와 공의가 그 가운데서 이루어지도록 하는 것이다.

이를 생각하면 구약에서 종종 반복되는 '각자의 포도나무와 무화과나무 아래 거하는 삶'도 이와 연관되어 있음을 알 수 있다(왕상 4:25; 미 4:4; 슥 3:10). 각자의 기업에서 가족과 더불어 살아간다는 것은 개인주의적이고 가족중심주의적인 가치관을 말하는 것이 아니다. 하나님께서 주신 기업에서 그 자손과 더불어 일상 속에서 살아가는 삶을 의미한다. 그리고 이는 레위기의 절기 본문들에서 두드러지게 강조하고 있는 '너희가 거주하는 각처에서'의 의미와도 통한다(레 23:3, 14, 21, 31). 희년은 이런저런 사정으로 거주지를 잃어버린 이들을 위해 그 거주하는 기업을 회복시켜 땅에 거하게 하는 절기다. 그러므로 하나님 백성의 표지는 크기나 넓이에 달려 있지 않다. 자신들에게 주어진 땅에서 이루어지는 하나님의 원칙, 정의와 공의를 실행하는 삶에 달려 있다.

다윗은 구약에서 표준적인 인물이라고 할 수 있으며, 그의 정의와 공의의 통치도 그러한 표준이 되었다고 할 수 있다. 이는 다가올 다윗의 후예에 관한 약속의 말씀인 이사야서 9장 7절에서도 확인할 수 있다.

> 그 정사와 평강의 더함이 무궁하며 또 다윗의 위에 앉아서 그 나라를 굳게 세우고 지금 이후 영원토록 정의와 공의로 그것을 보존하실 것이라 만군의 여호와의 열심이 이를 이루시리라.

이사야에게 다윗의 의미는 정의와 공의의 통치인 것이다. 이는 단지 핏줄의 문제가 아닐 것이다(참고. 고전 15:50; 요 1:13). 다윗에 대한 기대야말로 이사야 마음의 중심에 있었다. 사실 이사야서의 제목은 '환상'(하존, 개역개정 성경은 이 단어를 '계시'로 옮겼다)이다. 이 '하존'이라는 단어는 영어에서

'vision'이라는 말로 번역되면서 우리가 하나님 앞에서 가지는 소망 혹은 꿈을 가리키는 표현으로 쓰인다. 어떤 공동체가 지닌 목표를 가리켜 '비전'이라고 말하기도 한다. 그러나 이사야서에서 쓰인 '환상'은 마음대로 꾸는 꿈이 아니라 여호와께서 이사야에게 보여 주신 환상이다. 그리고 그 환상의 한가운데는 하나님이 세우실 다윗에 의해 이루어지게 될 새로운 세상이 있으니, 그 나라는 정의와 공의가 지배하는 나라다. 그것이야말로 하나님 백성이 품어야 하는 환상이고 비전이다. 비전은 자기 욕심이나 야망을 구체화한 것이 아니라, 성경을 통해 하나님께서 보여 주신 세상을 소망하고 바라는 것이다. 그리고 그것이야말로 다음과 같은 잠언 구절의 의미이기도 하다.

> 묵시가 없으면 백성이 방자히 행하거니와 율법을 지키는 자는 복이 있느니라(잠 29:18).

이는 예레미야서에서 보다 뚜렷하게 드러난다. 예레미야서 22장 2-4절은 다윗 위에 앉은 자들이 행해야 할 바른 도리로 정의와 공의를 명하고 있다. 여기서 정의와 공의의 의미는 아주 명확하다.

> 이르기를 다윗의 왕위에 앉은 유다 왕이여 너와 네 신하와 이 문들로 들어오는 네 백성은 여호와의 말씀을 들을지니라 여호와께서 이와 같이 말씀하시되 너희가 정의와 공의를 행하여 탈취당한 자를 압박하는 자의 손에서 건지고 이방인과 고아와 과부를 압제하거나 학대하지 말며 이곳에서 무죄한 피를 흘리지 말라 너희가 참으로 이 말을 준행하면 다윗의 왕위에 앉을 왕들과 신하들과 백성이 병거와 말을 타고 이 집 문으로 들어오게 되리라.

이 기준에 입각한 요시야의 통치와 그 아들 여호야김의 통치에 대한 평가를 예레미야서 22장 13-16절에서 볼 수 있으며, 이에 미치지 못한 여호야긴에 대해 최종적으로 심판의 말씀이 선고된다.

여호와께서 이와 같이 말씀하시니라 너희는 이 사람이 자식이 없겠고 그의 평생 동안 형통하지 못할 자라 기록하라 이는 그의 자손 중 형통하여 다윗의 왕위에 앉아 유다를 다스릴 사람이 다시는 없을 것임이라 하시니라.

그 후손 가운데 다윗 위에 앉을 자가 없으리라는 것이다. 이어지는 23장 5-6절은 이러한 거짓 목자들이 아닌, 하나님이 세우실 참된 목자에 대해 말씀하고 있다.

여호와의 말씀이니라 보라 때가 이르리니 내가 다윗에게 한 의로운 가지를 일으킬 것이라 그가 왕이 되어 지혜롭게 다스리며 세상에서 정의와 공의를 행할 것이며 그의 날에 유다는 구원을 받겠고 이스라엘은 평안히 살 것이며 그의 이름은 여호와 우리의 공의라 일컬음을 받으리라.

그러므로 다윗의 후예, 하나님이 일으키실 다윗의 가지의 본질은 핏줄에 달려 있는 것이 아니라, 정의와 공의의 통치에 달려 있다.

포로 이후의 이스라엘 - 에스겔

정의와 공의에 대한 하나님의 명령은 이스라엘 역사 초기와 왕국시대에만 국한되지 않는다. 포로기의 대표적 본문인 에스겔서에도 이 점을 확인할 수 있다. 포로 이후 회복 공동체에서 정의와 공의에 대한 강조는 에스겔서에서도 볼 수 있다. 45장 9-10절은 회복된 성전과 땅의 재분배를 다루는 본문 가운데 위치하면서 바른 제사와 바른 삶의 직접적 결합을 잘 보여 준다.

> 주 여호와께서 이같이 말씀하시느니라 이스라엘의 통치자들아 너희에게 만족하니라 너희는 포악과 겁탈을 제거하여 버리고 정의와 공의를 행하여 내 백성에게 속여 빼앗는 것을 그칠지니라 주 여호와의 말씀이니라 너희는 공정한 저울과 공정한 에바와 공정한 밧을 쓸지니.

'포악'과 '겁탈'로 옮겨진 히브리말 '하마스'와 '쇼드'(암 3:10 포학과 겁탈; 렘 6:7 강포와 탈취; 20:8 강포와 멸망; 합 1:3 순서 바뀌어 겁탈과 강포)는 예언자들이 이스라엘의 죄악상을 고발할 때 사용하는 표현이다. 에스겔은 이를 없애고 미슈파트와 쩨다카를 행할 것을 명하고 있으며, 이어서 공평한(쩨데크) 도량형에 대한 말씀이 이어진다. 일상생활에서의 공평한 도량형에 대한 말씀은 13절 이하에서 곧바로 성전에서 드려지는 예물의 올바른 양에 대한 말씀으로 이어진다. 즉, 바른 제사는 일상에서의 바른 도량형과 직결되어 있다는 것이다.

정의와 공의의 반대 개념으로 쓰이고 있는 '하마스'에 대해 한 가지 더 숙고할 만한 것이 있다. 창세기 6-9장은 세상에 임한 홍수에 대해 다루고 있다. 세상을 물로 심판한 홍수 이야기는 구약성경뿐 아니라 고대 근동 신화들에서도 나타난다(길가메쉬 서사시, 아트라하시스 서사시). 근동 신화들의 홍수 이야기와 구약의 홍수 이야기는 공통점도 많지만 근본적인 차이점들도 뚜렷이 볼 수 있다. 차이점 가운데 가장 중요한 것은 홍수 심판의 이유다. 근동 신화의 경우, 신이 자신의 변덕으로 세상을 심판하거나 인간들이 만들어 내는 소란으로 인해 시끄럽고 번거로워 편히 쉴 수 없어 세상을 물로 멸하는 것으로 서술된다. 그에 비해 구약성경의 창세기는 세상을 지으신 한 분 하나님께서 인간을 심판하시는 명확한 까닭을 제시한다. 인간의 죄악 때문이다. 그리고 창세기 6장 11절과 13절에 따르면 그 죄악의 핵심은 포악함, 즉 하마스였다. 세상에 가득한 포학, 폭력이야말로 하나님께서 세상을 심판하신 까닭이다. 하마스로 인해 세상을 심판하신 하나님께서는 아브라함을 부르셔서 미슈파트와 쩨다카를 행하게 하셨다. 그리고 이러한 하나님의 뜻은 바벨론 포로로 멸망당한 유다 백성에게 동일하게 적용된다. 그래서 에스겔이 보았던 하나님의 영광이 가득 차고 하나님께서 거기 계시는 나라(여호와 삼마)는 하마스를 버리고 미슈파트를 행하는 나라였다.

스가랴

포로 이후 시기는 더더욱 제의의 회복이 중요했고, 제의가 차지하는 자리가 컸음에도 예언자들의 선포의 타당성은 확고했다. 포로 이후 시기의 글인 스가랴서 7장 본문은 우리에게 이와 연관해 말하는 바가 있다. 먼저 스가랴서의 시작은 하나님께로 돌아오라는 외침이다(슥 1:3). 옛적 선지자들이 외친 하나님의 말과 전례들을 떠나, 악한 길과 악한 행실로 행해 하나님을 떠났으므로 하나님께서는 유다의 열조들에게 심히 진노하셨다(슥 1:2-6). 하나님의 진노는 스가랴서에서 중요한 모티브로 1장 15절에서도 언급되고, 7장에서도 언급되면서 그 진노의 까닭이 상세히 진술되어 있다. 포로 후 유다에서 그 백성이 금식과 연관된 구별의 규례에 대해 스가랴에게 물었을 때(슥 7:2-3), 하나님께서는 스가랴를 통해 그들의 금식이 하나님을 위한 것이 아니라 자신을 위한 것임을 드러내신다. 이와 더불어 오히려 그들이 귀담아 들어야 할 말은 다시금 이전 선지자가 외친 말(슥 7:7, 12)임이 강조되는데, 이어지는 말씀은 지극히 고전적이다.

> 너희는 진실한 재판을 행하며 서로 인애와 긍휼을 베풀며 과부와 고아와 나그네와 궁핍한 자를 압제하지 말며 서로 해하려고 마음에 도모하지 말라(슥 7:9 - 10).

즉, 스가랴는 이러한 메시지가 이전 선지자들이 힘써 한결같이 외치던 말씀이었음을 명확히 알고 있는 것이다. 진실한 재판은 미슈파트의 준행을 의미한다. 서로를 향해 인애와 긍휼을 베푸는 것, 그리고 하나님만을 의지해야 하는 약자들을 압제하지 않는 것은 쩨다카의 실행일 것이다. 그리고 그 백성에게 임한 하나님의 큰 노의 원인이 바로 이러한 말씀에 대한 불순종이었음을 분명하게 밝혀 주고 있다. 그러므로 1장 2-6절과 7장 5-14절을 종합할 때, 하나님께로 돌아간다는 것은 이전 선지자들이 외친 말씀에 대한 순종을 의미하며 그 내용은 지극히 고전적인 쩨다카와 미슈파트의 행함이라고 할 수 있다. 그리고 이 말씀은 단지 심판의 이유에 대한 맥락에서만 언급되지는 않는다. 8장에서는 성전의 지대를 놓은 이들을 향한 하나님의 축복과 평화 선언에 이어 동일한 말씀이 반복된다.

> 이제 내가 예루살렘과 유다 족속에게 은혜를 베풀기로 뜻하였나니 너희는 두려워 말지니라 너희가 행할 일은 이러하니라 너희는 각기 이웃으로 더불어 진실을 말하며 너희 성문에서 진실하고 화평한 재판을 베풀고 심중에 서로 해하기를 도모하지 말며 거짓 맹세를 좋아하지 말라 이 모든 일은 나의 미워하는 것임이니라 나 여호와의 말이니라(슥 8:15 - 17).

스가랴서의 구조는 이 점을 더욱 부각시키는데, 스가랴서 1장과 7장은 서로 대칭되며, 7-8장은 하나의 잘 짜여진 덩어리다. 우선 날짜에 대한 언급이 1장 1절(다리오왕 2년 8월)과 1장 7절(다리오왕 2년 11월 스밧월 24일), 그리고 7장 1절(다리오왕 4년 9월 기슬르월 4일) 세 군데에 나온다.

1장 1-6절에서 중요한 용어는 '이전 선지자들', '하나님의 진노', '돌아오라'라고 할 수 있다. 그리고 그로 인해 그들에게 임한 심판이다. 7장에서는 이전 선지자들이 전한 말씀과 그에 대한 불순종으로 하나님께서 그들에게 진노하신 것에 대한 언급이 있어서 1장과 7장을 연결시키고 있다. 그런데 7장과 8장은 서로 하나로 묶여 있다.

여호와께 은혜를 구하는 사람들(7:2) A

오월과 칠월의 금식(7:3-5) B

진실한 재판(미슈파트 에메트)(7:9-10) C

불순종으로 임한 심판(7:13-14) D

예루살렘의 회복/성전 건축(8:1-9) E

그들에게 임한 재앙(8:14) D′

진실하고 화평한 재판(에메트 미슈파트 샬롬)(8:16-17) C′

사월, 오월, 칠월, 시월의 금식(8:19) B′

여호와께 은혜를 구하게 됨(8:21-22) A′

이 구조를 보면 가장 중요한 사건은 성전 건축을 위해 지대를 놓은 일이다. 이는 예루살렘의 회복을 상징한다. 그리고 회복된 예루살렘에 요구되는 가장 중요한 것은 미슈파트의 실행이다. 제의적 차원의 금식이 변해 기쁨과 즐거움의 절기로 변하게 되며, 그러할 때 참으로 열방이 나아와 여호와께 은혜를 구하게 된다고 볼 수 있다. 여기에서 정의의 실행은 열방의 회복과 직접적으로 연결된다는 것을 알 수 있다.

이에 따르면 1장과 7장은 주제와 날짜 언급에 있어 연관되고, 7장과 8장은 하나로 묶여 있다. 그러므로 1장과 7-8장은 스가랴서 전체를 묶는 인클루지오로 기능한다고 할 수 있다. 학개서 역시 성전 건축과 여호와께 돌아옴이 핵심을 이루고 있음을 볼 때, 학개서부터 스가랴서 8장까지가 하나의 단위임을 볼 수 있다. 성전 건축이라는 주요 과제와 일상생활, 특히 성문에서 집행되는 미슈파트가 단단히 묶여 있음을 볼 수 있다. 이것이야말로 귀환 공동체에게 있어 하나님께 돌아감의 근본적인 의미라고 할 수 있다.

평화의 왕국

마지막으로 이사야서 11장을 살펴보자. 이 장은 다윗의 가지에서 날 인물을 통해 이루어질 나라에 대해 알려 주고 있다. 1-5절은 여호와의 영이 임한 새로운 다윗이 행할 통치 방식을 표현해 주고 있다. 그의 통치 핵심은 공의(쩨데크)이며 공의로운 통치는 가난한 자를 회복하고 악인들을 심판하는 것으로 나타난다(사 11:4). 6-10절은 이러한 공의로운 통치의 결과로 이루어지는 평화의 왕국을 그린다. 그가 와서 공의로 다스리게 될 때, 그곳은 사자와 어린양이 함께 뛰어노는 세상이 된다. 독사 굴에 어린이가 손을 넣어도 물지 않고, 암소의 새끼와 곰의 새끼가 함께 뒹굴며, 약육강식이나 적자생존의 원칙이 지배하는 곳이 아니라 모든 곳에 해함도 상함도 없는 세상이다. 이곳에서 사자가 양일 필요는 없으며, 양이 늑대나 사자가 되어야 할 필요도 없다. 각각의 생명체는 하나님께서 주신 모습과 성품대로 존재할 수 있으며, 서로 적대감 없이 살아갈 수 있다. 이러한 평화가 가능한 까닭은 이 세상에서 사자나 곰이 소처럼 풀을 먹게 되었기 때문이다. 그 점에서 창조 질서의 회복이 이 평화의 왕국에 깔려 있다고 볼 수 있다. 이러한 평화의 왕국이야말로 여호와를 아는 지식이 세상에 충만한 결과다. 새로운 다윗에 의해 이루어지는 공의로운 통치, 그리고 그로 인해 나타나는 평화의 왕국이 가져오는 마지막 결과는 열방의 회복이다(사 11:10). 그날에 이러한 다윗의 깃발을 보고 열방이 야훼께 돌아오게 될 것이다. 다윗의 깃발은 다윗 왕국의 위용이나 웅장함이 아니라, 사자와 어린양이 함께 뛰어노는 평화의 왕국, 공의로운 통치를 상징한다. 이 깃발이야말로 열방을 회복하는 표지다. 여기에서도 열방의 회복과 공의가 결합되어 있는 것을 확인할 수 있다.

정의와 공의는 하나님 나라의 기둥과도 같다. 정의와 공의를 구하는 삶은 하나님 나라를 이루는 삶이며 예수 그리스도를 뒤따르는 삶이다. 하나님께서는 이를 위해 아브라함과 다윗 그리고 우리를 부르시고 선택하셨다. 모든 땅은 하나님의 것이로되 이 땅은 이스라엘에게 유업으로 주어졌고, 모든 이스라엘은 하나님의 종이되 자유케 된 하나님의 백성이 되었다. 그 땅 위에서 자유를 지니고 정의와 공의를 행하는 것, 이것이 이스라엘의 존재 이유인 것이다. 매 50년 희년이 선포될 때 자유케 된 이스라엘이 자신의 유업으로 돌아갈 때마다 그들은 그 땅 위에서 가족과 더불어 정의와 공의를 행하며 살아간다. 정의와 공의를 행하는 삶은 여호와의 영이 임함으로 가능하며, 언제나 하나님께서 함께하심으로 가능하다. 하나님의 백성 가운데서 정의와 공의를 행하는 삶이 이루어질 때, 달리 말해 여호와를 아는 지식이 세상에 충만해질 때, 그 공동체 가운데 평화의 왕국이 임하게 된다. 그리고 이 왕국에 나부끼는 깃발을 보고 열방은 여호와께로 돌아오게 될 것이다.

4
신약성경에는
희년법이 없는가

신현우 세계신약학회(SNTS) 회원, 서울신약학연구소 소장

80년대에 대학을 다니며 인생의 의미, 목적, 진리란 무엇인가 등 추상적인 철학적·신학적 질문에 관심이 많았다. 대학 시절 고(故) 대천덕 신부님께 희년법 특강을 들을 때만 해도 희년법의 중요성을 깨닫지 못했다. 그러나 최루 가스가 자욱한 교정에서 사회정의 문제에 목숨을 건 학우들의 모습을 보며, 경제정의에 대한 성경적 해답을 찾기 시작했다. 그러나 교회에서도, 캠퍼스 선교단체에서도 답을 찾을 수 없어 신학대학원에 진학했다. 그러던 중 대천덕 신부님의 책들을 접하게 되었고, 헨리 조지의 《진보와 빈곤》을 통해 '희년법이 적용될 때 경제정의가 해결될 수 있다'는 확신을 갖게 되었다. 남은 의문은 구약의 희년법이 신약시대에 과연 연속되는가 하는 문제였다. 이를 풀기 위해 예수님의 율법관을 연구하기 시작했고, 예수님이 율법을 폐지하지 않고 희년법을 적용하셨음을 발견했다. 희년법과 헨리 조지의 경제학은 경제정의 문제에 관한 성경적 원리와 그 구체적 적용을 찾던 그에게 복음이었다. 희년법의 발견으로 성경이 제시하는 경제구조의 해답을 얻은 그는 보수적 기독교 신앙을 유지하면서도 급진적인 사회경제 사상을 가질 수 있는 길을 찾았다.

신약시대에는 희년법을 지킬 필요가 없다?

구약성경에는 분명히 희년법이 담겨 있다(레 25장). 그런데 희년법에 담긴 토지제도가 이스라엘 사회에서 전혀 지켜지지 않았다는 반론이 종종 제기된다. 그러나 이러한 반론은 검증되지 않은 것이다. 희년법(특히 토지의 원소유주가 바뀌지 않는 토지제도, 참조. 레 25:23)이 이스라엘 사회에 적용되지 않았다면 나봇이 아합 왕에게 자신의 포도원을 왕의 땅과 교환하기를 당당하게 거부한 것은(왕상 21:3) 어떻게 설명할 것인가? 이스라엘 역사를 통틀어 희년법이 지켜지지 않았다는 것을 증명하려면 모든 시대의 증거를 다 조사해야 하는데, 우리에게는 그러한 자료가 충분하지 않다. 이러한 상황에서 희년법이 지켜지지 않았다고 주장하는 것은 증거가 없는 것을 이용해 자신이 원하는 바를 주장하는 것에 불과하다.

이스라엘 사회에서 희년법이 지켜지지 않았다는 반론은 종종 우리도 지킬 필요가 없다는 주장을 담고 제기된다. 이러한 주장은 성경이 아니라 이스라엘을 표준으로 삼는 사고방식이다. 이스라엘이 지키지 않았으면 우리도 지킬 필요가 없는가? 이스라엘이 율법을 어기고 우상을 숭배했으므로 우리도 우상을 숭배해도 되는가? 그렇지 않다. 이스라엘이 지켰든 지키지 않았든, 구약성경의 명령은 우리에게 유효하다. 만일 이스라엘을 모델로 삼아 따른다면 우리도 심판을 받아 멸망할 것이다.

물론 구약성경을 일종의 법전이나 역사서 또는 문학작품으로 간주하는 사람들은 구약성경이 희년법을 지키도록 명하더라도 우리가 반드시 이것을 지킬 필요는 없다고 생각할 수 있다. 성경이 우리 삶의 규범임을 받아들이지 않기 때문이다. 그러나 성경이 하나님의 말씀이라고 믿는 사람들마저도 희년법을 지킬 필요가 없다고 주장하는 것을 종종 본다. 이는 자기모순이다. 성경이 하나님의 말씀이므로 이 말씀대로 살아야 한다고 주장하다가도 희년법에 대해서는 이러저러한 핑계를 대며 지킬 필요가 없다고 한다. 이것은 희년법이 하나님의 말씀임을 믿지 않는 태도다.

구약성경에 담긴 율법들이 신약시대에는 적용되지 않는다고 반론하기도 한다. 그러나 동시에 구약성경에 담긴 십일조는 지금도 지켜야 한다고 주장한다. 속 보이는 자기모순이다. 하나님의 말씀인 구약성경을 목회의 편리를 위해 찬성하거나 반대한다면 하나님을 섬기는 것이 아니라 재물을 숭배하는 것이다.

십일조의 경우에는 예수께서 그 연속성을 인정하셨기에 지켜야 하지만 희년법은 그렇지 않다는 반론이 있을 수 있다. 마태복음 23장 23절에 담긴 예수의 말씀은 실제로 십일조를 지키라고 한다. 그런데 예수께서 희년법은 지키지 말라고 하셨을까? 예수께서는 율법을 폐하기 위해서가 아니라 완성시키려고 오셨고, 지극히 작은 계명이라도 지킬 가치가 있다고 보셨다(마 5:17). 그러한 예수께서 희년법만은 지키지 말라고 하셨을까? 아닐 것이다. 오히려 희년법을 지키라고 명하시지 않았을까? 그런데 복음서에 그 증거가 있는가? 이 글의 목적은 예수께서 과연 희년법의 핵심인 토지법을 지키도록 명하셨는지 확인하기 위해 복음서 본문을 살펴보는 것이다.

신약성경에 나타난 희년법

신약성경에 담긴 토지법을 살펴보기 전에 우선 구약성경의 희년법 정신이 어떻게 신약성경에서 계승 발전되었는지 살펴보기로 하자. 희년법은 구약성경 레위기 25장에 담겨 있는데, 그 내용은 노예 해방과 기업 회복이다. 희년에는 노예를 해방시키고, 임대한 토지를 원주인에게 반환한다. 토지는 빌려줄 수는 있되 팔 수는 없는 재산으로, 자손 대대로 상속되므로 '기업'(inheritance)이라고 부른다.

희년법에 담긴 노예 해방과 기업 회복은 신약성경에서는 주로 영적인 차원에서 나타난다. 희년법에 담긴 노예 해방은 신약성경에서 죄의 빚으로 사탄에게 매여 종살이하는 상태에 있는 자들이 예수의 대속으로 죄사함을 받고 사탄에게서 해방되어 하나님의 자녀가 되는 것으로 나타난다(요 1:12). 희년법의 기업 회복 모티브는 하나님으로부터 하나님 나라를 기업으로 얻는 것으로 나타난다(롬 8:16-17). 기업은 구약성경에서는 땅을 가리키지만, 신약성경에서는 하나님 나라가 기업이다(마 25:34; 고전 6:10; 갈 5:21). 이때 기업으로 얻는 하나님 나라를 영생 또는 구원이라고도 한다(막 9:45-47; 10:25-26). 이를 기업이라고 부르는 이유는 하나님께서 영원한 소유로 그 자녀들에게 상속시켜 주시는 것이기 때문이다.

신약성경에 나타난 하나님 나라는 희년법을 모형으로 설명하면 잘 이해된다. 하나님 나라는 예수를 통해 도래한 영적 희년에 해당한다. 사탄이 왕처럼 군림하던 시대가 가고 하나님께서 통치하시는 시대가 왔다. 그 시대를 부르는 이름이 하나님 나라다. 예수께서는 하나님 나라가 가까이 왔다고 선포했고(막 1:15), 그 시대는 약속대로 임했다. 예수의 십자가 고난과 부활을 통해 구원의 시대는 세상에 임했고, 누구든지 예수를 믿는 자는 예수의 대속의 은총으로 사탄의 포로로부터 해방되어 구원을 받는다. 단지 자유를 얻을 뿐 아니라 하나님의 자녀가 되어 하나님 나라를 기업으로 받을 권리를 얻는다.

신약성경에 담긴 이러한 영적인 차원은 이미 잘 알려져 있지만, 물질적인 차원이 사라졌다고 오해되곤 한다. 그러나 신약성경을 잘 읽어 보면 희년법에 담긴 물질적인 차원이 코이노니아를 통해 연속됨을 알 수 있다. 코이노니아란 '서로 나눔'을 뜻하는 헬라어인데, 신약성경에서 복음, 사역, 고난 등의 공유뿐 아니라 물질을 나누는 것도 가리킨다. 사도행전에서는 예루살렘 교회가 물질을 서로 나누었음을 알려 준다(행 2:45). 사도 바울은 이방 지역에 세워진 교회 성도들이 헌물을 모아 예루살렘으로 가지고 가서 예루살렘 성도들과 나누는 것을 코이노니아라 부른다(롬 15:26). 이것은 가난한 자들을 배려하는 제도인 희년법의 정신을 적용한 것이다. 희년법은 남의 것을 돌려주라고 명하는데, 코이노니아는 한 걸음 더 나아가 나의 것을 남에게 주는 것이다. 코이노니아는 희년법의 정신을 철저하게 적용하는 실천이다.

신약성경에서 디아코니아(섬김)는 희년법의 노예 해방 정신을 구현한다. 희년법은 나에게 종살이하는 노예를 해방하라고 명하는데, 디아코니아는 내가 남에게 마치 노예인 양 섬김으로써 남을 주인처럼 만드는 것이다. 예수께서 우리를 죄로부터 해방시키셨기에, 우리는 다시는 죄에 종노릇하지 말아야 한다(갈 5:1). 또한 우리는 남을 억압하지 말고, 서로를 섬기며 서로에게 종이 되어야 한다. "오직 사랑으로 서로 종노릇하라"(갈 5:13). 이렇게 하는 것은 희년법의 노예 해방 정신을 희년법보다 더욱 철저하게 적용하는 것이다.

이러한 율법 정신의 철저한 적용은 산상설교(마 5-7장)에서도 잘 나타난다. 살인하지 말라는 계명은 분노하지 말라는 가르침으로, 간음하지 말라는 계명은 음욕을 품지 말라는 가르침으로, 이웃을 사랑하라는 계명은 원수까지도 사랑하라는 가르침으로 철저화된다. 산상설교는 이것을 율법의 완성이라고 부른다(마 5:17). 이러한 맥락에서 보면 희년법의 정신도 신약성경에서 디아코니아와 코이노니아로 더 철저하게 적용되는 것이 당연하다. 재물이 아니라 하나님을 섬기고(마 6:24), 물질보다 하나님 나라와 의를 구하라는 가르침(마 6:33)은 희년법의 경제원리와 관련된다. 희년법에 따라 노예를 해방하고 토지를 반환하는 것은 재물보다 하나님을 섬기고, 하나님의 의로운 통치에 순복하는 행위다. 이렇게 할 때 하나님께서는 재물의 복을 더하리라고 약속하신다(마 6:33). 이는 예수께서 희년법을 지키는 사회에 약속하신 풍요다. 하나님의 의로운 통치 원리가 담긴 희년법을 지키며 정의를 추구하는 사회는 경제적 풍요도 누리게 된다. 그러나 풍요만을 추구하며 정의를 외면하는 사회는 풍요도 누릴 수 없다. 한국 사회도 정의를 외면하고 풍요만 추구한다면 오히려 풍요를 얻을 수 없을 것이다. 정의를 외면하고 풍요를 추구하는 사회나 교회가 받는 심판은 실로 가혹하다. '분배냐 성장이냐'를 따지는 것은 세상의 패러다임이다. 성경은 정의와 재물 중에서 정의를 선택하라고 명한다. 정의를 선택하면 분배와 성장을 모두 성취하지만, 재물을 선택하면 분배도 성장도 모두 잃게 될 것이다.

지금까지 살펴본 내용은 약간 낯선 내용일 수 있으나 진지하게 성경을 읽는 사람이라면 누구나 알 수 있는 내용이다. 잘 알려지지 않은 내용은 희년과 관련된 토지법이다. 희년법을 지키려면 정기적으로 토지를 원래 소유주에게 돌려주어야 한다(레 25:28). 이것은 사람들이 토지를 공평하게 소유하도록 하기 위한 제도다. 이 제도의 목적은 토지가 없는 사람이 발생하지 않게 하는 것이고, 토지가 없어서 빚을 지고 노예로 팔려가는 사람이 없게 하려는 것이다. 이는 코이노니아나 디아코니아보다 좀더 기초적인 노예화 방지 장치다. 그렇다면 예수께서는 이러한 희년법 토지제도에 담긴 정신을 적용하도록 가르치셨는가? 신약성경에는 희년법에 담긴 토지법을 구체적으로 언급하는 곳이 있는가? 과연 구약성경의 토지법은 신약시대에 유효한가?

1 신약성경에서 '끄떼마'의 사용[1]

예수께서는 희년법(특히 그 핵심 내용인 토지법)을 지키도록 명하셨다. 우리는 이것을 마가복음 10장 17-22절과 마태복음 19장 16-22절에서 알수 있다. 우리가 복음서를 여러 번 읽고도 이를 알 수 없는 이유는 잘못된 번역으로 읽기 때문이다. 그러나 원어(그리스어)로 읽으면 이 본문이 토지에 관한 것임을 알 수 있다.

구약성경의 계명을 제대로 지키는 것은 어렵다. 예수께서는 영생의 길에 관해 묻는 사람에게 그가 어떤 계명을 제대로 지키지 않았는지 지적하신다(막 10:21). "네게 있는 것을 팔아 가난한 자들에게 주라"(21절). '네게 있는 것을 다' 대신 '네게 있는 것을'로 번역한 데는 이유가 있다. 여기서 사용된 헬라어 '호사'는 '모든 것'으로 번역되더라도 예외 없는 모든 것을 가리키지는 않는다. 마가복음 3장 28절에서 "모든 모독하는 일은 사하심을 얻되"에서 '모든'은 헬라어 '호사'의 번역인데, 이는 예외 없는 '모든'을 뜻하지 않는다. 마가복음 3장 29절에서 곧바로 예외를 언급하기 때문이다. "누구든지 성령을 모독하는 자는 영원히 사하심을 얻지 못하고 영원한 죄가 되느니라 하시니." 그러므로 이러한 '호사'의 용법을 따라, 마가복음 10장 21절에서 '네게 있는 것을 다' 대신 '네게 있는 것을'이라는 번역을 채택할 수 있다.

계명을 지키기 위해 가진 것을 팔아야 하는 사람이라면 가난한 자들의 것을 불법적으로 소유하고 있었다고 볼 수 있다. 22절은 그것이 무엇인지 알려 준다. "그 사람은 토지가 많은 고로 이 말씀으로 인하여 슬픈 기색을 띠고 근심하며 가니라." 토지를 많이 가지는 것은 율법이 금하는 것이다(신 27:17; 레 25장; 참고. 잠 23:10). 율법을 따르면 토지를 매매할 수 없고 임대할 수만 있으며, 희년이 되면 임대 기간이 끝나므로 토지를 돌려주어야 한다(레 25장). 그런데 그에게 토지가 많았다는 것은 율법을 어기고 있었다는 증거다. 이는 단지 토지법만 어긴 것이 아니다. 토지를 돌려주지 않은 것은 남의 것을 계속 빼앗아 소유하고 있는 것이므로 도둑질이다. 질문자는 스스로 계명을 지키고 있다고 생각했지만, 실은 지키지 않고 있었다. 이것이 바로 "한 가지 부족한 것"(막 10:21; 눅 18:22)이었다. 이 부족함을 채우려면 불법으로 소유하고 있는 토지를 돌려주어야 한다. 그 토지가 언제, 누구로부터 온 것인지 몰라서 주인을 찾아 줄 수 없는 상황이라면, 토지를 잃은 가난한 자들에게 돌려주어야 한다.

마가복음 10장 22절에서 헬라어 '끄떼마'는 문맥상 재물보다 토지를 가리킨다. 그럼에도 이 단어는 대부분 번역 성경에서 재산 일반을 뜻하는 말로 번역되어 독자들이 본문의 뜻을 파악하지 못하게 되었다. 70인역의 용례는 끄떼마가 토지를 가리킴을 더욱 분명히 해준다. 헬라어 끄떼마는 구약성경의 헬라어 번역인 70인역에서 대부분의 경우 '토지'를 뜻하는 말로 사용되었다. 잠언 23장 10절은 "고아의 '끄떼마'에 들어가지 말라"고 하는데, 끄떼마에 해당하는 히브리어 본문 단어는 '사데'(밭)임을 고려하면 끄떼마는 토지를 가리킨다고 볼 수 있다. 잠언 31장 6절에서도 "밭을 사고 '끄떼마'에 심는다"는 문맥과 히브리어 본문에서 끄떼마에 대응하는 단어가 '케렘'(포도원)임을 고려하면 끄떼마는 토지를 가리킨다고 볼 수 있다. 호세아서 2장 17절은 이스라엘 백성이 이집트에서 나왔을 때 하나님께서 그들에게 끄떼마를 주셨다고 하는데, 히브리어 본문에서 끄떼마에 해당하는 단어는 '케렘'(포도원)이다. 그러므로 여기서도 끄떼마는 토지를 가리킨다. 요엘서 1장 11절은 추수할 것이 파괴되었으므로 끄떼마를 위해 슬퍼하라고 하는데 히브리어 본문의 해당 단어가 '케렘'(포도원)임을 고려하면, 끄떼마는 토지를 가리킴을 알 수 있다. 욥기 20장 29절과 27장 12절에서 끄떼마는 (분배받은) '몫'과 평행을 이루며 사용되었는데, 히브리어 본문의 해당 단어는 '나할라'(유산, 기업)다. 구약성경에서 나할라는 기본적으로 토지이므로(민 26:53; 33:54; 신 4:21; 수 11:23; 13:6; 시 105:11; 겔 47:14; 48:29), 여기서 끄떼마는 토지와 관련되어 파생된 뜻으로 사용되었다고 볼 수 있다. 70인역에서 *끄떼마*가 토지라는 의미보다 넓은 의미의 '부유함'이란 뜻으로 사용되었다고 볼 수 있는 곳은 오직 잠언 12장 27절뿐이다.

마가복음은 구약을 직접 인용한 부분에서 70인역과 86.4퍼센트 문자적 일치를 보인다. 그러므로 마가는 70인역을 알고 사용했으며 70인역의 용례들이 마가에게 영향을 끼쳤다고 볼 수 있다. 그러므로 마가복음이 *끄떼마*라는 단어를 10장 22절에서 사용할 때 70인역처럼 토지를 뜻하는 말로 사용했다고 추측할 수 있다.

마가복음처럼 1세기 작품인 사도행전의 용례도 *끄떼마*가 토지를 가리킴을 암시한다. 사도행전 2장 45절은 제자들이 *끄떼마*와 재산을 팔았다고 하는데, 이 *끄떼마*가 아마도 '밭'임을 사도행전 4장 34-35절에서 알 수 있다. 사도행전 5장 1절은 아나니아와 삽비라가 *끄떼마*를 팔았다고 하는데, 이것이 토지임은 이어지는 3절의 '땅값'과 8절의 '땅'이라는 언급에서 알 수 있다. 역시 1세기 작품인 요세푸스의 책들에서도 *끄떼마*는 종종 토지를 가리킨다.

2 예수께서 정말 희년 토지법을 지키도록 명하셨나[2]

① 정말 토지에 관한 본문일까?

다섯 질문을 통해 알아보자. 첫째, 재물에 관한 것으로 볼 여지는 없는가? 마가복음 10장 22절에서 '*끄떼마따*'(끄떼마의 복수형)를 '토지'로 번역하면 문맥에 맞는다는 것이 '재산' 대신 '토지'를 번역어로 선택하기 위한 충분조건이 될 수는 없다. '재산' 또는 '재물'이라는 의미도 마가복음 10장 22절의 문맥에 맞을 수 있기 때문에 두 가지 가능성을 모두 검토해 문맥에 더 잘 맞는 것을 선택해야 한다. 즉 '토지'란 번역을 선택하는 충분한 이유는 다른 번역의 가능성보다 '토지'라는 번역이 문맥에 더 잘 맞는다는 데서 찾아져야 한다.

끄떼마따가 유동성 재산을 가리키는 경우에는 이것을 많이 가지고 있다고 해서 율법 준수에 흠이 되는 것이 아니다. 이 경우 마가복음 10장 21절에서 예수께서 한 부자에게 한 가지 부족하다고 지적하면서 "네가 가진 것들을 팔아 가난한 자들에게 주라"고 명하셨을 때, 강조점은 '팔라'는 것이 아니라 '가난한 자들에게 주라'는 쪽에 놓이게 된다. 이러한 가르침은 율법과 관련된다. 율법의 정신은 가난한 자들을 돕고 보호하는 것이기 때문이다.

> 삼가 너는 마음에 악한 생각을 품지 말라 곧 이르기를 일곱째 해 면제년이 가까이 왔다 하고 네 궁핍한 형제를 악한 눈으로 바라보며 아무것도 주지 아니하면 그가 너를 여호와께 호소하리니 그것이 네게 죄가 되리라 너는 반드시 그에게 줄 것이요, 줄 때에는 아끼는 마음을 품지 말 것이니라 이로 말미암아 네 하나님 여호와께서 네가 하는 모든 일과 네 손이 닿은 모든 일에 네게 복을 주시리라 땅에는 언제든지 가난한 자가 그치지 아니하겠으므로 내가 네게 명령하여 이르노니 너는 반드시 네 땅 안에 네 형제 중 곤란한 자와 궁핍한 자에게 네 손을 펼지니라(신 15:9-11).

예수께서 이러한 구약의 정신을 철저하게 적용해 가난한 자들을 도우라고 명하셨다고 해석할 수 있다. 그러나 이러한 해석은 "가진 것을 팔라"는 예수의 말씀 앞에 부자가 항의 한마디 못하고 슬퍼하며 돌아간 것을 잘 설명하지 못한다. 단지 율법을 지키는 데 부족한 것을 채우기 위해 율법이 허용하는 유동성 재산까지 처분하라고 하시는 것을 너무 심하게 요구한다고 느꼈을 수 있다. 그렇다면 부자는 왜 재산을 모두 처분해야 하는지 예수께 질문할 수 있었을 것이다. 율법을 잘 지켰다고 당당히 말하던 그가 갑자기 말을 잇지 못하는 상황에 몰린 것은 그에게 단지 유동성 재산만 많았을 경우에는 설명이 되지 않는다.

그러나 그가 많이 가진 것이 토지였을 때는 그의 행동이 잘 설명된다. 토지를 많이 가진 것은 명백하게 율법에 위배되기에 토지를 팔아서 처분하고 가난한 자들에게 주라는 지적의 정당성을 거부할 수 없었을 것이다. 이제 남은 문제는 예수의 명령을 실천하느냐 못하느냐이다. 그는 토지에 관련된 율법의 요구를 적용하는 예수의 가르침을 따를 자신이 없어서 슬퍼하며 돌아갔다고 볼 수 있다.

둘째, 23절처럼 재물에 관해 언급한 것은 아닐까? 23절에는 재물, 부, 돈 등을 뜻하는 '크레마'의 복수형 '크레마따'가 등장한다. 23절 문맥도 크레마따가 토지를 뜻하지 않음을 알려 준다. "크레마따를 가진 자는 하나님 나라에 들어가기 어렵다"는 예수의 말씀에 제자들은 놀라움으로 반응한다. "제자들이 그 말씀에 놀라는지라"(24절). 이로 미루어 보아 크레마따는 토지를 가리키는 용어가 아니라고 추측할 수 있다. 크레마따가 토지를 가리키는 용어로 쓰였다면 제자들은 놀라지 않았을 것이다. 토지를 많이 가지는 것을 금하는 구약성경의 토지법을 알고 있는 유대인들에게 토지를 많이 소유한 자에 관한 부정적인 평가는 놀라운 일이 아니었을 것이기 때문이다. 23절 말씀이 제자들에게 놀라운 말씀이 되려면 크레마따가 토지가 아니라 재물을 가리켜야 한다. 구약에 의하면 부유함은 율법을 잘 지킨 자들에게 주시는 하나님의 복일 수 있다(신 28:2-6). 이러한 구약 내용에 익숙한 유대인들에게는 재물을 많이 가진 자, 즉 하나님의 복을 받은 자가 하나님 나라에 들어가기 심히 어렵다는 말씀이 놀라울 수 있다.[3]

물론 23절부터는 재물에 관해 다룬다는 사실에 입각하여 22절까지 다루어진 내용도 재물에 관한 것이 아니라고 추측할 수도 있다. 예수께서는 토지가 아니라 재물을 많이 가진 부자에게 그의 재물을 포기하라는 가르침을 주셨을 수도 있다. 그가 재물을 포기하기 힘들어 슬퍼하며 돌아간 것을 보고 재물을 많이 가진 자가 구원받기 어렵다고 지적하셨을 가능성이 있다.

그러나 이렇게 읽을 경우, "한 가지 부족한 것이 있다"(21절)라는 예수의 지적을 이해할 수 없게 된다. 재물을 팔아 가난한 자들에게 주지 않으면 과연 율법을 지킴에 부족한 것일까? 물론 가난한 자들을 배려하는 율법 정신을 염두에 둘 때 그렇게 해석하는 것이 불가능한 것은 아니다. 그렇지만 28–29절에서 토지와 가옥이 포기해야 하는 것들의 목록에 들어가고 유동성 재산이 이 목록에서 빠져 있는 것은 23절의 '재물'(크레마따)마저도 특별히 가옥과 토지를 염두에 둔 것이며, 25절의 '부자'도 토지를 많이 가진 부자를 염두에 둔 것이라 추측하게 한다.

셋째, 과연 토지법을 지키지 않고 있었을까? 예수께 나아온 사람은 율법을 잘 지킨다고 자신 있게 대답한다. "이것은 내가 어려서부터 다 지켰나이다"(20절). 이러한 대답을 듣고 예수께서 긍정적인 반응을 보이신다. "예수께서 그를 보시고 사랑하사"(21절). 이렇게 율법을 잘 지킨 사람이 구약성경에서 매우 핵심적인 법인 토지법을 어길 수 있었을까?

본문을 자세히 살펴보면 이 사람이 지킨다고 한 것은 18–19절에 언급된 계명들이다. 즉 살인, 간음, 도둑질, 거짓 증언, 속여 취하기 등을 하지 말라는 것과 부모를 공경하라는 계명이다. 이 사람은 이 계명들에 토지법이 직접 언급되지 않았으므로 이것들을 다 지켰다고 대답했을 것이다.

토지법을 어긴 것은 도둑질에 해당한다고 볼 수 있다. 그러므로 실제로 토지법을 어겼다면 이 계명들을 다 지켰다고 할 수 없다. 하지만 이 사람은 도둑질하지 말라는 계명이 토지법을 어긴 것이라고 미처 생각하지 못했을 수 있다. 돈을 주고 토지를 산 것은 도둑질이 아니라고 여겼을 것이다. 예수 당시 팔레스타인에서 부유하다고 간주되는 자들은 토지를 많이 가진 자들이었고, 사람들은 부유해지면 토지를 많이 구입해 소작시켰다.[4] 즉, 당시 유대사회는 이미 구약성경의 토지법이 어겨지던 사회였다. 그러므로 당시 유대인들은 대토지소유가 도둑질이라고 여기지 않았을 것이다.

"네게 아직도 한 가지 부족한 것이 있다"(21절)라는 예수의 지적은 문맥상 앞에서 언급한 계명 또는 구약성경에 담긴 율법을 실천함에 있어 부족한 것이 있다는 뜻으로 보는 것이 자연스럽다. 그러므로 예수께 나아와 영생의 길을 질문한 이 사람이 율법을 지킬 때 토지법까지도 잘 지키고 있었다고 볼 수는 없다.

예수께서 그 사람에게 사랑을 표현하신 것도(21절) 그가 율법을 모두 잘 지켰다는 증거가 될 수 없다. 예수께서는 그가 율법 준수에 헌신한 정도를 일단 인정해 주시고 거기서 한 걸음 더 나아가는 헌신을 요청하신 것이다. 우리는 예수께서 모든 율법을 철저히 지킨 사람에게만 사랑을 표현하셨을 것이라고 가정해야 할 필연성이 없다. 우리는 얼마든지 예수께서 한 가지 부족한 것 외에는 흠 없이 율법을 지킨 이 사람에게 사랑을 표현하실 수 있는 분이라고 추측할 수 있다.

넷째, 마가복음 10장 17-31절의 흐름에서 토지와 재물은 무엇인가? 마가복음 10장 22절에는 '끄떼마따'가, 23절에는 '크레마따'가 사용된 것을 어떻게 이해할 것인가? 하나는 '토지'를, 다른 하나는 '재물'을 뜻한다고 보는 것은 과연 본문을 일관성 있게 읽는 것인가? 22절의 끄떼마따가 토지를 뜻한다고 해석하려면 이러한 의문도 해소해야 한다.

23절에 크레마따를 사용한 것은 마가복음의 서사 흐름에서 예기치 못한 전환을 통해 놀라움을 자아내는 문학적 기법으로 설명할 수 있다. 마가복음의 예수는 영생을 얻는 길을 율법, 특히 십계명에 관련시킨 후 십계명을 지킴으로써 안심하는 부자에게 토지법을 지켜야 함을 지적해 그를 놀라게 한다. 이어서 토지뿐 아니라 재물 일반의 소유를 부정적으로 평가해 토지법을 지킴으로써 안심하는 제자들도 놀라게 한다.

이러한 놀라움은 마침내 "그렇다면 누가 구원받을 수 있는가?" 하는 절망으로 제자들을 몰아간다(26절). 이 절망은 사람이 스스로의 힘으로 구원받을 수 있다는 전제에 회의를 품게 한다. 이러한 절망 후에 반전이 일어난다. "사람으로는 할 수 없으되 하나님으로는 그렇지 아니하니 하나님으로서는 다 하실 수 있느니라"(27절). 이러한 흐름에서 22절이 '토지'에 관해, 23절이 '재물'에 관해 언급하는 것은 일관성을 깨는 게 아니라 극적효과를 낳는 문학적 기법으로 볼 수 있다.

28-31절 말씀은 27절에 도입된 반전에 이어지는 위로의 말씀이다. 하나님은 사람들을 구원하실 수 있다. 인간에게 불가능한 구원을 하나님은 가능하게 하신다(27절). 그리하여 반드시 구원받게 되는 사람들이 있다. 즉, 예수와 복음을 위해 가옥이나 가족, 전토를 버린 사람들은 반드시 구원받는다(29-30절). '영생을 얻다'는 '구원받다'와 동의적 표현이다. 마가복음 9장 45절에서 '영생을 얻다'는 마가복음 9장 47절의 '하나님 나라에 들어가다'는 말과 동의적으로 평행되고, '하나님 나라에 들어가다'는 표현은 마가복음 10장 25-26절에서 '구원받다'와 같은 뜻으로 쓰였으므로 마가복음에서 '영생을 얻다'는 '구원받다'와 같은 의미를 가진다. 이러한 용법이 단지 마가의 특징만은 아니었을 것이다. 디모데후서 4장 18절도 이러한 용법을 보여 주기 때문이다. "주께서 나를 모든 악한 일에서 건져 내시고 또 그의 천국에 들어가도록 구원하시리니."

29-30절에서 재물 일반에 관한 가르침은 가옥, 전토 등 부동산에 초점을 맞춘다. 그리고 지금까지 언급되지 않았던 가족을 추가적으로 다룬다. 복음에 반응해 가옥이나 전토를 가난한 자들을 위해 내어놓고 예수를 믿어 가족에게 버림받는 자들이 생겨난다. 마가복음은 그들에게 구원을

약속하며 구원의 확신을 선물한다.

다섯째, 왜 좀더 명확한 용어를 사용하지 않았는가? 마가복음 10장 22절에서 끄떼마따가 토지를 가리키기 위해 사용된 용어였다면, 마가는 왜 더 명확한 용어 대신 이처럼 애매한 용어를 선택했을까? 토지를 가리키기 위해서였다면 마가는 22절에서 얼마든지 30절에서처럼 '아그루스'(전토)라는 용어를 쓸 수도 있었을 것이다. 그런데 끄떼마따처럼 토지나 재물 모두를 가리킬 수 있는 애매한 단어를 사용한 것은 마가가 이 단어를 재물이란 뜻으로 사용하려 했기 때문은 아닐까?

하지만 끄떼마따는 우리에게 명확하지 않을 뿐, 마가에게도 명확하지 않았다고 볼 수는 없다. 신약성경에서 이 단어는 언제나 토지를 가리키기 위해 쓰였다. 그러므로 1세기에 헬라어를 사용하는 기독교인들에게 이 단어는 명확하게 토지를 가리키는 단어였다고 볼 수 있다.

22절에서 아그루스 대신 끄떼마따를 쓴 목적은 23절에 등장하는 크레마따와 발음이 비슷한 단어를 사용하기 위함이었을 수 있다. 문학적 운율을 위한 고려였을 수도 있고, 토지를 다루는 22절에서 재물을 다루는 23절로 매끄럽게 넘어가기 위한 장치였을 수도 있다. 그러므로 토지를 가리키려면 22절에서 다른 용어를 사용했을 것이라고 단정할 수 없다.

② 이 부자에게만 적용되는 것 아닐까?

이 본문은 특별히 이 부자에게만 적용된다는 주장이 제기될 수도 있다. 부자는 하나님보다 재물을 의지하고 있었으므로 예수께서 그 약점을 지적하셨다는 것이다. 이러한 주장을 하기 위해 "재물을 의지하는 자가 하나님 나라에 들어가기 어렵다"라는 마가복음 10장 24절을 근거로 댄다. 이러한 내용을 담고 있는 번역본들이 있지만(대표적으로 KJV), 이것은 A C D 비잔틴 사본들, 라틴어 역본들, 시리아어 역본들 등을 따라 본문을 번역한 것이다. 고대 사본인 시내산 사본, 바티칸 사본, 사이딕 역본 등에는 '재물을 의지하는 자가'라는 표현이 없다. 더구나 '뻬이토'(의지하다) 동사는 신약성서에서 약 52번 사용되었음에도 마가복음에서는 한 번도 사용되지 않았다. 마태복음과 누가복음이 동일한 내용을 서술하기 위해 이 단어를 사용하는 경우에도 마가복음은 다른 단어를 사용한다(참조. 막 11:32; 15:11). 이 단어는 마가복음의 문체와 일치하지 않는다고 볼 수 있다. 그러므로 '재물을 의지하는 자가'에 해당하는 헬라어 표현은 본래 원문에 없었을 것이다.

부자가 재물을 의지했으므로 예수께서 재물을 포기하라고 명하셨다는 것은 이 본문을 축소해 적용하는 것이다. 성경말씀을 이런 식으로 적용한다면 자기에게 적용하지 않게 된다. 성경을 남보다 자신에게 적용해야 한다고 주장하는 설교자들이 이 본문을 이 부자에게만 적용한다면 자기모순이다.

설령 이 부자가 재물을 의지해서 예수께서 재물의 포기를 명하셨다해도 재물을 의지하는 모든 사람에게 이 말씀은 적용된다. 우리 가운데 재물을 의지하지 않는 사람이 과연 있는가? 모든 인간은 재물을 의지하는 죄성을 가지고 있다. 그러한 죄성은 재물을 포기하기 싫어하는 마음과 밀접하게 관련된다. 그래서 재물을 포기하지 않아도 되는 쪽으로 말씀을 해석한다. 말씀을 이 부자에게만 적용하려는 사람은 이미 자신이 재물을 의지하고 있음을 보여 준다. 그러한 사람이야말로 이 말씀을 자신에게 적용해야 한다.

③토지가 아니라 재산 자체에 관한 법들 아닐까?

예수께서 토지가 많은 부자에게 소유를 포기하라고 하셨다면, 문제되는 것이 토지임은 분명하다. 그러나 여전히 토지가 아니라 재산을 포기하라고 읽어야 한다고 반론하는 사람들이 있을 것이다. 재산이 많은 것이 모두 문제가 된다는 입장이다. 그러나 이 부자가 토지가 많아서 슬퍼하며 돌아갔다는 말씀은(막 10:22) 그가 그 토지를 포기해야 한다고 생각했음을 보여 준다.

토지가 아니라 재산 자체가 문제된다는 주장은 인간의 욕심을 교묘하게 위장한다. 전 재산을 포기하라는 것은 지키기 어려운 요구다. 예수께서 이러한 요구를 하셨다면 그것은 특유의 과장법으로 볼 수도 있을 것이다. 본문은 예수께서 재물을 상대화하고 하나님의 주권을 인정하며 재물을 소유하지 말고 하나님의 청지기로서 관리하라는 가르침으로 이해될 수 있기 때문이다. 토지를 많이 가진 자들이 본문이 재산 자체에 관한 것이라고 주장하면서 원하는 바는 아마도 이러한 해석일 것이다.

그러나 예수께서 재물을 다 포기하라고 가르치셨을 경우에 이 말씀의 적용은 청지기 정신으로 간단하게 이루어지지 않는다. 청지기는 하나님의 뜻대로 재물을 관리해야 한다. 말로만 청지기 정신을 주장할 것이 아니라 실제로 그렇게 해야 한다. 재물 관리에 관한 하나님의 뜻은 성경에 담겨 있다. 토지 관리에 관한 하나님의 뜻(희년법)을 따른다면 우선 토지를 자신의 몫(평균치)만 남겨두고 돌려주어야 한다. 재물 중에 토색한 것이 있으면 갚아 주어야 한다(눅 19:8). 고아와 과부 등 가난한 자들을 도와주어야 한다. 이렇게 실천하지 않을 것이면서 본문이 재물 전체에 관한 것이라고 주장하는 것은 성경 말씀을 적용하지 않기 위해 개발된 교묘한 방식일 뿐이다. 이것이야말로 바리새적인 태도로, 예수께서 싫어하신 자들의 모습이다(마 23:28).

3 예수께서 희년 토지법을 지키라고 직접 말씀하셨을까?[5]

예수께서 실제로 토지에 관해 가르치신 것이 아니라 복음서 기록자들이 자기들의 생각을 담아 마가복음 10장 17-22절을 기록한 것이라고 반론을 펴는 사람들도 있을 것이다. 이러한 반론은 복음서 본문이 규범이 아니라, 역사적 예수의 말씀이 규범이라는 생각을 담고 있다. 복음서가 토지에 관해 언급하는 것이 분명할 경우에 이를 반대하는 사람들이 빠져나갈 퇴로다. 그러나 이는 복음서에 관한 의심을 전제한다. 역사적 예수의 말씀이 아니면 따르지 않겠다는 태도를 전제한다. 이러한 태도를 가진 사람에게 본문에 대한 믿음을 강요할 수는 없다. 그러한 사람에게는 토지에 관한 예수의 말씀이 역사적으로 실제 발설된 말씀임을 증명해 주어야 한다. 그 증명을 여섯 가지로 정리해 보았다.

첫째, 마가복음 10장 21-22절을 설명가능성 원리로 보는 것이다. 사도행전 2장 45절과 4장 34-35절은 토지를 팔아 가난한 사람들에게 나눠 주었다고 한다. 사도행전 5장 1-11절에는 토지를 팔아 그 값의 일부를 숨기고 바치지 않은 아나니아와 삽비라가 벌을 받아 죽는 이야기가 기록된다. 누가가 이러한 이야기를 일부러 지어냈을 리는 없다. 누가는 토지에 관해 언급하는 마가복음 10장 22절을 부에 관한 것으로 바꾸는 경향을 보이기 때문이다(눅 18:23). 이처럼 토지에 관한 마가복음 본문을 부 일반에 관한 것으로 변경한 누가가 토지에 관한 이야기를 지어내지는 않았을 것이다. 특히 자기가 소유한 토지를 팔아 그 값의 일부를 바치지 않아서 벌을 받아 죽게 되는 이야기는 납득하기 어려운데, 이러한 어려움은 이 이야기가 실제로 발생한 사건에 토대한다는 증거다.

예루살렘 교회에서 토지를 소유한 사람들이 토지를 팔아 가난한 자들에게 주는 일을 행한 이유는 그들이 믿고 따른 예수의 가르침 속에 토지를 팔아 가난한 자들에게 주라는 내용이 있었기 때문일 것이다. 그러므로 대지주에게 토지를 팔아 가난한 자들에게 주라고 한 마가복음 10장 21-22절 내용은 예수께서 실제로 명하신 것이라고 볼 수 있다.

둘째, 유대교와 다르다는 점에서 역사적 진정성이 드러난다. 토지의 소유가 소수에게 편중되고 대부분의 사람이 토지를 잃어버린 사회를 배경으로 볼 때,[6] 대지주에게 토지를 팔아 가난한 자들에게 주라는 예수의 말씀(막 10:21)은 매우 적합하다. 이것은 그 시대에 마땅히 선포되어야 할 메시지였다. 또한 이러한 메시지는 당시 유대인 권력자들이 싫어할 메시지였으므로 예수께서 권력자들에게 미움을 당하게 되는 원인 중 하나였다. 이러한 예수의 모습은 그의 죽음의 원인을 설명할 수 있으므로 실제 예수의 모습이었다고 볼 수 있다.

셋째, 마가복음의 전승 경향성과 다르다는 점에서 역사적 진정성이 드러난다. 마가복음 10장 18절은 예수께서 자신을 하나님과 대조시키며 선하심을 오직 하나님께 돌린다. 이것은 예수의 신성을 부정하는 듯한 구절이다. 그런데 마가복음은 전체적으로 볼 때 예수의 신성을 부정하지 않고 오히려 긍정한다. 마가복음 2장 5-7절은 예수께서 하나님께서만 하실 수 있는 죄 용서하심을 기록한다. 마가복음 6장 48절은 물 위를 걸으신 예수님에 대해 기록하는데, 구약성경에 의하면 물 위를 걷는 분은 오직 하나님뿐이다(욥 9:8). 마가복음 14장 62절은 예수께서 자신이 하나님 우편에 앉게 될 것과 하늘 구름을 타실 것을 말씀하신다. 이것은 유대인들이 듣기엔 신성모독으로 들렸다(막 14:64). 그러므로 마가에게는 마가복음 10장 18절에서 예수께서 자신을 하나님과 대조시키며 선하심을 오직 하나님께 돌린 이야기를 지어낼 이유가 없었다. 마가복음 10장 18절은 역사적 진정성 때문에 보존되어 왔고, 그리하여 마가도 이것을 보존한 것이라 할 수 있다.

마가복음 10장 22절에 사용된 '끄떼마따'(토지)는 마가가 지어낸 흔적을 담고 있지는 않은가? 누가복음의 '쁠루시오스'(부유한)가 더 오래된 전승의 단계를 반영하지는 않는가? 끄떼마라는 단어는 신약성경에서 단지 네 번 사용되고 마가복음에서 한 번 사용된다. 한편 형용사 쁠루시오스는 신약성경에서 스물여덟 번 사용되고 마가복음에서 두 번 사용된다. 70인역(외경 제외)에서는 끄떼마가 일곱 번, 플루시오스가 서른한 번 사용된다. 즉 끄떼마는 쁠루시오스보다 덜 친숙한 표현이라는 것이다. 그러므로 마가가 더 친숙한 쁠루시오스를 끄떼마로 바꾸어 전승했을 가능성은 매우 낮다.

'끄떼마'(토지)가 아니라 '크레마'(재물)가 더 오래된 전승의 단계를 반영하지는 않을까? 크레마는 70인역(외경 제외)에서 열 번 사용되었고 신약성경에서 여섯 번(마가복음에서는 한 번) 사용되었다. 그러므로 이 단어는 70인역(외경 제외)에서 일곱 번, 신약성서에서 네 번 사용된 단어인 끄떼마보다는 더 친숙한 단어다. 그러므로 마가가 크레마를 일부러 상대적으로 덜 친숙한 끄떼마로 바꾸어 전승했을 가능성도 낮다.

마가가 10장 22절을 지어냈을 가능성도 낮다. 만약 그랬다면 마가는 그가 다른 곳에서 전혀 사용하지 않은 끄떼마보다는 아홉 번이나 사용한 '아그로스'(전토)를 사용했을 것이다.

넷째, 공관복음서 전승 경향성과 다르다는 점을 들 수 있다. 마가복음 10장 18절에서 예수를 '선한 선생님'이라고 부른 사람에게 예수께서는 "왜 나를 선하다고 부르느냐? 하나님 한 분 외에는 선한 분이 없다"라고 답하신다(18절). 예수의 신성을 믿은 초대교회가 이러한 말씀을 일부러 만들어 냈을 리는 없다. 초대교회의 전승 경향성은 마태복음에 반영되어 있다. 마태복음 19장 17절은 "왜 나에게 선함에 관하여 말하느냐? 오직 한분이 선한 분이시다"라는 표현을 사용하며 예수를 선하다고 부른 것을 부정하는 마가복음의 표현을 피한다. 그러므로 초대교회가 마태복음의 저자도 피하고 싶어 한 마가복음 10장 18절의 내용과 표현을 지어냈을 리 없다.

마가복음 10장 19절의 "속여 빼앗지 말라"는 마태복음 19장 19절과 누가복음 18장 20절에서 생략된다. 이것이 십계명에 속한 계명이 아니므로 십계명에 속한 계명들을 언급하는 문맥에 맞지 않다고 여겨졌기 때문일 것이다. 이러한 전승 경향성은 마가가 일부러 십계명 목록 중간에 십계명 중 하나가 아닌 "속여 빼앗지 말라"를 추가했을 가능성이 낮다고 판단하게 한다.

마가복음 10장 21절은 "예수께서 그를 보시고 사랑"하셨다고 한다. 그런데 곧이어 그 사람이 율법을 제대로 지키지 않은 것이 지적되고(21절), 그가 예수의 가르침 앞에 근심하여 떠나갔다고 묘사된다(22절). 결국 이렇게 행할 사람이 계명들을 다 지켰다고 말할 때 예수께서 사랑하셨다는 것은 예수의 판단력에 의문을 제기하게 만든다. 그래서 마태복음이나 누가복음에서는 이 표현이 문맥에 맞지 않다고 여겨 사용하지 않았을 것이다. 이러한 전승 경향성은 마가가 "예수께서 그를 보시고 사랑"하셨다는 기록을 일부러 지어내지는 않았음을 암시한다.

마가복음 10장 21절은 "네게 아직도 한 가지 부족한 것이 있으니"라고 하는데, 마태복음에서는 이러한 표현 대신 "네가 온전하려고 한다면"이라는 표현을 사용한다. 이것은 이어서 나오는 "네가 가진 것들을 팔아 가난한 자들에게 주라"는 명령을 지키지 않으면 율법을 지킴에 부족한 것이라는 마가복음 내용이 너무 과격하다고 여겼기 때문일 것이다. 이처럼 율법이 폐지되지 않았다고 믿고(마 5:17) 이를 지켜야 한다고 믿는(마 5:19) 마태복음 저자에게마저도 과격하다고 여겨진 예수의 가르침이 이방인 독자들을 위해 복음서를 기록한 마가에 의하여 창작되었을 가능성은 거의 없다. 이러한 가르침은 역사적 예수로부터 기인했을 것이다. 그러므로 이어지는 마가복음 10장 22절도 전승 과정에서 생겨난 것이기보다는 실제 사건을 토대했을 가능성이 높다.

다섯째, 검증된 역사적 예수의 모습과 일치한다는 점을 들 수 있다. 마가복음 10장 17-22절에 나타난 토지에 관한 예수의 가르침은 구약성경의 토지제도를 철저하게 적용한 것이다. 구약성경에 담긴 정신을 철저하게 적용하는 것은 역사적 예수의 면모이므로, 이러한 면모에 일치하는 (많은 토지를 가진 자는 토지를 팔아서 가난한 자들에게 주라고 하는) 마가복음 10장 21절의 예수의 가르침도 실제로 역사 속에서 주어진 것이라고 보게 된다. 예를 들어 마가복음 10장 9절은 창세기 2장 24절에 담긴 정신을 철저하게 적용하는데, 이는 역사적 예수의 가르침이라 할 수 있다. 이유는 다음과 같다.

마가복음 10장 9절 내용이 역사적 예수의 가르침이라는 증거는 우선 이 말씀이 많은 독립 자료들에 의해 지원받는다는 것이다. 고린도전서 7장 10-11절에서 바울은 예수님의 가르침을 다음과 같이 인용한다. "여자는 남편에게서 갈라서지 말고 (만일 갈라섰으면 그대로 지내든지 다시 그 남편과 화합하든지 하라) 남편도 아내를 버리지 말라." 이 말씀은 이혼을 금지하는 점에서 이혼(법적 이혼) 내지 별거(사실상의 이혼)를 금하는 마가복음 10장 9절 ("하나님이 짝지어 주신 것을 사람이 나누지 못할지니라")의 내용과 일치한다. 바울이 고린도전서를 쓸 때는 마가복음이 기록되기 전이었으므로 고린도전서의 증거는 마가복음 10장 9-12절의 역사적 진정성을 지지한다.

예수 당시 유대교는 이혼을 완전히 금한 흔적이 없다. 그러므로 이혼을 금하는 마가복음 10장 9절 말씀은 당시 유대교에 의해 쉽게 용납될 수 없었을 것이며, 이는 예수께서 미움을 받아 박해를 당하신 하나의 이유로 작용했을 것이다.

고린도전서 7장 15절은 믿지 않는 자가 이혼하고자 하면 하라고 권하는데, 이는 이방 기독교인의 경우에 배우자가 불신자일 경우 이혼이 가능함을 전제한다. 이러한 이방 기독교를 배경으로 마가복음 10장 9절 말씀이 발생할 수는 없다. 그러므로 마가복음 10장 9절은 초기 이방 기독교의 산물일 수 없다. 그런데 마가복음은 이방 기독교인 독자들을 위한 책이므로 마가복음 10장 9절은 마가의 창작이 아닐 것이다.

마태복음 19장 9절은 마가복음 10장 11절에 "음행한 이유 외에"라는 예외 조항을 추가한다. 마가복음 10장 11절이 너무 엄격한 것으로 받아들여졌기 때문일 수 있다. 배우자가 간음하거나 음행한 상황에서도 이혼을 시킬 수 없다면 너무 지나치므로 마태복음 저자는 이러한 예외 조항을 언급했을 것이다. 이처럼 매우 철저한 유대 기독교를 배경으로 한 마태복음에서도 받아들이기 어려웠던 마가복음 10장 11절이 마가나 초대교회에 의해 창작되었을 가능성은 거의 없다.[7]

마가복음 10장 9절은 배우자를 이혼시키고 재혼한 헤로디아와 헤롯의 결합이라는 역사적 배경에 부합한다.[8] 이러한 결합을 비판하고 죽임을 당한 세례 요한에게 세례를 받은 예수께서 그와 유사한 입장을 취하셨을 가능성은 매우 높다.[9] 마가복음 10장 9절은 당시 역사적 배경을 토대로 헤롯과 헤로디아를 비판하는 맥락에서 주어질 수 있는 말씀이다.[10] 또한 마가복음 10장 9절은 남편이 아내를 마음껏 이혼시킬 수 있었던 (불공평한) 당시 상황에서 주어질 수 있었던 말씀이다. 그러므로 당시 역사적 배경도 이 말씀의 진정성을 뒷받침한다.

구약성경의 정신을 철저히 적용하는 마가복음 10장 9절이 역사적 예수의 가르침이라면, 마가복음 10장 17-22절도 구약성경의 토지법 정신을 철저하게 적용하는 점에서 일관성이 있으므로 역사적 예수의 가르침을 담고 있다고 볼 수 있다.

여섯째, 당시 사회 배경에 적합하다는 점을 들 수 있다. 주후 1세기의 로마제국에서는 전 인구의 1퍼센트 미만을 차지하는 귀족들이 토지의 대부분을 소유하고 있었다.[11] 팔레스타인에서는 헤롯과 그의 가족이 그들의 통치 영역 절반 이상의 땅을 소유했을 것이다.[12] 예수 당시 팔레스타인에서 참으로 부유하다고 간주되는 자들은 토지를 많이 가진 자들이었고, 사람들은 부유해지면 토지를 많이 구입해 소작시켰다.[13] 예를 들어 하르솜(Charson)의 아들 엘르아잘은 아버지에게 마을 천 개를 상속받았다고 한다.[14] 즉, 당시 유대사회는 이미 구약성경의 토지법이 어겨지던 사회였다. 사도행전 4장 36-37절은 레위인 바나바가 토지를 팔아 사도들에게 내놓았다고 기록한다. 구약성경에 의하면 레위인들은 토지를 기업으로 받지 않았다(민 26:62). 그럼에도 레위인인 바나바에게 토지가 있었던 것은 구약의 토지법이 어겨지고 있던 당시 사회 상황을 반영한다.

이러한 사회에서 예수께 나아와 영생의 길을 질문한 사람처럼 십계명은 지키되 토지법은 어기는 유대인이 생겨날 수 있었다. 이미 토지소유의 균형이 깨어진 사회에서 토지를 많이 소유한 자는 구약성경의 토지법을 어기면서도 죄책감을 갖지 않을 수 있었을 것이다. 그러므로 토지를 많이 가진 사람이 죄책감을 느끼지 않았음을 보여 주는 마가복음 10장 20, 22절은 당시 배경에 잘 들어맞는다.

<u>4</u> 신약시대에 희년 토지법은 실천되었는가?[15]

혹자는 예수께서 명하신 토지법이 신약시대에 교회에 의해 지켜지지 않았다고 반론을 펴기도 할 것이다. 그러나 이러한 반론에는 근거가 없음이 사도행전을 살펴보면 곧 드러난다.

> 또 그들은 끄떼마따와 소유를 팔아 그것들을 누구든지 핍절한 자들에게 나누어 주었다(행 2:45, 사역).

예루살렘에서 예수를 따르는 무리들은 끄떼마따와 소유를 팔았다.

여기서 끄떼마따는 팔아야 나누어 줄 수 있는 것이다. 따라서 이것은 최소한 돈이 아니다. 또한 끄떼마따는 소유와 구별되어 있다. 그러므로 여기서 끄떼마따는 이 단어가 가진 두 가지 뜻 '소유', '토지' 중에서 '토지'의 뜻으로 쓰였다고 볼 수 있다.

사도행전 4장 34-35절은 사도행전 2장 45절과 평행을 이루며 예루살렘 성도들이 판 것이 구체적으로 무엇인지 알려 준다.

> 그들 중에 핍절한 사람이 없었다 토지나 가옥을 소유한 자들은 누구든지 그것들을 팔아서 그 판 것들의 값을 가져다가 사도들의 발 앞에 두었고, 사도들은 누구든지 핍절한 자들에게 나누어 주었다(행 4:34 -35, 사역).

예수의 제자들이 판 것은 토지나 가옥이었다. 그들 가운데 누구든지 토지나 가옥을 가진 자는 이것들을 팔았고, 그들 가운데 누구든지 가난한 자는 토지나 가옥을 판 값을 나누어 받았다. 그러므로 사도행전 2장 45절에서 끄떼마따는 '토지'를 가리킨다고 볼 수 있다.

예루살렘 교회에서 제자들이 토지와 가옥을 팔아 가난한 자들에게 나누어 준 것은 예수께서 원하신 거룩한 공동체의 모습이다. 이 공동체에서는 구약성경이 명하는 토지법이 준행되어 사람들이 토지를 많이 소유하지 않으며, 예수의 토지반환명령이 준행되어 지계표를 넘어 확장한 토지가 가난한 자들에게 되돌려진다. 그러므로 사도행전 4장 34-35절에 기록된 예루살렘 교회의 모습은 예수의 가르침을 따르고자 하는 모든 교회의 모범이다. 사도행전에 나오는 예루살렘 교회를 본받기를 부정하는 것은 곧 예수의 가르침을 따르기를 부정하는 것이다.

예수의 명령을 따른 예루살렘 교회나 모세의 토지법을 지킨 구약 이스라엘 사회는 사람들이 토지를 공평하게 나누어 소유하는 평등지권사회의 모습이다. 이는 토지를 비롯한 모든 생산수단을 국유화시키는 공산주의 사회의 모습과는 매우 다르다. 이러한 성경적인 사회체제를 공산사회라고 비판하는 것은 생산수단을 국유화시키는 공산사회와 모든 개인이 가장 중요한 생산수단인 토지를 평등하게 소유하는 성경적 사회를 구분하지 못하는 무지다. 또한 공산주의가 싫어서 사도행전 교회를 부정하고 구약성경의 토지법도 부정하는 것은 반공 이데올로기를 성경이나 예수보다 높이는 우상숭배적인 태도이기도 하다.

5 신학의 역사에서 존중되어 온 희년법[16]

지금까지 우리는 신약성경이 구약의 토지법을 폐지하지 않고 규범성 있는 원리로 인정하고 있음을 살펴보았다. 이러한 신약성경의 가르침은 교회사에서 신학자들에게 계승되었는가, 아니면 망각되고 말았는가?

루터는 예수의 가르침이 그리스도인들에게 적용되는 것이지만, 모세법은 세속 정부에 적용될 수 있다고 보았다.[17] 루터는 특히 희년법의 정신을 세속 정부 통치 원리의 하나로 제시한다.[18] 그는 세속 정부가 희년법을 따를 의무는 없지만 좋은 통치를 위해 자발적으로 이 법을 모델로 삼을 수 있다고 보았다.[19]

개혁신학자 칼뱅은 좀더 적극적으로 희년법을 사회에 적용하고자 한다. 그는 희년법 정신을 사회 질서를 위한 표준으로 제시했다.[20] 칼뱅은 국가가 질서를 위해 사유재산을 보호해야 하지만, 재산이 공공의 유익을 위해 사용되도록 해야 하며 사회 구성원의 일부가 희생되면서 다른 일부가 재산을 획득하지 않게 해야 한다고 주장한다. 이러한 주장의 근거로 정기적으로 토지를 재분배하고 빚을 탕감하여 재산이 사회적 억압의 토대가 되지 않도록 한 희년법을 인용하기를 주저하지 않았다.[21] 칼뱅은 땅을 처분해서라도 가난한 사람을 구제해야 한다는 뜻으로 누가복음 12장

33절을 해석한다.[22] 칼뱅에 의하면 누가복음 12장 33절의 "너희 소유를 팔아 구제하라"는 소유를 전혀 가지지 말라는 명령이 아니라 가난한 자를 구제하기 위해 재산을 줄이고 땅을 처분하기까지라도 하라는 명령이다.[23] 이러한 해석은 누가복음 12장 33절을 가난 문제를 해결하기 위한 희년법 정신의 적용으로 본 것이다. 희년법은 토지소유를 포기하는 법이 아니고, 토지를 영구히 빼앗기는 가난한 자가 없도록 함으로써 가난한 자를 보호하는 법이다. 이러한 희년법의 정신을 따라 누가복음 12장 33절을 읽으면, 이는 사유재산을 부정하는 것이 아니라 자발적으로 희년을 실행해 토지 등의 가산을 가난한 자들에게 나눠 주기까지 적극적으로 돕는 원리를 담고 있다고 해석하게 된다.

신약시대에 희년법의 규범성이 여전히 지속됨을 믿는 루터와 칼뱅의 입장은 교부들의 가르침에서 이미 발견된다. 교부 암브로시우스는 희년법의 규범성을 믿었다. 그는 《6일간의 천지창조》에서 희년의 가르침에 따라 토지의 경계표인 지계석을 옮기지 말아야 함을 강조했다.[24] 크리소스토무스는 토지의 주인은 하나님이라는 희년법(레 25:23)의 정신에 따라 우리는 모두 토지나 집을 사용할 뿐 아무도 소유권을 갖지 않는다고 주장했다.[25]

어떤 사람이 토지나 집의 소유권을 가진다고 하더라도, 다른 사람은 (그것의) 사용권(만)을 가진다. 우리(의 경우)는 모두 (토지나 집의) 사용권을 갖지만 아무도 소유권을 갖지는 않기 때문이다(사역).[26]

아우구스티누스도 희년법 정신을 적용하며 하나님의 법에서는 토지가 하나님의 것이라고 주장했다.[27] 그는 시편 24편 1절을 인용하며 이러한 신법의 원리를 주장했고, 사람들이 토지를 자기 소유라고 부를 수 있는 것은 단지 황제의 법에 의한 것일 뿐이므로 토지를 교회의 이름으로 자기 소유라 함부로 주장하는 것을 경계했다.[28]

이상원은 희년법 정신을 기독교 윤리학에 적용한다. 그는 모든 토지의 소유권이 하나님께 있으며, 따라서 상업적 (영구) 거래 대상이 되지 않게 하는 희년법이 "사회경제적 약자들에 대하여 최우선적인 관심을 기울이시는 하나님의 마음과 태도를 반영하고 있다"고 본다.[29] 그에 의하면 희년법 정신은 이스라엘 백성이 생계 방편을 잃지 않게 하는 것이었다.[30]

김정우는 희년법을 도덕법으로 간주하는 것에 불편을 느끼면서도 토지 없이는 자유가 없을 정도로 사회경제적으로 토지가 중요한 점을 고려해, 희년법이 도덕법적 차원을 가짐을 지적했다.[31] 이는 희년법 정신이 우리 시대에도 여전히 규범성을 가짐을 인정하는 입장을 반영한다.

위에서 살펴본 바와 같이 희년법은 교부 전통과 유럽 및 한국 신학의 전통 속에서 그 규범성을 꾸준히 인정받아 왔다. 희년법은 시민법 중에서도 사회에 적용되어야 할 대표적인 법이다. 문자적으로 적용될 수 없을지라도 가난한 자를 보호하는 정신과 그 정신을 실현하는 제도적 모델에 담긴 지혜는 우리 시대를 위해서도 여전히 규범성과 유용성을 가진다. 희년법을 문자적으로 적용하는 신율주의를 피하고 희년법의 목적과 효과가 달성되도록 그 법의 정신을 우리 시대에 적용하는 노력은 지극히 정통신학적인 전통 위에 서 있다.

현대사회에 어떻게 적용할 것인가?

구약성경의 토지법을 싫어하는 사람들은 마가복음 10장 17-22절 본문의 적용과 관계하여 여러 반론을 펼 것이다. 이러한 반론들은 본문이 토지에 관해 가르친다는 것을 받아들이지만 우리에게는 적용될 수 없다고 주장한다. 이러한 반론들에 어떻게 답할 것인가?

유대인들에게 명하셨으므로 이방인인 우리에게는 해당하지 않는다고 생각하는가? 희년법도 토지에 관한 예수의 명령도 모두 유대인에게 주어진 것이므로 이방인에게는 해당하지 않는다고 혹자는 주장할 것이다. 이것은 구약성경에 담긴 율법과 복음서에 담긴 예수의 가르침을 이방인 기독교인들이 어떻게 대해야 하는가 하는 문제에 대한 하나의 입장이다. 이러한 입장이 틀렸다는 것은 마태복음 28장 19-20절을 읽어 보면 분명히 드러난다. "너희는 가서 모든 민족을 제자로 삼아 아버지와 아들과 성령의 이름으로 세례를 베풀고 내가 너희에게 분부한 모든 것을 가르쳐 지키게 하라." 예수께서 분부하신 것은 모든 민족에게 가르쳐야 하고 지켜져야 한다. 토지에 관한 가르침도 예외가 될 수는 없다.

물론 적용할 때 구약시대의 특수한 상황과 예수 시대의 상황을 고려해야 한다. 그러나 이웃을 내 몸처럼 사랑하라는 원리는 어느 시대나 동일하게 적용될 수 있다. 이 원리는 예수께서 친히 언급하신 기본 원리다 (막 12:31). 이웃을 내 몸처럼 사랑한다면 토지에 관한 예수의 가르침을 따르겠는가, 어기겠는가? 이웃은 토지가 없어서 온종일 힘들게 일하면서도 가난하게 살아가는데, 나는 토지로 이득을 얻으며 아무 일도 하지 않고 부유하게 살아가는 것이 과연 이웃을 내 몸처럼 사랑하는 것인가? 이웃을 사랑하는 사람이 과연 자신이 이방인이라는 이유로 토지에 관한 예수의 가르침을 무시할 수 있는가? 그럴 수 없다. 이방인이든 유대인이든 구약시대든 신약시대든 성경에 담긴 근본원리는 동일하게 적용되어야 한다. 이웃을 내 몸처럼 사랑하라는 원리를 적용하려면 대토지 독점을 포기하지 않을 수 없다.

희년법이 이스라엘 땅에만 해당하며 이방 땅에는 해당되지 않는다고 할 수도 있다. 희년법은 이스라엘 땅에 적용되도록 주신 법이며, 예수께서 신약시대에 이 법을 적용하신 공간은 이스라엘 땅이므로 이방 땅에는 적용되지 않는다는 주장이다. 과연 그럴까? 이러한 주장은 성경을 문자적으로 읽고 그 정신은 적용하지 않는 태도를 보여 준다. 희년법을 주신 하나님의 선하신 의도를 파악한다면 그 의도를 이스라엘 땅에만 적용하고 이방 땅에는 적용하지 않는 잘못을 범하지 않을 것이다. 하나님께서 이스라엘 땅에서 희년법을 지키도록 명하신 목적은 그들 가운데 노예가 발생하는 것을 막기 위함이다(레 25장, 특히 54-55절). 하나님은 그의 백성이 노예가 되어 사는 것을 원하지 않으신다(레 25:55). 그래서 노예화 방지 장치로 희년법을 주셨다. 이것을 유대인들이 지키고 이방인들이 보고 배워, 이 법이 온 세계에 전파되는 것을 하나님은 원하셨다(사 2:3). 하나님은 이스라엘에게 주신 하나님의 법이 온 세상에 적용되기를 원하신다. 그러므로 희년법은 이방 땅에 적용될 수 없다는 주장은 성경에 어긋나는 가르침이다.

이방에서 희년 토지법을 지키지 않아도 된다는 주장에는 이방 땅에서는 이방인들을 노예로 삼을 수 있다는 생각을 담고 있다. 이는 이방 가운데 하나님의 공법과 사랑을 전하는 좋은 방법이 아니며, 예수의 가르침을 이방인들에게 가르치는 좋은 방법도 아니다. 비기독교인들에게 토지법을 적용할 수 없다고 하더라도, 최소한 기독교인들 간에는 토지법을 지켜야 한다. 또한 토지를 갖지 않은 사람들이 하나님의 백성이 되면, 교회는 그들에게 토지를 나누어 주어야 한다. 물론 토지를 많이 소유한 자가 세례를 받을 경우에는 그가 가질 수 있는 분량(평균치)을 제외한 토지를 포기하도록 가르쳐야 할 것이다.

영원한 생명의 길

토지를 평등하게 소유함으로써 이스라엘 백성이 노예화되는 것을 방지하려는 희년법은 구약성경 레위기 25장에 명확하게 기록되어 있다. 이스라엘이 잘 지키지 못했다고 할지라도 노예화 방지를 위해 희년법이 실행되기 원하시는 하나님의 의도는 변함없다.

예수께서는 희년법을 폐지하지 않으셨으며, 오히려 철저하게 지키도록 적용하신다. 우리는 이를 마가복음 10장 17-22절(참조. 마 19:16-22)에서 발견한다. 마가복음 10장 22절의 '끄떼마따'가 재물이 아니라 토지를 가리킴은 문맥과 단어의 용례를 통해 분명하게 드러난다. 따라서 예수께서는 토지를 팔아 가난한 자들에게 주라고 명하셨음을 알 수 있다. 예루살렘 교회에서 토지를 가진 자들이 이를 가난한 자들을 위해 내어놓는 것도 예수께서 희년법을 철저하게 지키도록 명하셨음을 암시한다.

예수께서 희년법이 적용되도록 가르치셨다면, 예수를 믿는 사람은 이 가르침을 따라야 한다. 예수께서는 자신의 가르침을 모든 민족에게 가르쳐 지키도록 명하셨기 때문이다(마 28:19-20). 팔레스타인에만 적용되던 희년법은 예수를 통해 폐지된 것이 아니라, 오히려 보편화되어 전 세계에 전파되어야 하는 법이 되었다.

온 우주를 만드신 분은 하늘과 땅의 주인인 하나님이시다. 만유가 그분의 것이다. 사람들은 사유권을 주장하지만 하나님께서 주시지 않았다면 그들의 것일 수 없다. 우리는 토지를 영원히 소유할 수 없다. 다만 잠시 사용할 뿐이다. 이 땅에서 살 수 있는 시간이 제한되어 있기 때문이다. 토지법을 거역하고 영원한 멸망의 길을 택할 것인가? 토지법에 순종하며 영원한 생명의 길로 갈 것인가? 영원한 미래를 포기하고 순간적인 토지를 택하는 자에게는 아무것도 남지 않을 것이다. 그러나 주의 뜻에 순종한 자에게는 영원한 생명과 새 하늘과 새 땅이 주어질 것이다. 이 땅은 사라질 것이지만(계 21:1), 하나님의 말씀은 영원할 것이다(사 40:8). 우리는 무엇을 더 소중하게 여길 것인가? 사라져 없어질 토지인가? 영원한 하나님의 말씀인가?

5

초대 교부들의
희년사상

김유준 연세대/한신대 교회사 겸임교수, 연세차세대연구소 소장

　군에서 북한 선교에 비전을 품고 대학에 복학하여 제자훈련에 집중하던 중 1996년 8월 연세대 한총련 사태를 목격하면서 기독 청년으로서 어떻게 살아야 할지 고민하게 되었다. 그해 가을, 연세대 총학생회를 통해 기독총학생회 운동을 시작했고, 그 운동으로 형성된 '새벽이슬' 모임에서 공의로운 세상을 위한 기독교적 대안을 모색하는 가운데 희년사상을 접했다. 대토지를 사유하며 종교권력을 향유했던 기득권의 '불편한 진실'에 착안하여 교회사의 주요 사상가들의 원전을 파헤치기 시작했다. 희년사상을 통한 한국 교회와 그리스도인의 변화를 추구한다면 성서학은 물론, 초대교회로부터 오늘날까지 교회사에서도 연속성 있게 희년사상이 분명히 나타났을 것이기 때문이다. 이에 석사학위 논문부터 칼뱅을 시작으로 교회사의 주요 사상가의 경제사상에 나타난 희년사상을 연구하기 시작했다. 이제는 연세대학교와 한신대학교 강의 때마다 예수 그리스도의 십자가 복음과 함께 빠뜨리지 않고 강조하는 것이 하나님 나라와 희년사상이다. 희년사상을 통해 매학기 수많은 대학생이 기독교 신앙에 마음을 열고 예수 그리스도를 영접할 뿐 아니라, 하나님 나라에 대한 구체적 비전을 품고 새로운 발걸음을 내딛고 있다. 앞으로도 교회사 연구를 통해 하나님의 공평과 정의에 입각한 희년사상을 꾸준히 전파하려고 한다.

초대 교부 시대의 경제 상황

오순절 마가 다락방에서 성령강림 이후 탄생된 교회는 예수 그리스도의 가르침과 삶을 몸소 실천한 사도들과 제자들의 공동체였다. 사도행전 2장 44절, 4장 32절에 나타난 초대교회 성도들은 재산을 공유함으로 강력한 삶의 결속력을 유지했다. 초대교회 성도들이 공동체 안에서 나눈 코이노니아는 단순히 인간적 차원의 우정이 아니라 영적인 질서에서 오는 우정이었다.[1] 초대교회 성도들의 재산 공유는 공산주의처럼 강제성에서 시작된 것이 아니라, 그리스도의 가르침(눅 12:33 – 34)을 따라 자발적 희년을 성취한 것이며, 그리스도의 생애를 본받아 형제 사랑과 공의를 실천한 것이다.

기독교 역사를 살펴보면, 초대교회의 신앙과 삶을 본받으려는 수많은 시도가 있었다. 르네상스 인문주의자들의 구호가 그리스·로마의 문화와 유산의 "근원으로 돌아가자"(ad fontes)였다면, 종교개혁자들의 외침은 초대교회의 신앙을 회복하기 위함이었다. 특히 초대교회 교부들은 4세기까지 이어진 수많은 박해와 역경 속에서도 순교의 신앙으로 참된 제자의 본을 보여 주었다. 필자는 초대교회 교부들 가운데 4세기 후반부터 5세기 중반까지 인물인 밀라노의 암브로시우스, 콘스탄티노플의 크리소스토무스, 히포의 아우구스티누스를 중심으로 그들의 경제사상에 담겨 있는 희년사상을 살펴보고자 한다. 동서방교회의 위대한 교부들로 존경받는 이들은 로마제국 당시 대담하고도 양심적인 지도자로서 신앙의 본과 실천을 보여 주었다. 그들은 재산을 잃고 쫓겨난 수많은 이들의 참혹한 탄식을 유산계급의 냉담한 세상에 대변하는 선지자 역할을 했다. 그들은 당시 거대한 로마제국의 권력과 부를 거머쥐고 탐욕에 가득 찬 사람들을 향해 공의로운 삶을 살도록 설득했다.

초대 교부들이 살던 로마제국의 경제에서 농업은 원거리 국가 세입의 가장 중요한 부분이었고, 국가 재원의 가장 큰 부분이었다. 도시 의회나 교회들, 원로원과 교황청 그리고 모든 전문가층에 옮겨진 잉여생산물의 약 90퍼센트가 농경지대에서 비롯되었고, 10퍼센트 정도만이 말, 정원, 창고, 목욕탕, 제과점 등 온갖 종류의 도시 자산에서 비롯되었다.[2] 공직에서 활동하는 의원들은 봉급을 받았는데, 그들의 막대한 농경 세입은 토지소유권에서 비롯된 것이었다. 신임 의원들은 관직으로 자신들의 자손이 대토지 사유자들이 되는 것을 당연시하고 토지 보유를 늘리면서 봉급과 다른 직무의 부수입으로 재산을 늘렸다.

교부 시대의 토지소유권은 귀족을 만들었고, 귀족은 토지소유권과 부와 권력을 강화해 갔다. 대박해가 지나간 후, 많은 교회 성직자가 토지 보유자층에 속하게 되었고, 교회들은 3세기 초부터 재산을 취득하기 시작했다. 초대교회의 성직자는 성직과 함께 다른 직업으로 생계를 꾸려야 했지만, 점차 전임 사역자가 생기고 성직록을 받기 시작했다. 4세기에는 황제나 후원자들의 유산과 헌금으로 대토지도 획득했다.[3] 실제 노동을 하지 않아도 부의 축적을 가능하게 하는 토지소유권에 대해 433년의 입법으로 유언 없이 죽은 성직자의 사유지를 교회에 넘길 것을 규정했고, 470년 황제의 칙령으로 제도적 교회의 토지소유로 인한 부를 보증해 주면서, 교회 재산의 소유권 처분을 금지했다.[4]

로마제국의 기본적 생계 수단과 부의 토대는 농경이었다. 수공업과 상거래가 행해지긴 했지만 부차적이었다. 하지만 소수가 대부분의 땅을 독차지했기 때문에 그들에겐 언제나 생산물이 넘쳐 났고, 반면에 변변한 땅 하나 소유하지 못한 자는 말할 수 없는 가난에 시달려야 했다.[5] 로마 초기의 노예들은 주인의 가족(familia)이거나 하인(famuli)이었기에, 자신과 가족의 번영을 누리며 노동할 수 있었다. 하지만 계속된 대규모 토지사유와 정복전쟁으로 점차 많은 노예와 토지가 요구되었다. 제국을 위해 전쟁터에서 돌아온 자작농들은 수많은 노예가 있는 대토지 사유자들과 달리, 열악한 상황으로 도시의 부랑노동자가 되거나 소작농 혹은 노예로 전락했다.[6] 이들은 대부분 부재지주인 주인과 관계가 단절된 채 생존을 위한 생산의 도구로 살아갔다.

대규모 토지에 사는 노예들은 농경기뿐 아니라 휴경기에도 일해야 했고, 잔혹한 학대를 받았다.[7] 대부분의 지주는 포도원에서 일하는 소작농들에게 소출의 3분의 2나 4분의 3을 바칠 것을 요구했고, 지주들은 수확량의 50퍼센트를 요구했다. 실제로 농노는 법정에서 소송할 수 있는 권리가 전혀 없었다. 주후 396년부터 소작농들은 지주를 상대로 법적 행동을 하는 것이 금지되었다. 로마의 감독(주교)도 될 수 있었던 노예가 이제는 주인의 동의 없이는 사제서품도 받을 수 없었다. 주후 409년에 이러한 금지는 소작농들에게까지 확대되었다.[8]

때로 농민저항이 일어났지만, 지주계층들이 복무하고 있는 국가의 잘 조직된 군사력으로 쉽게 진압되었다. 386년 리바니우스는 소작농들을 진압해야 하는 문제가 생기면 지주들이 쉽게 감옥에 가두거나 군사적 도움을 받을 수 있었다고 했다.[9] 대규모 지주들은 개인 소유의 군사나 무장한 사병들을 거느리고 있었고, 그들의 사유지 안에 감옥도 있었다. 4세기 중엽 로마의 북아프리카에서도 지주들과 대금업자들에 맞선 농민저항운동이 있었다. 도나투스주의자들에게 영향받은 농민들도 가톨릭 지주들에 대항해 일어났다. 그러나 대부분의 농민은 이러한 무장 반란보다 참혹한 농촌을 피해 도시로 가서 부랑노동자나 거지가 되어 끝없는 압제에 시달렸다. 시골에 남아 있는 농노들은 신분 특성상 갚을 수 없는 빚을 지고 있었기에, 비옥한 토지를 가시덤불로 변질시키는 무성한 잡초를 제거하거나 생산력을 회복시켜 관리인의 기대를 충족시키기 위한 노역을 하면서, 평생 배수시설을 보수하는 데 시달려야 했다. 농업의 몰락은 토양의 황폐화보다 그 토양을 경작하는 사람들의 피폐에 기인한 것이다. 그토록 열심히 땅을 경작해도 아무것도 남지 않는 상황은 진저리나는 생활의 연속이었다. 이러한 참혹한 현실에서 초대 교부들은 가르침과 설교를 통해 생생한 하나님의 마음을 전하고자 했다.[10]

암브로시우스의 희년사상

암브로시우스는 로마 군단이 게르만족을 견제하기 위해 주둔했던 국경 수비대 마을인 트레브에서 태어났다. 그의 아버지는 그리스도인으로, 갈리아 지방 총독이었고 황제의 최고 사법 전권을 위임받은 관리였다.[11] 아버지가 일찍이 사망하자 그의 어머니는 암브로시우스와 자녀들을 데리고 로마로 갔고, 세 자녀는 거기서 교육을 받았다. 그는 수사학과 법률을 공부했고, 얼마 동안 변호사로 활동한 후 밀라노의 집정관으로 활동했다. 암브로시우스는 밀라노의 감독이 된 후, 자신의 엄청난 부를 가난한 자들에게 나누어 주며 목회를 시작했다. 가난하고 불쌍한 무리들이 그냥 지나치지 않아 너무 많은 사람들로 둘러싸였을 때 말고는 누구든 그에게 다가갈 수 있었다고 아우구스티누스는 말한다.[12]

암브로시우스 시대에 이탈리아는 부유한 지주들의 사유지가 더욱 큰 규모로 집중되어, 농민들과 도시 거주자들까지 피해를 입었다. 고대 로마 귀족은 사라졌고, 속주들의 토지는 대부분 황제의 재산이 되었다. 당시 자신의 토지에 살고 있는 지주는 드물었고, 대부분 부재지주로 도시에서 살았다. 그들은 소작농들에게 토지를 임대해 주고, 고생하지 않으면서 쉽게 재산을 늘려 갔다. 이탈리아 자유 거주민들은 로마 시민권자로서 정치적으로는 차별이 없었지만, 사회경제적으로는 지주들에게 속박되어 토지를 경작하며 살아가므로 경제적 자유를 누릴 수 없었다.

암브로시우스는 로마법에 정통한 감독이었다. 392년 로마의 테오도시우스 황제가 기독교를 국교로 삼았을 때, 그는 가난한 사람들이 더 나은 환경에서 보호받을 수 있도록 구체적인 개혁을 추진했다. 그는 그 시대의 엄청난 악, 즉 소수의 부자들과 다수의 가난한 자들 사이의 가증스런 신분 격차에 맞서 외쳤다. 그는 소유권과 재산의 확실한 의미를 담대하게 문제시하고 재평가하면서, 사회적 문제에 대한 분명하고도 심도 있는 이해를 보여 주었다.

암브로시우스는 로마 제국의 뿌리 깊은 사회악과 싸우고자 386 - 389년경 《이스르엘인 나봇》을 저술했다.[13] 그는 나봇 이야기가 오늘날에도 이루어지고 있음을 언급하면서 부자들의 탐욕과 갈취를 폭로했다.[14] 암브로시우스는 이사야서 5장 8절을 토대로 당시 토지사유를 신랄하게 비판했다.[15] 그는 무엇보다 소유지가 어떻게 대규모 투자자들과 지주들의 수중에 집중되었는지를 묘사했다. 그들은 농민 대중을 쫓아내고 대규모 사유 농지들을 확장했다.[16]

암브로시우스는 '빈 몸으로 태어난' 우리 모두가 자연물에 대해 동일하고 평등한 권리를 갖는다고 했다. "오, 부자여, 너는 얼마나 오랫동안 너의 미친 욕심을 날뛰게 할 것인가?"[17] 그는 끊임없이 부를 늘려 가는 소수의 사람들이 부를 축적함으로써 대다수의 가난한 자들이 생겨나는 것을 비판했다. 그에 따르면 자연에 따르지 않고 스스로 무제한적으로 광대한 토지를 가로채서 이 땅으로부터 '자연의 동료 공유자들'을 배제하는 것은 '미친 짓'이었다.[18] 암브로시우스는 토지, 햇빛, 공기 그리고 모든 자연의 혜택이 근본적으로 공동의 것임을 모두가 알기 원했다. 인간은 본래 다른 사람들과 공유하며 사는 존재이기에, 자연의 혜택이라는 안식처에서 공유할 권리를 누리는 것을 막을 수는 없다. 예수님께서 가르쳐 주신 기도 내용처럼 "생계에 필요한 만큼만 구해야 하는 것이 자연의 법칙이다".[19] 암브로시우스는 말했다.

> 네가 거실을 화려하게 장식할 때, 너는 다른 사람들을 헐벗게 한 것이다. 헐벗은 사람이 너의 집 앞에서 탄식할 때 너는 어떤 대리석으로 네 마루를 깔아야 할지 고민했다. 가난한 자가 돈을 빌리려 할 때 돈이 없다고 했다. 양식을 구걸하는데도 네 말에 황금으로 만든 재갈을 채워 놓았다. 다른 사람들은 한 알의 곡식도 갖지 못하여 굶주리고 있는데도 너는 네 곳간을 닫아 놓았다. 사람들은 비참하게 울부짖고 있는데도 너는 보석 반지를 가지고 놀고 있었다. 네 손가락에 낀 반지의 보석으로 다른 사람의 생명을 살릴 수 있었다.[20]

그는 이처럼 다수가 신음하며 탄식하고 있는데도 부자들은 호화로운 장식을 하며 가난한 자들을 외면하고 있다고 비판했다.[21] 이런 구절들은 4세기경 빈부격차가 이전보다 급격하게 벌어졌음을 구체적으로 보여준다.[22] 그래서 암브로시우스는 부자들의 처사를 부도덕한 것이라고 공공연하게 비판했다. 부자들이 당연히 양심의 찔림을 받아야 함에도 자신의 재산을 자랑하는 것을 통렬하게 비난했다. 부에 대한 집착으로 다른 사람들의 빈곤이 초래됨을 밝힌 것이다. 소수의 부와 다수의 계속되는 비참함의 인과관계에 대한 암브로시우스의 생각은 의심의 여지가 없었다. 부자들의 터무니없이 사치스러운 삶은 가난한 자들에게 계속되는 상처와 박탈감을 심화시키는 모욕에 불과하다. 암브로시우스의 관점에서 이러한 상황을 계속 용인하는 로마법은 소유권의 참된 윤리적 본질을 왜곡하는 것이다. 무제한적인 탐욕을 합법화하는 것에 불과하며, 재물이 사람보다 많은 관심을 받기에, 참된 인권의 윤리적 진정성도 잃게 되는 것이다.

암브로시우스는 가난한 자에 대한 재분배를 부자의 구제나 시혜 차원이 아닌, "마땅히 돌려주어야 할 것을 반환하는 것"으로 보았다.[23] 소수에게 부가 집중되는 것은 다수의 빈자들의 타고난 권리를 박탈하는 것이기 때문이다. 암브로시우스의 시대에 부자는 일반적으로 부유한 대토지 사유자들을 지칭하는 것이기에 그들을 향한 사회적 책임과 의무를 강조한 것이다. 암브로시우스는 자연 안에서 인간은 평등하다는 것과 자연의 평등한 혜택에 대한 인간 존재로서의 당연한 권리에 대한 통찰력을 발전시켰다.

암브로시우스는 "황금과 함께 네 마음도 땅 속에 묻어 두었다"라며,[24] 재산에 집착하는 소유자들이 실제로는 재산을 소유하고 있는 것이 아니라 재산에 사로잡혀 있다고 경고했다.[25] 그들은 재산을 포기할 수 있는 능력을 상실한 채 재산 때문에 무기력해져 있다. 마태복음 19장 21-23절의 부자 청년은 재물의 노예가 되었기에 재물을 포기할 수 있는 능력을 상실한 것이다. 재산에 대한 실질적 소유자, 진정한 주인은 베풀 수 있는 능력을 발휘하는 것이며, 부의 나눔을 촉진하는 것이다.

암브로시우스는 누가복음 12장 16-21절 주석을 통해[26] "도적들이 빼앗아 가지 못하도록 가난한 자들의 마음 안에 재물을 쌓으라"라고 했다.[27] 그는 "재물로부터 악을 행하지 말고, 오히려 악으로부터 선(bona)을 행해야 되지 않느냐"라며 반문했다.[28] 특히 암브로시우스는 부자들이 가난한 자들에게 줄 때 진정한 의미의 재물(bona)이 되는 것이며, 이는 일종의 경건한 고리대금으로서 하나님을 채무자가 되게 하는 것"이라고 했다.[29] 암브로시우스의 관점에서 부에 대한 권리의 윤리적 본질은 본래 그것의 기능에 따라 정의된다. 부에 대한 권리는 곧 목적을 의미한다. 그는 실제로 부를 소유한 사람들을 위해, 재산권의 윤리적 본질과 그리스도인으로서 부를 어떻게 이롭게 사용할 수 있는지를 명확히 하고자 노력했다.

암브로시우스는《성직자들의 직무론》에서 하나님이 우리의 빚진 자라는 개념을 더욱 발전시켰다.[30] "네가 헐벗은 자를 입힌다면 너는 스스로 공의로 옷을 입는 것이고, 나그네를 네 집으로 영접하고 궁핍한 자들을 공급한다면 너로 인해 그들이 영원한 안식에 거하게 되는 것"이라 했다.[31] 특히 "가난한 자들과 연약한 자들의 필요 그리고 곤궁한 자들의 고초를 이해하는 자들은 행복한 사람들이며, 심판의 날에 그들은 주님께 구원을 얻게 될 것"임을 강조했다.[32] 그것은 그들의 재물을 공동창고에 가져다 놓음으로 "주님이 그들에게 자비의 빚을 지신 분이 되는 것"이기 때문이다.[33] 이렇듯 올바른 행위는 재물을 보관하는 것이 아니라 나눔으로 이루어지는 것이다. 자비는 완전하신 하나님을 본받는 것이다.

암브로시우스는《6일간의 천지 창조》에서 "양식을 충족시킬 수 있을 만큼만 필요로 하는 자연의 법칙이 존재하듯, 희년의 가르침인 지계석을 옮기지 말아야 함"을 강조했다.[34] 암브로시우스는 재산에 관한 개인 소유권도 본질적으로 그 공동의 목적에 의해 제한되어야 한다고 보았고, 잠언 22장 28절에 있는 희년법의 실천을 언급함으로써 레위기 25장의 희년 사상을 보여 주었다. 무제한적인 축재를 합법화해 탐욕을 조장하는 것은 필연적으로 대다수의 빈곤을 초래한다. 하나님께서 창조하신 이 세상은 '부자와 빈자 모두의 공유지'다.[35]

암브로시우스는 시편 112편 9절 설교에서 "가난한 자를 위한 자비가 진정한 공의며, 그러한 동료를 돕지 않는 것이 불의"라고 했다.[36] 그래서 "그들의 생계를 위한 지원을 거절하지 않고, 가난한 자들에게 분배해 주어야 함"을 강조했다.[37] 모두가 이성적인 인간 본성을 지닌 자들로서, 자연의 모든 동료들이 이성에 따라 자연을 사용함으로 재산과 부의 본래 역할이 성취되는 것이다.

암브로시우스는《성직자들의 직무론》에서도 공의에 대한 개념을 논하며 그것을 인류사회와 공동체와 관련지었다. 당시 스토아주의자들은 공의를 다른 사람에게 피해를 입히지 않는 것으로 여겼으나, 암브로시우스는 재물을 공유함으로 성경의 가르침대로 적극적으로 하나님의 뜻을 행하는 것으로 소개했다. "하나님께서는 만물을 공동으로 소유하도록 창조하신 것이기에, 자연은 공동 권리의 원천이며 사적 권리는 공동 권리를 강탈한다."[38] 자연의 재물을 사적 권리로 즐기는 자들은 재물의 공유를 통해 재분배 기회를 갖는 것이다.

암브로시우스는 고린도후서 9장 9절 주석을 통해 "가난한 자들에게 아낌없이 주시는 하나님의 공의가 영원한 것처럼, 만물이 모든 사람에게 주어진 것이며, 자신들만을 위해 쌓아 두지 않는 자가 공의로운 자"임을 밝혔다.[39] 암브로시우스가 부의 재분배 실현을 위한 부자들의 의무를 강조하고 있음을 발견할 수 있는데, 그는 이를 공의의 문제로 여겼다. 만물이 모두에게 주어진 것임을 부자들이 인식한다면 자기들만을 위해 쌓아 두지는 않을 터인데, 그것을 공의의 문제로 본 것이다.

그래서 암브로시우스는 "하나님께서 주신 것이기에" 재물을 궁핍한 사람들에게 반환, 즉 받을 자에게 돌려주어야 한다고 보았다.[40] 나아가 암브로시우스는 "모든 사람을 위한 공유물을 독점하는 탐욕은 우상숭배이며 하나님마저 적대시한다"라고 했다.[41]

이처럼 암브로시우스 시대에 널리 퍼져 있었던 빈부격차는 분명 하나님의 뜻에 반하는 것이었다. 인간의 탐욕과 착취로 말미암은 것이기에 근본적인 변화가 필요했다. 그래서 암브로시우스는 항상 그의 논쟁을 만물을 다스리시는 최고의 주권자이시며 모든 이에게 자비로운 섭리를 베푸시는 인격적 하나님의 실존에서 출발했다. 그에게 참된 소유권은 약육강식과 적자생존 법칙이 아닌, 하나님의 절대주권과 의지의 결과물이었다. 소유권은 하나님의 절대적 권리와 동일시될 수 없는데도 그렇게 한 것은 심각한 우상숭배에 빠지는 것이었다.

아무리 비천하고 가난할지라도 우리는 모두 인간이다. 우리 모두는 인간 본성 안에서 공동 소유자들이며 다른 사람들과 어울리는 존재다. 생명과 생존을 위한 일차적인 권리를 지닌 동일하며 평등한 인간이다. 자연의 혜택을 누리며 사는 권리는 모두의 공동 권리다.

크리소스토무스의 희년사상

'황금의 입'으로 불리는 크리소스토무스는 안디옥에서 태어나 어머니에게 교육을 받았고, 20세에 엄격한 금욕주의 생활을 시작해 목사 안수를 받았다. 4세기 말 콘스탄티노플 감독으로 임명된 그는 곧바로 많은 개혁에 착수했다. 감독직의 사치를 금하면서 자신에게 들어오는 소득은 병원 설립이나 가난한 자들을 구제하는 데 사용했다. 그는 가난한 자들을 무시하고 부유한 자들에게 선택적인 아량을 베푸는 것을 금했으며, 가난한 자들이 직접 이익을 누릴 수 있도록 교구의 재산 관리업무를 재편했다. 그는 그 시대의 폐해와 불의에 맞서 근본적인 개혁을 펼쳤기에 하층민과 가난한 자들의 지지를 받았다.[42]

사치를 거부한 크리소스토무스는 동로마제국 황제, 아르카디우스의 아내 유독시아를 아합 왕이 나봇에게 포도원을 빼앗은 것처럼 가난한 사람들의 토지를 강탈한 '이세벨'이라고 공개적으로 비난했다. 이로 인해 크리소스토무스는 오크 총회에서 콘스탄티노플 감독직에서 해임되었고, 제국의회의 명령으로 추방되었다. 그는 일반 대중의 인기 덕분에 복귀했지만, 부자들에 대항해서 가난한 자들을 옹호하다 다시 추방된 후 생을 마감했다. 크리소스토무스는 가난한 자들의 빈곤과 탄식 가운데 공의로운 사회질서를 세우기 위해 청중 의식을 일깨우는 '황금의 입'으로 질타하면서, 구약 선지자들처럼 맹비난과 고난을 감수해야 했다.

시리아 로마 속주의 수도인 안디옥은 제국 내에서 광대하고 아름다운 도시였다. 4세기에 토지 대부분은 소수의 대토지 사유자들의 수중에 있었고, 그들은 화려한 빌라들을 소유하고 있었다. 인구의 10분의 1 정도의 부자들은 부재지주로 도시에 살면서 부를 늘려 갔다. 반면 자유로운 소작농들과 고용된 일꾼들은 도시에 사는 대토지 사유자들의 착복으로 대부분 극빈자의 삶을 살았다.

성경 주석가로 유명한[43] 크리소스토무스는 안디옥에서 누가복음 16장의 부자와 나사로 비유를 주석하면서 "자신의 자원과 소유를 공유하지 않는 것이야말로 강도 행위며, 부자들이 상속받은 재산은 가난한 자들의 재산을 소유하는 것"이라고 했다.[44] 만약 가난한 자들이 생계에 필요한 것을 공급받지 못한다면, 그것은 본래 하나님께 속한 물질을 부자들이 강탈해 왔기 때문이다. 재물을 소유하는 목적은 "간음, 술 취함, 폭식하기 위함이 아니라, 궁핍한 자들과 그것을 공유하기 위함이다".[45] 그는 "필요 이상의 물건을 갖고 있으면서 나누어 주지 않고 자신만을 위해 사용한다면, 하나님의 심판을 받게 될 것"이라고 경고했다.[46] 우리는 모두 함께 사는 종들로서 동등하며, 궁핍한 자들과 공유하지 않는 자는 강도와 다를 바 없기 때문이다. 본질적으로 우리가 가진 모든 것은 하나님께 속한 것이기에 가난하고 궁핍한 자들도 하나님의 돌보심 가운데 있으며 하나님의 섭리에 대한 권리가 있음을 강조한 것이다.

크리소스토무스는 순결에 대한 설교에서 그 특징으로 평온과 평정을 언급하면서, 탐욕과 소유권의 실제 의미에 대한 오해가 평정을 잃게 하고 근심케 한다고 했다. 크리소스토무스는 "만물이 모든 사람에게 동등하게 놓여 있고 공유권이 있기에, 탐욕을 물리치고 공의를 따르면서 궁핍한 자들과 공유함으로 우리의 죄악을 일부 제거할 수 있는 기회를, 재물을 공유하지 않음으로 놓치게 된다"라고 했다.[47] 그는 탐욕을 버리고 가난한 자들과 재물을 공유하는 것이 공의임을 밝혔다. 그는 소유권자 혹은 주인처럼 '보이는' 세상 재물의 법적 소유자들은 단지 그들이 사회에 더 큰 책임이 있다는 사실에 의해서만 법적으로 소유하지 못한 자들과 다를 뿐이라고 했다.[48] 크리소스토무스는 필수적인 물건 혹은 삶의 근거와 재산을 구별하면서, 첫 번째 범주로 공기, 물, 불, 태양, 토지와 같은 만물을 열거했다. 그는 그러한 모든 만물은 하나님께서 모든 사람이 평등하게 공동으로 사용하도록 의도하신 것이라고 했다.[49] 이처럼 크리소스토무스는 평등지권의 정신을 통해 희년사상을 명확히 밝혔다.

크리소스토무스는 그 시대의 그리스도인들이 '거룩한 교회'가 되는 것이 무엇인지를 사도행전 4장 32절에 언급된 주석에서 명료하게 밝혔다.[50] 그는 "세상에 수많은 전쟁을 초래한 '내 것'과 '남의 것'이라는 어리석은 말은 이제 거룩한 교회에서 추방되어야 한다"라고 하면서 "가난한 자들이 부자들을 부러워하거나, 부자들이 가난한 자들을 멸시해서도 안 된다"라고 했다.[51]

부자들을 공격한다는 비난을 받자 크리소스토무스는 자신이 "단순히 부자들을 정죄하거나 가난한 자들을 칭송하는 것이 아님"을 나사로의 비유를 통해 밝혔다.[52] "나사로가 살던 시대의 부자는 부유해서가 아니라, 잔인하고 비인간적이었기 때문에 징벌을 받은 것이다."[53] 그는 부 자체를 악한 것으로 보지 않았고, 그것을 통해 불법을 행하는 것을 비판했다. 크리소스토무스는 모든 창조물의 선함을 주장했다. 그는 "우리가 재물(크레마따)을 이용하는(크레소메따) 것이지, 그것이 우리를 이용하는 것이 아님"을 강조했다.[54]

크리소스토무스는 "우리가 소유물을 소유한 것이지 그것이 우리를 소유한 것이 아닌데, 너는 왜 주인을 종으로 여기며 질서를 역행하느냐"라고 반문했다.[55] 당시 종이란 말은 결박과 제한의 전형적 표현으로 누군가를 그렇게 부르면 최악의 모욕이었다.[56] 그는 부자들이 재물을 사용하지 않고 쌓아 놓고 있음을 단호하게 비판한 것이다.

크리소스토무스는 안디옥에서 상속에 대해 다음과 같이 설교했다.

> 만약 네가 자녀들에게 많은 부를 남겨 주려고 한다면, 그것들을 하나님의 돌보심으로 남겨 두라. 왜냐하면 네가 그렇게 아낌없이 베풀며 네 재물을 나눠 주는 것을 그분께서 보실 때, 네가 가진 것이 없이도 역사하셨고 네게 영혼을 주셨고 네 몸을 형성하셨으며 너에게 생명의 선물을 허락하신 바로 그분께서, 모든 종류의 재산을 자녀들에게도 확실히 제공하시기 때문이다. 그들에게 재산을 물려주지 말고 덕행과 재능을 물려주라. 만약 그들이 확실한 재산을 갖게 되면 다른 것에는 아무런 관심도 갖지 않을 것이기 때문이다. 그들이 풍족한 재산으로 자신들의 사악함을 감추는 수단이 될 것이기 때문이다.[57]

미래의 안정을 위해 소유물을 축적하는 것은 가난한 자들의 탄식과 사회정의에 대한 현재의 요구들을 무시하는 것이다. 그것은 하나님의 섭리에 대한 신앙과는 정반대되는 태도며, 근본적으로 하나님보다 재물을 의지하려는 불신앙이다. 자녀들을 위해 부를 축적하는 부자들은 자녀들에게 미래의 안락함을 제공하기보다는 실제로 자녀들의 일할 수 있는 권리를 박탈하는 것일 뿐 아니라, 자녀들로 하여금 하나님을 신뢰하지 않고 재물을 의지하면서 사악함을 감추게 하는 것이다.

크리소스토무스는 가난한 자들이 악하고 게으르기 때문에 비참한 삶을 산다는 비난에 대해 "아무런 재산도 없는 가난한 가정에서 태어났다고 해서 죽어 마땅한가?"라고 반문하면서,[58] 오히려 부자들이야말로 "극장이나 회의실에서 하루 종일 쓸데없는 잡담으로 시간을 보내고 있는데도 아무런 악이나 게으름도 피우지 않는 것처럼 생각한다"라고 비판했다.[59] 그는 "그러면서도 온종일 탄식과 눈물 그리고 수천 가지 역경 속에서 살아가는 가난하고 비참한 사람을 정죄하며 감히 그 사람을 법정으로 끌고 가 고소할 수 있느냐"라고 하면서 "어떻게 이런 녀석을 인간이라고 부를 수 있는지" 대답해 보라고 했다.[60]

그는 대다수의 가난한 자들이 게으르다고 비난을 퍼붓는 소수 부자들의 근거가 옳은 것인지 문제시했다. 부자들이야말로 쓸데없는 말과 행동으로 하루를 허비하면서, 게으름 속에서 엄청난 부를 즐기며 일하지 않는 상황에 대해 크리소스토무스는 불의하다고 보았다.[61] 반면 빵 한 조각을 얻고자, 옷 한 벌을 구하고자 최선을 다하며 수고함에도 비참한 상황에 있는 가난한 자들의 상황을 변호해 주었다. 그는 가난한 자들의 빈곤은 그들이 일하기 싫어서가 아니라 그들이 최선을 다해 수고함에도 오히려 그들을 더욱 비참하게 만드는 강탈과 재난과 질병 등 수천 가지 역경 때문임을 부각했다.[62] 그렇기에 큰 수고 없이 단지 상속권으로 엄청난 재산을 물려받은 부자들이 궁핍한 자들과 그것을 공유해야 함을 마태복음 24장 설교를 통해 강조했다.

> 네가 아버지로부터 물려받은 상속일지라도 이런 식으로 네가 소유하고 있는 것은 모두가 하나님의 것이다. 너 역시도, 너에게 주어진 모든 것을 신중하게 베풀어야 함을 잘 알 것이다. 너는 하나님께서 더 큰 위엄으로 우리가 가지고 있는 그분의 소유를 요구하실 것임을 생각하지 못하느냐? 혹은 그것들이 보잘것없이 버려짐으로 그분께서 괴로워하심을 생각하지 못하

느냐? 네 수중에 이러한 물건들을 남겨 주신 목적은 마땅한 때가 오면 그들에게 음식을 주기 위함이다. 그러면 '마땅한 때가 오면'이란 무엇을 뜻하는가? 궁핍한 자들과 굶주린 자들을 말한다.[63]

크리소스토무스는 소수의 부자들이 그들의 재산을 아무리 합법적으로 취득한다 할지라도 궁극적으로 궁핍하고 굶주린 자들과 공유함으로 하나님의 절대주권과 명령에 복종해야 함을 강조한 것이다. 이를 위해 크리소스토무스는 "어떤 부자일지라도 필요 이상을 쓰고 있다면 그가 의지하고 있는 돈을 돌려줘야 한다"라고 했다.[64] 재산의 소유권은 본질적으로 사회정의를 성취하기 위한 목적과 관련되어 있음을 보여 준 것이다. "다른 사람들보다 훨씬 더 많이 받은 것은 혼자만을 위해 쓰라는 것이 아니고, 다른 사람들을 위해 선한 청지기 역할을 하라는 것이다."[65] 그는 "하나님께서 부자에게 재물을 풍족히 주신 것은 그 재산을 헛되게 하지 않고, 가난한 자들의 빈곤을 채워 주며 구제를 통해 공의롭게 분배하기 위함"이라고 했다.[66] 즉 "하나님의 선물로서 우리와 함께 사는 인류의 필요를 해결하라고 주셨다"는 것이다.[67]

크리소스토무스는 희년사상의 중심 개념인 "토지에 대해 사용권이 있을 뿐 어느 누구도 소유권을 가져서는 안 된다"라고 했다.[68] "토지는 다음 세대에 넘겨주는 것이기에 그것을 단지 사용하는 것"임을 밝혔다.[69] 특히 그는 재산 취득 과정에 대한 정당성을 논했다. "부자들이 재물을 정당한 노동을 통해 모았는지, 아니면 강탈과 탐욕으로 모았는지, 그것이 네 아버지의 유산이었는지, 아니면 네가 집에서 쫓아낸 고아들을 착복한 결과인지, 혹은 과부에게서 강탈한 것인지 숙고해 보라"라고 했다.[70] 이렇게 불의하게 취득한 재산에 대해 크리소스토무스는 단순한 자비나 구제 차원이 아닌 공의로운 반환을 요구한 것이며, 지속적인 사기 행위 중단을 촉구했다. 그러한 "사기 행위와 강도 행위를 중단하지 않으면 하나님께 살인자들 중 하나로 헤아림을 받을 것"이라고 엄중히 경고했다.[71]

이처럼 압제가 지속되는 상황에서 부를 분배하는 것은 심각한 자기기만과 위선에 불과하다. 부자들의 자기과시용 구제나 자선을 베푸는 것만으로는 충분치 않다. 본질적인 것은 강도 행위를 중단하는 것이며, 소수의 부자들에게 부가 계속 집중되는 것을 멈추게 하는 것이다. 소수에게 집중되는 부가 가난한 자들을 더욱 비참하게 하며 의존적으로 만들기 때문이다. 이러한 공의를 행하길 거부하는 것은 인류의 풍요로운 삶을 약탈하는 살인자와 같다고 크리소스토무스는 본 것이다.

크리소스토무스는 토지와 다른 천연자원이 만들어 내는 부가 공동의 것임을 서술했다. 크리소스토무스는 누가복음 16장 1–9절의 불의한 청지기 비유에서 그리스도께서 부를 왜 '불의의 재물'이라고 부르셨는지 질문하면서, 부의 기원 자체가 정당한 취득이 아님을 지적했다. 그것은 "하나님께서 태초에 사람을 부자와 가난한 자로 만들지 않으셨기 때문"이며, "오히려 그분은 만인에게 토지를 자유롭게 남겨주셨기" 때문이다.[72] 그는 "공동의 것을 혼자만 즐기는 것이야말로 악한 것이며, 토지와 그것에서 나오는 충만한 것들이 다 하나님의 것이기에, 주님의 소유물은 우리 모두의 것"이라고 했다.[73] 또 "하나님께서 태양, 공기, 토지, 물, 하늘, 바다, 빛, 별들처럼 공동의 것으로 만드신 것에 대한 혜택은 모두 동등하게 분배된 것이지만, 누군가가 자신의 것으로 만들려고 할 때 싸움이 생긴다"라고 했다.[74] 본질적으로 재산은 함께 사는 순례자들과의 인간관계가 성실하고 깊어지도록 섬기는 수단이기에, 크리소스토무스는 소유의 본질을 본래 모든 사람이 존엄하게 살기 위해 필요한 것들을 채우고 나누는 역동적인 기능으로 보았다.

하지만 상속은 재산의 본질적인 역동적 기능을 빼앗는 것으로 보았고, 토지와 같은 천연자원에 대한 사적 소유권은 강도 행위, 탐욕, 탈취 그리고 살인이나 다름없다고 강하게 책망했다. 이처럼 그는 모든 사람이 공기로 숨을 쉬고, 토지를 경작하며, 물을 사용하고, 햇볕을 쐴 수 있는 평등권이 있다는 분명한 사실을 사람들에게 일깨워 주는 데 심혈을 기울였다.

4세기 로마법은 소유권을 입증하려는 비소유자가 그 재산에 대한 지배 권리를 변호해 입증하면 자신의 소유물이 될 수 있었다.[75] 하지만 크리소스토무스는 소유물을 어떤 형태로든 소유권에 관한 입증으로 인식하기를 거부하고, 오히려 재산 취득이 정당하다는 입증 책임을 소유자에게 부과했다. 결국 수많은 사람이 가난한데도 굉장히 많은 부가 소수의 수중에 놓여 있는 상황에서, 정당한 취득의 입증 책임이 부유한 자들에게 있음을 주장한 것이다. 그는 현재 재산의 근원과 기원은 불의한 것임에 틀림없다고 주장했다. 만물을 공유하도록 정해 놓아 어느 누구도 부유하지도 가난하지도 않던 최초의 신적 분배에도 불구하고, 소수의 수중에 재산이 집중된 것은 분명 불의하게 취득한 결과이기에 공의로운 변화를 요구한 것이다. 그가 말한 사회정의는 자연 정의이며, 사회 불의는 자연에 거스르는 것이다.

크리소스토무스는 당시 부자들이 선조들의 탐욕스런 행위를 책임지려 하지 않는다고 고발했다. 여전히 불의한 행동들이 다음 세대로 이어지면서 그들의 수중에 축적되는 부는, 어떤 경우에도 실제로 그들 마음대로 할 수 있는 것이 아님을 강조했다. 그는 토지의 부에 대한 사용권은 만인의 평등한 권리로서 모든 사람이 숨 쉴 수 있는 권리처럼 매우 분명한 것이라고 주장했다. 그것은 그들의 생존권이자 창조주로부터 부여받은 평등한 권리다. 또 그것은 자연적이며 양도할 수 없는 권리이고, 세상에 살아 있는 한 모든 사람에게 부여된 것으로, 다른 사람의 동등한 권리에 의해서만 제한될 수 있다.

우리 가운데 어느 누구도 땅이나 다른 부를 생산하는 자원들의 독점적이고 절대적인 소유권을 합법적으로 당연시할 수 없다. 우리 가운데 어느 누구도 땅을 만들지 않았기 때문이다. 크리소스토무스는 과거 소유자들의 강도 행위와 불의를 인식하는 것이 현재 사회제도를 개선할 수 있는 첫 단계임을 제시한 것이다. 그래서 실제로 재산이 반환되지 않는다면 강도 행위는 늘 새롭게 계속될 뿐이다. 인간의 소유권 제도들은 모든 사람이 자유롭게 모든 재물에 하나님의 의도를 실현시킬 수 있어야 한다. 거기에는 더 이상 엄격한 의미에서 '내 것'과 '남의 것'이 없다. 모든 것은 뜻 깊게 사용해야 할 '우리의 것'이기 때문이다.[76]

콘스탄티노플에서 감독으로 있던 크리소스토무스는 히브리서 설교에서 "가난한 사람이 부잣집 개만도 못한 존재로 굶주린 채 잠든다"라고 했다.[77] 크리소스토무스는 각각의 인간은 동등하고도 고귀한 출생을 공유한다며, 하나님께서 주신 인간의 존엄성을 부각했다. 그런데 소수가 부를 축적함으로 인간의 존엄성이 훼손된다. 크리소스토무스는 "헛된 그림자, 사라지는 연기, 풀의 꽃"과 같은 부를 축적하는 소수 때문에[78] 가난한 자들은 부잣집 개들만도 못한 수준의 생활을 하게 되며, 부자들은 심판 날을 피할 수 없기에 모두가 고통을 당한다고 했다. 그래서 부자들의 수중에 축적된 부는 반드시 공유되어야 하는데, "네가 주는 것은 네 것이 아니기 때문에" 결국 모든 사람의 존엄성의 필요에 맞게 되돌려 주어야 하는 것이다.[79] 그래서 이러한 나눔은 인간의 연대책임 속에서, 곧 하나님 안에서 한 가족으로 돈뿐 아니라 기술, 시간, 재능, 권면 등을 서로 나눔으로 가능한 것이다.[80]

사도행전 4장 설교를 통해 크리소스토무스는 코이노니아에 관한 구체적 교훈을 제시했다. 초대교회의 자발적 나눔은 사유재산을 기부자가 직접 전달한 것이 아니라, 사도들을 통해 공동체의 재산을 분배했다. 기부자가 오만해지지도 않았고 궁핍한 자도 궁색해지지 않았다. 이러한 방식을 적용하기 위해 크리소스토무스는 각각 따로 떨어져 살게 되면 재산이 분산되어 불필요한 낭비와 빈곤을 초래한다면서, 수도원 생활의 본보기처럼 공동 기금과 공동 식사 등의 공동체적 대안을 제시했다.[81]

아우구스티누스의 희년사상

아우구스티누스는 로마의 북아프리카 타가스테(튀니지)에서 도시 행정관인 아버지 파트리키우스와 그리스도인 어머니 모니카 사이에서 태어났다. 아우구스티누스는 타가스테와 마다우라에서 초기 교육을 받았고, 카르타고에서 373년에 키케로의 《호르텐시우스》를 공부하며 철학적 기초에 대한 열망을 꽃피웠다.[82] 그는 카르타고에서 공부하면서 마니교도가 되었다. 학위를 마치고 법률사무소에 들어갔지만, 타가스테로 돌아와 문법을 가르쳤고, 몇 년 후 카르타고에서 수사학 강의를 했다. 아우구스티누스는 수사학 교수로 초청받아 밀라노로 갔고, 거기서 위대한 암브로시우스를 만나 기독교에 입문했다. 그리고 387년에 아들 아데오다투스와 암브로시우스에게 세례를 받았다. 예닐곱 달 후에 그는 타가스테에 돌아와 자기 재산을 가난한 사람들에게 나누어 주었다.[83] 그리고 몇몇 친구들과 은둔하면서 기도와 성경 연구에 몰두했다.[84] 하지만 발레리우스 감독이 사망하자, 아우구스티누스는 갑작스럽게 히포의 감독으로 부름을 받았다. 감독 공관에서도 아우구스티누스는 묵상과 기도의 삶 가운데 방대한 저술과 교구 목회 등 수많은 사역을 감당했으며, 여러 교회당(basilicas)과 가난한 자들을 위한 구빈원을 설립했다. 아우구스티누스는 암브로시우스처럼 법률을 공부한 전문가로서 당대 사회문제에 정통했다. 법적 개혁에 직접 관여하지는 않았지만, 교회의 감독으로서 분명한 신앙적 도전과 삶의 방향을 제시했다.

아우구스티누스는 윤리적 고찰의 원리로서 즐김(frui)과 사용함(uti)의 차이점을 부각했다. 재물은 사용하는 것이지 즐기는 것이 아니며,[85] 오직 하나님께만 즐거움을 가져야 한다. 인간은 끊임없이 어떤 고상한 가치를 향하며, 더 낮은 가치인 재물이 우리에게 평안을 줄 수 없기 때문이다.[86]

아우구스티누스는 마케도니우스에게 보낸 서신에서 자신의 재물을 악하게 사용하는 자는 법적 소유자라 할지라도 그것을 부정하게 소유한 것이며, 부정한 소유는 그 재산이 다른 사람의 것이기에 반환되어야 함을 강조했다.[87] 또한 아우구스티누스는 요한복음 설교에서 하나님께서 지상의 물건을 선한 자들에게 주신 것처럼 악한 자들에게도 주셨다고 명백하게 가르쳤다.[88] 하지만 다른 사람들은 가진 게 없어 생계도 이어 가지 못하는데도 소수의 소유자들이 호화스런 생활로 낭비하고 있다면, 그들은 정말로 '다른 사람의 재산'을 소유한 것이다. 국가의 법, 당연히 부와 권력을 잡은 자들의 법에 따르면, 재산을 오용하더라도 여전히 그 사람은 재산을 소유하지만 신앙과 윤리로 보자면 자신의 것이 아닌 다른 사람의 재산이기에 반환해야 하는 것이다.[89]

아우구스티누스는 요한복음 설교에서 토지소유의 근거가 인간이 정한 황제의 법에 불과함을 밝히면서, "하나님의 법에서는 토지와 지대는 주님의 것이기에" 동일한 존재로 함께 공유해야 함을 역설하며,[90] 오히려 인간이 만든 시민법에 의해 신적 권리가 박탈된다고 했다.[91] 아우구스티누스는 법적 제도가 불의하다면 "단지 강도들의 무리를 만드는데 뭐가 위대한 제국인가?"라며 인간의 법적 제도가 정당한지에 대해 공의의 기준으로 도전한 것이다.[92] 토지소유자는 소유에 대한 참된 의미, 즉 마땅히 소유해야 할 것이 무엇인지 또한 실제로 합법적으로 허락된 것 중에서 무엇이 정당하지 않은지를 성찰해 봐야 한다. 아무리 적법한 절차로 소유했을 지라도 정당하고 올바른지 점검해야 한다.

아우구스티누스는 우리가 빈 몸으로 태어나 공동의 하늘과 햇빛을 누리고 있기에 충분히 얻었다면 더 이상 구하지 말라며 자족이라는 규범으로 재산에 한계를 두었다.[93] 특히 부유한 자들의 남는 물건은 가난한 자들에겐 필수적인 것이기에, 남는 물건을 소유한 것은 다른 사람의 재물을 소유한 것으로 규정했다.[94] 아우구스티누스는 "부자들의 호화스런 잔치가 수많은 가난한 자들의 굶주리는 위(胃)를 멸시하는 것이며, 창고가 아닌 가난한 자들의 위(胃)에 숨겨 둔다면 천국에서 안전하게 보존될 것"이라고 설교했다.[95]

아우구스티누스는 "부자가 부유함을 채우기 위해 두 개의 위가 필요한가?"라고 반문하면서, "재물은 가난한 자들을 위한 하나님의 선물"이라고 했다.[96] 하나님께서 세상을 선물로 주심으로 절대적 주권을 나타내신 것처럼, 피조물인 인간도 소유권의 본질적 기능이 자신과 가족 그리고 필요한 자들에게 베풀어 주는 것임을 인식해야 한다. 결국 인간은 완전한 행복이신 하나님 외에 어떤 것에도 즐거운(frui) 마음을 가져서는 안 되며, 모든 것에 대해 사용하는(uti) 마음을 가져야 한다. 다른 모든 것은 하나님께 도달하기 위한 수단에 불과하기 때문이다. 그래서 아우구스티누스의 관점에서 참되고 진실한 소유자는 오직 재산을 올바르게 사용하는 자다. 누군가가 공의롭지 못하게 법적 소유권을 행한다면, 그 사람은 강도에 불과하다.[97]

아우구스티누스는 "너희가 짐을 서로 지라. 그리하여 그리스도의 법을 성취하라"라는 갈라디아서 6장 2절 말씀대로, 그리스도인 공동체의 연대책임을 설교했다. 그는 필요 이상의 재물을 소유한 자가 필수품조차도 없는 자에게 나눠 줌으로 서로 부담을 덜 수 있다고 했다.[98] "돈을 사랑함이 일만 악의 뿌리가 된다"라고 한 디모데전서 6장 10절을 인용하며 아우구스티누스는 탐욕은 자신의 유익을 위해 돈을 사랑함이며, 적당량을 초과해 무엇인가를 바라는 것이라고 했다.[99] 그는 "모태로부터 동일한 영혼으로 나왔는데, 어째서 다른 사람이 비참해지는 빈곤의 대가로 부를 증대하는지, 그보다 더 불의한 게 뭐가 있겠는가?"라고 했다.[100] 이렇게 아우구스티누스는 사람이 자신을 위해 축적할 수 있는 부의 한계가 없다면 다른 사람들을 강탈하는 출발점이 된다고 보았다.

아우구스티누스는 십계명에 관한 설교에서 "네 자녀들이 너의 창조주보다 너의 세습재산을 의지하지 않게 하라"라고 하면서, "자기 자녀들을 위해 모으고 있기 때문에 자선을 베풀지 않는다"라고 비판했다.[101] 아우구스티누스는 창조주 하나님께서 만물을 향해 아버지의 섭리를 행하심으로 절대적 주권을 행사하신다는 원칙하에, 부자의 자녀들이 부모의 재산보다 창조주 하나님을 의지하는 것이 더 안전함을 강조했다.

아우구스티누스는 "아무것도 지니지 않은 벌거벗은 몸으로 태어나 모든 것을 주님으로부터 공급받았음에도 왜 주님의 것을 나누지 않느냐"라고 했다.[102] 또한 그는 사유재산으로 초래되는 "전쟁, 미움, 불화, 투쟁, 폭동, 분쟁, 추문, 죄악, 불의, 살인" 등 수많은 폐해를 지적하면서, 우리가 "사유재산으로 즐거워하지 않고, 주님을 즐거워하는 자들이 복된 자들"이라며 "공유의 기쁨과 사랑"을 제시했다.[103] 아우구스티누스는 한 걸음 더 나아가, "사유재산으로 인해 거만하게 되며, 죽을 때 가지고 갈 것처럼 가난한 자를 멸시한다"라고 지적하면서 "사유재산을 포기 혹은 사유재산에 대한 사랑을 포기하자"라고 제안했다.[104] 아우구스티누스는 "네가 생명에 들어가려면 계명들을 지키라"(마 19:17)라는 주님의 명령을 "네가 온전하고자 할진대 가서 네 소유를 팔아 가난한 자들에게 주라"(마 19:21)라는 말씀을 통해 부자들이 생명에 들어가는 온전함으로 제시했다.[105]

아우구스티누스는 사유재산의 문제점을 지적하면서도, 재산을 정당하고 올바르게 선용하는 사람들도 있음을 언급했다. 이러한 점은 아우구스티누스가 사유재산을 철저히 부정하거나 금지한 것이 아니라, 하나님의 선한 뜻과 달리 사유재산을 남용하고 악용하는 자들의 문제점을 지적한 것이다. 그러한 자들은 결국 재물을 소유하고 다스리는 것이 아니라 재물에 종속된다고 지적했다.[106] 아우구스티누스는 창조된 재물은 사용되어야지 우상으로 바뀌어서는 안 된다고 강조했는데, 재물은 선하신 하나님께 나아가는 수단에 불과하기 때문이다.

아우구스티누스는 그리스도를 괴롭히던 압제와 가난한 자들에게 행하는 뻔뻔스런 불의를 보고, 그리스도께서 너희에게 준 것으로 그분께 돌려주라고 했다. 그는 모두가 공유해야 할 부를 소수의 사람들이 강탈하고 있는 불의한 상황을 책망했다. 그는 합법화된 사유재산의 권리가 실제로는 모든 창조물이 만인을 위해 공존하도록 하신 창조주의 의도와는 달리, 창조주의 절대적 주권과 섭리를 모욕하고 있음을 논증했다. 우리가 이 땅의 순례자의 삶으로 함께 나아갈 때, 우리의 공동 목표이며 최고의 행복이신 하나님께 나아가는 수단으로서 각 사람의 필요에 따라 만물이 공동으로 사용되는 것이다.

아우구스티누스는 그들이 모두 "동일한 흙에서 비롯되었음"과 "동일한 땅에서" 살아가며, 동일한 자연 조건에서 살아가는 존재임을 상기시켰다. 그래서 그는 인간의 삶에 부적절한 법과 제도를 거부하면서 신앙에 입각한 윤리적 기초로 새롭게 변혁되어야 함을 주장했다. 아우구스티누스가 제시한 변혁은 물질적 소유 차원만이 아니라 인간 존재와 생명의 존엄성에 대한 확신이었고, 지고의 선이신 하나님과의 온전한 연합을 향한 제시였다. 특히 그는 당시 널리 퍼져 있는 불의에 대한 비판에만 그치지 않고 실제로 이러한 가르침을 행할 수 있는 수많은 수도원 나눔 공동체들을 설립했을 뿐 아니라, 조직된 전달 수단으로 재물을 공유하기 위해 수많은 구빈원도 세웠다.

희년의 영성화를 거부한 초대 교부들

1세기 말엽, 초기 로마제국의 속주인 갈릴리에서 예수님에 의해 주도된 기독교는 공평과 정의의 하나님 나라를 제시했다. 예수님은 이사야서 61장 1–2절의 희년 선포로 공생애를 시작하셨다. 예수님은 당시 로마제국의 권세에 빌붙어 종속국의 특혜를 누리고 있던 바리새인들과 제사장들의 종교적 가식과 사회경제적 억압을 폭로하셨다.[107]

예수님의 가르침을 따른 초대교회 공동체는 각 사람의 필요를 따라 모든 것을 나누며 공유했다. 이러한 초기 기독교 공동체의 인류 평등주의는 로마제국의 불안정한 상황에서 대단한 호소력과 결속력을 심어 주었다. 초기 그리스도인의 섬김과 코이노니아의 두드러진 특징인 긍휼은 자신의 소득이나 재산을, 빈곤한 자들과 사회적으로 무시당하는 자들이 절대적 빈곤이나 결핍으로 고통당하며 살지 않도록 고안한 재원에 전폭적으로 양도하는 것을 의미했다. 각자가 기부한 재물은 서로 공유함으로 병자, 과부, 고아, 노인, 버림받은 자의 필요로 충당했다. 부유한 자가 직접 구제한 것이 아니라 성직자들에 의해 공동 재원으로 관리되었기에, 기부자가 더 큰 영향력을 갖지는 않았다. 이교 신전에서는 우상의 제물로 바치는 많은 재물들이 기독교 공동체에서는 가난한 자들의 필요를 위해 사용되었다. 기독교 신앙은 남녀노소, 신분을 초월하는 생명력을 불어넣어 주는 비전이자 운동이었기에, 로마 시민이 되는 것보다 그리스도인이 되는 것을 더 나은 보호로 여겼다. 그것은 지중해의 모든 대도시에 견고하게 뿌리를 내리고 있었고, 급속도로 그 시대의 가장 영향력 있는 운동이 되고 있었다.

하지만 성장과 함께 기독교는 조직화되고 제도화됨으로 로마제국의 구조와 이념적 가치들을 모방했다. 모세오경의 사회개혁적 특성을 지닌 희년사상은 제2성전 말기 정치적, 종교적 상황으로 인해 점차 종말론화되고 영성화되었다.[108] 또한 예수님의 십자가 처형 이후, 하나님 나라 운동은 점차 로마제국의 전역으로 퍼지면서 다양한 계층과 신분으로 확산되었고, 그 결과 갈릴리의 소외된 자들의 역사적 열망은 하늘에 소망을 둔 영적인 형태인 천상적 개념으로 변해 갔다.[109]

로마 초창기에 시작된 사유재산의 집중은 여러 황제들의 통치하에서 급속도로 퍼지게 되었고, 그 결과 소수 부유층의 향락과 낭비와 대조적으로 대다수의 농민들과 도시 빈민들은 강탈에 시달려 비참함에 허덕여야 했다. 또한 고향에서 쫓겨나 정처 없이 떠도는 거지나 부랑노동자나 하층민이 줄어들지 않았다.[110] 토지에 속박된 농노들은 무거운 빚을 지고 원시적인 농기구들을 사용하며 고생하면서, 그들의 노동과 수고가 자신들을 위한 것이 아니라 도시의 부자들을 위한 것임을 알고 있었다.

초대 교부들은 이러한 부와 빈곤의 인과관계를 알렸고, 토지와 천연자원을 독점함으로 인간을 노예화하는 당대의 불의한 경제체제를 공의로운 희년 사회로 개혁되도록 강단에서 외치며, 삶의 현장에서 모범을 보였다. 초대 교부들의 가르침은 신앙적 본보기뿐 아니라 불의에 대항하는 새로운 이념적 원동력이 되었다. 특히 교부들은 그 시대의 제도와 법에 대한 합법화를 받아들이지 않았다. 그들은 하나님의 공평과 정의에 근거하여 판단했으며, 법과 제도에 대해 합법성 여부가 아니라 공의 여부를 중심으로 올바른 대안을 제시했다.

교부들의 관점에서 토지와 천연자원의 사적 소유는 무신론적이거나 우상숭배였다. 이들은 예수님께서 제자들에게 하신 완전한 선언, 곧 "너희가 하나님과 재물을 겸하여 섬길 수 없느니라"(눅 16:13)라는 말씀을 결코 잊지 않았다. 특히 토지에 대한 독점적 소유는 토지소유주와 토지를 빼앗긴 자들 모두를 노예로 만드는 우상숭배가 되고 말았다. 그래서 교부들은 창조주의 섭리를 무시하는 물신숭배를 단호히 거부했다. 토지와 천연자원에 대한 소수의 사적 소유는 다수 노동자들을 생산도구로, 동정의 대상으로 전락시켰다. 하나님께서 창조하신 존엄한 인간을 재산으로 격하시킨 것이다.

교부들은 인간의 기본적 평등권과 태어나면서부터 얻는 생득권(生得權)을 환기시키면서, 토지소유권의 독점에 대한 단호한 거부와 코이노니아를 강조했다. 인류가 재산에 대한 우상숭배를 효과적으로 거부할 때 공평과 정의는 시작되며, 자유와 평화의 가치가 존중받기 때문이다. 기독교 시대의 초기 수세기 동안 이러한 코이노니아에 관한 비전은 계속되었다. 3세기 중엽에서처럼 교회는 "생활수준을 검소히 했다".[111] 코이노니아의 이상은 4세기 기독교의 공인과 함께 점차 희미해졌지만, 수도원 생활을 통해 새로운 장이 열렸다. 금욕과 청빈의 삶을 강조한 수도원 운동은 물신숭배를 거부하는 실제적이고 효과적인 방법의 토대가 되었다. 암브로시우스, 크리소스토무스, 아우구스티누스와 같은 4세기 교부들은 스스로 사유재산을 포기하고 공동생활의 본을 보였다. 그들은 제도권 교회뿐 아니라 수도원 공동체를 중심으로 병원, 식량 보급, 장례 지원, 응급 구호 등을 실천했다.[112] 또한 수도원 공동체를 통해 경작, 제조, 벌목, 건축 등의 다양한 경제활동까지 지원했다.[113] 이처럼 초대 교부들은 먼저 자신의 재산을 아낌없이 가난한 자들에게 나누어 줌으로 공동체 안에서의 참된 풍요로움이 무엇인지 실천적 삶을 보여 주었다. 특히 그들은 당시 토지와 지대에 대한 소수의 독점적 권리를 강력히 비판하면서, 모든 사람이 함께 누려야 할 천부인권임을 강조함으로 희년사상을 제시해 주었다.

"초대교회의 본으로 돌아가자"는 종교개혁자들의 외침처럼, 우리는 오늘날 한국 교회가 돌아가야 할 초대교회의 가르침이 무엇인지 귀 기울여야 한다. 토지정의에 기초한 희년사상은 외면한 채 개교회 성장주의에 빠져 세습과 타락의 길을 걷고 있는 한국 교회는 분명히 초대 교부들의 경고에 귀 기울여야 한다. 무엇보다 초대 교부들이 경고한, 소수의 대토지 사유로 인한 토지 문제를 심각하게 인식해야 한다. 토지사유화가 빈부격차를 초래하는 주된 원인일 뿐 아니라, 인간을 노예로 만들며 재물의 노예가 되어 하나님마저 거부하게 하기 때문이다.

6
종교개혁자들의
희년사상

김유준 연세대/한신대 교회사 겸임교수, 연세차세대연구소 소장

군에서 북한 선교에 비전을 품고 대학에 복학하여 제자훈련에 집중하던 중 1996년 8월 연세대 한총련 사태를 목격하면서 기독 청년으로서 어떻게 살아야 할지 고민하게 되었다. 그해 가을, 연세대 총학생회를 통해 기독총학생회 운동을 시작했고, 그 운동으로 형성된 '새벽이슬' 모임에서 공의로운 세상을 위한 기독교적 대안을 모색하는 가운데 희년사상을 접했다. 대토지를 사유하며 종교권력을 향유했던 기득권의 '불편한 진실'에 착안하여 교회사의 주요 사상가들의 원전을 파헤치기 시작했다. 희년사상을 통한 한국 교회와 그리스도인의 변화를 추구한다면 성서학은 물론, 초대교회로부터 오늘날까지 교회사에서도 연속성 있게 희년사상이 분명히 나타났을 것이기 때문이다. 이에 석사학위 논문부터 칼뱅을 시작으로 교회사의 주요 사상가의 경제사상에 나타난 희년사상을 연구하기 시작했다. 이제는 연세대학교와 한신대학교 강의 때마다 예수 그리스도의 십자가 복음과 함께 빠뜨리지 않고 강조하는 것이 하나님 나라와 희년사상이다. 희년사상을 통해 매학기 수많은 대학생이 기독교 신앙에 마음을 열고 예수 그리스도를 영접할 뿐 아니라, 하나님 나라에 대한 구체적 비전을 품고 새로운 발걸음을 내딛고 있다. 앞으로도 교회사 연구를 통해 하나님의 공평과 정의에 입각한 희년사상을 꾸준히 전파하려고 한다.

자본주의의 노예가 된 한국 교회

한국 교회는 해방 이후 공산주의와의 이념 갈등과 한국전쟁의 참상을 경험했기에 자본주의가 아닌 사회주의 경제체제에 근본적인 반감과 거부감을 갖고 있다. 한국 사회와 교회의 성장 이데올로기 역할을 해온 자본주의는 당연히 기독교의 '유일한' 경제체제인 양 여겨졌다. 그동안 여러 신학자가 사도행전에 나타난 초대교회의 재산공유를 일시적 현상으로 국한하면서 사유재산 제도를 부각했다. 하지만 사유재산의 인정은 오히려 재물의 탐욕을 부추겼고, 경제와 사회의 양극화를 초래해 사회 전반을 병들게 했으며, 경제적 가치로 인간을 평가하는 비인간화가 만연하게 되었다. 특히 한국 교회는 종교개혁자들의 개혁 사상을 강조하면서 이신칭의를 중심으로 하는 신학과 사상에 역점을 두었지만, 종교개혁 당시 사회경제적 상황의 처참함과 이에 대한 개혁자들의 실천적 노력과 가르침에 대해서는 그리 관심을 기울이지 못했다. 그 결과 한국 교회가 양적으로는 성장했지만, 그리스도인의 삶 전반에 만연한 배금주의와 사회 전반에 걸친 구조적 악과 불의에 대해서는 적극적으로 대처하지 못하는 한계를 드러냈다.

이에 16세기 유럽의 종교개혁 당시, 개신교 신학과 사상의 토대가 되는 종교개혁자들의 경제사상과 사회구조 전반에 대한 입장은 어떠했는지 살펴보고자 한다. 루터와 칼뱅 같은 주요 종교개혁자들이 과연 오늘날 같은 자본주의적 경제체제만을 주장했는지, 아니면 그들에게 사회주의적 요소나 제3의 요소, 즉 지공주의적 요소가 발견되는지 면밀히 고찰하고자 한다.

루터의 희년사상

루터의 경제사상은 전근대적이거나 자본주의의 발달에 역행한 것으로 평가되었다.[1] 막스 베버는 루터가 직업소명설을 형성하는 데 공헌했으나, 경제적 가능성을 발전시키지 못하고 오히려 경제적 전통주의로 복귀했다고 보았다.[2] 에른스트 트뢸치도 루터 윤리의 이원성이 사회구조와 제도에 무관심하게 만들었다고 보았다.[3] 막스 스택하우스도 루터가 영적이고 좁은 의미의 교회적인 혁명에 몰두해, 정치적이고 사회적인 운동들에 전혀 공감하지 않았다고 보았다.[4] 그러나 카터 린드버그는 "루터는 사회에 신앙을 신학적으로 적용하는 데 결정적 역할을 위한 분명한 모형을 제공할 뿐 아니라 좀더 중요하게 성경에서 그 신학의 위치를 정하는 분명한 모형을 제공한다"고 보았다.[5]

루터의 경제사상에 대한 첫 번째 공식적인 표명은 1519년 11월에 출판된《고리대금업에 관한 짧은 설교》였다. 그는 1520년 초에 그것을《고리대금업에 관한 긴 설교》로 대폭 보완해 출판했다. 고리대금에 대한 입장은 이미 13세기 이래로 교회와 정부 그리고 대중들 속에서 죄악시된 것이었기에 그의 초점은 당시 교황주의 신학자들이 상당히 정당화하고 옹호한 상업 자본의 실제에 대한 것이었다. 그 후 루터는《고리대금업에 관한 긴 설교》에 덧붙여 1524년 상업에 관한 논문으로《상업과 고리대금업》을 출간했다. 이 논문에서는 모세 율법의 십일조와 희년에 대한 설명을 결론부에 새롭게 첨가했다.[6] 특히 이 논문의 마지막 부분에서 왕과 제후들에게 토지와 고리대금업에 관한 문제를 의회에서 가장 시급히 다루어야 한다고 강조했다. 루터가 토지 문제와 관련한 희년사상과 십일조 그리고 상업의 극단적인 폐단과 고리대금업의 죄악을 얼마나 강조하며 중시했는지를 알 수 있다.[7]

1 이웃사랑을 위한 사유재산과 직업

루터가 지적한 거대한 도적들은 고리대금을 일삼는 무역회사를 소유한 자들이었다. 당시 독일 영주들과 지배자들은 평민들의 토지와 재산을 강탈해 막대한 이익을 취하고 있었다. 루터는 이자로 자본증식을 꾀하는 것이 악덕, 죄악, 수치가 아니라 고상한 덕목과 영예로운 것으로 알려져 있다며 개탄했다. 루터는 교회 공동체를 새롭게 등장하는 자본주의적 질서와 대칭되는 집단으로 이해했고, 교회가 만일 고리대금업을 한다면 문을 닫아야 한다고 보았다. 또한 세상 정부도 고리대금업을 금지하는 조치를 취해야 한다고 역설했다.[8]

> 그들도 이자를 떼는 고리대금업자들이며 날강도들이다. 그들은 의자에 앉아 스스로를 귀공자들과 경건한 시민들이라고 자칭하며 그럴듯하게 강도질을 하고 도적질을 한다. 지배자들과 영주들로 단체를 만든 이 최고의 도적은 도시나 마을뿐 아니라 전체 독일에서 매일같이 도적질한다.[9]

루터는 경제 문제의 초점을 인간 삶에서 필수적인 조건이 지닌 성격을 신학적으로 규명하는 것에 두었다. 루터는 이런 관점에서 당시 초기 자본주의적 요소를 염두에 두고 개인적 차원뿐 아니라 사회 윤리적 차원에서 다루었다.[10]

루터는 사유재산을 중세의 큰 틀 안에서 모든 사람이 이웃을 섬기는 데 필요한 전제 조건이라고 보았다. 즉 개인의 재산을 사랑의 규범에 기초하는 것이다.[11] 자신과 가족의 생명을 보존하는 데 소유물을 사용하고, 남는 것은 이웃에게 속한 것이다. 만일 그렇지 않으면 그것은 '불의한 재물'이라고 했다.[12]

그리스도인은 곤궁에 처한 이웃을 자신의 재물로 도와줄 때 하나님과의 관계가 자유롭게 된다. 그의 소유로 이웃을 섬기고 또 이웃이 어려울 때 도울 수 있도록 하나님께서 그에게 소유를 주셨다. 이것이 소유의 의미다. 소유는 단순히 쌓아 둘 때는 좋은 '물건들'이 될 수 없다. 자신의 생명과 가족의 생명을 보존하는 데 쓰고 남은 소유물은 우리의 이웃에게 속한 것이다. 그렇지 않으면 그것은 '불의의 재물'이다.[13]

루터는 사유재산권을 이웃을 위한 봉사, 즉 사랑의 규범에 기초한다. 공무원이나 영주와 군주 그리고 가장은 그들의 의무를 행하는 데 돈과 재산이 필요하기에 사유재산을 이웃을 섬기는 데 필요한 전제 조건이라 했다. 루터는 세상 왕국에서 사유재산 제도를 인정했지만, 자기만을 위해 쓸 수 있다고 보지는 않았다. 곤궁한 사람들을 돕고 섬기는 것보다 하나님에 대한 더 큰 섬김은 없다고 했다. 루터는 수도사들이나 걸인들의 구걸 행위를 금지했으며, 가난한 사람들은 당국에서 보살펴 주도록 했다. 가난한 아동들은 당국에서 교육시키도록 했다. 모든 사람은 하나님의 은총으로 구원받기 때문에 그에 대한 보답으로 하나님의 영광을 위해, 이웃에 봉사하기 위해 일해야 했으며, 일할 수 없는 사람은 국가가 부양해야 했다. 중세 로마 가톨릭 교회는 사유재산을 인간의 고유한 권한으로 인정하는 입장이었지만,[14] 루터는 당시 폭력 사태를 초래한 일부 재세례파의 재산 공유에 비판적이었기에 사유재산을 옹호했다. 중세적 입장에서 소유를 침해하지 못할 개인의 권한으로만 보지 않고, 공공의 필요를 위해 자신의 것을 나누지 않는 것 자체를 불의한 것으로 보았다. 루터는 심연에 있는 탐심의 죄를 지적하면서 개인의 재산을 하나님 사랑과 영광을 위해 적극적으로 사용해야 한다고 강조했다.

한편, 그리스도인의 직업 활동은 이웃을 섬기도록 하나님이 부르셨음을 확실히 믿는 가운데 행해야 하며, 하나님께서 그가 하는 일을 기뻐하신다는 확신을 가져야 한다. 각자의 신분과 소명에 따라 다른 일을 하지만 같은 방법으로 사랑하라는 소명을 모두 받았다. 사람은 사랑을 통해 성직에 봉사할 수 있고, 사랑의 행위를 통해 어려운 사람들을 섬길 수 있다. 루터는 하나님께서 인간에게 비범하고 특별한 일을 요구하신다고 강조했지만, 그렇지 않은 모든 사람은 각자의 소명을 따라 각자의 일을 행해야 한다고 했다.[15] 모든 기독교 에토스는 '의인 아래 있는 에토스'이기에[16] 우리가 직업으로 하는 일은 우리의 죄가 용서받았다는 확실성을 떠나서는 받아들여질 수 없는 것이다.[17]

일은 사람을 다른 사람에게서 독립할 수 있게 하고 그로 하여금 가난한 사람을 도울 수 있게 한다. 일하지 않는 사람은 남의 피와 땀으로 살아가며, 이웃에게 마땅히 주어야 할 것을 주지 않기에 도둑이다. 수고로서의 일은 육의 욕망을 다스리며 인내심을 연단하는 등 인간을 훈련시키며, 하나님을 기쁘시게 하는 수단이다.[18] 하나님께서는 일하라고 명령하셨을 뿐 아니라 안식하라고도 명령하셨기에, 일에 지쳐 하나님께 드리는 예배를 소홀히해서는 안 된다. 루터는 멜란히톤에게 보낸 편지에서 "우리는 안식할 때도 하나님을 예배한다. 참으로 이것보다 더 위대한 예배는 없다"라고 하며, 안식함으로 하나님을 더 잘 예배할 수 있다고 했다.[19] 안식을 통해 일을 우상화하는 것에서 지켜 주는 것이다. 루터는 십계명의 제4계명을 "하나님께서 당신 속에서 역사하실 수 있도록 당신은 당신의 일로부터 자유롭지 않으면 안 된다"라고 해석했다.[20] 그래서 루터는 모든 선행 가운데 가장 높고 귀중한 것은 그리스도에 대한 신앙이며, 행위는 그 자체로서가 아니라 신앙 때문에 받아들일 만하게 된다고 보았다.

2 신앙과 양심에 기초한 상업과 이자

루터가 상업보다 농업을 중시한 것은 사실이나, 상업을 전적으로 배격한 것은 아니었다. 루터는 《상업과 고리대금업》에서 상업을 필요악이 아니라 필수적인 것으로 보았다.[21] 그뿐 아니라 명예로운 목적에 기여할 매매는 기독교적 방식으로 이루어질 수 있다고 보았다. 또한 루터는 당시 상업 활동을 통해 드러난 잘못된 상업적 관행들을 시정하려 노력한 반면, 해외무역에 대해서는 비판적이었다.[22] 루터는 인도에서 값비싼 비단, 금, 후추, 향료와 같이 유용하지 않은 물품과 음식들을 단지 과시를 위해 들여오는 해외무역은 불필요한 것이라며 강하게 비판했다. 루터가 이러한 과시와 사치를 위한 해외무역을 비판한 이유는 "우리가 먼저 궁핍과 가난으로 절박한 상황에 있는 이들을 생각해야" 하기 때문이었다.[23] 그래서 루터는 "양심이 허락하는 한 상업의 폐단과 죄악에 대해 말하는 것이 우리의 목적"이라고 했다.[24]

루터가 해외무역과 고리대금업 등의 폐단을 언급했다고 해서 상업 자체나 이자에 대해 부정한 것은 아니다. 당시 새롭게 대두되는 중상주의 풍조에서 생겨난 수많은 폐단과 죄악에 대해 법적 제어 장치가 마련되어 있지 않았기에, 루터는 상업에 대해 긍정적인 입장이기보다는 그리스도인으로서 신앙과 양심에 비추어 기존의 상업 활동의 폐단을 통렬하게 비판한 것이다. 루터는 불로소득이나 부의 편중으로 나타나는 계층의 양극화와 경제난 그리고 사유재산을 절대화함으로써 자신의 남은 재물을 불필요한 곳에 허비하며 가난한 사람들의 고통과 아픔을 외면하는 극단적이기주의를 경고한 것이다. 츠빙글리나 칼뱅은 상업 활동의 긍정적인 면을, 루터는 부정적인 면을 강조함으로써 그리스도인의 올바른 경제관을 세우는 데 공헌했다고 평가할 수 있다.[25]

상품 가격에 대해 루터는 로마법의 개념을 따라 제반 경비와 상인의 수고, 노력, 위험성을 계상(計上)한 비용을 합친 공정한 가격을 주장했다.[26] "일꾼이 그 삯을 얻는 것이 마땅하니라"(눅 10:7)라는 말씀대로 루터는 상인이 상품 가격에서 이윤의 폭을 정할 때 그 상품에 투입된 시간과 노동의 양을 계산하고, 다른 작업에서 일하는 일용 노동자의 노력과 비교해 그들이 받는 일당을 정하는 것이 최선의 방법이라고 했다.[27] 루터는 상품 가격을 결정할 때 세속 당국자들이 현명하고 정직한 사람들을 임명해 모든 상품의 비용을 계산하고 그에 따라 상인에게 적절한 생활 형편을 제공할 수 있는 가격을 정해야 한다고 했다. 루터는 통치자가 가격을 정하는 일을 하지 않을 경우 차선책으로 시장에서 상품들이 사고 팔리는 가격에 따라 가치가 결정되어야 한다면서, 시장에서 결정되는 가격이 정직하고 적절하다고 보았다. 상인이 직접 가격을 정할 경우, 탐욕에 차서 폭리를 취하려해서는 안 되고 평범하게 생활할 만큼의 이윤을 붙여야 한다고 보았다.[28] 이처럼 루터는 가격 결정에서 정부의 개입과 함께 시장의 자유로운 결정도 인정했다. 다만 폭리와 부당한 행위를 경계한 것이다.

루터는 독점은 가증스러운 일이며 제국과 세속의 법이 이것을 금한다고 하면서, 독점 행위를 하는 자들은 인간이라 불리거나 더불어 살 가치가 없다고 했다.[29] 과점과 품귀 현상 시 비싸게 파는 것도 비판했으며, 그런 행위를 하는 사람들은 절도요, 강도요, 고리대금업자라고 했다.[30] 루터는 당시 불공정한 가격과 거래를 비판했지만 상업 자체를 비판한 것은 아니었다. 그리스도인이 상업에 종사할 수 있다고 보았으며, 물품 원가에 상인의 노력과 위험성을 계상한 이윤을 붙이는 것을 공정하다고 보았다.[31]

루터는 영적 왕국에 속한 그리스도인은 성경 말씀에 따라 이자를 받아서는 안 된다고 주장했다. 루터는《상업과 고리대금업》에서 세상 물질을 공정하고 이롭게 다루는 세 가지 등급이 있다고 했다. 첫째 등급은 누군가가 폭력으로 탈취할 때 그 소유를 포기할 뿐 아니라 더 많이 가져가게 하는 것이고, 둘째 등급은 우리의 물질을 필요로 하는 사람에게 거저 주고 돌려받지 않는 것이며, 셋째 등급은 이자를 받지 않고 즐겁게 빌려 주는 것이다. 빌려준 것보다 많거나 더 좋은 것을 돌려받기를 기대하는 자는 고리대금업자에 불과하다고 했다.[32]

루터는 이 세 등급 아래 세상 물질을 거래하는 다른 등급과 방법들이 있다고 하면서 세상 왕국에서는 이자를 받는 것이 가능하다고 말한다. 모든 사람이 10퍼센트 이자를 부과하더라도 교회는 교회법에 따라 엄격하게 4-5퍼센트를 지켜야 한다고 했다.[33] 루터는 요셉 이야기를 통해, 세속 정부는 세상이 악하기 때문에 복음과 그리스도인의 사랑이 아닌 엄격한 법으로 통치해야 한다고 했다. 사랑만 적용된다면 모든 사람은 다른 사람의 비용으로 먹고 마시고 쉽게 살 것이고 아무도 일하지 않을 것이라고 했다. 또한 루터는 그리스도인이 이자를 받지 않는 것은 옳지만 자기가 빌린 것에 대해서는 이자를 주어야 한다고 보았다.[34] 그리스도인은 빌려준 것을 돌려달라고 요구하지 않으나 당국자들은 도둑과 강도질을 방지하기 위해 돌려줄 것을 요구해야 한다고 강조했다.

루터는 잘못된 경제생활 유형을 세 가지로 나누어 설명했다. 첫째, 사람들은 친한 사람들이나 부유한 사람들에게는 우정이나 호의를 얻기 위해 물건을 나누면서, 우정을 나누거나 보답할 수 없는 가난한 사람들은 고려하지 않는다.[35] 둘째, 사람들은 원수나 반대자와는 물질을 나누려 하지 않는다.[36] 셋째, 사람들 특히 기독교인들은 자기에게 영예와 이익이 돌아오는 대상에게만 물건을 나눈다.[37]

루터는 가혹한 이자를 물리는 계약을 우회적으로 비난했지만 그것이 교회법에 위반되는 것이 아니라면 4-5퍼센트의 이자 부과는 용인된다고 보아, 매우 현실적 입장을 취했다. 그러면서 루터는 채무자와 그의 재산이 '공정한' 계약을 통해 채권자의 요구에 전적으로 종속되지 않게 하기 위해 일정한 담보물과 상세한 토대를 마련했다. 즉 채권자도 손실을 부담해 모든 손실을 채무자에게 떠넘기지 않게 하는 것이다. 그는 채권자와 채무자 쌍방이 계약관계를 현금으로 상환하는 계약을 반대했으며, 원금을 미리 갚는 것은 채권자가 아니라 채무자가 선택해야 한다고 주장했다. 루터에 의하면 채무자는 일정한 범위에서 채권자에게 보상할 의무가 있는 것이다. 루터가 관심을 가진 것은 채권자에게도 형평의 원칙이 적용되어야 한다는 것으로, 채권자의 손실과 손해를 막아 주기 위해 이자가 필요하다고 보았다. 이처럼 이자에 대한 루터의 입장은 기독교적인 사랑에 기초하며, 무이자대출 개념과 함께 공정거래를 위한 당국의 의무와 책임을 동시에 강조해 공의로운 경제활동을 실현하고자 했다.

3 지대 차액과 불로소득 환수로서의 십일조

루터는 《고리대금업에 관한 긴 설교》에서[38] 토지를 통한 지대[39] 차액을 노리는 상업 활동을 강하게 비판했다. 위험부담 없이 얻는 불로소득이기 때문에 금지되어야 한다고 주장했다.

지대 차액을 노리는 자들이 남보다 빨리 부자가 되는 것은 당연하다. 다른 사람들은 사업에 돈을 투자하면 이익이나 손해를 볼 수 있지만, 지대 차액을 노리는 자는 조금만 재주를 부리면 손실에서 벗어나 이익을 얻게 되므로 그들의 위험부담은 크게 줄어들고 안전이 보장된다. 그렇게 때문에 그 기초가 되는 토지에 대한 특별한 조치나 정의 없이 오직 지대를 받는 것은 금지되어야 한다.[40]

루터는 레위기의 희년사상과 일맥상통하는, 토지 불로소득의 금지 개념을 설득력 있게 논증했다. 루터는 "토지를 사는 것이 돈의 본성에 속하지 않는다"고 봄으로써 토지매매를 금하는 희년의 원리를 밝혔고, "토지를 담보로 지대 차액을 누리는 것은 참된 소득이 아님"을 강조했다.[41] 오히려 그러한 자들을 고리대금업자, 도둑, 강도로 취급했다. "그들은 자기들의 것도 아니고 자기들의 능력 안에 있는 것도 아닌 돈의 이익을 팔고 있기 때문이다."[42] 루터는 지대를 통한 불로소득을 챙기기 위해 타인에게 위험을 전가하면서 자신은 게으르고 빈둥대며 부유하게 지내는 자들을 향해 "하나님을 거역하는 것이며 이웃의 복리에 무관심한 고리대금업자와 같다"라고 경고했다.[43]

이러한 지대 차액으로 벌어들인 불로소득 환수 대책으로 루터는 모세 율법인 레위기에 나타난 십일조를 강조했다. 루터는 1525년 8월에 '기독교인들은 모세를 어떻게 이해할 것인가'라는 제목의 설교에서 십일조를 통한 단일세를 강조했다.[44]

만약 〔오늘날의〕 군주들이 모세의 본을 따라 통치한다면 나는 아주 기쁠 것이다. 내가 만약 황제라면 나는 〔나의〕 헌법의 표본을 모세의 율법에서 찾으려 할 것이다. 모세가 나를 속박하기 때문이 아니라 그가 통치했던 것처럼 나도 그러한 통치로써 그를 따라 자유롭게 되기 때문이다. 예를 들어 말하자면, 십일조는 아주 훌륭한 법규다. 십 분의 일을 냄으로써 다른 모든 세금을 없앨 수 있기 때문이다."[45]

루터는 당시 십일조 폐지를 주장하는 급진적 종교개혁자들과 달리, 십일조를 매우 훌륭한 법규로 보았고, 특히 십일조로 다른 모든 세금을 없앨 수 있다고 보았다. 이러한 사상은《진보와 빈곤》을 저술한 미국의 헨리 조지의 사상에서도 강조되었다. 사회의 눈부신 진보에도 빈곤이 사라지지 않는 원인을 밝히려고 한 헨리 조지는 토지에서 나오는 불로소득인 지대를 세금으로 거두어들이고 다른 모든 세금을 철폐하는 단일세 혹은 지대세로도 경제정의가 실현된다고 주장했다.[46]

루터는 모세의 율법에 나타난 희년사상에 입각해 토지를 영원히 소유하지 못한다고 명문화해 놓았음을 언급하면서, 토지와 재산을 돌려받을 수 있는 모세 율법이야말로 누구나 인정하는 훌륭한 법규로 평가했다.[47] 그래서 황제가 희년법을 기초로 삼으면 선한 정부를 세울 수 있다고 했다.[48] 루터는 고리대금업을 일삼으며 불의한 지대 차액을 노리는 사람들에게 모세의 율법과 그 모범으로 돌아가야 한다고 충고했다.[49] 양심에 호소하거나 도덕적인 의무 조항으로 그치는 것이 아니라, 적극적으로 희년사상을 구현할 수 있도록 불로소득에 대해 10분의 1에서 9분의 1, 8분의 1, 6분의 1까지 과세할 수 있는 법령을 두어 공의를 실행하도록 촉구했다.[50] 루터는 십일조를 10분의 1로 고정하지 않고 유동적으로 함으로써 토지에 대해 채권자와 채무자가 위험부담을 나누어야 할 것을 언급했다. 이를 통해 일방적으로 손실을 감수하는 것이 아니라, 상황에 따른 상호 간의 경제적 형평성을 실현하려는 루터의 통찰력을 볼 수 있다. 루터는 십일조를 "창조 이래 하나님의 법과 자연법에 상응하는, 모든 협정 가운데 가장 공평한 법"이라고 했다.[51] 그래서 그는 십일조를 최상의 지대로 보면서 10분의 1로 한정하지 않고 창세기에 언급된 요셉의 예를 통해 5분의 1까지도 가능하다고 보고, 만사가 형통하면 지대의 5분의 1이 적당한 액수라고 했다. 결국 루터는 토지를 통한 불로소득인 지대 차액을 최소 10퍼센트에서 최대 20퍼센트까지 거두어들여야 함을 주장한 것이다. 그중에도 지대 차액의 20퍼센트까지 조세로 거두어들일 것을 제안함으로써 경제적 정의실현 방안을 구체적으로 제시한 것이다. 이처럼 루터가 지대 차액에 유연하게 대처한 것은 "채권자와 채무자 모두가 위험부담을 걸머지고 함께 하나님을 의지하는 가장 공평한 법"임을 강조하기 위해서였다.[52]

이처럼 루터는 경제활동에서 가진 자의 일방적인 횡포나 가지지 못한 자의 비참한 현실을 모두 고려하여 그 위험부담을 서로 나누는 공평의 원리를 강조한 것이다.

루터는 1520년의《고리대금업에 관한 긴 설교》에 덧붙여 1524년에 상업에 관한 논문으로《상업과 고리대금업》을 새롭게 출간하면서 모세율법에 기록된 십일조와 희년에 대한 설명만을 결론부에 첨가했다. 루터가 토지와 관련된 희년사상을 얼마나 중요하게 강조했는지를 보여 주는 대목이다.[53] 그뿐 아니라 루터는 "황제와 왕 그리고 영주 등 위정자들과 의회가 토지와 고리대금업에 관한 문제를 가장 중대한 문제로 다루어야 할 것"을 결론에서 강조했다.[54] 당시 교황의 폭정을 언급하면서, 그렇게 하지 않을 경우 하나님께서 그 땅에서 그 백성을 토해 내시고 그 나라를 파괴하실 거라고 경고했다.[55]

이처럼 루터는 고리대금업과 함께 토지를 담보로 지대 차액을 노리는 것을 금지했다. 루터는 지대 차액을 통해 누리는 불로소득을 십일조를 통해 거두어 다른 세금을 대신할 것을 제안했고, 그 십일조 또한 경제적 형평성에 근거해 상황에 따라 10 - 20퍼센트를 거두어들여야 한다고 주장하면서 위정자들에게 희년사상이 실현되도록 입법화해 의회의 최우선 과제로 삼을 것을 촉구했다.

칼뱅의 희년사상

16세기 프랑스에서 종교적 박해를 피해 제네바에 건너와 종교개혁을 펼친 칼뱅은 당시 대중의 비참한 현실을 보며 개인이나 교회 안에서의 구제 차원에 머물지 않고 시의회를 통한 복지정책은 물론 사회 전반에 걸친 개혁을 펼쳤다.[56] 칼뱅의 경제사상에 대해 그동안 크게 세 갈래의 주장으로 나뉘어 왔다. 첫째는 칼뱅의 경제사상은 자본주의적 요소가 강하다는 주장이고,[57] 둘째는 사회주의적 요소가 강하다는 주장이며,[58] 셋째는 자본주의적인 요소와 사회주의적인 요소가 공존한다는 주장이다.[59] 이 글에서는 칼뱅의 경제사상을 자본주의적 요소와 사회주의적 요소의 장점을 최대한 살린 경제체제, 즉 희년사상에 기초한 지공주의적 요소와 연관 지어 고찰해 보고자 한다.[60]

1 자본주의적 경제사상

뮌스터의 공산주의적 재세례파 운동이 1535년 처참하게 끝나고, 지도자인 야곱 후터가 1536년 2월에 처형된 후인 그해 7월 제네바에서 종교개혁을 시작한 칼뱅은 재세례파의 공산주의적 공동체 사상에 대한 혐오감이 있었다.[61] 그래서 그는 제네바에서 발달한 길드를 비롯한 산업사회를 인정하면서 그곳에서 그리스도인의 바른 삶을 제시하고자 했다. 칼뱅은 일부 재세례파가[62] 재산 공유를 주장한 데 대해[63] 다음과 같이 사유재산에 대한 자신의 입장을 밝혔다.

> 성령의 은사는 여러 가지로 다르게 분배된다는 것을 우리는 안다. 그것은 시민 사회의 질서를 어지럽히지 않는다. 시민 사회에서는 각 사람의 사유재산이 허락되는데, 이는 사람들 사이의 평화를 유지하기 위해 재산 소유권을 명확하게 할 필요가 있기 때문이다.[64]

칼뱅은 예루살렘 교회가 재산을 공유한 것이 아니라 다만 신앙이 돈독한 신도들이 재산을 팔아 구제할 정도로 열성을 보였다고 해석했다.[65] 칼뱅은 구제활동을 할 때 자기 것으로 어느 정도 구제할 수 있는지 합리적으로 계산하고, 지나친 구제활동으로 가족을 곤궁에 빠뜨리는 일이 있어서는 안 된다고 경고하기도 했다.[66] 재세례파는 재산 공유가 그리스도인의 사랑의 표현인 것으로 본 데 반해, 칼뱅은 재산을 공유하면 그리스도인의 사랑의 실천인 자선을 제대로 행할 수 없다고 보면서, "이 광기에 의해 성취되는 일이란 아무도 선한 양심으로 구제할 수 없게 되는 것이다"라고 했다. 또한 공유재산 제도를 택하면 인간들이 일하기 싫어하고 나태해지는 문제점을 지적했다.[67] 칼뱅은 물질에 대해서도 세 가지 조건을 제시하며 물질 추구에 대한 한계를 설정해 주었다. 첫째, 부를 전심으로 추구하지 말아야 한다. 적은 것에도 만족할 줄 알고, 이미 획득한 부도 하나님 앞에 모두 바칠 수 있는 자세를 가져야 한다. 둘째, 자신의 일용할 양식을 위해 정직하게 노동하고 모든 악을 버려야 한다. 셋째, 적게 가진 자들은 그들의 적은 것을 가지고 하나님께 감사하고 그들의 양식을 만족하며 먹어야 한다.[68]

칼뱅은 상공업을 긍정적으로 평가하는 동시에 이자 받는 것을 허용했다.[69] 칼뱅은 돈을 금고에 넣어 두면 증식성이 없지만 사업하는 사람의 유통을 통해 이윤이 창출된다고 했다.[70] 칼뱅은 경제활동의 자본주의적 요소를 긍정하면서도 고리대금업이나 부당한 경제활동에는 반대 입장을 분명히했다. 즉 그는 이자에 따라 돈을 빌려주거나 빌리는 일의 허용에 대한 몇 가지 예외들을 규정했다.[71] 그뿐 아니라 칼뱅은 시간을 아껴 일할 것과 검소하고 절약하는 삶을 강조했다.[72] 칼뱅은 하나님께서 우리에게 검소한 생활과 절제를 요구하며 무절제하고 사치스러운 생활을 금하신다고 했다.[73]

이처럼 칼뱅은 재세례파의 급진적 경제사상에 대해 사유재산의 중요성을 강조했으며, 상공업 활동, 이자를 통한 이윤 등을 인정함으로 자본주의적 경제사상을 명확히 드러낸다. 칼뱅의 경제사상에 나타난 이러한 자본주의적 요소가 현대사회의 자본주의에서 당연시하는 인간의 탐욕에서 비롯된 경제활동까지 인정한 것은 아니었다. 그래서 여러 학자들은 칼뱅의 사회주의적 경제사상에 많은 관심을 갖게 되었다.

2 사회주의적 경제사상

칼뱅은 빈부격차를 인정했지만 가난한 사람들을 위해 재물을 사용해야 한다고 했다.[74] 칼뱅은 도움이 필요한 가난한 사람들이 하나님께서 보내신 수납인이며, 우리가 그들에게 자선을 베푼 것을 하나님께 한 일로 간주해 주신다고 했다.[75] 칼뱅은 일을 강조했지만 일을 위한 일은 아니었다. 칼뱅은 노동을 하나님의 은총에 대한 응답으로 보았기 때문에 공동체에 유익한 일, 이웃을 도와줄 수 있는 일을 해야 한다고 했다.[76] 일자리를 빼앗는 것보다 더 나쁜 일은 없다고 했고, 임금을 하나님의 은총으로 보았다.[77] 고용자가 피고용자에게 정당한 임금을 지급하지 않으면, 피고용자의 몫을 약탈하는 일일 뿐 아니라 하나님의 것을 약탈하는 행위라는 것이다.[78]

칼뱅은 상업 활동을 인정했지만 부정직한 계약, 불량한 계량기구 사용, 매점매석, 독점, 폭리 등을 신랄히 비판했다.[79] 칼뱅은 제네바에서 1558년 사치 금지법을 제정해 과소비를 규제했고, 1559년에는 제네바 아카데미가 세워지면서 교사들의 봉급을 시(市)가 담당하게 해 가난한 학생들에게 수업료를 받지 않게 했다. 칼뱅은 교회에 집사 제도를 두어 집사들을 중심으로 불우한 자들을 위해 물질을 걷고 병자를 간호하며 구제 활동을 하는 등 복지활동을 하도록 했다.[80] 1541년에 입안된 교회 법령들 가운데 '교회 행정의 네 번째 계급, 즉 집사들을 다루었던' 부분의 조항에서 집사직은 돈을 다루고, 구빈원을 정돈하고 감독하며, 도시의 가난한 사람들을 돕기 위해 편제되었다. 집사들은 네 가지 수입원이 있었다. 구빈원 운영과 그곳의 원장과 외과 의사의 봉급을 위해 시의회에서 편성한 예산, 벌금에 의한 세입, 희사금이나 자선금, 자선을 위해 헌납된 물건들의 판매다.[81]

칼뱅은 교회 수입을 넷으로 나누어, 성직자들과 빈민들과 교회 건물의 수리를 위해 그리고 타지방과 본지방의 불쌍한 사람들을 위해 써야 한다고 했다.[82] 또한 칼뱅은 암브로시우스 말을 인용해서 교회 소유는 모두 가난한 자를 돕기 위한 것이라고 했다.[83]

칼뱅은 시 당국이 구빈원을 세워 가난한 사람들을 도와주는 것 외에도 실업자들에게 일자리를 마련해 주고 일자리가 없을 때는 새로운 사업을 벌여 일자리를 만들어야 한다고 주장했다. 또한 시 당국은 노동에 대한 임금이 정당하게 지불되고 있는지 감독해야 하며 물품과 금전의 유통과정에도 개입해 부당한 상행위가 없게 해야 한다고 했다.[84] 칼뱅은 국가가 부정한 방법들로 사람을 착취하는 상업 이익을 경계해야 할 뿐 아니라 국가 자체가 국민들에게 어떠한 경제적 부담도 되어서는 안 된다고 하면서, '공적 필요'를 위해 백성에게 과세하는 국가의 권리와 필요성을 확언했다.[85]

칼뱅의 이러한 사회주의적 경제사상은 오늘날 정부의 개입보다는 자유 시장경제 원리에 맡겨야 한다는 시장 만능주의 신자유주의 체제 폐단에 대한 신학적 경종으로 받아들일 수 있다. 즉 일자리 창출을 통한 실업 문제 해결, 기업 간의 불공정거래 감독, 임금체불과 비정규직 노동자에 대한 부당한 처우 개선 그리고 빈익빈 부익부로 말미암은 사회 양극화 해소 등은 특히 심혈을 기울여야 할 것이다. 특히 칼뱅은 불우하고 가난한 자들을 위한 구제와 의료, 복지와 교육에 대해 교회에서뿐 아니라 시 당국 차원의 적극적인 지원과 활동을 촉구하며 제도로 정착할 것을 강조했다. 이러한 면은 단순히 공산주의적 사회주의나 북유럽식 복지국가만을 의미하지 않는다. 칼뱅의 경제사상은 차별화된 공평이 아닌 동등한 공평, 사치와 방자함이 없는 중용 그리고 초대교회 공동소유의 삶을 통한 진정한 동등함을 이루는 공평한 삶이다.[86] 그렇기에 칼뱅은 교회를 자본주의의 경쟁 원리가 아닌 성령이 역사하는 공동체로서 교회의 공동선을 위한 섬김의 장으로 보았다.[87]

3 지공주의적 경제사상

칼뱅의 경제사상에는 분명 자본주의 요소와 기독교 사회주의 요소가 공존한다. 하지만 현재의 자본주의나 사회주의와는 또 다른 독자적인 사상체계를 지니고 있는데, 이를 지공주의적 경제사상으로 칭할 수 있다. 지공주의는 토지 사용의 대가는 사회가 공유하고, 노동과 자본 사용의 대가는 개인이 사유하는 경제체제를 의미한다. 지공주의는 자본주의의 근본적인 문제, 즉 지대 차액을 통한 불로소득을 사유함으로써 빚어지는 부동산 투기와 빈부 양극화를 극복해 줄 뿐 아니라, 사회주의가 역사적 경험을 통해 보여 준 실패, 즉 집단화에 따른 생산 인센티브의 소멸과 생산력 침체 문제를 극복하는 대안적 경제체제를 의미한다. 지공주의는 토지 불로소득 환수와 노력소득 최대 보장을 통한 성장과 분배 모두를 달성할 수 있는 경제체제다. 칼뱅은 성경 원리에서 당시 사회 전반에 걸친 문제의 대안을 제시하고자 했기에, 그의 경제사상을 희년사상에 기초한 성경적 원리 그리고 초대 교부들의 문헌과의 연관 속에서 고찰할 수 있다.

레위기와 신명기에 나타나는 희년법 사상은 빚 탕감, 노예해방, 토지 반환을 주요 내용으로 다루면서, 그 근간에는 창조주 하나님의 절대주권을 인정함과 동시에 인간의 관계 속에 하나님의 공평과 정의가 실현될 것을 강조한다. 그중에서도 토지 반환은 희년법 사상에서 핵심적 요소라 할 수 있다. 토지에서 나오는 지대는 불로소득이기에 개인이 독점할 것이 아니라, 사회 공동체가 공유해야 함을 강조한 것이다. 레위기에서는 이를 위해 50년째 되는 희년마다 원주인에게 돌려주는 토지 반환을 제도로 정해 놓은 것이다. 결국 노동생산물의 사유화는 정당하지만 토지에서 나오는 지대를 독점하는 것은 부당하기에 공동체가 만들어 내는 불로소득의 독식을 차단함에 목적이 있다. 희년법과 지공주의는 분명 사회주의와 확연히 구분되는 것으로, 노력소득에 대해서는 사유를 강조한다.

칼뱅은 십계명 해석의 원리로서 양심과 공평, 사랑의 규범을 강조했는데,[88] 이러한 점들은 그의 경제사상 전반에 나타나는 공평과 정의에 대한 사상을 뒷받침한다. 특히 칼뱅은 성경에서 제시하는 무조건적 사랑을 강조하는 동시에 일하지 않고는 먹을 수 없다는 경제적 정의를 분명히 인식하고 있었다.[89] 그래서 칼뱅은 신명기 설교를 통해 가난한 자를 적극적으로 돕는 이웃 사랑이 안식의 진정한 의미라고 보았다.[90] 칼뱅은 가난한 자들을 위한 규례를 사회정책으로 체계화해 공평에 기초한 경제정의를 개인의 자비와 구제가 아닌 국가적인 공평과 정의로 제도화해야 함을 주장했다.

칼뱅은 초대 교부들의 문헌들을 통해 교회 재산을 어떻게 다루어야 하는지 말했다.

우리는 교회 재산이 어떻게 사용되며 어떻게 분배되었는지 판단할 수 있다. 교회가 소유한 토지나 돈은 전부 빈민을 위한 것이라는 생각을 우리는 교회 회의의 결정과 고대 저술에서 자주 읽을 수 있다. 그래서 감독들과 집사들을 향해, 그들은 빈민을 돕기 위해 임명되었다는 것을 잊지 말라는 말이 반복된다. … 따라서 사역자들이 먹을 것이 부족하지 않도록 그리고 빈민들이 무시되지 않도록 분배가 이루어졌다. 그러나 동시에 검소한 모범을 보여야 하는 사역자들이 사치하고 방종한 생활을 할 정도로 많이 받지

말고 꼭 필요한 정도로만 받도록 규정했다.[91]

칼뱅은 교회가 소유한 토지나 돈은 전부 빈민을 위한 재산임을 밝히면서 토지와 지대의 공유사상을 보여 주었다. 또한 칼뱅은 밀라노의 감독이었던 암브로시우스의 말을 인용해 교회 소유는 모두 가난한 자를 돕기위한 것이었다고 했다.[92] 교회 수입 분배에 대해 칼뱅은 당시 중세 교회를이렇게 비판했다.

> 이런 약탈품으로 부자가 된 도시 주교와 사제들이 참사회 의원이 되면 약탈품의 대부분을 압수해서 자기들끼리 나눴다. 그러나 지금까지도 한계에대한 싸움이 계속되는 것을 보면, 분배가 무질서했던 것이 분명하다. 그들은 적어도 고대 교회 수입의 절반이 빈민에게 가던 것이 지금은 한 푼도 가지 않게 만들었다. 교회법은 명백하게 1/4을 빈민들에게 배당하고 또 1/4을 감독에게 배당해서 손님 대접과 기타 자선 사업에 쓰게 했다. … 교회와건물, 기타에 배당된 나머지도 필요한 때는 빈민을 위해 사용해야 한다는것을 이미 충분히 설명했다. 그들의 가슴속에 하나님에 대한 두려움이 조금이라도 있다면 그들이 먹고 입는 것이 모두 도둑질한 것, 아니 신성 모독행위에서 온 것이라 생각하고도 과연 태연할 수 있는지 나는 묻는다. … 그들은 항상 교회 안에 아름답고 정연한 질서가 있다고 자랑한다. 부제직이도둑질과 강도질을 하라는 면허인지 간단히 답해 보라.[93]

칼뱅은 중세 교회의 주교와 사제들이 착복한 교회 재산을 도둑질이며 강도질이라고 질타하면서, 제네바에서는 교회 수입의 최소한 50퍼센트가 가난한 자들을 위해 쓰여야 한다고 강조했다.[94] 칼뱅의 이런 진술은초대 교부들의 경제사상에서 많은 영향을 받았다. 실제로 칼뱅의 경제사상에 영향을 끼친 아우구스티누스와 크리소스토무스 같은 교부들은 토지에서 발생하는 지대를 독점적으로 사유한 자들을 강력히 비판하면서, 그들을 향해 매일 새롭고도 끊임없는 약탈이라고 비판했다.[95] 즉 자연의 혜택으로 발생한 지대는 소유자들의 기여가 전혀 없기에 소유될 수 없고, 그렇기 때문에 자연의 혜택을 빼앗는 소유자들의 도둑질은 소도둑처럼 그 행동이 일단락되는 것과는 다르며, 노동자들이 과거와 현재에 생산한 것들을 강도질하는, 매일매일 새롭고도 끊임없는 약탈로 본 것이다. 그래서 바실리우스, 암브로시우스, 크리소스토무스, 아우구스티누스 같은 초대 교부들은 하나님께서 공동으로 주신 땅과 물 같은 천연 자연물을 독점하는 것을 강하게 비난했다.[96]

칼뱅은 부(富) 자체는 선하게 보았지만, 공유해야 할 토지를 사유해 부를 얻은 이들에 대해서는 비판했다. 즉 하나님께서 창조하신 절대적 부는 그 자체가 선하지만, 부자와 가난한 자를 구분 짓는 독점적 부(富), 상대적 부를 비난한 것이다. 착취자와 착취당하는 자의 관계에서 부와 가난이란 분열이 생기기 때문이다. 크리소스토무스 또한 부자들에게 "그러면 자네가 어떻게 부유해졌는지 말해 보게"라고 물으면서 대토지 사유에 대해 악하다고 했다.[97]

칼뱅은 부유한 자를 '가난한 자들의 공복'(公僕)이라 했고, 가난한 자는 하나님의 입장에서는 부유한 자의 신앙과 사랑을 시험하시기 위해 보냄을 받은 자로 설명했다.[98] 또한 가난한 자를 그리스도의 대리자로 보았기에 도둑질은 다른 사람의 소유를 갈취하는 행위일 뿐 아니라, 소유자가 사랑하는 마음으로 이웃에게 주는 것을 가로막는 행위라고 했다.[99] 칼뱅은 빈부가 모두 하나님의 은혜의 수단임을 가르치면서 부와 빈곤 모두 우리의 신앙을 증거하는 기회가 되어야 한다고 가르쳤다.[100] 물질적 번영은 분명 하나님의 축복임에 틀림없으나, 그것은 가난한 자들을 위해 나누기 위함이지 자신만을 위함이 아니다.[101] 하나님께서 주신 복은 공동체를 위해 공유해야 한다.[102] 그리스도 공동체는 서로 사랑으로 연합해 하나의 몸으로 결속되어 있으므로, 그런 공동체에서는 물질도 균등한 분배가 이루어져야 하는 것이다.

칼뱅의 경제사상에 영향을 준 교부들은 소유권에 대해 단순한 법률적 접근이 아닌 도적·철학적 접근을 통해 초대교회 당시 소수의 사람만이 부를 축적함으로 많은 이들의 빈곤을 초래한 불의한 현실에 변화를 촉구한 것이다. 그래서 아우구스티누스는 적법하게 얻은 이익일지라도 부정한 소유는 반환해야 한다고 주장했다.[103] 칼뱅과 마찬가지로 초대교회 당시 교부들도 부와 빈곤을 분리해서 보지 않고, 인과관계 속에서 동전의 양면처럼 하나로 보았다. 특히 초대 교부들은 부와 빈곤을 '운명'으로 믿게 하고 소유권에 관한 로마법 개념 아래 합법화시킨 불의한 구조를 거부하며 하나님의 공평과 정의에 맞는 삶을 요구한 것이다.[104] 초대 교부들처럼 칼뱅의 경제사상도 기존 사회질서나 체제에 순응하는 것이 아니라 하나님 말씀에 따른 공의로운 개혁과 제도적 변화를 추구했다.

칼뱅은 국가가 질서를 유지하기 위해 사유재산을 보호하고, 일방이 희생되면서 다른 일방이 재산을 획득하는 일이 없도록 해야 하며, 재산이 사회 전체의 공익을 위해 쓰이도록 해야 한다고 했다.[105] 칼뱅은 교부들과 같이 어떤 재물의 소유권을 절대화하거나 독점적인 권리로 보지 않았다. 그것은 가난한 사람들의 필요가 있을 때는 공유할 수 있는 제한적이고 조건적인 것이다. 칼뱅은 하나의 표준으로서 일정한 연한이 되면 땅을 재분배하고 채무를 변제해 주어 재산이 사회적 억압의 근거로 탈바꿈하지 않도록 제도화했던 고대 유대의 법, 즉 희년법 사상을 강조했다.[106]

희년 실천을 통한 공의로운 사회

　　미국 금융위기로 빚어진 전 세계 경제 위기는 자본주의 경제체제가 지닌 본래적 한계를 보여 주었다. 구소련의 붕괴로 미국을 비롯한 서구 사회는 몰락한 사회주의 경제체제의 유일한 대안이 자본주의인 것처럼 승리를 자축했지만, 불과 20년이 못 되어 자본주의의 근간이 되는 시장경제 원리가 흔들리고, 특히 미국 금융회사들의 파산에 따라 미국과 영국에서 금융회사의 국유화와 정부의 개입이 강화되었다. 하지만 금융과 실물경제의 위기에 대해 기성 교회와 그리스도인들은 심각성과 문제점을 인식하지 못했고, 자본주의 경제체제로 인한 사회 양극화의 구조적이며 근본적인 대안에 관심조차 없었다. 교회마저 시장 만능주의 원리에 편승해서 무한경쟁과 약육강식과 같은 신자유주의 경제체제를 적극 지지하고 있었다. 특히 그리스도인들과 교회의 부동산 투기와 토지 불로소득을 통한 재산 증식과 교회 건축 붐은 심각한 지경에 이르러 지상파 방송에서 다룰 정도로 교회의 부끄러운 단면이 되었다. 토지 불로소득에 대해서는 이미 구약의 희년법은 물론, 초대교회를 비롯한 성경 전반에 걸쳐 심각한 죄악으로 경고되어 왔다. 초대 교부들과 종교개혁자들은 토지 불로소득에 대해 고리대금업이나 강도 행위보다 악한 죄악임을 경고했다. 고리대금업이나 강도 행위는 일시적인 범죄에 그치지만 토지를 통한 불로소득 착복은 공동체 모두가 누려야 할 지대 차액을 소수의 개인이 매일 반복적으로 독식하기 때문이다.

　　종교개혁의 선두주자 루터에게서 발견되는 희년사상의 일차적 목표는 기독교적 양심을 가르치는 것이었다. 루터는 신학자이자 목사로서 그리스도인들에게는 하나님의 명령을 제시하고, 정치가와 상인들에게는 모든 사람의 평등 실현을 위한 실천이 필요함을 제시했다.[107] 루터의 가장 큰 관심사는 그리스도인의 양심과 성경에 근거한 경제 영역에서의 공평과 정의였다. 이것이 바로 루터에게 나타나는 희년사상의 근간이다. 루터는 희년사상이 개인 차원의 신앙적 도전이 아니며, 그 목적을 달성할 책임은 세속 정부에 있다고 했다. 고리대금업을 비롯한 토지 불로소득과 같이 불의한 상업 활동에 대해서는 세속 정부의 칼로써 강하게 다스릴 것을 권고했다. 루터는 기존 교회의 권위와 질서를 존중하면서도 점진적이면서 온건한 교회 개혁을 주장했다. 중세 로마 가톨릭 교회의 경제사상에 관한 문제점들을 비판하면서도 초대교회와 중세 교회를 통해 이어져 온 근본 사상을, 레위기의 희년사상과 예수님의 산상수훈을 근거로 삼아 존중했다. 이러한 점진적인 방법을 통해 성공적이면서도 효과적인 개혁을 가능케 했다.

결국 루터의 희년사상은 칼뱅을 비롯한 종교개혁자들의 경제사상에 근간을 이루게 했을 뿐 아니라, 근대 민주주의의 발전에도 공헌했으며, 인간 소외와 빈곤의 문제를 안고 있는 현대 자본주의 사회의 병폐 원인을 되짚어 보게 했다. 또한 루터가 제시한 모세 율법에 나타난 희년법 사상과 예수님께서 가르치신 산상수훈을 토대로 그리스도인으로서 어떠한 경제사상을 견지해야 하는지를 보여 주었다.

제네바의 종교개혁자 칼뱅은 유럽 사회가 중세 장원제 사회에서 근대 산업사회로 변화되던 시기에 루터처럼 제후 중심의 장원제 사회를 회복하려 하거나 일부 공산주의적 재세례파처럼 농민 중심의 공동체를 결성하려 하지 않고 제3의 길을 모색했다. 그는 산업사회를 긍정적으로 받아들이며 그리스도인의 바른 삶을 제시했다. 1536년부터 제네바에서 개혁운동을 한 칼뱅은 일부 재세례파들의 폐단을 경험하면서 사유재산을 옹호했고, 상업과 이자에 대해서는 루터의 경제사상보다 좀더 개방적인 입장을 취했다. 특히 노동과 임금을 하나님의 은총으로 보았으며, 근검절약을 강조해 건전한 자본주의 발달에 도움을 주었다. 또한 칼뱅은 사치 금지법을 통해 자본주의적 요소의 폐단을 막고자 했으며, 상업 활동에서 나타나는 불공정거래와 폐단들에 대해서도 비판했다. 칼뱅은 제네바 아카데미를 통해 가난한 자들에게 무상교육을 실시했으며, 구빈원을 통한 구제 및 복지 등을 실천했다. 칼뱅은 사유재산을 신적 제도로 인정하며 빈부의 차를 인정함으로 자본주의적인 면에서 개인의 자유성을 강조하는 동시에, 기금으로 형성한 재물을 가난한 자들을 위해 사용할 것을 강조했다.

칼뱅은 이 두 경제체제의 요소를 수용할 뿐 아니라, 이 두 요소의 단점을 뛰어넘는 지공주의 사상을 제시했다. 성경의 공평과 정의에 근거해 근로소득은 사유하고 불로소득은 공유한다는 희년 원리에 기초한 사상이다. 하나님의 절대적인 주권과 영광을 갈망하던 칼뱅은 제네바에서 하나님의 공의와 다스림을 실현하고자 희년사상을 제시했다. 그래서 칼뱅은 경제정의와 가난한 자를 위한 대책을 개인이나 교회의 구제 차원만이 아닌, 사회 전반의 구조적이고 제도적인 접근으로 모색했다.[108] 특히 칼뱅은 구약의 희년사상과 교부들의 사상을 통해 토지 및 공유물에 대한 절대적 소유권 거부, 땅의 재분배와 채무 변제 그리고 재산이 사회적 억압이 되지 않게 하기 위한 제도적 장치 마련을 주장했다. 칼뱅은 시 당국에서도 구빈원을 세워 가난한 사람들을 도와줄 것과 실업자들에 대한 대책, 정당한 임금 지불 감독, 공정한 상거래 등에 적극 개입할 것을 주장했다.[109] 게다가 제네바에서의 사치 금지법을 부자와 가난한 사람, 주민과 시의원 모두에게 공평하게 적용하여 근검절약을 실천하고 양극화와 상대적 박탈감에 대한 대비를 했다. 칼뱅은 재세례파의 문제점들을 경험하면서 제네바에서 교회와 시의회의 모범적인 개혁과 신학의 체계화를 통해 종합적인 종교개혁을 감당했다.

결국 루터와 칼뱅 같은 종교개혁자들은 예수님의 말씀을 가감 없이 전파한 초대 교부들의 가르침을 계승하여 희년사상에 입각한 경제체제와 신앙 윤리를 강조했다. 그러나 오늘날 한국 교회는 이러한 면을 소홀히함으로 하나님의 공평과 정의에서 멀어졌고, 신앙을 앞세운 거대한 이익집단처럼 되어 버렸다. 부동산 투기로 인한 사회 양극화와 각종 사회문제는 빛과 소금의 역할을 감당해야 할 한국 교회와 신학계가 올바른 방향과 지침을 제시하지 못한 탓이기도 하다. 그래서 종교개혁자들의 희년사상은 사회주의가 무너진 이후 마치 이상적인 경제체제처럼 여기는 자본주의의 뿌리 깊은 문제점을 근본적으로 되짚어 준다. 고삐 풀린 망아지처럼 인간의 끝없는 탐욕을 부추기는 신자유주의 무한경쟁의 원리에 함몰되어 있는 현대인들에게 성경의 희년법에 기초한 공평과 정의의 경제사상, 그리고 초대 교부들의 보편적인 이성과 자연 질서의 원리를 받아들인 종교개혁자들의 희년사상은 더욱 요긴하게 요청된다.

7

희년경제,
어떻게 가능한가

남기업 토지+자유연구소 소장

1988년 한국대학생선교회(CCC)에서 신앙생활을 시작했다. 하나님 나라에 대한 구체적 비전을 알기 위해 정치학을 공부하던 중 예수원의 고(故) 대천덕 신부를 통해 희년을 알게 되었고, 희년을 현대사회에 구현하는 방법을 제시한 헨리 조지의 사상을 연구하여 박사 학위를 받았다. 그 후 희년을 한국 사회에 전파하는 단체인 '토지정의시민연대'에서 2005~2006년까지 사무처장을 역임했고, 2009년부터 지금까지 희년사상을 기반으로 한 사회정의론과 구체적인 정책 대안을 연구하는 '토지+자유연구소' 소장을 맡고 있다. 겸손하고 성실하게, 하지만 집요하게 정진한다는 자세로 오늘도 희년 전파와 희년 성취를 위해 노력하고 있다. 지은 책으로는 《공정국가: 대한민국의 새로운 국가모델》(2010), 《토지정의, 대한민국을 살린다》(공저, 2012), 《패키지형 세제개혁: 증세와 감세를 넘어서》(2013), 《헨리 조지와 지대개혁》(공저, 2018) 등이 있다.

하나님, 하나님의 형상, 그리고 희년경제

1 하나님의 형상과 희년

하나님은 홀로 고독하게 존재하지 않으신다. 하나님은 본질상 관계적·공동체적 존재다. 하나님은 성부, 성자, 성령 삼위가 하나 되신 분이다. 하나님의 본질은 사귐이고 이것이 바로 기독교 신학의 심장인 삼위일체론이다. 삼위일체론에서 중요한 것은 각 위 하나님의 고유한 역할이 있고, 삼위 간의 관계가 종속적이지 않다는 점이다. 즉 성부가 우위에 서서 성자와 성령을 통솔하는 관계가 아니라는 것이다. "창조의 사역이 삼위의 공동사역이라고 할지라도 성부는 창조의 사역을 전유하시고, 구속의 사역이 삼위의 공동의 사역이라고 할지라도 성자는 구속의 사역을 전유하시며, 성화의 사역이 삼위의 공동 사역이라고 할지라도 성령은 성화의 사역을 전유하신다."[1] 이를 근거로 우리는 삼위일체 하나님의 속성을 '관계성(relatedness)과 고유성(uniqueness)의 조화'라고 정리할 수 있다.

인간은 하나님의 형상으로 창조되었다. 하나님처럼 인간도 관계적·공동체적 존재다. 사람은 타인과의 만남, 즉 관계를 통해서만 비로소 하나님의 형상을 닮은 '인간'이 된다. 그만큼 인간에게 관계성은 중요하고 선택이 아니라 필수다. 또한 인간은 하나님과 마찬가지로 고유성을 지닌다. 성부, 성자, 성령 각각이 고유한 역할을 담당하고 있듯이, 각각의 개인들도 타인과 완전히 구별되고 대체될 수 없는 고유한 특성을 지니고 있다. 이런 고유성이 발견되고 계발되려면 타인과 만나야, 다시 말해서 관계 맺어야 한다.

그러나 각인의 고유성이 제대로 발견·계발되기 위해서는 관계가 종속적이 아니라 대등해야 한다. 수직적이 아니라 수평적이어야 한다. 그래야 주체형성이 가능하다. 수직적 관계에서 하위에 속한 개인의 고유성은 파괴되거나 왜곡되기 때문이다. 능동적 주체가 아니라 양순한 객체 혹은 수단으로 전락하기 때문이다.

이런 관점에서 보면 희년은 모든 사람을 하나님의 형상으로 회복시키기 위한 프로젝트로 이해할 수 있다. 모세가 하나님께 받은 시내산 율법의 정점에 위치한 희년, 안식일과 안식년을 포함하고 있는 희년의 목표는 모든 사람에게 실질적 자유를 부여하는 것이다. 종에게 7일에 하루를 쉬게 한 것은 개인의 고유성을 잃어버리지 않게 하는 최소한의 긴급조치다. 7년에 한 번씩 부채를 탕감하고 종을 해방하는 것 또한 수직적 관계를 수평적 관계로 바꾸기 위한 획기적인 조치다. 주인에게 종은, 채권자에게 채무자는 종속적일 수밖에 없기 때문이다. 그리고 7년이 일곱 번 지난 다음 해인 희년에 토지를 되돌려 받는 것은, 지주에게 경제적·정신적으로 예속 상태에 빠져 있는 소작인에게 실질적 자유를 부여하고 종속적 관계를 완전히 청산하라는 것이다.

첨언할 것은 토지와 관련해서는 희년이 도래하지 않더라도 토지를 돌려받도록 했다는 점이다. 이렇게 한 까닭은 토지가 사람과 사람의 관계에 결정적 영향을 주기 때문이다. 종에서 자유의 신분이 되고 부채를 탕감받는다 하더라도 토지가 없으면 종속적 관계를 벗어날 수 없다. 희년이 도래하기 전에 토지를 되돌려 받는 것을 '무르기'(redemption)라고 하는데, 근족이 대신 토지를 되찾게 해주어 수직적 관계를 수평적 관계로 전환할 수 있도록 했다. 근족이 아니면 스스로라도 무르기를 할 수 있었다. 부채에서, 종에서 자유롭게 되고 자신의 토지까지 돌려받게 되면 인간관계는 수평적이 되고, 그때 하나님께서 각인에게 주신 고유함을 발견·계발시킬 수 있는 조건이 완벽하게 구비되는 것이다.

그런데 간과하면 안 되는 것은 우월적 지위에 있는 채권자와 주인과 지주도 채무자와 종과 소작농 못지않게 고유성이 왜곡될 위험에 처해진다는 점이다. 채권자가 채무자와 맺은 관계도, 주인이 종과 맺는 관계도, 지주가 소작농과 맺은 관계도 '참된 만남' 혹은 '올바른 관계'가 아니기 때문이다. 채무자는 채권자에게, 종은 주인에게, 소작인은 지주에게 소신 있는 말을 할 수 없는 까닭에 우월적 지위에 있는 자는 참다운 자신을 발견할 기회를 잃어버릴 수밖에 없다. 삼위일체의 관점으로 표현하자면 상호 내주와 상호 침투의 가능성이 매우 낮다는 것이다. 인간은 수평적 만남에 놓여 있을 때라야 자신의 고유함을 상실하거나 왜곡시키지 않는다. 이렇게 보면 희년은 요즘 말로 하면 '을'뿐 아니라 '갑'에게도 하나님의 형상을 회복시키는 말씀이라 할 수 있다.

2 희년과 개별주체, 그리고 사회적 주체

실질적 자유의 획득 과정은 주체형성의 과정이기도 하다. 주체형성은 스스로 삶의 주인이 되는 과정이다. 까닭(由)이 자기 자신(自)에게서 나온다는 자유(自由)의 뜻에 비춰 보면, 실질적 자유도 자기가 삶의 주인이 되어야 가능하다. 그러나 이 주체형성은 타인과의 만남을 통해서만 가능하다.

인간은 사회적 존재인바 개별 주체로도 존재하지만 사회적 주체로도 존재한다. 문법적으로 말하자면 개별 주체의 이름은 '나'이지만, 사회적 주체의 이름은 '우리'다. 그러나 어쩌다 마주친 사람들과 '우리'라고 하진 않는다. 다시 말해서 그런 사람들과 사회적 주체를 형성할 수는 없다. 사람들이 서로 만나 '우리'라고 부를 수 있으려면 일정한 테두리를 가지고 시간적 지속성이 있어야만, 즉 일정한 사회적 질량을 가진 존재여야만 '사회적 주체'라고 부를 수 있다.[2]

예를 들어 노동자는 사회적 주체다. 노동자는 일정한 테두리 내에서 시간적 지속성을 공유하는 주체다. 한편 노동자 중에서 정규직 노동자와 비정규직 노동자는 보다 '세분화된' 사회적 주체라고 할 수 있다. 정규직과 비정규직의 테두리가 다르기 때문이다. 또한 노동자의 상대편인 사용자 역시 사회적 주체다. 그리고 기업의 규모별로 대기업과 중소기업도 사회적 주체다. '규모'라는 일정한 테두리가 그들을 '우리'로 인식하게 만들기 때문이다.

3 사회적 주체와 희년경제

앞서 개별주체인 '나'가 객체 혹은 수단으로 전락하는 것이 아니라 주체나 목적이 되려면 또 다른 '나'와 수평적 관계에 놓여 있어야 한다고 했다. 그래야 개별주체의 고유성을 발견하고 발전시킬 수 있기 때문이다. 사회적 주체도 마찬가지다. 사회적 주체인 '우리'가 명실상부하게 주체나 목적이 되려면 또 다른 '우리' 혹은 '사회적 주체'와 대등하고 수평적인 관계 속에 놓여야 한다. 그래야 사회적 주체의 고유성을 탁월하게 발전시킬 수 있다. 다시 말해서 노동자는 노동자대로, 노동자 안에서 정규직은 정규직대로, 비정규직은 비정규직대로, 사용자는 사용자대로 자신의 고유성을 발전시키게 된다.

그렇다면 위와 같은 관계성과 고유성의 경제적 의미는 무엇일까? 경제가 정상적으로 발전한다는 것은 무슨 뜻인가? 그것은 분업과 협업이 고도화되는 과정이다. 경제적 관점에서 '발전'이란 현상은 분업과 협업이 고도화되는 것에 다름 아니다. 생각해 보면 인간 개개인의 능력은 초라하기 그지없다. 그런 인간이 거대한 물질문명을 이룰 수 있었던 까닭은 개별 인간의 능력이 탁월해졌기 때문이 아니라, 많은 사람이 개인적인 능력을 서로 결합시켰기 때문이다. 거대한 항공기를 보라. 이것을 만들 수 있었던 것은 항공기라는 공동 목표를 위해 각 개인이 분업과 협업을 고도화했기 때문이다.[3] 여기서 분업의 고도화, 즉 전문화가 고유성이 탁월해지는 것이라면, 협업의 고도화는 관계성의 탁월함을 의미한다. 다시 말해서 사회적 주체 간의 수평적 관계가 경제 전체의 역동성을 가져오는 토대라는 것이다.

반대로 사회적 주체 간의 수직적 관계가 구조화되면 각 주체의 고유성은 왜곡되거나 충분히 발휘되지 못한다. 개별주체 간의 종속적 관계가 각인의 고유함을 파괴, 왜곡시키듯이 사회적 주체 간의 종속적 관계도 이와 마찬가지다. 요컨대 종속적 관계는 분업과 협업의 고도화를 방해하고 경제 전체의 역동성을 떨어뜨린다.

이런 까닭에 우리는 정의(justice)를 주체 간의 '올바른 관계'로 정의(definition)하고자 한다. 그러면 경제정의는 경제와 관련된 개별적·사회적 주체 간의 수평적 관계로 정의할 수 있다. 노동자와 사용자 간의 수평적 관계, 정규직 노동자와 비정규직 노동자 간의 수평적 관계, 대기업과 중소기업 간의 수평적 관계, 그리고 가장 중요한 토지소유자와 비토지소유자 간의 수평적 관계를 가리켜 우리는 노사정의, 노동정의, 기업정의, 토지정의라고 하고, 이 네 가지 모두가 구현된 상태를 '희년경제'라고 부르려고 한다. 구약 당시의 희년경제가 개별주체 간의 관계, 즉 채무자와 채권자 간의 종속적 관계, 종과 주인 간의 종속적 관계, 지주와 소작인 간의 종속적 관계를 청산하고 모두를 수평적 관계로 전환시키는 조치이듯이 오늘날의 희년경제는 개별주체를 포함한 경제 영역에서 사회적 주체 간의 수평적 관계가 확립된 상태를 의미한다. 그랬을 때 모든 경제주체가 발전의 성과를 향유할 수 있게 된다.

이렇게 희년경제의 핵심도 '관계'다. 관계성과 고유성이 조화를 이룬 전범은 바로 삼위일체 하나님이시다. 삼위 하나님의 '하나' 되심은 삼위 간의 상호 내주, 상호 침투를 전제로 한다. 하나님이 관계성과 고유성을 가지시듯이, 하나님의 형상을 닮은 인간도 수평적 관계 속에서 비로소 고유성을 발견·계발시킬 수 있고, 그랬을 때 개별주체의 형성이 가능하다. 마찬가지로 사회적 주체도 각 주체 간의 관계가 수평적이어야 하는데, 희년은 바로 그것을 할 수 있는 기반을 제공한다. 이렇게 희년은 개인적 차원에서는 하나님의 형상 회복 프로젝트로, 사회적 차원에서는 하나님 나라의 모형이라고 할 수 있다.

희년경제의 원칙과 방향

토지정의와 노동정의와 노사정의와 기업정의로 구성되어 있는 희년경제에서 간과하지 말아야 할 것은 이 네 가지 정의의 영역이 서로 맞물려 있다는 점이다. 다른 말로 하면 한 영역의 훼손이 다른 영역의 정의를 실행하는 데 부정적인 영향을 끼친다는 것이다. 예를 들어 대기업의 중소기업 착취가 구조화되어 있다고 해보자. 이렇게 기업정의가 훼손되면 노동자들 간의 정의, 즉 같은 노동을 하면 같은 임금을 받는다는 노동정의가 확립되기 어렵다. 착취당하는 중소기업이 노동자들에게 제대로 된 임금을 지불하기 어렵기 때문이다. 또한 토지정의가 확립되어 있지 않으면 일자리는 만성적으로 부족해지는데, 이는 노사정의를 위협한다. 해고되면 생계가 막막해지는 노동자는 사용자에게 당당하기 어렵고, 이런 종속적 관계는 착취의 구조화로 나타난다. 사용자가 부당한 일을 시키거나 노동한 만큼 임금을 주지 않아도 일을 할 수밖에 없기 때문이다. 요컨대 한 영역의 억울함은 또 다른 억울함을 낳게 된다. 이렇듯 네 가지 정의는 하나이자 유기체적 관계를 맺고 있기 때문에, 한 영역의 정의는 반드시 다른 것과 관련지어 생각해야 하고, 단편적이 아니라 종합적으로 검토해야 한다.

네 가지 정의 중에서 가장 중요한 것은 토지정의다. 불의한 토지제도는 대체로 중소기업에 불리하고 대기업에 유리하며, 노동자에게는 불리하고 사용자에게는 유리하게 작용하기 때문이다. 토지정의가 세워지지 않으면 기업정의, 노동정의, 노사정의를 세우기 매우 어렵다. 예나 지금이나 토지정의는 모든 정의의 기초인 것이다.

1 토지정의의 원칙과 방향

성경은 토지가 하나님의 것이자 모두의 것이라고 말한다. 여기서 토지에 대한 권리는 모두가 평등하게 누려야 한다는 원칙을 도출할 수 있는데, 이를 가리켜 평등지권(平等地權)이라고 부른다. 그렇다면 모두에게 토지를 골고루 나누어 주어야 하나? 모두가 땅이 필요한 농경사회에서는 그럴 필요가 있지만, 오늘날은 그렇게 할 수도 없고 해서도 안 된다. 땅을 필요로 하는 양과 위치가 사람마다 다르기 때문이다. 이런 까닭에 토지소유자와 비소유자가 생기고, 소유자 내에서도 소유 규모별로 차이가 생길 수밖에 없으며, 이 차이는 바로 우리가 중시하는 '관계'에 영향을 미치게 된다. 소유 여부와 소유 규모의 차이가 개별 주체 혹은 사회적 주체 간의 관계를 수직적·종속적 관계로 만든다는 것이다. 오늘날 우리가 경험하듯이 임차인과 임대인의 수직적 관계가 바로 그것이다.

그렇다면 토지소유 여부와 소유 규모의 차이가 만들어 내는 수직적·종속적 관계를 어떻게 수평적 관계로 만들 수 있을까? 여기서 우리가 한 가지 알아야 할 것은 토지를 공동으로 사용하는 것은 피해야 한다는 점이다. 특별한 경우가 아니라면 토지도 개별 사용하는 것이 효율적이다. 그런데 문제는 개별적으로 사용하면 토지는 재생산이 불가능하기 때문에 다른 사람을 배제할 수밖에 없는데, 이는 그 토지에 대한 타인의 평등한 권리를 부정하는 결과를 낳는다는 것이다. 그렇다면 과제는 평등지권의 정신을 살리고, 단독 사용에서 필연적으로 발생하는 배제의 문제를 극복할 수 있는 방법을 찾는 것이다. 이 두 가지를 동시에 충족시킬 수 있는 방식이 토지를 소유한 사람에게서 타인을 배제한 대가를 사회가 환수해서 공유하는 '토지가치공유 방식'이다.

그러나 '배제에 대한 대가'가 무엇을 의미하는지 불분명할 수 있으므로, 이 부분에 대해 좀더 자세히 살펴보자. 여기서 말하는 배제에 대한 대가는 토지가치인 '지대(rent)'다. 지대를 공유하게 되면 어느 위치(토지)에서 노동을 해도 조건이 같다면 같은 결과를 얻는다. 그러면 환수한 지대는 어떻게 하는 것이 좋을까? n분의 1로 똑같이 나누는 것이 좋다고 본다. 물론 헨리 조지가 제안한 방식대로 지대를 100퍼센트 세금으로 환수하는 대신, 생산에 부담을 주는 다른 세금을 감면하는 방식도 있다. 지대를 환수하면서 다른 세금을 감면하면 전체 총생산량은 분명히 증대한다. 다른 변수가 없는 한 생산에 부담을 주는 세금은 낮을수록 생산자 잉여와 소비자 잉여가 모두 커지기 때문이다. 그러나 효율성보다 모든 사람 간의 수평적 관계를 더 중히 여긴다면 배당으로, 즉 모두에게 똑같이 분배하는 것이 더 좋은 방법이다. 배당이익을 누린다면 누구나 최소한의 삶을 유지할 수 있기 때문이다. 즉, 토지정의를 구현할 수 있는 토지가치공유 방식은 '지대환수-토지배당'인 것이다.

이런 토지가치공유 방식은 토지소유 여부와 소유 규모가 초해하는 종속적·수직적 관계를 수평적 관계로 전환시킨다. 100퍼센트 환수해서 n분의 1로 나누면 토지사용자와 토지소유자는 거의 일치하게 된다. 그리고 토지사용자와 토지소유자가 일치하지 않더라도 사용자가 소유자에게 예속되지 않을 수 있다. 지대를 환수하면 건물 공급이 늘고 임대물량이 늘어나기 때문이다. 그리고 무엇보다 건물소유자가 수직적·종속적 관계를 요구하면, 즉 '갑질'을 하면 임차인이 거부할 수 있는 힘이 있기 때문이다.

2 기업정의의 원칙과 방향

우리는 오늘날 대기업과 중소기업 간의 관계가 수직적·종속적이라는 것을 잘 알고 있다. 이런 관계는 대기업이 자신의 우월한 지위를 이용해 중소기업이 납품하는 부품의 단가를 지나치게 후려치거나 중소기업이 잘하는 사업 영역을 자기들의 막강한 자금력과 마케팅 능력으로 빼앗아오는 것에서 잘 나타난다.

그런데 한 가지 명심해야 할 것은 토지정의 확립이 기업정의 확립에 도움을 준다는 것이다. 대개 신규기업이나 중소기업보다 대기업의 토지 소유 여부와 소유 규모 차이가 크고, 이것은 경제력의 차이를 가져오며 결국 종속적 관계의 원인이 된다. 그러나 토지정의를 확립하면 토지 때문에 눌렸던 신규기업과 중소기업의 위상은 올라가고 토지과다소유로 누렸던 대기업의 위상은 내려가게 된다.

그러나 토지정의 확립이 기업의 크기가 초래하는 관계의 수직성과 종속성을 완전히 해소할 수는 없다. 규모의 차이가 힘, 즉 협상력의 차이를 만들기 때문이다. 이런 까닭에 국가의 역할이 필요하다. 국가는 정의, 즉 '올바른 관계'의 형성자 내지는 집행자가 되어야 한다. 열위에 놓일 수밖에 없는 사회적 주체의 위상을 지원·강화하는 방향으로 법과 제도를 만들어 우위에 있는 경제적 주체와 균형을 맞출 수 있는 구조를 만드는 것이 국가의 역할이어야 한다. 만약 국가가 이런 역할을 감당하지 못하면 효과적인 분업과 협업이 이루어질 수 없다. 분업과 협업은 수평적 관계에서 비로소 활성화될 수 있는 것이다. 개별주체 혹은 사회적 주체가 노력한 성과를 가로채지 않는다는 최소한의 믿음과 신뢰가 있어야 생산의 가치사슬 속에서 자기가 맡은 부분에 최선을 다하게 된다. 분업의 효과는 이렇게 올바른 관계 속에서만 극대화된다는 것이다.

3 노동정의의 원칙과 방향

현재 우리나라의 노동정의 수준은 땅에 떨어졌다. 정규직과 비정규직 관계의 수직성 내지 종속성은 극심하다. 힘든 일을 비정규직에게 전가하는 구조가 만연하고, 심지어 같은 노동을 하는데 비정규직 임금이 정규직의 절반밖에 되지 않는다. 물론 토지정의와 기업정의가 세워지면 노동정의를 세우는 데 큰 도움이 될 것이다. 그러나 여기에도 한계가 있다.

이런 까닭에 국가의 역할이 필요하다. 그렇다면 그 원칙은 무엇일까? '같은 것은 같게, 다른 것은 다르게'라는 원칙이다. 같은 일을 하는데 비정규직이나 사내 파견 근로자라고 해서 처우가 달라지지 못하게 해야 한다. 더 정확히 말하면 동일 노동일 경우 비정규직이 정규직보다 많은 임금을 받도록 해야 한다. 비정규직은 계약이 만료되면 새로운 직장을 찾아야 하는 부담이 있기 때문이다. 이런 원칙이 적용되어야 정규직이건 비정규직건 자신의 직무 능력, 즉 고유성을 계발시키기 위해 노력하고, 비정규직이 정규직이 되기 위해 목숨을 건 투쟁을 하지 않게 된다. 그리고 사용자도 노동자를 비정규직화하는 유혹을 받지 않게 된다.

한편 중소기업 노동자와 대기업 노동자의 수직성 내지 종속성은 어떻게 해야 할까? 물론 중소기업 노동자와 대기업 노동자가 직접 관계하는 것은 아니지만, 동일 노동임에도 소속이 다르기 때문에 처우의 불평등이 생기는 것은 바로잡아야 한다. 그러나 우리가 여기서 한 가지 확인해야 할 것은 기업정의가 훼손되면 중소기업 노동자와 대기업 노동자의 임금 수준은 차이가 날 수밖에 없다는 점이다. 급여 지불능력이 차이가 나기 때문이다. 따라서 기업정의를 세우면, 즉 중소기업에 대한 대기업의 착취를 불가능하게 만들면 이런 불합리한 차별은 시정된다. 다만 생산성의 차이로 인한 급여 차이는 '다른 것'에 해당하는 합리적 차별이므로 정당하다고 할 것이다.

<u>4</u> 노사정의의 원칙과 방향

잘 알려져 있듯이 노동자와 사용자와의 관계는 수직적·종속적이다. 그렇다면 노동자가 사용자에 비해 열위인 까닭은 무엇일까? 시장체계는 본질적으로 노동자에게 불리할 수밖에 없기 때문일까? 우리는 여기에 동의하지 않는다. 가장 큰 이유는 토지정의의 미확립 때문이라고 본다. 토지정의가 훼손된 사회에서는 일자리가 만성적으로 부족해지는데, 이는 노동자에게 불리하게 작용한다. 반대로 토지정의를 세우면 노동의 수요가 늘어나 노동자의 낮은 위상은 올라가고 사용자의 높은 위상은 내려간다.

그렇다고 해서 토지정의, 기업정의, 노동정의가 세워지면 노사정의도 자동적으로 세워진다고 할 수는 없다. 이런 까닭에 국가는 노동자의 위상을 강화하는 역할을 해야 한다. 그러면 어떻게 할 것인가? 가장 좋은 방안은 오늘날 기업의 주종을 이루고 있는 주식회사의 경우 노동자들이 인사권과 의결권을 갖도록 하는 것이다. 노동자의 처우나 근무 환경에 막강한 영향을 주는 경영자를 선출할 권한이 있는 이사회의 이사를 주주총회가 아니라 종업원총회에서 선출하도록 하는 것이다. 다시 말해서 경영자를 노동자가 뽑도록 하는 것이다.

노동자가 사장을 뽑는다고 하면 이상하게 생각할 수 있는데, 여기서 우리가 분명히해야 할 것은 주주가 회사의 경영자를 선출하는 것이 원칙적으로 정당하지 않다는 점이다. 먼저 우리는 주주의 주식 소유 목표가 경영권 행사에 있지 않다는 것을 이해할 필요가 있다. 주주의 관심은 배당과 시세차익에 있다. 하지만 대부분의 사람들은 주식회사의 주인이 주주이고 그렇기에 이사 선출권은 주주에게 있을 수밖에 없다고 생각한다. 그러나 주식회사의 주인은 주주가 아니다. 주식회사는 법인(法人)인데 법인에게 주인이 있을 수 없기 때문이다. 법인에게는 대표가 있을 뿐이다. 이는 자연인인 개인에게 주인이 없는 것과 마찬가지다. 개인회사의 경우 소유자는 자본을 출자한 개인이다. 따라서 개인이 경영권을 소유하고 경영상의 책임을 지는 것은 당연하다. 개인회사의 사장을 종업원이 뽑는다는 것은 말이 되지 않는다. 이는 명백한 소유권 침해다. 마찬가지로 주식회사의 소유자가 주주라고 하면, 개인회사의 사장처럼 경영상의 책임이나 법률상의 책임을 져야 한다. 그러나 우리가 알고 있듯이 주주는 책임을 지지 않는다. 주주가 유한책임을 진다고 하지만, 경영상·법률상 책임을 지는 것은 전혀 없다. 유한책임은 '유한권리'와 결합해야 한다.

이 지점에서 우리는 주식이 채권의 일종임을 인식할 필요가 있다. 모든 채권이 그러하듯 채권자는 소유권을 주식회사에 이전한 대가로 배당을 받거나 시세차익을 누리면 된다. 채권자는 소유권자가 아니다. 그러므로 채권자가 인사권과 의결권을 갖는다는 것은 정당하지 않다. 이런 관점에서 보면 주주들은 지금까지 특권을 누린 것이다. 그런 특권이 존재했기에 대주주, 특히 재벌의 경우에는 5퍼센트도 안 되는 주식을 소유한 총수가 그룹 전체의 경영을 주무를 수 있고, 법률적·경영적 책임을 면할 수 있었던 것이다. 주식회사의 비윤리성과 무책임성의 상당한 원인이 바로 여기에 있다.[4]

그렇다면 노동자가 이사를 선출할 근거는 어디에 있을까? 이 분야에서 독보적 연구를 남긴 김상봉의 주장에 따르면, 노동자야말로 활동하는 주체이기 때문이다. 주주는 주체가 될 수 없다. 주체는 언제나 활동하는 주체인데, 주식회사에서 활동의 주체는 노동자다. 오직 노동자들만이 주식회사의 적극적이고 능동적인 주체이므로 노동자들에게 인사권과 의결권을 주는 것이 가장 합당하다는 것이다.[5] 그러므로 노동자에게 이사를 선출할 권한을 부여하고 주주들은 주식이 원래 채권이므로 배당이익과 시세차익을 누리는 권리를 부여하는 것이 마땅하다.

노동자가 이사를 선출하면 사용자와 노동자의 관계는 수평적이 된다. 더구나 비정규직에게도 이사 선출권을 부여하면 비정규직에 대한 불합리한 차별도 사라진다. 사용자와 노동자의 수평적 관계는 노동자가 부당한 대우에서 자유롭다는 것을 의미한다. 기업 운영에 있어서 양순한 객체가 아니라 능동적 주체가 된다는 것을 의미한다.

이상의 네 가지 정의에서 알 수 있듯이, 토지에서의 정의, 기업 간의 정의, 노동자 간의 정의, 노동자와 사용자 간의 정의는 서로가 서로를 필요로 한다. 요컨대 성경의 희년을 현대사회에 맞게 확장하고 심화시킨 경제모델은 네 개의 정의가 연락하고 상합(相合)하는 모델인 것이다.

희년으로 본 한국의 사회경제 풍경

한국 사회를 염려하는 그리스도인들에게 현실은 답답하기만 하다. 어떻게 이 현실을 타개해야 할지 도무지 정리되지 않기 때문이다. 어떤 이는 원래 시장경제가 수많은 문제를 일으키는 것이니 시장경제를 철폐해야 한다고 주장하고, 어떤 이는 빈곤은 기본적으로 개인의 문제이므로 교육이 중요하다고 하며, 어떤 이는 자본가의 착취 때문이라 하고, 어떤 이는 노동자, 특히 노조의 욕심 때문이라고 한다. 어떤 그리스도인들은 인간이 죄인이기 때문에 어쩔 수 없다고 체념하기도 한다. 이야기를 들어 보면 모두 일리가 있는 것 같다. 어찌 보면 많은 그리스도인이 사적인 영역에만 집중하고 불쌍한 사람에게 시혜를 베풀면서 그러한 사람이 생기지 않게 하는 단계로 나아가지 못하는 까닭도 여기에 있다고 할 수 있다. 원인 진단이 제각각이기 때문이다. 한마디로 말해서 부분과 전체를 체계적이고 입체적으로 설명해 주는 성경에 입각한 시각이 없기 때문이다.

그런데 앞서 말했듯이 토지정의, 노동정의, 기업정의, 노사정의라는 네 기둥으로 구축되어 있는 희년경제의 관점에서 한국 사회를 들여다보면 파편화되어 있는 수많은 문제가 일목요연하게 정리된다. 왜 수많은 사람이 고통당하고 희망을 잃어버린 채 하루하루 연명하는지 이해할 수 있게 해준다. 이제 '희년경제'라는 안경을 쓰고 한국 사회를 들여다보자.

1 토지정의로 본 한국 사회

토지정의는 지대를 환수하여 공유하는 것이라고 정의했다. 그렇게 해야 토지소유자와 비소유자, 과다 소유자와 과소 소유자 간의 관계가 대등할 수 있고 모든 사람이 최소한의 인간다움을 유지할 수 있다. 애덤 스미스, 데이비드 리카도, 존 스튜어트 밀, 헨리 조지 등이 말했듯이 지대[6]는 불로소득이다. 그뿐 아니라 매매차익도 불로소득이다. 그러나 한국 사회는 토지 불로소득을 거의 환수하지 않는데, 이런 불의한 제도를 우리는 토지사유제라고 부른다.

불의는 또 다른 불의를 낳기 마련이다. 불의한 토지사유제가 초래하는 사회경제적 폐단은 실로 엄청나다. 토지는 인간의 모든 활동에 근간이 되기 때문이다. 먼저 토지 불로소득이 얼마나 생겼는지 살펴보자.

〈표1〉 부동산 불로소득 추이   (단위: 조 원, %)

연도	2007	2008	2009	2010	2011	2012	2013	2014	2015	2016
주택	151.3	144.1	180.2	184.5	176.4	172.4	177.8	176.1	181.1	197.8
일반건축물	97.5	93.7	107.6	115.8	117.4	113.7	115.1	111.3	125.7	135.8
토지	30.7	26.7	31.8	32.4	30.9	32.6	34.8	35.8	39.5	41.0
불로소득 총액	279.6	264.6	319.6	332.7	324.6	318.7	327.7	323.2	346.2	374.6
불로소득/GDP	26.8	24	27.8	26.3	24.4	23.1	22.9	21.7	22.1	22.9

주: 부동산 불로소득 = 실현 자본이득(1) + 순임대소득(2)
(1) 실현 자본이득 = 부동산 매각가액 − 부동산 매입비용
(2) 순임대소득 = 부동산의 현 임대가치 − 부동산 매입가액의 이자
자료: 2007-2015년은 남기업·전강수·강남훈·이진수(2017), 2016년은 남기업의 추산.

〈표1〉에서 보는 바와 같이 부동산 불로소득은 2016년에만 GDP의 무려 22.9퍼센트가 발생했다.[7] 그런데 이것은 과연 누가 가져간 것일까? 2014년 개인 토지소유자 중 상위 10퍼센트가 전체 개인 소유지의 64.7퍼센트를, 법인 토지소유자 중 상위 1퍼센트가 전체 법인 소유지의 75.2퍼센트를 소유(가액 기준)했다. 또한 2008-2014년 6년 사이에 상위 1퍼센트 기업이 소유한 부동산은 546조 원에서 966조 원으로 77퍼센트 증가했고, 상위 10대 기업이 소유한 부동산은 180조 원에서 448조 원으로 무려 147퍼센트 폭증했다.[8] 개인의 토지소유 편중도 극심하다. 2013년 정부의 발표에 따르면 50만 명(전체 인구의 1퍼센트)의 민유지 소유 비율이 55.2퍼센트이고 500만 명(전체 인구의 10퍼센트)의 소유 비율이 무려 97.3퍼센트나 된다. 그리고 대한민국 총 세대 2,021만에서 1,211만 세대만, 즉 59.9퍼센트 세대만 토지를 소유했고 나머지 40.1퍼센트 세대는 한 평의 땅도 보유하지 않았다.[9] 이런 극심한 소유 편중 속에서 발생한 부동산 불로소득은 극소수의 부동산 과다보유 개인 혹은 법인이 차지했음을 쉽게 유추할 수 있다. 그러나 이것은 비(非)토지소유자들의 소득이 소유자들에게로 이전된 소득이다. 토지정의의 훼손이 결국 불평등의 원인이 된 것이다.

부정의한 토지사유제는 첫째로, 집값을 천정부지로 끌어올리고 일자리 부족을 초래한다. 사람이 사람답게 살아가려면 거주할 집과 든든한 직장이 있어야 한다. 과거 이스라엘에서 희년이 지켜질 당시에는 각자 자기 집이 있었고 농사지을 땅도 있었다. 어쩔 수 없이 처분했어도 무르기를 통해 땅을 되찾아 올 수 있었고, 그것이 여의치 않으면 희년까지 기다리면 되었다. 그러나 지금은 집을 사려면 엄청난 돈이 필요하다.

집값이 이렇게 높으면 보통 사람은 어떻게 할까? 부모님께 물려받은 재산이 있는 사람은 별 문제 없겠지만, 그렇지 않은 사람은 엄청난 금액의 대출을 끼고 집을 구입한다. 다시 말해 채무자가 되는 것인데, 문제는 이것이 직장생활의 족쇄가 된다는 점이다. 노동자와 사용자의 수직적 관계의 원인이 된다는 것이다. 원리금을 갚기 위해서는 다니기 싫고 억울한 일이 있어도 직장을 그만둘 수 없다. 만약 직장에서 퇴출되기라도 하면 부채를 갚을 수 없게 되고, 그렇게 되면 바로 신용불량자로 전락하기 때문이다. 물론 이직할 곳이 많으면 별 문제가 없다. 하지만 토지사유제하에서 일자리는 늘 부족하기 때문에 사용자의 부당한 요구가 있어도 노동자는 꾹 참고 직장에 다닐 수밖에 없다. 한마디로 토지사유제는 평범한 직장인을 인생의 노른자위 같은 시간을 집 사는 데 바치게 만들고 직장의 노예로 전락시킨다.

그러면 왜 토지사유제하에서는 일자리가 부족한 것일까? 일자리가 충분하려면 신규 기업의 시장 진입이 쉽도록 진입장벽이 낮아야 한다. 그런데 토지사유제하에서 형성된 높은 지가는[10] 그 자체가 진입장벽이기 때문에 기술력이 있고 아이디어가 반짝이는 신규 기업도 진입하기 힘들다. 그뿐인가? 이윤을 제대로 남기지 못하는 회사는 시장에서 바로 퇴출되어야 하는데, 때로는 토지 불로소득이라는 음식을 먹고 버티면서 시장에서 큰소리까지 칠 수 있게 된다. 한마디로 불의한 토지사유제가 시장이라는 생태계를 망치고 일자리 부족을 초래한다는 것이다.

둘째로, 토지에서의 부정의는 후진형이라 할 수 있는 토건형 산업구조를 고착화한다. 이는 한국이 GDP 대비 건설투자 비중이 선진국보다 훨씬 높다는 데서 잘 나타난다. 많은 사람이 한국의 산업구조가 지식기반형, 기술기반형으로 바뀌어야 한다고 말하지만 토건형 산업구조의 근본 원인인 토지 투기를 방치하고서는 이런 변화를 기대하기 어렵다. 토지를 소유하거나 그 위에 아파트를 지어서 팔면 엄청난 돈을 벌 수 있는데, 구태여 힘들게 지식과 기술을 습득하고 경영혁신을 꾀할 이유가 없는 것이다.

이는 아래 〈표2〉에 잘 나타난다. 1990-2016년 동안 우리나라는

OECD 국가 중 GDP 대비 투자율에서 계속 1위를 차지하고 있는데, 상당히 중요한 원인이 건설투자에 있다. 건설투자가 지나치게 비대한 것, 즉 토건형 산업구조가 고착화된 까닭은 바로 토지 불로소득이 엄청나기 때문이다.

〈표2〉 GDP 구성요소 비중의 국제 비교 (단위: %)

	1990~2016년			2001~2016년		
	OECD평균	한국	한국순위	OECD평균	한국	한국순위
총고정자본형성[1]	23.1	32.5	1위	22.9	30.4	1위[2]
건설투자	11.9	17.8	1위	11.7	16.2	1위
설비투자	7.7	10.5	4위	7.3	9.2	4위

1) : 총고정자본형성 = 건설투자+설비투자+지식재산생산물투자
2) : 에스토니아와 공동1위
자료 : OECD, National Accounts of OECD Countries, 각 연도

셋째로, 토지에서의 부정의는 부정부패를 양산한다. 세계 반부패 운동을 주도하는 비정부단체인 국제투명성기구(TI)의 '국가별 부패지수(CPI·국가청렴도)'에 따르면 2016년 우리나라는 52위를 차지했다. 매우 부패한 국가라는 것이다. 그렇다면 어느 영역의 부패지수가 높을까? 토지 불로소득과 관계가 있는 건축/건설/토지 분야다. 건축/건설/토지 분야는 11개 행정 분야 중 가장 부패한 분야인데, 그 이유는 "지가차익이나 개발이익이라는 지대의 획득기회" 때문이다.[11] 각종 인허가권을 쥐고 있는 공무원의 결정에 따라 엄청난 불로소득을 손에 넣느냐가 결정되기 때문에 그들은 집중 로비의 대상이 되고, 이를 둘러싸고 부패가 끊임없이 양산될 수밖에 없는 것이다.

넷째로, 토지에서의 부정의는 경제위기를 초래한다. 지금까지 수많은 경제위기의 공통 원인은 바로 토지 투기가 초래한 거품 형성과 붕괴에 있었다. 최근에는 토지가 복잡한 금융시장과 결합해 있기 때문에 금융위

기로 보이지만, 근본 원인은 토지 투기에 있는 것이다.

다섯째로, 토지에서의 부정의는 노사갈등을 심화시킨다. 토지투기로 집값이 폭등하면 노동자는 주거비가 상승하기 때문에 과도한 임금인상 투쟁을 하고, 자본가는 토지 임대료가 급등하거나 추가로 토지를 구입해야 하는 비용이 증가해 노동자에게 양보할 여력이 줄어든다. 급기야 토지투기가 극에 달하면 노사 간 타협의 여지가 없어지게 되어 결국 파업이 일어나기도 한다. 토지투기가 노사갈등의 중요한 원인이라는 점에서 우리는 새로운 관점을 얻게 된다. 일반적으로 시장경제에서 노사는 필연적으로 대립할 수밖에 없다고 생각하는데, 따지고 보면 상당한 원인이 토지에 있다. 다시 말해 성경 원리와 충돌하는 불의한 토지사유제가 사회적 주체인 노동과 자본의 관계를 불안정하게 만든다는 것이다.

지금까지 우리는 한국 사회가 망가진 뿌리에 토지정의의 부재가 있음을 확인했다. 집값이 턱없이 비싸고, 인구에 비해 괜찮은 일자리가 부족하고, 빈부격차가 큰 것을 당연히 생각해서는 안 된다. 또 이런 현상이 하나님의 뜻도 아니다. 이 모든 것은 부정의에 기인한다.

2 기업정의로 본 한국 사회

우리가 알고 있듯이 현재 대기업과 중소기업의 관계는 수평적이 아니라 수직적이고, 착취는 구조화되어 있다. 대기업은 자신의 우월적 지위를 이용해 온갖 위험부담을 중소기업에 떠넘긴다. 글로벌 시장에서 살아남아야 하는 위험 부담, 대기업 정규직 노동자의 처우개선 요구가 초래한 부담 등을 납품단가 후려치기 같은 방법으로 중소기업을 쥐어짠다.

이는 중소기업중앙회가 매년 발표하는 《중소기업 실태 조사 결과》에 잘 나타난다. 2014년 주로 중소기업으로 구성된 하청기업이, 대기업이 다수인 모기업과 납품거래 시 겪은 애로사항을 살펴보면 '원자재가격상승분 납품단가 미반영'이 52퍼센트로 가장 많으며, '납품단가 인하요구'가 43퍼센트, '납기단축촉박'이 22퍼센트, '납품대금 결제기일 장기화'가 17퍼센트 등의 순으로 나타난다. 이는 거의 대부분 부품단가와 관련된 애로사항이다.

이런 착취 관계는 중소기업과 대기업의 생산성 격차가 점점 벌어지는 것에서 확인된다. 중소기업중앙회가 발간하는 《중소기업현황》에 나타난 1980년 제조 중소기업의 생산성은 대기업의 55퍼센트 수준이었다. 그러다가 1990년에는 50퍼센트 아래로 떨어졌고, 90년대 중반에는 30퍼센트대로 급락해 2014년까지 이런 추세가 이어지고 있다. 그런데 아래 〈표3〉에서 보듯이 OECD 주요국은 대개 50퍼센트를 넘어서고 있다. 다시 말해 중소기업과 대기업의 생산성 격차가 우리나라에서 유달리 크다는 것이다.

〈표3〉 OECD 국가별 대·중소기업 1인당 부가가치 생산성 비율(제조업) (단위: %)

핀란드	노르웨이	프랑스	영국	독일	스웨덴	덴마크	네델란드	일본	한국
76.2	71.5	70.0	61.2	60.4	60.1	58.3	58.2	54.0	28.1

자료 : 중소기업중앙회, 《2017 해외중소기업통계》; 한국생산성본부 2015, 34; 중소기업중앙회, 《중소기업현황》
주: 일본(2013), 한국(2014), 기타국가(2012)

또한 이것은 생산액비율 증가가 중소기업의 종사자비율 증가를 쫓아오지 못하는 것에서도 확인된다. 〈표4〉에서 보는 것처럼 제조업의 경우 1995년 68.9퍼센트였던 종사자 비율은 2014년 77.4퍼센트로 무려 8.5퍼센트포인트 증가했는데 생산액은 46.5퍼센트에서 48.3퍼센트로 고작 1.8퍼센트포인트 증가하는 데 그쳤다. 생산성이 그만큼 하락했다는 것을 뜻한다.

<표4> 제조 중소기업의 종사자 수, 생산액 비율 추이 (단위: %)

연도	1995	2000	2005	2010	2011	2012	2013	2014
종사자 수 비율	68.9	74.0	76.2	77.1	76.7	76.4	77.1	77.4
생산액 비율	46.5	47.4	49.5	47	46.6	45.7	46.9	48.3

자료: 중소기업중앙회, 《중소기업현황》, 각 년

일반적으로 중소기업은 대기업에 비해 상대적으로 자본 집약도, 즉
노동자 1인당 장비를 사용하는 양이 낮기 때문에 대기업과의 노동생산성
격차는 불가피한 측면이 있다. 그런데 문제는 이 격차가 계속 커진다는 데
있고 이것은 '착취' 관계의 지속 내지 심화의 증거인 것이다.

3 노동정의로 본 한국 사회

노동정의의 눈으로 한국 사회를 살펴보자. 노동정의는 기업정의와
관련이 있는데, 기업정의의 훼손은 대기업과 중소기업의 생산성 격차 심
화를 가져오고 그것은 다시 임금격차 심화의 원인이 된다. 중소기업중앙
회가 발표한 자료에 따르면, 중소 제조업의 경우 1980년에는 대기업 임
금의 80.2퍼센트였던 수준이 1995년에는 대기업의 64.3퍼센트, 2000년
55.5퍼센트, 2014년에는 56.5퍼센트로 33년 만에 33.7퍼센트포인트 하
락했다는 것을 보여 준다. 이런 경향은 서비스업에서 더 심각하게 나타난
다. <표5>에서 보듯이 2002년에 60.9퍼센트였던 대기업 대비 중소기업의
급여 수준이 2014년에는 41.3퍼센트로 하락했다. 12년 동안 무려 19.6퍼
센트포인트 하락한 것이다.

<표5> 서비스업의 중소기업과 대기업의 임금 격차 (단위: %)

연도	2002	2003	2004	2008	2012	2014
중소기업수준(대기업=100.0)	60.9	61.1	62.0	48.4	40.3	41.3

자료: 중소기업중앙회, 《중소기업현황》, 각 년

정규직과 비정규직의 임금 격차도 계속 벌어지고 있다. 〈표6〉에서 보듯이 2000년 이후 정규직과 비정규직의 시간당 임금 격차는 계속 벌어지고 있고, 급기야 2008년부터는 그 절반에도 못 미치고 있으며, 그 흐름은 2017년에도 계속되고 있다. 상대적으로 정규직은 고용의 안정성도 보장받으면서 높은 임금을 받는 엄청난 특권을 누리고 있는 것이다.

〈표6〉 정규직과 비정규직의 월평균 임금 격차 추이 (정규직 = 100)

연월	2000.8	2002.8	2005.8	2007.8	2008.8	2009.8	2012.8	2014.8	2016.8	2017.8
비정규직 시간당 임금	53.7	52.7	50.9	50.1	49.9	47.2	49.7	49.9	49.2	51.0

자료: 김유선 20017 "비정규직 규모와 실태: 통계청, 경제활동인구 부가조사(2017.8) 결과" 〈이슈페이퍼〉 제14호

더 큰 문제는 하청 단계가 내려갈수록 임금 격차가 점점 벌어진다는 데 있다. 원청과 하청은 결국 함께 완성품을 만드는 데 협력하고 있는 것인데, 기업규모의 차이가 임금의 차이로 귀결되고 착취는 하청 단계를 타고 전가되어 결국 노동정의를 더욱 훼손시키는 결과를 낳는다. 아래 〈표7〉에서 보듯이 2013년 기준 1차 협력업체는 원청업체의 52퍼센트 임금수준이고, 2차는 49.9퍼센트, 3차는 42.2퍼센트밖에 되지 않는다. 이렇게 "원·하청의 임금격차가 확대되는 이유는 계속되는 단가 인하 압력, 불공정한 단가 인하, 대금결제 지연 등 결제 방식의 불공정 때문"[12]인 것이다.

〈표7〉 원·하청 임금 실태 (월 임금 총액)

원청업체	1차 협력업체	2차 협력업체	3차 협력업체
559만 7,000원	291만 1,000원	279만 1,000원	236만원
100%	52.0%	49.9%	42.2%

자료: 한국일보 2017년 6월 17일 "근로시간 같은데… 원청 560만 원 하청 236만 원"(2018년 8월 11일 검색: http://www.seoul.co.kr/news/newsView.php?id=20170620009006)

4 노사정의로 본 한국 사회

현재 한국 사회에서 주식회사에 소속된 노동자에게 인사권과 의결권은 부여하지 않는다. 경영자는 이사들이 선출하고, 그 이사들은 주주총회에서 주주들이 선출한다. 특히 재벌의 경우에는 5퍼센트도 안 되는 주식을 가진 총수 일가들이 경영권을 독식하면서도 법률적 책임에서 빠져나가는 경우가 다반사다. 회사에서 노동자는 양순한 객체를 요구받고 있을 뿐이다. 자기가 하는 활동을 스스로 결정하는 데 참여하지 못하니 자유인이라고 할 수 없다. 사용자와 노동자의 수평적 관계는 상상할 수도 없다.

그런데 문제는 이 관계의 수직성이 더 심해지고 있다는 점이다. 경제는 가계(개인), 기업, 정부 참여로 움직인다. 이 셋을 경제주체라고 한다. 경제성장은 셋의 기여로 만들어지고, 성장의 성과도 세 주체에게 배분된다. 〈표8〉을 보면 지난 38년 동안(1980~2017년) 가계로 배분되는 몫은 14.3퍼센트포인트 줄어들었고, 기업으로 배분되는 몫은 8.4퍼센트포인트 늘어났으며, 정부의 몫은 5.8퍼센트포인트 증가했다는 것을 알 수 있다. 외환위기 이후, 즉 2000년대 이후로 기간을 좁혀 보면 가계소득은 62.9퍼센트에서 56퍼센트로 6.9퍼센트포인트 줄었고 기업소득은 14.2퍼센트에서 20.2퍼센트로 6퍼센트포인트 늘었으며 정부소득은 22.9퍼센트에서 23.8퍼센트로 0.9퍼센트포인트 느는 데 그쳤다. 즉, 1998년 외환위기 이후 임금소득이 주종을 차지하는 가계소득 하락분은 기업소득의 증가분과 거의 일치한다. 이것은 노동자와 사용자의 수직적 관계가 강화되었다는 것을 단적으로 보여 준다.

결론적으로 노동과 기업 모두를 아우르는 시장생태계 전반이 피폐화된 이유는, 시장이 본래 위와 같은 문제들을 양산할 수밖에 없기 때문이 아니다. 이 문제들은 가깝게는 기업 간, 노동 간, 노사 간의 부정의에서, 멀

연도	1980	1990	2000	2001	2003	2005	2007	2009	2011	2013	2015	2017
가계	70.3	66.5	62.9	61.8	60.2	59.9	57.8	57.7	55.5	56.3	57.2	56.0
기업	11.8	13.8	14.2	15.6	16.8	16.9	17.3	19.4	21.9	21.4	20.8	20.2
정부	18.0	19.7	22.9	22.5	23.0	23.2	24.9	22.9	22.6	22.3	22.0	23.8

〈표8〉국민총소득 중 가계소득과 기업소득과 정부소득의 비중 추이 (단위: %)

주 : 제도부분 국민총소득의 구성비임.
자료 : ecos.bok.or.kr

게는 토지에서의 부정의에 기인한 것이다. 이 부정의의 결과로 하위계층과 상위계층의 격차는 더 벌어지게 되었다. 다시 말해 토지가 없고 임금노동자 중에 중소기업 노동자 혹은 비정규직 노동자인 하위계층의 소득 수준은 낮아질 수밖에 없는 반면, 토지를 과다하게 소유하고 있고 자본가 혹은 대기업 정규직인 노동자의 경우에는 소득 수준은 높아져서 결국 불평등이 심화될 수밖에 없는 것이다.

희년경제 구현 방법과 예상 효과

1 토지정의 구현 방법과 예상 효과

① 구현 방법

앞에서도 언급했지만, 토지정의를 구현하는 방법은 지대환수-토지배당이다. 그러면 지대를 어느 정도 환수해야 할까? 물론 100퍼센트 환수할 수도 있다. 그러나 이 방법은 문제가 있다. 토지 가격이 0원이 되기 때문이다. 경제에 적잖은 충격을 줄 수 있고 따지고 보면 토지소유자의 원본이 완전히 잠식되기 때문에 이 제도가 계속될 것이라고 믿고 경제활동을 한 사람들을 피해자로 만들기도 한다. 이런 까닭에 우리는 현재 지대에서 매입 지가의 이자를 공제하고 나머지를 환수하는 것이 정의와 실현 가능성 측면에서 적합하다고 본다. '이자 공제형 지대세제'라고 불리는 제도를 실시하면 토지 가격은 매입 가격에서 고정되기 때문에 도입 즉시 투기가 사라진다. 그런데 토지 가격은 항상 오른다고 하는 '토지 신화'에 익숙한 우리에게 지가(地價)가 고정된다는 것을 이해하기 어려울 수 있어 좀 더 자세히 살펴보자.

예를 들어, 매년 100만 원의 고정 수익이 생기는 기계가 있고, 은행 이자율은 5퍼센트라고 가정하자. 그러면 이 기계의 가격은 얼마나 될까? 고정 수익을 이자율로 나눈 결과로 결정된다. 즉, 100만 원 ÷ 0.05 = 2,000만 원이 되는 것이다. 마찬가지 원리로, 지대와 이자의 차액만 환수하면 토지도 고정 수익만 발생하기 때문에 지가가 고정된다. 예컨대 어떤 토지의 매입가격이 1억 원이라고 하고, 이자율이 5퍼센트라고 하자. 그리고 그 토지가치인 지대가 2019년 450만 원, 2020년 500만 원, 2021년 510만 원, 2022년 530만 원… 이렇게 계속 상승한다고 하자. 이런 상태에서 지대에서 이자부분만을 공제하고 환수한다는 것은 토지 가격 1억 원에 대한 이자인 500만 원을 넘는 부분만 세금으로 환수한다는 것이다. 즉, 2021년 10만 원(510-500) 환수, 2022년 30만 원(530-500) 환수… 이렇게 하면 그 토지에서는 앞으로 계속 500만 원의 고정 수익밖에 발생하지 않기 때문에, 결국 그 토지 가격은 1억 원(500/0.05=1억)으로 고정되는 것이다.

이러한 이자 공제형 지대세제는 몇 가지 장점이 있다. 첫째, 매입지가를 보장해 주기 때문에 사유재산권 침해와 같은 논란을 미연에 방지할 수 있다. 물론 그렇게 하더라도 정치적 반대가 있을 수 있지만, 반대하는 자들의 주된 논거가 사유재산권 침해, 원본 잠식이었다는 것을 생각하면 반대할 명분은 크게 줄어든다. 둘째, 양도소득세나 개발이익환수와 같은 추가적인 제도적 장치들이 불필요하다는 점이다. 국지적인 개발로 개발지역과 개발인근지역의 토지 가치인 지대가 갑자기 높아지더라도, 이자

부분을 초과하는 지대 부분만 환수하면 토지 가격이 계속 고정될 수밖에 없기 때문이다. 개발이익이 발생하면 토지를 소유한 사람은 그전보다 더 많이 내고 토지를 사용하게 되는 것이다.

이렇게 환수한 지대, 즉 배당액은 얼마나 될까? 대한민국 모든 토지의 매입지가가 제각각이기 때문에 현재로는 계산뿐 아니라 추산도 불가능하다. 그러나 중요한 것은 해가 갈수록 환수액과 배당 액수는 높아질 것이라는 점이다. 또한 전액을 배당해 주면 토지를 소유하지 못한 40.1퍼센트(2012년)의 가구는 부담액은 없으면서 수혜액만 있고, 대다수의 토지소유자들도 부담액보다 수혜액이 높은 '순수혜 가구'가 될 것으로 예상된다. 다만 토지를 과다하게 소유하고 있는 가구와 개인들은 수혜액보다 부담액이 많은 '순부담 가구'가 될 것이기 때문에, 정치적 지지도도 높아질 것이다. 그리고 배당을 한 번 수령하고 나면 정책 지지도가 급상승하기 때문에 후퇴의 가능성은 거의 제로에 가깝게 된다.

② 예상 효과

토지정의 구현을 위해 지대환수-토지배당을 실시하면 앞서 다룬 불의한 토지제도가 초래한 수많은 문제가 해결된다. 첫째로, 토지 때문에 발생했던 불평등은 완전히 해소된다. 불평등의 주된 원인이 토지에 있다는 것을 생각하면 이는 엄청난 효과라 할 수 있다. 다음으로 신규 기업의 시장 진입이 쉬워지고 예전에 토지 불로소득으로 먹고살던 경쟁력 없는 기업들은 시장에서 퇴출되어 시장의 역동성이 한층 높아지고 괜찮은 일자리는 증가한다. 또한 토지 불로소득을 노린 녹지나 농지의 무분별한 개발이 사라져 환경 보존에도 크게 기여할 것이다. 주택 문제도 상당히 해결된다. 지가가 일정하게 유지되면 주택 가격은 결국 하락하기 때문이다. 주택은 '택지+건물'인데, 택지의 가격은 일정하고 건물은 시간이 지남에 따라

노후화되기 때문에 결국 주택가격은 다른 일반물자와 마찬가지로 신규주택일 때 가장 비싸고 시간의 경과에 따라 하락할 수밖에 없다. 이렇게 되면 집을 불필요하게 여러 채 소유할 이유가 사라지고 결과적으로 주거 불안정은 상당히 완화된다. 그리고 정부 재정으로 도로와 같은 사회기반시설을 설치해도 토지 불로소득을 얻을 수 없기 때문에, 불필요한 도로 건설 등으로 낭비되는 재정도 상당히 줄어든다. 요컨대 토지정의가 구현되면 일자리 불안, 주거 불안이 해소되고 환경 보존 가능성은 높아지며, 토지로 인한 불평등은 사라지고, 정부 지출의 낭비도 막을 수 있게 된다.

둘째로, 지대환수–토지배당은 보유세 강화에서 흔히 나타나는 조세저항을 극복할 수 있게 된다. 종합부동산세를 가장 많이 징수한 해가 2007년이었는데, 당시 징수한 액수는 부가세인 농특세까지 합쳐 3.3조 원이었다. 그럼에도 참여정부는 극심한 조세저항에 시달려야 했다. 그런데 토지배당을 결합시키면 순수혜 가구 비중이 순부담 가구보다 훨씬 높기 때문에 조세저항은 크게 줄어들고 따라서 입법가능성은 높아진다. 설령 일부 반대 여론에 휘둘려서 처음에 지지율이 낮다고 할지라도 일단 한 번만 토지배당을 받아보면 자신에게 이득이 된다는 것을 알 수 있기 때문에 큰 문제가 될 수 없다. 그리고 지대가 환수되면 건물 공급이 늘어나 임대료가 하향 안정화 되는데, 이것은 영세 자영업자와 무급 가족 종사자들을 지대환수–토지배당의 탄탄한 지지 세력으로 만들 것이다.

2 노동정의·기업정의·노사정의 구현 방법과 예상 효과

① 구현 방법

이번에는 노동정의와 기업정의와 노사정의의 구현 방법을 생각해보자. 기업 간, 노동 간, 노사 간의 정의 세우기는 유능한 민주정부의 중재 아래 노동(정규직과 비정규직)과 기업(대기업과 중소기업)이 '새로운 협약'을 채

결하는 것이다. 그런데 여기서 협약은 단순히 서로 조금씩 양보하는 '타협'이 아니라 '종합'이다. 각 경제 주체가 정의로운 제도가 무엇인지 인식하고 나아가 정의를 세우기 위해 결단하는 것이다. 그러면 협약에서 각 주체가 수용하고 이행해야 할 사항이 무엇인지 살펴보자.

먼저 노동이 수용해야 할 사항은 다음과 같다. 첫째, 동일노동 – 동일임금이란 원칙 아래 정규직과 비정규직의 불합리한 임금격차 시정을 수용한다. 이를 위해 노동은 임금과 안정성이 반비례해야 한다는 원칙을 받아들이고 정규직은 비정규직의 임금이 정규직의 임금을 상회할 때까지 임금 인상을 자제한다. 둘째, 임금 체계를 연공급에서 숙련급으로의 전환을 수용한다. 근무연수가 증가함에 따라 급여가 증가하는 것은 그 자체로 정의롭지 않고 이것은 기업에 부담이 된다. 임금은 철저히 기여에 비례해야 한다. 셋째, 개별 기업 자체가 제공하는 복지의 비중은 줄이고 국가가 제공하는 복지의 비중을 늘리는 것을 수용한다.

그다음으로 기업이 수용하고 이행해야 할 사항은 다음과 같다. 첫째, 중소기업에 가한 대기업의 반칙을 근절하는 각종 법률을 수용한다. 둘째, 구조조정을 할 때는 해고를 의미하는 수량적 유연성이 아니라 작업장 재배치를 의미하는 기능적 유연성을 우선적으로 적용하는 것을 수용한다. 셋째, 노동자에게 인사권과 의결권 부여를 수용한다.

마지막으로 정부가 약속하고 이행해야 할 사항은 첫째, 환수한 토지불로소득으로 국민 전체에게 배당을 지급한다. 둘째, 정부가 직업 재교육 및 일자리를 알선하는 등 적극적 역할을 감당한다. 셋째, 대기업과 중소기업이 상생 관계가 되도록 엄정한 법집행을 한다. 넷째, 교육균등과 의료균등의 질과 정도를 높여 나간다.

여기서 하나 덧붙일 것은 정부가 토지정의 확립, 즉 지대환수 – 토지배당을 단행하면 '협약' 가능성이 훨씬 높아질 것이라는 점이다. 토지정의는 노동과 기업의 협상 공간을 넓힌다. 주거불안 해소와 일자리 증가, 고(高)지가라는 진입장벽 제거는 기업에게 상당한 여유를 갖게 해준다. 또한 토지정의는 사용자에 비해 힘이 약한 노동자의 지위를 향상시켜 노동자와 사용자 간 상호 존중의 가능성을 높여 준다. 토지정의 확립이 새로운 일자리를 많이 만들 수 있기 때문이다. 그리고 토지정의는 중소기업이나 신규기업의 힘을 강화해 주어 대기업과 중소기업의 관계를 대등하게 하는 데 도움을 준다. 과거에 토지를 많이 보유했던, 즉 토지 불로소득을 누렸던 대기업의 시장 지배력이 줄어들기 때문이다.

② 예상 효과

위와 같이 기업 간, 노동 간, 노사 간 정의가 확립되면 다음과 같은 효과가 예상된다. 첫째, 대기업 발전의 성과가 중소기업에까지 이어지는 '낙수(落水)효과'가 복원될 것이다. 즉, 글로벌 시장에서 대기업이 벌어들인 수익이 중소기업까지 이어진다는 뜻이다. 낙수효과가 복원되면 중소기업의 투자, 생산성, 이윤율 등의 등락은 대기업과 보조를 맞추게 되고, 이것은 중소기업의 임금 지불능력을 향상시켜 노동자들의 처우가 개선되며 대기업과 중소기업 노동자의 임금격차도 완화하는 데 큰 도움이 될 것이다.

둘째, 괜찮은 일자리가 늘고 나쁜 일자리는 줄어들 것이다. 이렇게 되면 중소기업에 들어가서 박봉에 시달리느니 내 사업을 한다는 심정으로 시작하는 '떠밀린 창업'이 크게 줄어 자영업과 중소기업의 과당경쟁도 줄어들 것이다.

셋째, '소기업→중기업→중견기업→대기업'으로의 동태적(動態的) 발전이 수월해지고, 이로 인해 사회 전체의 역동성도 크게 높아질 것이다. 중소기업에 대한 대기업의 반칙이 초래한 중소기업의 생산성 하락, 중소기업이 열심히 해서 일구어 놓은 것을 막강한 자금력과 마케팅 능력을 가진 대기업이 침탈하는 행위, 열심히 기술 개발해서 돈 버는 것보다 부동산을 처분해 토지 불로소득 얻는 것이 편하다는 인식에서 비롯된 중소기업의 나태함과 기업가 정신의 실종, 사회 안전망의 부실로 인해 직무와 무관한 창업 러시가 초래한 중소기업과 자영업의 과당경쟁 등이 시정되면, 소기업이 더 큰 기업으로 성장할 가능성이 높아지는 것은 자연스러운 현상이다.

넷째, 노사갈등이 크게 완화될 것이다. 임금의 불합리한 차별이 시정되어 대기업 임금과 중소기업 임금 차이가 크지 않으면, 토지배당을 지급하게 되어 사회적 안전망을 튼튼하게 갖춰 놓으면, 토지정의 구현으로 신규기업의 시장 진입이 수월해져 일자리가 더 많이 생겨나면, 노동자가 직접 이사를 선출하면, 노동자와 사용자의 수직적 관계는 수평적 관계로 전환될 것이다.

마지막으로, 한국 경제의 고질병인 재벌 문제가 해결된다. '재벌 체제'는 반(反)희년적이다. 5퍼센트도 안 되는 주식을 소유한 총수가 수십여 개의 기업을 혼자 좌지우지한다는 것은 현행 질서인 주주자본주의에도 맞지 않는다. 그러나 전술했듯이 주주자본주의도 채권자에 불과한 주주에게 소유권에 준하는 권리를 부여하면서 소유권자가 마땅히 감당해야 할 경영상의 법적·윤리적 책임에서는 자유로운 특권적 질서다. 그런데 주주가 아니라 노동자에게 인사권과 의결권이 부여되는 개혁이 단행되면, 개별 주식회사가 독립적으로 의사결정을 할 수 있게 되어 계열사 간의 관계도 수평적으로 변화하게 된다. 원칙적으로 계열사 간의 협력도 개별 주식회사의 결정에 달려 있는 것이고 종업원총회에서 의결된다. 그리고 주주자본주의 질서에서 항상적으로 등장하는 문제인 '적대적 인수합병'에도 시달리지 않게 된다. 인수합병의 의결권이 주주가 아니라 노동자에게 있기 때문에 주식을 아무리 많이 매입해도 소용이 없기 때문이다.

이상에서 살펴본 것처럼 각 경제주체 간의 관계를 수평적으로 만드는 희년경제는 분업과 협업의 고도화를 가능케 하면서 누구나 자기 존엄성을 지킬 수 있는 사회 기반이 된다. 즉, 성경이 말하는 거룩한 사회의 이상 "각기 포도나무 아래와 무화과나무 아래서 평안히 살았더라"(왕상 4:25)라는 말씀의 실현 가능성이 크게 높아진다는 것이다.

희년경제: 오래된 미래

성경이 말하는 하나님 나라의 이상은 희년에서 찾을 수 있다. 모두에게 실질적 자유가 보장된 사회, 모든 사람이 수직적 관계가 아니라 수평적 관계에서 타인과 참된 만남을 가질 수 있는 사회, 그것을 통해서 하나님이 각인에게 주신 독특함을 발견하고 계발시키는 사회는 희년이 도래했을 때 비로소 가능하다. 희년은 공허한 이상이 아니라 지금 여기에서도 충분히 실현할 수 있다. 희년은 우리가 지향해야 할, 그러나 이미 오래전에 성경이 말씀하고 있는 '오래된 미래'인 것이다.

이를 위해 우리는 지금까지 희년의 원리를 경제 영역에 구현할 수 있는 '희년경제' 모델을 제시해 보았다. 희년경제는 하나님의 형상을 따라 각 경제주체 간의 관계를 수평적으로 만드는 것이 핵심이다. 토지소유자와 비소유자 관계, 노동자와 사용자 관계, 노동자와 노동자 관계, 대기업과 중소기업 관계가 수직적이었기 때문에 착취가 구조화되고 불로소득이 만연했으며 결과적으로 불평등이 심화된 것이다. 또한 경제발전의 핵심인 분업과 협업의 고도화가 더디거나 왜곡된 이유도, 성장의 과실을 일부가 독식하게 된 까닭도 바로 여기에 있는 것이다. 그리고 우리가 지금 경험하는 불평등, 주거불안, 일자리 부족, 지방소멸 등의 현상도 바로 '관계의 왜곡' 내지 '파괴'가 초래한 것이다.

우리는 희년을 지향해야 한다. 그러나 이 땅에 희년을 구현하려면 반드시 극복해야 할 것이 있다. 우리 안에 깊게 뿌리내린 '패배주의'다. 예수님께서 하나님 나라와 정의를 최우선으로 구하라(마 6:33)고 말씀하셨음에도 불가능하다고 여기는 '잘못된 믿음'을 깊이 회개해야 한다. 하나님 나라와 의를 구하는 것은 얼마든지 가능하고, 이를 위해 애쓰는 것은 '진보적 믿음'이 아니라 '성경적인 믿음'이다. 패배주의에 빠진 신앙을 영적인 것처럼 위장하고 그것을 '보수적' 신앙으로 간주하는 오류에서 하루빨리 벗어나야 한다.

그러나 우리에게 정말로 필요한 것은 슬퍼하는 마음, 상한 마음일 것이다. 그리스도인을 자처하는 사람들에 의해 희년의 복음이 철저히 무시되어 온 것에 애통해 하는 심정 말이다. 그 마음을 가지고 우리는 각자의 골방에서 주님께 기도드리고, 두세 사람과 함께 간구하며 성령의 인도하심을 따라 희년을 실현하기 위해 행동에 옮겨야 한다. 바로 이러한 그리스도인과 교회를 통해 하나님 나라는 임할 것이고, 희년 말씀은 성취될 것이다.

8
희년과
특권 없는 세상

김윤상 경북대학교 명예교수, 사회정의/토지정책 전공

서울대학교 법과대학과 환경대학원, 미국 펜실베니아 대학교(도시계획학 박사)를 졸업했다. 공군 중위로 전역한 1976년부터 40년 넘게 경북대학교 행정학부 교수 및 석좌교수로 재직하다가 지금은 자유업 학자로 활동하고 있다. 토지사유제, 서울중심주의, 학벌주의 등 특권적인 사회제도와 관행을 비판해 왔고, 최근에는 좌파가 추구하는 이상을 우파도 지지하는 방법으로 달성할 수 있다는 좌도우기론(左道右器論)을 제시하면서 화합과 평화를 추구하고 있다. 최근 저서로는 《지공주의: 새로운 토지 패러다임》(2009), 《특권 없는 세상: 헨리 조지 사상의 새로운 해석》(2013), 《이상사회를 찾아서: 좌도우기의 길》(2017), 《토지공개념: 행복한 세상의 기초》(2018)가 있고, 주요 역서로는 헨리 조지의 《진보와 빈곤》(1997, 2016), 《노동 빈곤과 토지 정의》(2012) 등이 있다.

희년 정신과 사회제도

구약 레위기 25장에 나오는 희년 정신을 사회제도에 적용한다면, 모든 인간이 대등하게 실질적 자유를 누릴 수 있는 제도가 되어야 한다. 사회제도 기준으로서의 희년 정신은 신약에서도 이어진다. 마태복음 7장 12절에 의하면 예수는 산상수훈에서 "그러므로 무엇이든지 남에게 대접을 받고자 하는 대로 너희도 남을 대접하라 이것이 율법이요 선지자니라"라고 하셨다. 이를 황금률이라고 한다. 구약의 희년은 구체적인 사회제도인 반면, 신약의 황금률은 개인의 행위 규범이다. 그러나 사회제도는 사회 구성원의 행위를 규율하기 때문에 황금률 역시 사회제도를 설계할 때 기준이 된다. 희년 정신과 황금률은 기독교에 국한된 원리가 아니다. 동양의 대동(大同)사상과 역지사지(易地思之) 원리도 이와 다르지 않다.

이 글에서는 희년 정신을 바탕으로 한 사회제도를 설계한다. 우선 희년의 핵심요소 중 하나인 토지제도를 현대 사정에 맞게 적용하는 방법을 살펴본 다음, 그 연장선상에서 특권 없는 세상의 모습을 그려 보고, 나아가 전 세계에 희년 정신을 확대 적용하는 문제까지 생각해 보고자 한다.

평등한 토지권 보장 방식

토지를 포함한 자연은 하나님의 것이다. 자연은 인간의 노력과 무관하게 존재하므로 누구든 자연을 자기 것이라고 주장할 근거가 없다. 그럼에도 인간은 자연의 일부를 자기 것처럼 사용한다. 사람은 서로 좋은 땅을 차지하고 싶어 한다. 토지는 생존 터전이자 생활 기반이므로 양질의 토지를 차지할수록 더 유리해지기 때문이다. 인류 역사는 땅따먹기 역사라고 해도 과언이 아니다. 우리나라 역사만 보더라도 땅 때문에 이웃 나라와 수 많은 전쟁을 치렀고, 토지 불평등이 심해지면 사회가 불안정해지고 급기 야 왕조가 바뀌었다.

모든 인간이 하나님의 평등한 자녀임을 전제하는 희년 정신에 부합 하도록 토지를 다루는 방식, 다시 말해 평등한 토지권을 보장하는 방식 세 가지를 검토해 보자.

1 희년 방식: 토지 돌려주기

레위기 25장 23절에서 주님은 모세에게 이렇게 말씀하셨다. "토지 를 영구히 팔지 말 것은 토지는 다 내 것임이라 너희는 거류민이요 동 거하는 자로서 나와 함께 있느니라." 즉 인간은 하나님의 땅에 세 들어 살 다 떠나는 존재라는 것이다. 땅과 관련해서 하나님과 인간의 관계는 이처 럼 간단하다.

그런데 개별 인간이 땅 주인인 하나님과 임대차 계약을 맺는 것도 아 니고 하나님이 개인의 땅을 일일이 지정해 주시는 것도 아니기에, 세속적 으로는 다른 인간과 관계를 정리하는 방식이 필요하다. 레위기에는 토지 소유자가 사정이 생겨 매각한 경우 매입한 사람은 매 50년마다 돌아오는 희년에 원 소유자에게 돌려주도록 되어 있다. 즉 토지권에는 사용권과 매 각권이 포함되지만, 땅을 팔아도 완전히 파는 것이 아니라 최장 50년의 시 한부로 판다는 것이다. 또 토지를 매각한 사람이나 친척은 언제라도 그 땅 을 되살 수 있다. 즉 환매권을 가진다. 기한이 없고 환매조건도 붙지 않는 요즘의 소유권과는 다르다.

토지 매매가격도 지정되어 있다. 매매가격은 소출을 거둘 햇수에 따 라 정한다. 희년에는 땅을 돌려주어야 하므로 희년이 되기 전까지 몇 해 동안 소출을 거둘 수 있는지에 따라 가격을 정한다. 그 햇수가 많으면 가격이 올라가고 햇수가 적으면 내려간다. 환매할 때의 가격도 같은 방식으로 정한다. 즉 매매 후 지나간 햇수에 해당하는 금액을 매매가격에서 빼고 나머지를 돌려주면 된다. 곤궁한 처지에 빠진 사람이 토지를 팔 때나 환매할 때 터무니없는 가격으로 손해 보지 않도록 하기 위한 배려다.

이런 규칙은 주로 밭에 적용되지만 성곽이 없는 마을에 지은 집에도 적용된다. 한편, 성곽 안에 있는 집을 매각했을 때는 환매권을 1년간 행사할 수 있으며, 희년이 되어도 본래 집주인에게 돌아가지 않는다.

2 존 로크의 방식: 조건부 토지 취득

존 로크는 《통치론》(제2론) 제5장 소유권 편에서 토지소유에 대해 설명한다. 그는 다윗이 "하늘은 여호와의 하늘이라도 땅은 사람에게 주셨도다"(시 115:16)라고 한 것처럼 하나님이 땅을 인류에게 공유물로 주셨다는 사실은 명백하지만, 일정한 경우에는 개인이 토지소유권을 가질 수 있다고 했다. 그의 글을 직접 인용해 보자.

지구와 일체의 열등 피조물은 인류 공동의 것이지만, 인간에 대해서는 본인 이외에는 어떤 권리도 가질 수 없으며 신체의 노동과 손의 작업은 당연히 자기의 것이라고 해도 좋을 것이다. 그렇다면, 자연이 부여한 상태로부터 어떤 사람이 무엇인가를 분리한다면, 이는 자기의 노동을 가미한 결과가 되고, 이미 자기의 것인 무엇인가를 그것에 결합시킨 결과가 되며, 또 그렇게 함으로써 그것을 자기의 것으로 만든 결과가 된다. 노동은 의문의 여지없이 노동한 사람의 것이므로 일단 노동을 결합시킨 대상물에 대해서는, 적어도 그와 대등한 품질의 충분한 양이 다른 사람에게도 공동의 것으로 남아 있는 경우라면(at least where there is enough, and as good left in common for others), 그 사람 이외에는 아무 권리도 가질 수 없다(섹션 27).

그러나 오늘날 재산권의 주 대상은 토지의 산물이나 토지 위에서 서식하는 짐승이 아니라 그 모든 것을 수용하는 토지 그 자체인데, 토지에 대한 재산권의 취득도 다른 물자의 경우와 분명히 같다고 생각한다. 어느 사람이 그 생산물을 사용할 수 있는 만큼의 토지를 개간, 파종, 개량, 재배했을 때 그 토지는 그 사람의 재산이 된다. 말하자면 그 사람은 자신의 노동에 의해 공동의 상태로부터 그 토지를 떼어 낸 것이다(섹션 32).

어느 토지를 개량함으로써 그 토지를 자신의 것으로 하는 행위는 다른 사람에게 아무런 피해를 주지 않는다. 대등한 품질, 충분한 양의 토지가, 토지를 갖지 않은 사람이 사용할 수 있는 정도보다 더 많이 남아 있기 때문이다(섹션 33).

위 인용문에서 보듯이 로크의 입장은 '대등한 품질, 충분한 양의 토지가 남아 있는 경우'에는 토지에 인공을 가한 자가 토지를 소유할 수 있다는 것이다. 로크가 토지소유의 조건으로 붙인 이 문구는 이후 재산권 이론에서 '로크의 단서'(Lockean proviso)라는 이름으로 불리며 자주 인용된다.

3 헨리 조지 방식: 지대 공유

19세기 미국의 토지사상가 헨리 조지는 그의 명저 《진보와 빈곤》에서, 사회가 눈부시게 발전하는데도 극심한 빈곤이 사라지지 않는 이유를 밝히고 대책을 제시했다. 그는 사회발전으로 인한 이익의 상당 부분이 토지가치로 흡수되어 결국 지주에게 귀속되기 때문에 빈곤이 사라지지 않는다고 진단하면서, 지대를 환수해 공공의 이익을 위해 사용하면 이 문제를 해결할 수 있다고 했다. 여기서 지대란 토지의 품질에 차이가 있을 때 특정 토지의 유리함을 나타내는 금액으로 토지의 임대가치라고 보면 된다. 이런 제도를 그는 토지가치세제(land value taxation)

라고 불렀다. 우리 현실에서 토지가치라고 하면 토지 매매가격인 지가로 인식하는 경향이 있기 때문에, 이 글에서는 이 제도를 '지대조세제'라고 번역한다. 지대란 토지의 임대가격을 말하며, 과세 단위 기간이 1년인 사회에서는 징수액이 1년간의 토지 임대가치가 된다.

헨리 조지의《노동 빈곤과 토지 정의》에 나오는 설명을 인용해 보자.[1]

토지사유제로 인해 사회가 땅을 가진 계층과 못 가진 계층으로 분할되는 곳에서는, 토지사유제 자체를 건드리지 않는 한 경제·사회·도덕 등 각종 분야의 어떠한 발명과 개선도 빈곤을 예방하거나 단순 노동자의 전반적인 상태를 향상시킬 수 없습니다.

인간은 창조주의 평등한 피조물이며, 하나님의 섭리 속에서 평등한 생존과 욕구 충족의 권리를 가지는 존재입니다. 그러므로 인간은 평등하게 토지를 사용할 권리가 있으며, 평등한 토지 사용을 부정하는 제도는 어떤 것이든 도덕적으로 옳지 않습니다.

하나님이 창조하신 물자〔토지〕에 대한 사적 사용권은 노동 생산물에 대한 사적 소유권과는 매우 다릅니다. 토지에 대한 배타적 사용권을 갖더라도 다른 사람의 동일한 권리를 침해하지 않는 정도에 그쳐야지 그 이상은 안 됩니다.

교황님이 사회주의자라고 지칭하신 사람들의 주장처럼 생명과 노동의 기회에 대한 평등한 참여를 보장하기 위해 사유재산권을 부정해서는 안 됩니다. 또 교황님이 회칙에서 말씀하시듯 사유재산권을 보장하기 위해 생명과 노동의 기회에 대한 권리의 평등을 부정해서도 안 됩니다. 어느 쪽이든 똑같이 하나님 법의 조화로움을 부정하는 것입니다.

그러나 토지를 사적으로 사용하되 그 토지가 사용자에게 주는 특별한 이익의 가치를 공동체에 납부하도록 하면 두 법을 모두 만족시킬 수 있습니다.

즉 모든 사람에게 창조주의 하사물에 대한 평등한 참여를 보장하면서 개인에게는 자기의 노동 생산물에 대한 완전한 소유를 보장할 수 있습니다.

4 세 방식의 비교

지금까지 평등한 토지권을 보장하기 위한 세 방식을 살펴보았다. 희년 방식은 모든 인간에게 평등한 토지권을 인정하고 사정상 토지를 매각한 경우에도 50년마다 토지를 되찾을 수 있고 그 이전에도 공평한 가격에 땅을 환매할 수 있도록 배려한 점이 장점이다. 다만 사회 상황이 바뀐 현대에 적용하려면 두 가지 고려할 점이 있다. 첫째로, 오늘날처럼 인구가 급속하게 증가하고 이동이 많은 경우에는 원래의 토지 배분 상태를 회복시키기 어렵고 본래의 연고지로 돌아가기를 원하지 않는 사람도 적지 않다는 점이다. 둘째로, 성곽 안에 있는 집에 대해서는 예외를 두었는데, 현대에는 농지보다 도시 토지가 불평등의 더 큰 원인으로 작용하므로 이에 대한 대책이 필요하다.

로크의 방식은 하나님이 인류에게 공동으로 주신 토지라고 해도 자신이 내건 단서를 충족하면 사유재산이 될 수 있다고 함으로써 희년 방식을 보완한 공이 있다. 또 로크는 "어느 사람이 그 생산물을 사용할 수 있는 만큼의 토지를 개간, 파종, 개량, 재배했을 때 그 토지는 그 사람의 재산이 된다"(섹션 32)라고 하여, 실수요자만 토지를 소유할 수 있다는 제한을 두었다는 점에서도 의미가 있다. 그러나 이런 제한을 두더라도 자신의 단서가 성립되지 않는 경우가 있다는 점을 인정한다. 즉, 태초에는 인류가 이용할 수 있는 정도보다 공유지가 많았으나 나중에는 화폐 사용과 인구 증가로 인해 토지가 희소하게 되면서 일정한 가치를 가지는 지역이 생겼고, 이런 지역에서는 법률로 개인의 소유권을 규제하게 되었다는 것이다(섹션 45). 그러나 이런 경우에도 여전히 다른 지역에는 광대한 땅이 황무지로 남아 있으며 사람이 실제로 사용하거나 사용할 수 있는 것보다 더 많은 공유지가 존재한다고 하여, 그의 단서를 포기하지 않는다. 지구상에는 사막이나 산꼭대기처럼 사람이 살지 않는 곳도 있으므로, 인류가 사용할 수 있는 것보다 더 많은 공유지가 있다는 것이다. 그러나 이런 토지가 있다고 해서 대등한 품질, 충분한 양의 무소유 토지가 남아 있는 경우라고 할 수는 없다. 농경시대에도 인구에 비해 양질의 토지가 충분히 존재하는 경우는 많지 않았을 뿐 아니라, 토지의 물리적 특징보다 사회경제적 입지가 더 중요한 오늘날 로크의 단서가 성립되는 경우는 거의 없다. 그렇다면 로크의 방식으로 토지 취득을 정당화할 수 있는 경우는 극히 드물어진다.

지대를 환수하여 공평하게 사용하는 헨리 조지의 방식은 위의 두 방식의 문제를 해결한다. 희년 방식처럼 토지소유를 주기적으로 회복시키지 않더라도 평등한 토지권이 보장된다. 또 성곽 안에 있는 집을 예외로 처리할 필요도 없다. 로크 방식의 문제도 해결된다. 로크의 단서처럼 대등한 품질의 토지가 충분히 남아 있는 경우에는 그 토지의 지대가 0이 되며, 단서가 충족되지 않는 우등토지에서는 경쟁을 통해 그 유리함만큼 지대가 발생하게 된다. 따라서 어떤 토지든 소유자가 지대를 납부한다는 조건 하에 소유할 수 있도록 하면 된다. 또 쓰지도 않을 땅을 소유하여 공연히 지대를 납부할 사람은 거의 없을 터이므로 실수요 목적 외의 토지소유는 대부분 사라진다. 화폐 사용과 인구 증가로 인해 토지가 희소해지더라도 역시 예외로 처리할 필요 없이 같은 원리를 적용하면 된다.

종합하면, 현대사회에서 평등한 토지권을 확립하기 위한 가장 적절한 방식은 헨리 조지의 방식, 즉 지대 공유라는 결론이 나온다. 이러한 사상을 필자는 '지공주의'(地公主義)라고 부른다.

지대 공유 사상의 힘

지대조세제가 사회에 미칠 긍정적인 영향 중 대표적인 몇 가지를 살펴보자.

1 정의롭고 효율적인 경제

지대세를 징수하면 토지소유에서 불로소득을 얻을 수 없고 다른 조세를 감면할 수 있다. 두 가지 특징으로 정의롭고 효율적인 경제에 크게 기여할 수 있다.

첫째로, 분배가 개선된다. 토지 불로소득이 사라짐에 따라 각자의 노력과 기여에 따른 분배정의를 확립하는 데 큰 도움이 된다. 분배의 불평등을 심화시키는 원인 중 부동산이 차지하는 비중이 매우 크다는 점을 생각하면 그 효과가 매우 크다.

둘째로, 토지가 적정하게 활용된다. 지대세가 부과되는 상황에서 토지를 제대로 활용하지 않아 지대소득이 지대세액에 미달하면 손해를 본다. 그러므로 토지소유자는 토지를 직접 이용하거나 타인에게 임대해, 지대세를 납부하고도 손해를 보지 않을 정도로 소득을 올려야 하며 그렇지 못하면 토지소유를 포기하게 된다. 즉 토지를 직간접으로 최선의 용도로 이용하거나 토지를 처분한다. 이때 처분되는 토지 매입자도 매각자와 같은 입장이므로 결국 토지를 소유하면서 유휴 상태로 방치하는 일이 없어진다. 또 이런 과정을 통해 토지소유자와 실수요자가 일치하는 경향도 나타난다.

셋째로, 지대세로 다른 조세를 대체하면 경제 효율이 높아진다. 일반적인 조세는 생산, 유통, 소비, 노동과 같은 생산적 경제활동 또는 소득, 부와 같은 그 결과에 부과하므로 경제활동을 위축시켜 납세자가 내는 세액

이상으로 경제에 부담을 주게 된다. 이런 초과 부분을 경제학에서는 '초과부담'(excess burden)이라고 한다. 반면 지대세와 같은 토지보유세는 그런 부작용이 전혀 없는 세금이다.

2 <u>자원 고갈과 환경오염 대책</u>

천부된 자연이라는 점에서 토지와 다르지 않은 천연자원과 환경에 같은 원리를 적용하면 자원 고갈과 환경오염에 대처할 수 있다.

자연은 다음과 같이 세 종류로 나누어 볼 수 있다. 첫째로, 넓은 의미의 토지다. 여기에는 흙으로 덮인 지구의 표면이라는 좁은 의미의 토지 이외에 토지처럼 위치와 존재량이 고정되어 있는 자연이 포함된다. 고정되어 있는 자연에 대한 사용 수요가 늘어나면 혼잡이 발생하고 그에 따라 지대가 발생한다. 오늘날 혼잡이 발생하는 새로운 예로는 전파대역, 위성궤도 등을 들 수 있다. 전파대역은 라디오, 텔레비전, 이동통신 등의 전파를 실어 나르는 통로이기 때문에 오늘날 수요가 급속히 늘어나고 있어 주목된다. 이런 종류의 자연을 특정인이 단독으로 사용하면 타인을 배제하는 결과가 생긴다는 점에서 토지와 공통된다.

둘째로, 토지 이외의 천연자원이 있다. 예를 들면 광물, 석유, 천연 동식물, 오존층 등이다. 이 종류의 공통성은 특정인의 사용이 같은 시대의 타인을 배제한다는 점 이외에 사용에 의해 존재량이 줄어들기 때문에 후손도 배제한다는 점이다. 따라서 환수액은 현 세대를 배제하는 대가 이외에 고갈 피해액 내지 자원대체 비용처럼 후손에 미치는 피해도 포함되어야 한다. 오존층 파괴는 아래에서 언급하는 오염 대상의 하나이기도 하지만 고갈되기만 할 뿐 회복되지 않는다는 점에서 천연자원의 하나로 포함시켰다.

셋째로, 공기, 물 등 오염 대상으로서의 환경이 있다. 이 종류의 공통성은 특정인의 사용이 현 시대의 타인을 배제하는 이외의 오염으로 인해 후손에게도 피해를 주고 원상회복에 비용이 든다는 점이다. 따라서 환수의 대상은 지대 외의 오염 피해액 내지 환경회복 비용이 된다.

토지, 천연자원, 환경을 비교하면 〈표1〉과 같다.

〈표1〉 토지, 천연자원, 환경 비교

대상	사용 결과	형평 비교 대상	환수액의 내용
토지	배제	타인	지대
천연자원	배재+고갈	타인+후손	지대 + 고갈 피해액, 자원대체 비용
환경	배재+오염	타인+후손	지대 + 오염 피해액, 환경회복 비용

천연자원 채취, 환경오염에 지대세에 준하는 세금을 부과하면 그만큼 자원낭비와 환경오염을 줄일 수 있다.

3 재분배 아닌 시장친화적 복지

인간이 존엄하다면 모든 인간의 생존권은 보장되어야 하며, 그러자면 절대빈곤에 빠지는 사람이 없어야 한다. 하지만 재분배 방식의 복지는 개미의 돈으로 베짱이를 먹여 살리는 것으로, 시장경제에 어울리지 않는다고 생각하는 사람이 적지 않다. 그러나 지대를 재원으로 하면 재분배 없이 누구나 '자기 돈으로 자기 삶을 보장'하는 제도를 마련할 수 있다. 지대에 대해서는 모든 국민이 동일한 지분을 가지므로 그 지분을 활용해 복지 제도를 설계하면 된다.

하나의 예로 필자가 구상하는 '생존권보험'을 소개한다. 사회가 관심 가져야 할 개인 생활비에는 의식주와 같이 상시적으로 필요한 비용과 의료(요양 포함), 교육(보육 포함)처럼 특정한 상태 또는 시기에 일시적으로 드는 비용이 있다. 전자를 '상시비용', 후자를 '일시비용'이라고 부르자. 생존권보험은 기본적인 상시비용을 보장하기 위한 복지제도다. 핵심적인 내용은 다음과 같다.

- 모든 국민은 특별한 신청 절차 없이 생존권보험에 자동 가입한 것으로 간주한다.
- 보험료는 지대에 대한 각 국민의 지분으로 납부한다. 모든 잠재적인 인간은 불우한 인생에 처할 확률이 동일하기 때문에 각 국민의 보험료는 같다.
- 소득이 기본 생계비에 미달하는 보험 사고가 발생하면 보험금을 지급한다.
- 지급한 보험금은 수령자가 일정 수준 이상의 소득을 얻을 경우 상환한다.

특권의 사례와 대책

1 소득의 원인: 노력, 운, 특권

지금까지는 토지 문제에 초점을 맞추었으나 더 넓은 시각에서 보면 토지소유권은 일종의 특권이다. 특권은 노력, 운과 함께 분배 결과에 영향을 미치는 원인 중 하나다. 특권은 자신의 노력과 운에 비해 남보다 유리한 결과를 얻을 수 있는 원인을 말한다. 예를 들어 기울어진 운동장에서 축구 시합을 하는데 한 팀이 경기 내내 높은 쪽에서 낮은 쪽으로 공격한다면 그 팀은 특권을 갖는 것이다.

소득을 예로 들어 설명해 보자. 소득은 노력소득과 불로소득으로 나눌 수 있다. 분류를 단순하게 하기 위해 운이 함께 작용하더라도 노력을 들이기만 하면 모두 노력소득으로 부르기로 한다. 한편, 불로소득의 원인에는 노력과 무관하게 작용하는 운도 있고 특권도 있다. 토질이 다른 농지를 경작하면 노력과 경작 능력과 기후 조건이 같더라도 수확에 차이가 생기는데, 이런 차이를 낳는 토지소유권은 특권이 된다.

이런 소득의 원인과 결과를 도식화하면 〈그림1〉과 같다.

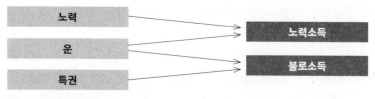

〈그림1〉 소득의 원인과 결과

　여기서 운과 특권을 좀더 분명하게 구분해 둘 필요가 있다. 인생살이에는 인간이 어쩔 수 없는 요인이 작용하는데, 이것이 운이다. 운은 당사자나 사회의 의도 또는 희망과 무관하게 우연히 발생하는 원인이다. 인간이 통제할 수 없으며, 한 사람의 운이 다른 사람의 운에 영향을 주지도 않는다. 반면, 특권은 운과 두 가지 점에서 다르다. 하나는, 특권은 사회가 만든 인위적인 원인이라는 것이고, 또 하나는 특권을 갖지 못한 다른 사람에게 돌아갈 몫을 특권자가 차지하도록 하는 원인이 된다는 점이다. 예를 들어 남성이 우대받는 특권이 존재하는 사회에서 성별은 운으로 결정되더라도, 남성의 특권은 사회가 만든 것이며 남성이 특권이익을 누린다면 여성은 그만큼 차별과 배제라는 불이익을 당하게 된다.

　그러면 노력, 운, 특권 중에서 희년 정신에 비추어 볼 때 정당한 원인과 그렇지 않은 원인은 무엇일까? 희년 정신은 인간의 평등을 전제하면서 누구도 손해 보는 일이 없게 하자는 원리이므로, 적어도 자신의 심신을 활용해 무언가를 만들어 내는 행위인 노력은 정당하고 다른 사람의 몫을 가로채는 특권은 부당하다고 본다.

　그러나 사람이 어쩔 수 없는 원인인 운에 대한 판단은 성향이나 세계관에 따라 다를 것이다. 개인의 자유를 폭넓게 존중하는 입장에서는, 운으로 인해 결과적으로 사람 간에 차등이 생길 수는 있지만 운이란 사람에게 그저 주어질 뿐 한 사람의 운이 타인의 운의 발생에 영향을 주지 않고 타인의 몫을 가로채지도 않으므로 희년 정신과 모순되지 않는다고 볼 수 있다. 반면 공동체를 중시하고 평등을 지향하는 입장에서는 노력과 무관한 운으로 인한 불평등은 희년 정신과 어울리지 않는다고 생각할 것이다. 그렇다면 의견차가 있는 운을 일단 제쳐 둔다면, 노력은 정당한 원인이지만 특권은 정당한 원인이 될 수 없다는 공통된 합의에 이를 수 있다.

2 특권의 사례

특권을 더 잘 이해하기 위해 우리 사회에 존재하는 특권을 분류하고 그 구체적인 사례를 보기로 한다. 먼저 특권의 취득을 제약하는 사정에 따라 특권을 분류해 보면, 성별처럼 자연적으로 취득이 제약되어 있는 경우도 있고 학벌처럼 사회경제적 사정으로 취득이 어려운 경우도 있다. 또 공인 여부에 따라 분류해 보면 사회가 공익의 관점에서 의도적으로 인정하는 특권도 있고 의도와 무관하게 관습이나 관행에 의해 형성된 비공인 특권도 있다. 이런 기준으로 특권을 분류하고 각 유형의 대표적인 사례를 예시해 보면 〈표2〉와 같다.

〈표2〉 특권의 분류와 예시

공인여부 \ 제약	자연적 제약	사회경제적 제약
공인	A 토지소유권, 탄소 배출권	B (일부) 면허, 특허
비공인	C 남성특권, 인종특권	D 학벌특권, 정규직특권

공인된 특권 중 자연적 제약이 존재하는 특권인 유형 A의 대표적인 예는 토지사유제 사회의 토지소유권이다. 토지의 위치와 면적은 한정되어 있는데 누군가 특정 토지의 소유권을 취득하면 다른 사람의 취득 기회는 그만큼 줄어들기 때문이다.

유형 B는 사회가 공인하지만 비특권자의 진입에 사회경제적 제약이 존재하는 특권이다. 가장 쉬운 예로는 봉건시대의 신분특권을 들 수 있다.

또 일부 면허, 특허 등도 예로 들 수 있다. 면허는 토지와 달리 그 총량이 물리적으로 고정되어 있는 것은 아니지만 아무에게나 면허를 준다면 제도의 의미가 없어진다. 토지사유제처럼 합당한 이유가 있다면 면허제도 자체가 부당한 것은 아니다. 다만 그로 인해 자신의 노력과 기여에 비해 더 많은 소득을 얻는다면 면허가 특권이 된다.

사회가 공인하지 않지만 현실적으로 존재하는 특권도 많다. 유형 C는 비공인특권 중 자연적 제약이 작용하는 유형이다. 본인의 선택과 무관하게 자연적으로 주어지는 성별, 인종에 따른 특권이 대표적인 예다. 남성우대 사회의 남성특권, 유색인종에 대한 차별이 존재하는 미국 같은 사회의 백인특권이 여기에 속한다.

유형 D에 속하는 특권도 많다. 우리 생활과 가까운 예로 학벌특권이 있다. 소위 명문대학 졸업자가 같은 능력을 가진 다른 사람보다 유리하다면 학벌은 특권이 된다. 이런 사회에서는 서로 좋은 학벌을 취득하려고 하지만 그런 학벌을 쌓을 수 있는 교육기관의 시설과 정원은 한정되어 있다. 토지 같은 물리적 제약이 있는 것은 아니지만 시설과 정원을 대폭 늘리기 어렵다는 사회적 제약이 존재한다는 것이다.

특권이 존재하더라도 누구나 쉽게 취득할 수 있다면 특권이익이 금방 해소될 것이므로 사회문제가 되지 않는다. 그래서 상당수 주류 경제학자는 시장에 맡겨 두면 특권 문제가 해소될 것으로 낙관하는 편이다. 그러나 현실은 그리 만만치 않다. 특권이 많이 존재하고 또 잘 해소되지 않는 이유를 이해하기 위해 특권이 발생하는 대표적인 경우를 세 가지만 들어보자. 첫째로, 공급 제약형 특권이 있다. 공급이 고정되어 있거나 그에 준하는 정도로 비탄력적이어서 누군가 일부를 차지하면 다른 사람이 그만큼 배제될 수밖에 없는 경우에 발생하는 특권이다. A유형에 속하는 토지소유권, 탄소 배출권, 자원 채취권이 예가 된다. 둘째로, 권력형 특권이 있다. 공권력이나 경제 권력이 작용하여 시장의 자유로운 경쟁을 제약함으로써 발생하는 특권이다. 봉건시대의 신분특권이나 오늘 우리 사회의 정규직특권 등이 여기에 해당된다. 최고경영자(CEO) 등 기업 고위직의 보수가 턱없이 높은 것도 이들이 가지는 경제 권력 때문이라는 연구 결과도 있다. 셋째로, 편견형 특권이 있다. 사회적 편견이 시장작용을 왜곡하여 발생하는 특권이다. C유형에 속하는 남성특권, 인종특권이 대표적인 예다.

둘 이상의 이유가 함께 작용하는 경우도 있다. 예를 들면 학벌특권은 특정 학벌을 우대하는 사회적 편견이 존재하는 사회에서 좋은 학벌을 얻을 수 있는 학교 정원이 제한되어 있기에 생긴다. 즉 학벌특권은 공급 제약과 편견이 같이 작용하여 생기는 특권이다. 또한 좋은 학벌을 공유하는 사람들이 사회경제의 결정권을 독과점하여 더욱 유리한 결과를 차지한다면 권력형 특권이 되기도 한다.

한편, 특권처럼 보이거나 특권이라고 불리기는 하지만 부당하지 않은 것도 있다. 모든 인간이 평등하게 존엄하다고 전제하더라도 공직자가 일반 국민이 갖지 않는 권한을 가지는 경우, 조직의 상급자가 하급자보다 더 많은 권한을 갖는 경우, 특정 업무를 수행하는 사람에게 특별한 지위를 부여하는 경우가 있다. 이런 경우들은 정상적인 업무 수행을 위해 필요하기에 부당하다고 할 수 없다.

좋은 예로 국회의원의 특권이 있다. 헌법 제44조에 규정된 국회의원의 불체포특권에 의하면 "국회의원은 현행범인 경우를 제외하고는 회기 중 국회의 동의 없이 체포 또는 구금되지 아니"하며, "국회의원이 회기 전에 체포 또는 구금된 때에는 현행범이 아닌 한 국회의 요구가 있으면 회기 중 석방된다". 제45조에는 면책특권도 정하고 있다. "국회의원은 국회에서 직무상 행한 발언과 표결에 관하여 국회 외에서 책임을 지지 아니한다." 이것은 우리가 정의한 '특권'임은 분명하지만 국회의원에게 이런 특권을 주는 것은 소신을 가지고 업무를 수행하도록 하기 위해서다. 또 국가 유공자 후손에게 일정한 혜택을 주는 사례도 있다. 수혜자인 후손은 자신의 노력과 운에 비해 남보다 유리한 결과를 얻는다. 그러나 이 역시 국가에 대한 개인의 헌신을 기리고 장려하기 위한 사회적 필요성에 의해 설정하는 것이므로 역시 부당하지 않다.

3 특권 대책

정의로운 제도와 상치되는 특권을 어떻게 해야 할까? 특권이 없는 것이 최선이므로 특권을 가급적 줄여야 한다. 사회가 특권을 공인할 경우에는 철저히 따져서 그런 특권이 공익을 증진한다는 사실을 입증해야 한다. 앞서 설명한 권력형 특권은 정부가 나서서 반드시 없애야 하고 또 마음만 먹으면 없앨 수 있다. 편견형 특권은 오랜 세월 관습에 의해 형성된 경우가 많아서 정부의 노력만으로는 단기간에 없애기 쉽지 않지만, 그렇더라도 교육과 사회 캠페인을 통해 줄여 나가야 한다. 반면, 공급 제약형 특권은 정부가 제약 자체를 없애거나 줄이기 불가능할 수 있고, 가능하다고 해도 쉽지 않은 경우가 많다.

이런저런 이유로 특권이 존재한다면 최소한 취득기회라도 균등하게 보장해야 한다. 그러나 그 정도로는 충분하지 않다. 특권에서 이익이 발생하게 되고 특권이익이 누적되면 부당한 불평등이 발생하게 된다. 특권이익을 환수하여 공평하게 처리해야 한다.

희년 정신에 어긋나지 않는 제도로서 갖추어야 할 특권 대책을 정리하면 다음과 같다.

- 꼭 필요한 최소한도의 특권만 인정한다.
- 특권 취득 기회를 균등하게 보장한다.
- 특권이익을 환수하여 공평하게 처리한다.

이런 특권 대책 3원칙에 대한 반론도 있다. 주로 정부 개입에 소극적인 시장주의, 신자유주의 쪽의 반론이다. 특권 없는 사회를 이룩하려면 반론에 대한 검토도 충분해야 한다.

반론은 대체로 두 가지로 정리할 수 있다. 첫째로, 특권 취득 기회를 균등하게 보장한다면 대책 중 특권이익 환수 원칙을 굳이 둘 필요가 없다는 반론이다. 하지만 취득 과정이 공정하기만 하면 어떤 대상이든 취득할 수 있을까? 이런 반론을 펴는 사람이라고 해도 반상제도나 노예제도처럼 인간을 신분으로 나누어 차별하는 제도가 정당하다고 생각하지는 않을 것이다. 200여 년 전만 해도 신분제도를 당연하게 여긴 사람이 적지 않았다. 미국에서 남북전쟁이 끝나기 전까지는 노예제도를 옹호하는 각종 주장이 많았다. 그러나 오늘날 그런 제도를 공개적으로 옹호하는 사람은 없다. 출생 후 어느 시점에 무작위 추첨으로 신분을 결정한다면 신분제도가 정당하게 되나? 또 신분 취득을 위한 시합이 매년 열리고 노력을 통해 시합에서 승리하는 사람이 신분을 취득한다면 어떨까? 공정한 추첨 또는 시합을 거치더라도 정당하지 않은 신분제도 자체의 부당함이 치유되는 것은 아니다.

그래도 다른 반론이 제기될 수 있다. 한국에서 매우 민감한 문제인 학벌특권을 예로 들어 보자. 좋은 학벌을 쌓으면 학벌주의, 즉 노력과 기여 이상의 우대를 받아 인생살이가 쉬워지기 때문에 우리 사회에서는 학벌특권이 국민의 관심사다. 그래서 학벌특권을 옹호하기 위해 세 가지 반론이 제기된다. 학벌 취득 기회가 균등하다면 학벌특권을 없앨 필요가 없다거나 열심히 공부하여 좋은 대학에 입학한 사람이 학벌특권을 누리는 것은 노력의 결과이므로 정당하다고 생각하는 것이다. 여기에 더해서 학벌특권을 얻기 위해 학생들이 열심히 공부하면 사회 전체의 학력 수준이 높아지므로 학벌특권을 인정하는 것이 나쁘지만은 않다고도 한다.

학벌특권은 장기간 내지 평생 지속되는 특권이므로 신분특권과 사실상 다를 게 없다. 취득 기회가 아무리 균등한들 신분특권 자체의 부당성이 치유되지 않는 것처럼 학벌특권도 마찬가지다. 또 노력해서 취득한다면 특권도 정당하다는 반론에 대해서는 모든 노력이 정당한 것이 아니라 무엇을 위한 노력인가에 따라 다르다는 점을 생각해야 한다. 도둑질하는데 노력이 많이 든다고 해서 도둑질이 정당한 것은 아니다. 타인에게 손해를 끼치는 특권을 차지하기 위한 노력은 정당한 노력이 아니다. 특권이 이미 존재하는 사회에서 개인이 특권을 취득하기 위해 노력했을 경우에 그 개인의 의지와 노력을 칭찬할 수는 있다. 또 사회가 특권을 상당 기간 공인 또는 용인해 오다가 제도를 변경할 경우에 노력을 통해 취득한 특권을 상실하게 될 사람에게 보상할 수도 있다. 노예제도를 철폐할 때도 노예주에 대한 보상이 필요하다는 의견이 적지 않았다. 미국에서는 남북전쟁을 통해 보상 없이 노예제도를 철폐한 반면, 영국이 서인도제도의 노예제도를 철폐할 때는 소유자에게 보상한 역사적 사례도 있다. 그러나 개인적 칭찬이나 보상 문제는 특권 자체의 정당성 여부와는 별개다.

특권 대책에 대한 반론 중 특권을 취득하기 위한 노력이 사회에 도움이 될 수 있다는 주장도 있다. 이는 정의가 아니라 사회적 효용 내지 공리를 기준으로 하는 판단이다. 사회제도를 설계할 때는 정의뿐 아니라 효용도 고려해야 하므로, 사회의 이익이 매우 크다면 피해자에 대한 보상을 조건으로 하여 특권적 제도에 합의할 수도 있다. 그러나 효용 측면에서 보더라도 특권 취득을 위한 노력이 사회에 도움이 되는 경우는 거의 없다. 학벌특권을 취득하기 위해 학생들이 공부를 열심히 한다고 해서 진정 학력이 높아진다고 하기 어려울 뿐 아니라, 입시 공부에만 매달리다 보면 학생 시절에 놓치지 말고 해야 할 의미 있는 일들을 희생하게 된다. 학생들의 공부를 독려할 필요가 있다면 학벌특권이 아닌 다른 보상을 주는 것이 옳다.

특권 취득 노력이 사회에 도움이 되는지에 대해서는 경제학 분야에서 많은 연구가 있었다. 특권이익을 얻기 위한 행위를 '지대추구'(rent-seeking)라고 부르는데, 여기서 '지대'는 토지 지대뿐 아니라 특권이익 전반을 의미한다. 이들 연구에 따르면 지대는 사회의 생산이 증가해 생기는 것이 아니라 단지 부의 이전으로 생기며, 따라서 지대 취득을 위한 경쟁에 투입되는 비용은 사회의 관점에서는 낭비일 뿐이다. 지대추구에 관한 연구에서는 주로 지대추구 비용의 낭비성에 초점을 맞추고 있지만, 특권적 제도는 그 자체로 완전경쟁시장의 조건을 충족시키지 못한다는 사실도 중요하다. 특권자와 비특권자로 나뉜 시장에서는 참가자의 노력과 기여에 비례하는 대가가 돌아가지 않기 때문에 완전경쟁시장에서 가정하는 대등하고 자유로운 경쟁이 이루어지지 않는다. 그러므로 경제효율을 위해서도 특권 대책 3원칙이 필요하다.

희년 정신과 세계 평화

지금까지 모든 인간이 대등하게 실질적 자유를 누려야 한다는 희년 정신을 한 국가 내에서 제도화하는 문제를 다루었다. 평등한 토지권을 보장하는 방안에서 시작하여 토지소유권을 포함한 특권의 폐해를 막을 수 있는 대책을 제시했다. 희년 정신을 한 국가에 국한시키지 않고 전 지구적으로 적용한다면 세계 평화와 인류 행복에 기여할 수 있다. 여기에서는 지대조세제를 세계에 확대 실시할 때의 효과를 살펴보고 지공주의가 현실 자본주의와 사회주의 이념 갈등을 지양하는 제3의 이념이 될 수 있음을 보이려 한다.

1 세계 지대조세제

세계 지대조세제를 실시하면 지구 평화에 크게 기여할 수 있다. 무엇보다 영토를 더 많이 차지하기 위해 벌이는 전쟁을 예방할 수 있다. 인류가 지상 자연에 대해 평등한 권리를 가지고 있다고 한다면 각국의 영토는 그 나라만의 것이 아니다. 국제적으로 평등한 토지권을 보장하려면 당연히 자연을 소유하는 국가가 다른 국가에 비해 더 유리해지는 정도를 반영하는 지대를 징수하여 공평하게 사용하는 제도를 세계적으로 실시해야 한다.

이 제도가 실시될 때 세상은 현재 우리로서는 상상하기 어려운 모습으로 변한다. 모든 나라는 실수요 목적이 아닌 자연(토지뿐 아니라, 해양, 자원, 우주공간 등까지)을 취득하려고 하지 않을 것이고, 현재 기득권을 가지고 있는 자연 중에서도 실수요와 무관한 부분은 포기하려고 할 것이다. 필요도 없는 자연을 소유하면 그만큼 지대만 더 납부해야 하기 때문이다. 석유 등 천연자원을 확보하기 위한 전쟁도 발생하지 않을 것이다. 석유 가치만큼 지대를 더 내야 하므로 천연자원이 풍부하다고 해서 유리해지는 점이 없기 때문이다. 남북극 관할을 놓고 신경전을 벌이지도 않을 것이고 무리하게 우주 개발을 서두르지도 않을 것이다.

그뿐 아니다. 앞서 지대를 공유하면 정의롭고 효율적인 경제, 자원고갈과 환경오염 대책, 시장친화적 복지 등에 도움이 된다고 지적했다. 세계 지대조세제를 실시하면 이런 효과도 당연히 지구 전체에 나타나게 된다. 세계 경제가 피어나는 동시에 특권으로 인한 부당한 빈부격차가 사라진다. 앞에서 소개했듯이 특권이익을 공유할 때 경제에 미치는 좋은 영향이 지구 전체의 경제로 확대된다는 것이다. 또 국제적 환경문제 해결에도 큰 도움이 된다. 환경오염은 인류 공동의 삶의 조건인 환경을 훼손하여 타인의 사용을 배제하는 행위다. 최근 경제성장 추세로 인해 지구 환경이 급속도로 악화되고 있으며 오염 물질은 배출국 이외의 다른 나라에까지도 심각한 영향을 미치고 있다. 세계 지대조세제를 실시하면 국제적 환경오염 방지에 큰 도움이 될 것이다. 지구온난화 방지를 위한 국제연합 기후변화협약도 이런 취지를 갖고 있기는 하지만 가장 최근의 성과인 1997년 교토의정서도 아직 이 수준에 훨씬 미치지 못한다. 아니, 오히려 배출권 거래제를 도입하여 환경오염권을 사유화했다는 점에서 염려스럽기까지 하다.

특권 대책 3원칙에 따라 국제적인 특권이익을 환수하여 세계기금을 조성하면 여러 좋은 용도로 활용할 수 있다. 가장 단순한 활용 방법은 각국의 인구수대로 나누는 것이다. 가난한 나라는 이런 배당금 덕에 극심한 빈곤에서 벗어날 수 있다. 관련된 사례 하나를 소개한다. 현재 미국 알래스카주에서는 이와 비슷한 배당금 제도, 즉 석유채굴세(severance tax) 수입을 주민에게 균등하게 나누어 주고 있다. 공동의 천연자원을 채굴하는 대가, 즉 지대를 징수하여 나누는 사례다. 지대기금의 일부를 별도로 유보해 두었다가 국민소득이 일정 수준 이하로 떨어지거나 천재지변으로 어려움을 겪는 국가를 돕는 데 사용하는 것도 좋은 방법이다.

세계 지대조세제를 도입한다면 이처럼 인류의 삶이 공평하면서도 풍요로워져 그만큼 세계 평화에 기여하게 된다. 물론, 세계 지대조세제를 실시하려면 지금 같은 상태로는 어렵다. 지구상에 주권을 가진 100여 개 국가가 존재하면서 각기 자국 이기주의를 추구하고 있어 세계 지대조세제를 단기간에 도입할 가능성이 크지 않기 때문이다. 국가 간 협력을 추구하는 국제연합이 있고 세계기후협약이나 세계무역기구처럼 가입국에 일정한 의무를 부과할 수 있는 기구나 조약도 있기는 하다. 앞으로는 이러한 느슨한 협력 체제를 넘어 세계국가에 준하는 더 긴밀한 국제체제가 형성되기를 기대한다.

2 제3의 이념

평화를 파괴하고 전쟁을 일으키는 동기 중 영토 욕심 외에 이념 갈등도 매우 큰 비중을 차지해 왔다. 희년 정신은 지난 100여 년간 인류를 불행으로 몰아넣었던 이념 대립과 그로 인한 전쟁 비극을 막을 수 있는 제3의 이념이 될 수 있다.

진정한 이념은 인간에 대한 사랑에서 나온다. 그러므로 이념을 주창한 사람이나 깊이 있는 동조자는 그 입장이 다르더라도 서로 통하기 마련이다. 그러나 현실에서는 그렇지 못하다. 칼 마르크스가 자본주의 병폐를 시정하기 위해 공산주의를 제창했고 이를 바탕으로 현실에서 많은 사회주의 국가가 탄생했다. 사회주의의 입장에서 보는 자본주의 체제는, 이상 사회를 향해 진지하게 고민하지 않는 속물 이념이며 부당한 기득권을 누리면서 추호도 양보하지 않는 이기적인 체제다. 반면 자본주의 입장에서 보는 현실의 사회주의 체제는 '사회정의'라는 깃발을 들고 떼를 쓰는 체제다. 그 결과 인간에 대한 사랑은 사라지고 혐오와 갈등만 남았다. 이러한 상황으로 인류는 엄청난 불행을 겪었다. 오늘날 사회주의 국가는 대부분 시장경제로 회귀하고 말았지만, 시장경제를 저변에 두는 현실의 자본주의가 인류 행복을 보장하지 못한다는 사실은 너무나 명백하다.

지공주의는 이러한 모순을 지양하는 제3의 이념이 될 수 있다. 우선 토지를 중심으로 생각해 본다. 지공주의는 자본의 사유와 토지의 공유를 바탕으로 한다. 즉 노력으로 생산한 것에 대해서는 생산자의 사유를 인정하여 효율성을 달성하고 사람의 노력과 무관하게 천부된 토지는 사유 대상에서 제외함으로써 형평성을 달성하자는 것이다.

세 체제를 비교하면 〈표3〉과 같다. 세 체제를 병렬해 놓으면 지공주의와 자본주의가 서로 어긋나는 것처럼 오해할 수 있기 때문에 약간의 언급이 필요하다. 자본주의는 사유재산제와 시장경제를 핵심으로 삼는 이

<表3> 세 체제의 비교

체제	토지	자본
자본주의	사유	사유
사회주의	공유	공유
지공주의	공유	사유

넘이다. 인간이 생산하지 않은 토지의 가치를 공유하면서 노력과 기여의 대가를 완전하게 보장하면 사유재산제에 오히려 더 충실해지고, 시장제약적인 다른 세금에 우선하여 지대를 징수하면 소득세와 부가가치세 등을 근간으로 삼는 현행 세제보다 오히려 더 시장친화적이 된다. 즉 시장경제를 내세우면서 실제로는 특권을 방치하면서 시장제약적인 세금을 징수하는 현실의 자본주의보다 지공주의가 자본주의 본질에 더 충실한 이념이다.

칼 마르크스에 의하면 노동자는 임금보다 더 많은 생산을 하고 그 초과분, 즉 '잉여가치'를 자본가가 가져간다고 한다. 자본가가 노동자를 착취하기 때문에 빈곤이 사라지지 않는다는 것이다. 그런데 노동자는 왜 생산에 기여한 만큼 대가를 받지 못했을까? 산업예비군, 즉 실업자가 많았던 19세기 유럽 현실에서 노동자는 경쟁의 압박에 시달리면서 낮은 임금을 감수할 수밖에 없었기 때문이다. 그런 상황에서는 잉여가치를 자본가가 차지하게 된다. 즉 자본가는 특권을 향유했다는 것이다. 희년 정신에 따라 특권 없는 세상이 되면 노동자든 자본가든 각기 생산에 기여한 만큼 대가를 가져가게 된다. 그러면 마르크스가 씨름했던 노동자의 빈곤과 부당한 빈부격차 문제가 해결된다.

한편 헨리 조지는 당시 유럽과 미국 사회에서 토지가 일부 귀족 내지 부유층에 의해 독과점 되어 있다는 점을 지적하면서, 지대조세제를 실시하면 토지 독과점이 사라지고 노동자 계층이 활용할 수 있는 토지가 많아진다고 했다. 이처럼 토지가 실수요자에게 개방되는 사회에서는 노동자의 소득 기회가 많으므로 마르크스가 전제한 산업예비군이 있을 수 없고 노동자 간의 과당 경쟁이 벌어지지 않는다. 따라서 타인에게 고용된 노동자도 생산성에 따른 정당한 임금을 받게 되어 자본가가 잉여가치를 착취하는 일이 없어진다.

그뿐 아니라 앞에서 살펴보았듯이, 지공주의는 진정한 시장경제 이념으로서 정의로우면서도 효율적인 경제를 이룩할 뿐 아니라 재분배 아닌 시장친화적 복지까지 실현할 수 있다. 이처럼 사회주의가 달성하려고 하는 평등, 사회연대, 복지를 지공주의로 해결할 수 있다면 좌파와 우파의 두 진영이 대립할 이유가 없어진다. 좌파인 사회주의가 지향하는 세상을 우파인 시장경제 방식으로 달성할 수 있다는 원리를 필자는 좌도우기(左道右器)라고 부른다. 지공주의가 좌도우기의 이념이라는 사실을 두 진영이 바로 이해한다면 건설적 타협이 가능하고 이념 대립으로 인한 갖가지 비극을 예방할 수 있다.

그렇다고 해서 세상의 진영 갈등이 모두 사라지는 것은 물론 아니다. 지공주의 사회에서도 갈등이 존재하겠지만, 대결 구도의 내용이 다르다. 종래에는 사회주의가 현실 자본주의의 특권 구조를 깨뜨린다는 좋은 취지를 가지고 있으면서도 시장경제를 부정하는 오류를 범했다. 그러나 지공주의 사회에서는 토지소유권 등 특권의 폐해를 척결하려는 측과 특권을 계속 지키고 누리려는 측이 선과 악의 대결을 펼치는 구도가 된다. 지금까지의 좌우 대립은 누가 이기든 좋은 세상이 되기 어렵다는 의미에서 소모적이었다. 그러나 특권 대 반특권 대결은 건설적이다. 반특권 진영이 승리하면 그만큼 인류가 행복해지기 때문이다.

9

희년으로 본
북한 상생발전 모델

조성찬 하나누리 동북아연구원 원장

중국인민대학교에서 박사학위 취득 후 (사)하나누리 동북아연구원에서 원장으로 일하고 있다. 주요 연구로 《중국의 토지개혁 경험》(공저, 2012년), 《상생도시》(2015년), "북한 경제특구 공공토지임대제 모델 연구"(동북아경제연구, 2014)가 있다. 2017년에 제2회 김기원 학술상을 수상했다.

조선, 특권에 지다[1]

1 모세, 히브리 공동체의 기초를 세우다

주전 1446년 고대 히브리 민족이 이집트에서 탈출하여 원래 거주하던 가나안 땅에 돌아왔다. 유명한 유태계 역사가 요세푸스가 쓴 《유대 역사서》와 구약성서가 이를 구체적으로 서술한다. 이 과정에서 히브리 민족의 위대한 지도자 모세가 등장한다. 하나님은 그에게 가나안 땅에 들어가서 행할 여러 규칙을 주셨다. 여기에는 토지를 중심으로 하는 경제법도 포함되어 있었다. 그리고 하나님이 주신 규칙들을 잘 지켜 행하면 땅에서 많은 열매가 나와 배불리 먹고 그 땅에 안전히 거할 수 있다는 약속을 주셨다(레 25:18-19). 이때 땅은 생산지와 영토의 의미를 동시에 갖는다. 《진보와 빈곤》을 쓴 헨리 조지도 성서가 말하는 경제법을 잘 알고 있었다. 그가 히브리 청년들에게 행한 연설문 〈모세〉를 보면 이러한 사실을 알 수 있다. 이 연설에서 그는 모세가 꿈꾼 이상향을 다음과 같이 그렸다.

모세가 세우고자 했던 것은 제국이 아니었습니다. … 그것은 개인에 기반을 두는 공동체였습니다. 공동체의 이상은 모든 사람이 학대받지 않고 두려움에서 벗어나 각각이 자기 포도나무 아래와 자기 무화과나무 아래에 앉는 것입니다. … 모든 국민이 서로를 가족처럼 사랑하고 사회의 각 부분이 강철보다 강한 관계로 연결되어 생동하는 전체를 이룹니다. … 모세 율법의 목적은 재산 보호가 아니라 인간성 보호에 있으며, 강자가 부를 축적할 수 있도록 보장하는 것이 아니라 약자가 궁지에 몰리지 않도록 하는 데 있습니다. 모세 율법은 모든 면에서 이기적 욕심을 제어할 장치를 만들어 놓고 있습니다. 인간의 이기적 욕심이 제어되지 않으면 반드시 지주와 소작인, 자본가와 노동자, 백만장자와 부랑자, 지배자와 피지배자로 갈라지

게 됩니다.[2]

히브리 민족이 가나안 땅에 거주하고 있던 부족들을 몰아낸 후, 모세를 이은 여호수아는 주전 1405년부터 이스라엘 지파들에게 토지를 분배하기 시작했다. 토지분배 및 토지사용의 기본원칙은 토지신유, 토지공유, 평등지권이었다. 이 세 가지를 한마디로 풀어서 요약하면, 토지는 하나님의 것으로 모든 토지를 민족 전체를 위해 공유물로 주었으며, 따라서 태어나는 모든 개인은 토지에 대한 평등한 권리를 갖는다는 것이다.

여기서 모세는 평등지권을 실현, 보호 및 회복하기 위해 더 세밀한 제도를 마련했다. 먼저 평등지권을 실현하기 위한 제도로는 토지의 평등한 분배, 토지사용료(십일조) 납부가 있다. 평등지권을 보호하기 위한 제도로는 50년 기한의 토지사용권 매매 제도, 땅 경계를 표시하는 지계표 설정이 있다. 마지막으로 평등지권을 회복하기 위한 제도로는 토지 무르기 및 희년제도가 있다. 50년마다 희년의 나팔 소리가 울려 퍼지면 노예는 해방되고, 갚을 수 없는 채무는 탕감되며, 토지는 원래 주인에게로 돌아가게 된다. 토지를 잃어 가난해진 사람들은 공유토지에 대한 자신의 정당한 몫을 되찾게 된다. 모세 율법의 핵심을 헨리 조지의 언어를 빌려 요약하면, 경제적 불평등의 발생을 최소화하여 한 사회가 생동감 있게 연결되도록 하는 것이다. 그런데 안타깝게도 하나님이 명한 경제법은 제대로 지켜지지 않았다. 정치 지도자와 지주들의 불의한 특권 때문이었다. 그 결과 히브리 민족이 가나안 땅에서 쫓겨나게 되었으며, 후에는 로마 제국의 식민지가 되었다.

2 초기 로마 제국하의 예수와 교부들, 토지공의를 외치다

1세기 말엽, 로마 제국에 속한 동방 식민지의 변방 갈릴리에서 한 청년이 이렇게 외치며 자신의 공적인 삶을 시작했다. "주의 성령이 내게 임하셨으니 이는 가난한 자에게 복음을 전하게 하시려고 내게 기름을 부으시고 나를 보내사 포로 된 자에게 자유를, 눈먼 자에게 다시 보게 함을 전파하며 눌린 자를 자유롭게 하고 주의 은혜의 해(희년)를 전파하게 하려 하심이라"(눅 4:18-19). 예수는 모세의 율법이 여전히 유효함을 십자가에서 죽음으로 증명했다. 필리핀의 정치가요 운동가인 찰스 아빌라는 "예수 운동은 근본적으로 갈릴리 농민운동이었고, 갈릴리 농민들의 착취와 그들의 잉여 노동의 착복은 제사장들에 의해 성전의 거래와 세금을 통해 자행되었다"고 피력했다.[3]

이후 예수의 메시지는 로마 식민지하에 있던 초대 기독교 교부들에게로 이어졌다. 교부(Patēr)라는 뜻은 고대 및 중세 초기의 유력한 그리스도교 저작가 중 교회에 의해서 정통 신앙의 전승자로 인정된 사람들을 총칭하는 말이다. 고대 교회에서는 주교의 경칭이었다. 그중에서 크리소스토무스는 다음과 같이 말했다.

> 너는 누구에게서 대토지를 받았으며, 너에게 그것을 물려준 사람은 누구한테 받은 것인가? 그것의 뿌리와 기원은 틀림없이 불의했을 것이다. 하나님께서는 태초에 한 사람은 부유하게, 다른 사람은 가난하게 만들지 않으셨기 때문이다. 그분은 모두에게 동일하게 자유로운 땅을 주셨다. 그런데 왜, 그것이 공동의 것이라면 너는 그렇게 많은 토지를 소유하고 있고, 네 이웃은 한 평의 땅도 소유하지 못하고 있는가? 공동의 것을 너 혼자 즐기고 있다면 그것이야말로 악하지 않은가?[4]

잘 알려진 또 다른 교부 아우구스티누스도 동일한 주장을 펼쳤다. 여기서 교부들이 언급하는 토지는 하나님이 만든 자연물 전체를 상징한다.

이렇게 공유의 대상인 자연물을 특권층이 독점하면서 사회적 연대는 철저하게 깨지고, 한 사회 공동체는 특권층과 소외된 계층 두 세계로 나뉘게 되었다. 이는 히브리 민족이 가나안 땅에서 자유를 향유하던 시절뿐 아니라 식민지 시절에도 이어서 진행된 일이다. 이쯤 되면 조선시대 말기와 일제 식민지하의 상황이 떠오른다.

3 푸른 눈의 여행자, 망해 가는 조선시대를 말하다

우연찮게도 거의 동시대에 조선시대의 마지막 모습을 관찰한 푸른 눈의 여행자들이 있었다. 그들은 모두 여행기를 남겼다. 프랑스 군인으로 병인양요 참전 경험을 기록으로 남긴 앙리 쥐베르가 쓴 《조선 원정기》가 있다. 시기상 다음으로 동학농민전쟁이 일어난 당시 조선을 방문한 오스트리아 여행가 헤세 바르텍이 쓴 《조선, 1894년 여름》이 있다. 그리고 역시 같은 해에 방문한 영국의 여행가 이사벨라 버드 비숍이 쓴 《조선과 그 이웃나라들》이 있다. 이들이 바라본 조선 사회는 참으로 가슴 아프고 답답함이 몰려온다. 이 여행기들은 우리 민족과 사회가 왜 지금의 상황에 처하게 되었는지, 그리고 앞으로 어떤 원칙으로 건강한 사회를 만들어 가야 하는지에 대한 열쇠를 제공한다. 잠시 푸른 눈의 여행자들이 객관적으로 바라본 조선말의 풍경으로 돌아가 보자.

헤세 바르텍이 그의 책을 통해 가장 통렬하게 비판한 대상은 정부 관료였다. 이런 장면이 나온다. 일본 군대가 무기 소리를 내며 수도를 향해 행군하고 있다. 이때 조선 농부들은 오래된 숙적을 신경 쓰지 않고 평화롭게 일한다. 너무 역설적인 상황이다. 그 이유를 여행가는 이렇게 서술한다. "하긴 왜 그런 걱정을 하겠는가? 일본 천황의 군대가 이들에게 조선 정부보다 더 심각한 위해를 끼칠 수 있을까? 조선 정부는 마지막 푼돈까지 쥐어짜고, 쌀과 곡물을 마지막 한 톨까지 빼앗아가지 않았는가?"(75쪽).

정부의 부패가 이렇다 보니 자기 영토를 지킬 생각을 하지 않는다. 그리고 백성들은 적극적으로 노동을 하지 않았다. 만일 그들이 필요한 생계비보다 많이 번다면 관리들에게 빼앗길 것을 알기 때문이다. 그래서 바르텍은 관리들이 조선의 몰락과 이곳에 만연한 비참함의 가장 주요한 원인이라고 보았다. 관리들의 탐욕이 백성들의 이윤 획득 및 소유에 대한 모든 욕구와 노동 의지 그리고 모든 산업을 질식시켰다고 강하게 비판했다(87-88쪽).

영국의 여성 여행가 비숍도 비슷한 관점을 보였다. 그녀는 성공회 사제의 딸로 50년 동안 해외를 돌아다닌 여행광이었다. 1894년 환갑이 넘은 나이에 조선을 방문한 그녀는 3년간 조선과 중국을 오가며 동학농민전쟁과 청일전쟁을 겪었다. 그녀 역시 조선이 망해 가는 가장 중요한 원인으로 관리들의 부정부패에 주목했다. 민중이 게을러 보인 이유는 그들이 정말로 게을러서가 아니라 조금이라도 돈을 벌게 되면 여러 이유로 관료들에게 빼앗겼기 때문이다. 자신의 노동으로 획득한 재산이 전혀 보호되지 않는 체제였던 것이다. 역설적이게도 가난이 그들의 최고의 방어막이었다. 관리들의 수탈이 견딜 수 없을 정도로 심해지고 생존할 수 있는 최소한의 수입마저도 빼앗겼을 때, 조선 농민들이 마지막으로 선택한 것은 폭력이었다. 동학농민전쟁의 발발 이유를 이렇게 진단한 그녀는 공평성과 사회적 정의가 존중되어, 관료들의 악행이 강력한 정부에 의해 줄어들고, 소작료가 적정히 책정되면 조선은 번영할 수 있다고 보았다. 그러면서도 조선이 스스로 개혁할 능력이 없기 때문에 일본의 보호국이나 식민지가 될 수밖에 없다고 보았다. 이러한 관점은 유명한 식민지 근대화론과 연결되는 지점이다.

실제로 농민들이 마지막 수단으로 폭력적인 방법에 의존하게 되었다는 것은 주지의 사실이다. 1894년(고종 31)에 동학농민전쟁이 발발했다.

동학농민전쟁은 전라도 고부군수 조병갑의 횡포에 맞서 동학교도와 농민들이 합세하여 일으킨 것이다. 이 운동은 새로 부임한 조병갑이 농민들의 노동력을 동원하여 동진강(東津江)에 만든 만석보(수리시설의 일종)를 이용하는 농민들에게 과중한 수세(水稅)를 받으면서 발단이 되었다. 큰돈을 주고 관직을 산 조병갑은 그 이상의 '수익'을 창출해야 했던 것이다. 당시 전국의 농민들은 이미 3정 문란으로 탐관오리로부터 지나칠 정도의 수탈을 당하고 있었다. 이 운동이 전라북도에서 시작되었지만 전국적으로 확산된 것을 보면 전국 농촌 곳곳에 조병갑이 득세하고 있었음을 알 수 있다. 조선 말 동학농민전쟁은 관리들의 부패와 토지문제의 심각성을 함께 보여 주었다.

농학농민군을 진압하기 위해 당시 무력했던 조정이 청나라를 불러들이고 이를 이유로 일본 역시 한반도에 들어오면서 결과적으로 일본의 식민지 지배를 위한 발판이 마련되었다. 조선말 정부가 강력하게 부패를 시정하고 농민들의 요구를 들어주었다면 역사는 어떻게 재편되었을까? 비현실적인 가정이지만, 일본이 들어올 근거가 없었을 것이며, 설령 들어왔다 하더라도 농민들이 자기 땅을 지키기 위해 목숨을 걸고 싸웠을 것이다. 이 지점이 필자가 남북 분단의 원인을 외부의 거시적인 국제 정치 맥락에서 찾는 시각에 큰 불편함을 느끼는 이유다.

4 해방 전후, 지주소작제로 사회적 연대가 깨지다

1910년 일제 강점 이후, 관리의 부패 문제 및 토지독점 문제는 새로운 방식으로 전개된다. 식민지 지배를 구축하기 위해 일본은 동양척식주식회사를 중심으로 토지조사사업을 실시하고, 근대법에 기초해 지주소작제를 제도화했다. 그로 인해 농민들은 식민지 국가에서 지주에 수탈당하는 이중의 고통을 겪어야 했다. 일제 강점기 시대 조선의 농지 중 86퍼센트가 지주 소유였으며 농민의 60퍼센트 정도가 소작농이었다고 한다.

1945년 8월 15일 해방이 되자 삼팔선 북측은 1946년 3월 '토지개혁에 관한 법령'을 공표하고 3월 8일부터 3월 31일 사이에 토지개혁을 실시해 버렸다. 북측의 조선 노동당은 신속하게 권력 기반을 다지기 위해서라도 농민의 숙원인 토지를 무상몰수 무상분배 방식으로 해결한 것이다. 그리고 각종 토지문서를 소각해 버렸다. 반면 삼팔선 이남의 이승만 정부에서는 법제정이 지지부진해지면서 농지개혁을 바라던 소작인들의 분노가 끓어올랐다. 이러한 사회 분위기가 남측에서 남조선 노동당 등 좌파가 강력하게 활동하게 된 요인이 되었다. 그리고 공산주의자 세력의 확대를 두려워한 미군정과 이승만 정권은 가혹하게 이들을 탄압하면서 한편으로는 조봉암 농림부장관을 중심으로 농지개혁을 준비했다. 그나마 1950년 3월에 '농지개혁법'이 공포되고 1950년 6·25전쟁 발발 직전에 유상몰수 유상분배 방식으로 농지개혁이 진행되었다.

일제에 나라를 빼앗긴 이유는 조선 말 조정의 부패와 무능, 그리고 특권층의 토지독점에 따른 농민 수탈이었다. 해방 후 나라가 분단된 이유는 구조적으로 미국과 러시아를 중심으로 하는 자본주의와 공산주의 이데올로기 대립의 결과로 볼 수 있지만, 내부적으로 일제가 제도화한 지주소작제로 인해 사회갈등이 최고조였다는 점이 중요하게 작용했다. 이러한 결과를 히브리 민족의 지도자인 모세는 수천 년 전에 이미 내다보고 있었다.

5 부활하신 예수, 다시 갈릴리로 가다

매년 4월 봄이 되면 정신이 아득해진다. 1894년 4월, 한 해 농사를 준비해야 했을 농민들은 바쁜 일손을 내려놓은 채 전봉준 등과 함께 '무장동학포고문'을 발표했다. 그리고 본격적으로 전쟁이 시작되었다. 1948년 4월, 마지막까지 한국 단독 정부 수립을 반대한 제주에서 4·3사건이 일어났다. 이 사건은 6·25전쟁으로 이어진다. 2014년 4월 16일, 한 나라의 대통령과 그 측근 및 정부 관료의 무능과 부패로 304명이 죽는 세월호 참사가 일어났다. 그런데 슬픈 일이 있으면 기쁜 일도 있는 것인가? 매년 4월이 되면 예수의 부활을 맞이하고 축하하는 부활절 주기가 돌아온다. 누군가는 사회적 불의와 불평등한 구조 속에서 죽어 가는데, 누군가는 끊임없이 부활을 꿈꾼다. 시대의 아이러니다.

새 술은 새 부대에 담아야 한다는 것은 역사에 있어서도 진리다. 이 진리는 심지어 위대한 히브리 민족의 지도자인 모세마저 비껴가지 않았다. 그는 가나안 땅을 눈앞에 두고 이름 없는 무덤에 묻혔다. 그가 남긴 것은 새로운 정신과 제도, 부패에 오염되지 않은 새로운 지도자들이었다. 백성들마저 새로운 사람들로 교체되었다.

예수의 부활은 희년의 부활을 상징한다. 부활하신 예수가 가장 먼저 찾아간 곳은 그의 운동 거점이었던 갈릴리였다. 소외되고 버려진 땅 갈릴리, 희년이 선포되어야 할 곳이었다. 그 갈릴리는 바로 지금의 이 땅이다.

평화가 살길이다

1 삶은 계속되어야 한다

매년 4월 3일이 다가오면 언론에 등장하는 기사와 사진들은 봄날의 희뿌연 미세먼지보다 우리의 마음을 더 착잡하게 만든다. 2017년에 이미 70주년을 맞이한 제주 4·3사건은 아직까지 정부에 의해 정식 명칭(正名)조차 결정되지 않았다. 1948년 5월, 분단국가 탄생에 동조하지 않으려고 5·10선거에 참여하지 않은 제주 시민의 주체적인 저항인지, 아니면 당시 미군정과 이승만 정권이 규정한 대로 좌익이 주축이 된 반란인지 아직 그 정체성도, 그에 걸맞는 이름도 규정되지 않은 것이다. 정체성의 규정은 그 당시 저항의 맥락을, 70년간 한국 정부가 강제한 안보 이데올로기적 관점이 아닌 새로운 관점을 어떻게 확보하느냐에 달려 있다. 그런데 제주4·3사건의 정식 명칭이 어떻게 결정되든 상관 없이 부정할 수 없는 사실은, 이 사건으로 너무나 많은 우리 이웃이 무참히 죽었다는 사실이다. 이후 제주4·3사건은 진압 명령을 받은 제14연대의 진압 거부 및 반란이라는 여수·순천 10·19사건으로 이어진다. 이승만 정권은 이 사건을 계기로 국가보안법을 만들고 군부대 내의 좌익계 군인들을 '청소'하고, 좌익 계열의 저항을 더욱 강하게 진압한다. 그리고 갈등은 1950년 6·25전쟁으로 확대되었다.

조정래 소설 《태백산맥》은 이러한 과정을 전남 보성군 벌교를 배경으로 상세히 묘사하고 있다. 이 소설은 후반부에서 사회주의 혁명을 미화했다는 비판도 받지만, 핵심은 민중의 생명을 담보로 이념논쟁과 전쟁을 도모하지 말라는 것이다. 민중의 생명은 특정 정권이나 이데올로기를 정당화하기 위한 수단이 아니라는 것이다. 조금 더 강조하면 그 자체가 최고의 가치인 것이다. 이러한 가치는 오늘날 헌법과 법률, 정치 및 학문 영역뿐 아니라 우리 일상에서도 생생하게 확인할 수 있다. 엄마 젖을 먹는 아기의 눈동자에서, 식탁에서 밥을 먹는 아이들의 얼굴에서, 학업 스트레스로 힘들어하는 학생들의 고된 몸짓에서, 주택을 마련하느라 가계부채와 씨름하는 부모의 어깨에서, 이제 곧 이 땅의 삶을 마감하고자 침상에서 마지막 씨름을 하는 노인의 고통스런 얼굴에서 소중한 생명의 가치는 분명히 드러난다. 삶의 끝자락에 있는 노인은 엄마 품에 안겨 웃고 있는 아기의 얼굴을 보고는 자기의 생명이 이어졌음에 감사하며 눈을 감는다. 이것이 어찌 여기 남쪽 땅의 삶뿐이겠는가?

"삶은 계속되어야 한다." 이는 1945년 일본에 투하된 원폭으로 인해 피해를 당한 한국 부모의 2세 피해자인 고(故) 김형율이 품은 생전의 소원이었다. 김형율의 삶과 그가 남긴 말은 삶의 방향성을 놓고 고민하던 필자에게 큰 울림을 주었다. 개인의 삶뿐 아니라 한 공동체, 나아가 한 국가의 삶 역시 계속되어야 한다. 이 명제는 논쟁의 여지가 없다. 그렇다면 이웃하는 공동체와 국가 역시 동일한 숙명을 안고 있고, 서로 존중해 주어야 한다. 이것이 평화의 핵심이라고 본다. 너무나 당연한 이야기 아닌가? 그런데 이렇게 당연한 것들이 역사 속에서 당연시되지 못한 이유가 무엇인가? 여러 가지가 있겠지만, 일반적으로 새로운 영토에 대한 지배욕을 넘어, 이데올로기와 종교의 차이가 첨예한 갈등을 가져왔다. 이데올로기와 종교는 소중한 가치임에도, 안타깝게 자신을 선으로 규정하면서 타자를 '악'이나 '적'으로 규정하는 오류에 빠지곤 한다. 서로 대화가 안 되고 오해가 쌓이면 어떤 촉매제에 의해 분노와 갈등이 심화된다. 그 결과는 전쟁으로 비화되기 쉽다. 이렇게 평화는 너무도 쉽게 부정된다. 남북의 대립은 이데올로기와 기독교가 비극적으로 융합된 사례다.

삶이 계속되기 위해서는 평화가 필요하다. 평화는 필수고 통일은 선택이다. 우리는 중국과 대만이 반드시 통일되어야 한다고 생각하지 않는다. 별개의 독립국가로 우호적인 관계를 유지해도 된다고 생각한다. 그런데 왜 같은 잣대를 스스로에게는 적용하지 않는가? 우리는 반드시 통일해야 하는가? 관점의 모순이다. 평화가 중요한 것이지 통일이 중요한 것은 아니다. 개인과 사회의 생물학적 삶, 경제적 삶 및 문명과 정신이 이어지기 위해서는 어느 일방의 폭력에 의한 강압적인 평화가 아닌 새로운 차원의 평화와 이를 뒷받침하는 상생의 철학이 필요하다. 그 가능성을 프랑스 사회학자 뒤르켐의 '불평등이 없는 사회적 연대로서의 평화'에서 찾아보자.

2 불평등이 없는 사회적 연대로서의 평화

1953년 7월 27일에 휴전 협정이 체결되었다. 말 그대로 전쟁을 쉬는 상태인 것이다. 이를 '정전'이라고도 표현한다. 이런 의미에서 정전체제란 교전 당사자 간의 정치적 해결로 나아가지 못한 가장 낮은 단계, 즉 전쟁이 부재하다는 부정적 의미에서의 평화 상태다. 반면 전쟁을 완전히 멈추는 상태인 '종전'은 엄연히 다른 개념이다. 종전을 다르게 표현하면 현 문재인 정부가 추진하려는 새로운 단계의 항구적인 '평화체제'다. 정전체제에서 평화체제로 넘어가야만 그다음 단계로 통일을 생각할 수 있다.

뒤르켐 이론에 기초해 정전체제, 즉 현상의 판문점 체제를 분석하고 평가한 김학재는 이 판문점 체제를 '권위에 의한 평화'가 아닌, '힘에 의해 강요된 임시적 평화'로 규정했다.[5] 즉, 안정적인 영구 평화 체제가 아니라 합의 수준이 매우 낮은 군사 정전 체제이고, 지난 60여 년간 현존 질서유지에 대한 주변 강대국들의 강박에 의존해 겨우 유지된 불안하고 유동적인 체제라는 것이다.

불안하고 임시적인 평화 상태는 당연히 보다 안정적인 평화체제로의 변화를 도모하기 마련이다. 이런 차원에서 다양한 차원의 접근법이 제시되었다. 크게 유형화하면 '보수적 자유주의 평화 모델', '단일 민족국가 건설 모델', '분권형 연방제 모델', '경제지원과 협력 모델' 등이 있다. 이들을 간략하게 평가해 보면, '보수적 자유주의 평화 모델'은 조선의 붕괴를 기대하면서 제재와 압박을 주장하는 것으로, 한미일 정부가 그동안 고수했던 지배적 관점이다. 이는 미래 한반도의 평화를 위해서는 바람직한 선택이 아님이 분명해졌다. '단일 민족국가 건설 모델'은 그 당위성에도 불구하고, 냉전과 한국전쟁이 초래한 복잡한 역사적 맥락을 고려할 뿐 아니라 이미 남과 북이 UN에 동시 가입한 두 국가임을 고려할 때, 당위성만으로 추진하기에는 한계가 크다. 민족주의를 넘어 새로운 시대적 가치를 포섭할 수 있는 방향으로 나아가야 한다. '분권형 연방제 모델'은 남과 북의 중앙 집중적인 정치체제를 극복할 수 있다는 점에서 앞으로 주목할 만하다. 그런데 남측은 현 문재인 정부가 추진하려는 분권형 지방자치제에 대한 경험이 더욱 축적되어야 할 필요가 있다. 북측 역시 지방정부에 경제적 자율권을 확대하는 상황에서 정치적 자율권이 확대되는 경험을 축적해야 한다. 즉, 양측이 성숙한 분권화의 경험을 축적해야 선택할 수 있는 모델인 것이다. '경제지원과 협력 모델'은 경제협력을 통한 평화의 실현을 도모하려는 접근법이다. 이는 과거 김대중, 노무현 정부 때 개성공단, 금강산관광 등을 통해 적극 추진되었던 것으로, 최근 들어 다시 재개될 움직임을 보이고 있다. 이 모델은 평화체제 전후로 적극적으로 추진해야 하지만, 한국 사회의 발전주의적 경제성장 모델을 북에 이식했다는 부정적 평가를 염두에 두어야 한다. 정리하면, '보수적 자유주의 평화 모델'은 지양해야 할 선택지이며, 나머지 세 가지 유형은 장점과 한계를 가지고 있기에 더 많은 창조적 고민이 필요하다.

앞에서 네 가지 유형의 모델들을 살펴보면서 강조되지 않은 것이 있다. 네 가지 유형은 주로 군사, 정치, 경제적 관점을 중시하는 것으로, 분단을 초래한 역사적 맥락인 경제적 불평등의 문제(지주-소작제)에 대한 해결책과, 미래 사회의 보편 가치를 지향하려는 사회적 협력 내지 연대를 제대로 포섭해 내지 못했다. 뒤르켐은, 역사 과정에 있어서 계급투쟁의 의의를 이해하지 못한 한계를 지닌 것으로 평가되기도 하지만, '불평등이 없는 사회적 연대로서의 평화론'을 제기하여 기존 평화담론의 부족한 공간을 메우는 데 크게 기여했다. 그는, 현대사회를 구성원들이 연대 의식을 가져야만 유지될 수 있는 것으로 보고, 현대사회에서 불평등의 문제는 문명의 생존 자체가 걸려 있는 사안으로 보았다. 그는 "모든 불평등은 자유 자체의 부정이다"라고 단언했다. 그리고 안정적인 사회적 평화는 교류와 접촉을 통해 관계와 사회를 형성하고, 관계의 구조적 불평등을 극복하며 사회정의라는 가치의 달성을 지향해야 한다고 보았다.

이러한 접근법은 인식론적으로는 일제 강점기와 해방 전후 극심한 경제적 불평등 문제를 제대로 해소하지 못한 역사적 과오에 대해 반성하도록 할 뿐 아니라 남과 북에서 공히 경제적 불평등이 심화되고 있는 현상황에서 이를 무시한 채 평화 내지 통일을 이야기하는 것이 얼마나 시대착오적인지를 각성시켜 준다. 실천적으로는 시민과 NGO, 사회적 경제 주체 등 민간 차원과, 지자체 등 다양한 주체가 문화, 체육을 넘어 인도적 지원과 미시 차원의 경제 협력 등을 통해 지속적인 교류와 협력이 진행되어야 함을 일깨워 준다. 뒤르켐은 협력관계를 특히 "분업과 사회적 연대"로 표현하고 있는데, 이렇게 함으로써 새로운 사회가 형성된다고 말한 점이 인상적이다. 그 결과 남과 북이 단절된 사회가 아닌 공정성에 기초한 새로운 사회가 창조되어 '사회적 연대로서의 평화'가 가능하게 된다. 필자는 뒤르켐이 제시한 평화 모델이 앞서 평가한 '분권형 연방제 모델' 및 '경제지원과 협력 모델'과 상호 보완적인 것으로 이해한다.

3 새로운 관점이 변화를 이끌어 낸다

아! 저 까마귀를 보라. 그 날개보다 더 검은색이 없긴 하나 얼핏 옅은 황금색이 돌고, 다시 연한 녹색으로 반짝인다. 햇볕이 비추면 자주색으로 솟구치다, 눈이 어른어른하면 비취색으로 변한다. 그러므로 내가 비록 푸른 까마귀라고 말해도 괜찮은 것이고 다시 붉은 까마귀라고 말해도 상관없는 것이다. 저 사물은 본디 정해진 색이 없는데도 내가 눈으로 먼저 정해 버리는 것이다. 어찌 그 눈에서만 판정할 따름이랴? 보지도 않으면서 마음속에서 미리 판정해 버린다.

검은색 까마귀를 보고 검은색이 아니라고 이야기한 사람은 조선 후기 실학자 박지원이다. 이렇게 대담한 주장을 펼 수 있었던 배경에는 편견에 사로잡히지 않으려는 태도, 사회개혁적인 자세, 직접 보아야 한다는 실증적인 자세가 있었다. 박지원의 이러한 관점은 그에게 풍부한 상상력과 사회 개혁에 대한 아이디어를 제공했다. 남북의 새로운 평화시대 역시 고정관념에 얽매이지 않는 새로운 관점을 요구한다. 관점이 새로워져야 평화체제, 나아가 통일이라는 변화를 이끌어 낼 수 있다. 그래야 진정한 해방공간이 만들어지고 그 공간에서 지속가능한 삶을 영위할 수 있다.

상생으로서의 평화

1 '기대'만으로도 오르는 지가

2018년 4월 27일 오전 9시 30분경, 판문점 군사분계선에서 분단 역사상 세 번째로 남과 북 정상이 만났다. 북측 김정은 위원장의 발걸음과, 이를 맞이하는 남측 문재인 대통령의 표정에는 65년 동안 지속되어 온 휴전을 종결짓고 항구적 평화체제로 나아가겠다는 의지가 분명했다. 프란치스코 교황도 남북 정상회담에 대한 지지와 격려의 메시지를 발표하고 수천 명의 군중이 한국을 위해 기도했다. 남북은 물론 전 세계에서 평화의 열기가 달아올랐다. 그러자 경기도 파주 땅값도 덩달아 올랐다. 지가가 연초보다 30퍼센트 급등했으며, 거래량도 한 달 사이 50퍼센트나 늘었다. 평화체제를 맞이하는 토지투기자의 발걸음은 너무도 분주했다.

1868년, 세계 도시 뉴욕에서 사치와 빈곤이 공존하는 현상을 목도하고 그 원인을 규명하기 위해《진보와 빈곤》을 집필한 헨리 조지는 미래 토지가치가 상승할 것이라는 '기대'만으로도 지가가 상승한다고 주장했다. 노벨경제학상 수상자인 스티글리츠는 그러한 기대를 한 토지투기자들을 지대추구자(rent seekers)로 칭했다. 1989년 고 정주영 현대그룹 회장이 북을 방문했을 때는 지가가 무려 50퍼센트나 상승했고, 2002년 김대중 정부 시절에는 15퍼센트가 넘게 올랐는데, 그 원인은 모두 지대추구자들의 기대 때문이었다. 아쉽게도 과거 이명박·박근혜 정부 시절, 남북관계가 다시 냉각되었고 파주 땅값도 하락하면서 지대추구자들의 기대가 현실화되지 못했다. 그런데 이번 분위기는 예전과 다르다. 지대추구자들의 기대가 현실화될 가능성이 커보인다. 그렇게 되면 지대추구자들이 평화로 인한 수혜를 가장 먼저 누리게 된다. 그리고 헨리 조지의 이론대로라면 평화에 따른 대부분의 수혜가 지대추구자들에게 돌아간다. 누구를 위한 평화인가?

필자는 앞서 토지문제가 어떻게 분단을 초래하는 데 직간접적인 영향을 주었는지를 이야기했다. 그런데 남북 정상회담이 진행되는 와중에도 지대추구에 대한 욕구는 조금도 식지 않았다. 지대추구, 쉽게 말해서 부동산 투기는 이곳 남쪽에서는 하나의 상식이 되었다. 자기 가족과 친척들을 둘러보면 이와 연관되지 않은 사람은 거의 없을 정도다. 그럼 사회주의 계획경제를 실시하고 있는 북쪽은 예외일까? 정도의 차이는 있을지 몰라도 본질에 있어서는 큰 차이가 없어 보인다.

2 일제 강점기, 나진 토지투기의 추억

나진 – 선봉 자유경제무역지구가 속한 현 라선특별시는 조선의 함경북도와 동해, 중국의 지린성(吉林省) 옌벤(延辺) 조선족 자치주 동쪽의 훈춘(琿春)시와 러시아의 프리모르스키 크라이와 접한 항구 도시다. 이처럼 주변국가와의 접경지 및 바다와 대륙을 잇는 거점이라는 특성으로 1932년 일본이 만주국을 세우게 되면서 나진 – 선봉은 일본 – 만주 간의 연락로로서 각광을 받게 되었다. 이때 만주에서 가장 가까운 나진에 바다와 육지를 연결하는 대규모 항만이 정비되었고, 일본의 사카이항, 쓰루가항, 가타항 등에서 청진, 나진, 웅기(후에 선봉으로 개명됨)로 정기선이 운항되고 많은 일본인이 만주 동부로 이동했다. 이처럼 나진은 일본이 만주로 진출하는 요충지로 유명한 항구도시였다. 그런데 일제 강점기 조선 최초로 토지투기가 일어났던 일은 잘 알려져 있지 않다.

나진은 원래 인구 100여 명에 불과한 조그마한 어촌이었다. 그런데 1932년 8월 23일 나진이 중국 지린과 조선 회령을 잇는 철도 길회선(吉會線)의 종단항(철도 종착역과 연결된 항구)으로 결정되면서 갑자기 토지투기의 중심지로 떠올랐다. 만주로 진출하려는 일본 제국에게 길회선에 연결된 나진항은 겨울에도 얼지 않고, 영토 문제가 없으며, 물류비도 비싸지 않아 기존에 이용되던 세 개 노선의 단점을 일시에 해결할 수 있었다. 나진항 개발은 경제수도 이전에 준하는 성격이었다. 청진과 경합했던 나진이 종단항의 최종 후보지로 결정되자, "조선을 넘어 전 동양적 규모의 토지 전쟁이 시작되었다". 당시 한 평에 1-2전 하던 땅값은 순식간에 수백, 수천 배로 뛰었다. 어떤 땅은 하루에 주인이 10여 차례 바뀌기도 했다. 나진에 가면 담뱃값도 백 원짜리 지폐로 내고 개도 백 원짜리 지폐를 물고 다닌다는 우스갯소리가 떠돌았다. 김기덕이나 김기택 같은 거부가 나타난 것도 당연한 현상이었다. 그러나 나진의 토지열풍은 3년 만에 멈췄다. 인구 100만 명의 대도시로 성장할 것이라는 '기대'와 달리, 해방 직전 나진은 인구 4만 명의 소도시에 머물렀다. 그러나 이때부터 전국 주요 거점을 중심으로 도시개발이 진행되면서 토지투기가 함께 따라오는 관행이 시작되었다.[6]

3 토지소유제도의 네 가지 유형

극심한 토지투기를 경험한 나진과 조선의 모든 토지는 모두 사회주의 경제이론에 기초해 국유화가 진행되었다. 여기서 이야기를 더 진행하기 전에 이론적 차원에서 토지제도의 유형을 조망해 볼 필요가 있다. 조금 어렵게 느껴질 수도 있지만 경제적인 차원에서 지속가능한 평화체제를 어떻게 만들 수 있는지 이해하는 데 매우 중요하기 때문에 함께 공부해 보자.

김윤상은 민법이 규정하는 소유권의 세 가지 권능, 즉 사용권, 수익권, 처분권 중 어떤 권능을 사적 주체에게 귀속시킬 것인가에 따라 토지소유제도를 구분하고, 국가 단위에서 실제로 의미 있는 토지소유제도의 유형으로 토지사유제, 지대조세제, 토지공유제, 공공토지임대제 네 가지를 제시했다.

먼저, 토지사유제는 사용권, 처분권, 수익권 모두 사적 주체에게 귀속되는 제도로, 한국의 자본주의적 토지소유제도에 가깝다. 일제 강점기 때 오늘날의 토지사유제가 법적으로 확립되었다. 앞서 살펴본 나진의 토지투기 사례는 그 당시 토지제도의 한계를 극명하게 보여 준다. 다음으로, 헨리 조지가 주창한 것으로 유명한 지대조세제(Land Value Taxation)는 토지사유제의 폐단인 토지 불로소득 문제를 해결하기 위한 대안으로 제시된 것으로, 토지소유 주체는 그대로 둔 채 수익권에 해당하는 지대를 보유세 형식으로 환수하려는 것이 핵심이다. 한국이 개헌을 통해 추진하려는 토지공개념은 이러한 접근법이다.

토지공유제는 세 권능 모두 국가 또는 공공에게 귀속되는 것으로, 북한의 토지국유제와 유사하다. 그런데 토지국유제는 계획경제와 결합되면서 경제적 비효율성을 낳았다. 마지막으로, 공공토지임대제(Public Land Leasing)는 토지공유제와 시장경제 시스템을 결합하기 위해 토지사용권을 일정기간 개인에게 임대하고 지대를 받는 제도다. 이 방식은 특히 토지가 국유화된 사회주의 계획경제 국가들이 시장경제로 전환하기 위해 선택할 수 있는 가장 적합한 방식이다. 북은 현재 경제특구에서 이에 준하는 방식을 적용하고 있다. 공장·기업소와 주택에 대해서도 일정 수준의 토지사용료를 받고는 있지만 개인들에게 물권에 해당하는 토지사용권이 부여되지 않기 때문에 큰 틀에서 북은 토지공유제를 유지하고 있다고 볼 수 있다.

〈표1〉 토지소유제도의 유형

소유권의 권능	토지사유제	지대조세제	공공토지임대제	토지공유제
사용권	사	사	사	공
처분권	사	사	공	공
수익권	사	공	공	공

자료 : 김윤상, 2009, 《지공주의》, 경북대학교 출판부, 38쪽 〈표 2.1〉

<u>4</u> 북의 토지공유제 실시 및 법제화

1946년 3월 5일 북조선인민위원회는 '토지개혁에 관한 법령'을 공포해 즉시 토지개혁을 단행하고, 1946년 3월 8일에는 '토지개혁법령에 관한 세칙'을 공포해 1946년 3월 말까지 토지개혁을 완료하도록 요구해, 20여 일 만에 무상몰수 방법으로 토지개혁을 완료했다. 이때 토지에 대한 사유권(私有權)을 완전히 부인하지는 않고, 5정보 이상의 개인소유 토지만을 대상으로 무상으로 몰수하고 분배했다. 이후 1954년부터 시작한 농업집단화 사업을 1958년에 완성함으로써, 토지사유권을 완전히 소멸시키고 사회주의적 토지소유제를 확립했다. 토지에 대한 사유권을 착취적인 소유권으로 간주해 소멸시키고, 토지소유제를 국가소유권과 협동단체소유권으로 구분한 것은, 중국의 전민소유 및 집체소유와 그 구조가 같다.

조선 노동당은 토지개혁과 사회주의적 토지소유제를 실질적으로 확립한 후, 1963년에 토지법을 제정했고, 1972년에 헌법에서 다시 추인했다. 그리고 1977년에 토지법을 개정해 토지를 혁명의 고귀한 전취물로 규정하고(제1조), 모든 토지는 국가 및 협동단체소유로 규정하고(제9조 제1항), 토지에 대한 매매를 금지했다(제9조 제2항). 그리고 민법에서 토지에 대한 국가소유권과 사회협동단체소유권만을 규정하고 있으며, 토지의 용익 및 담보로서의 활용에 관한 규정은 없다.

5 그럼에도 북에서 전개되는 부동산 투기

이러한 법제도의 정비만 보면 매매가 불가능하기 때문에 더 이상 토지투기가 일어나지 않을 것처럼 보인다. 그런데 상황은 전혀 그렇지 않다. 현재 북에서도 지대추구가 진행되고 있다. 계획경제가 한계에 달하자 스스로 생존하라는 자력갱생의 대원칙하에서 시장과 거래가 활성화되면서 소위 '돈주'라는 자본가가 형성되었는데, 이들이 급기야 정부 관료와 결탁해 아파트 등 부동산 개발을 통해 막대한 부를 창출하고 있다. 핵-민생경제 병진노선을 채택한 김정은 정권은 미래과학자 거리와 려명거리를 새롭게 개발하면서, 아파트 신축 등 건설사업을 활발하게 추진하고 있는데, 이때 해당 부서에서 자체적으로 자재를 조달하고 건설을 책임지는 방식을 적용하고 있다. 그러다 보니 해당 단위들은 자재 확보를 위해 지하자원을 수출하거나 다른 사업을 전개하기도 한다. 여기에 더해 소위 돈주들에게 이권을 보장하는 식으로 주택건설 사업 등 대형 사업에 투자하도록 유도하고 있다. 현재 북에서 가장 수익성이 높은 사업은 아파트 건축사업과 부동산 임대사업이라는 이야기가 있다. 법률상 주택 매매가 불법이지만 돈주들이 정부 관료와 결탁하는 방식으로 매매를 하고 있으며, 막대한 투기적 이익을 향유하고 있다.

6 공정하고 지속가능한 경제체제와 함께 가는 평화

한국의 남북경협 담당자와 관련 연구자들 사이에서 북은 마지막 남은 블루오션(blue ocean)이라고 말한다. 토목 건설업이 한국 경제에서 큰 비중을 차지하는데, 경기가 주춤해지면서 놀고 있는 자본이 진출을 꿈꾸는 곳이 바로 북이기 때문이다. 도로도 새로 정비해야 하고 노후한 도시도 재생해야 한다. 제2의 개성공단 건설, 지하자원 채굴, 러시아로 이어지는 천연가스망 건설, 중국과 러시아를 통해 유럽으로 진출하는 철도망 정비 등 새로 창출되는 개발수요가 엄청날 것이다. 이렇게만 된다면 북보다 나은 블루오션도 없어 보인다. 그런데 수많은 개발사업이 동시 다발적으로 진행되면 토지가치(지가)가 급등할 것이고, 나진시에서 보였던 토지투기와 현재 평양을 중심으로 보이고 있는 아파트 투기가 전국적으로 확산될 것은 자명하다. 그렇게 되면 뒤르켐이 꿈꾼 사회적 연대는 무너진다. 남과 북이 건강하게 상생할 수 있는 방안을 모색해야 한다.

따라서 정치적인 차원에서 평화체제 로드맵이 합의되어 그 절차를 밟아 간다면 이와 동시에 남과 북은 지속가능한 경제체제 전환을 위해 준비해야 한다. 먼저 정상국가를 추구하는 북의 김정은 정부는 토지제도에 있어서도 정상국가를 추구해야 한다. 그 방향성을 필자는 공공토지임대제에 기초해서 추진하자고 제안하는 것이다. 북이 경제특구를 중심으로 실행하고 있는 토지개혁 조치들을 전국으로 확대하고, 향후 남과 북이 본격적으로 경제협력을 진행할 때 토지가 투기 대상이 되지 못하도록 재산권 구조를 잘 설계해야 한다. 남쪽 역시 토지공개념에 부합하는 지대개혁이 추진되어야 한다. 이처럼 북과 남이 토지제도에 있어서 공정하고 지속가능한 경제체제로 전환해야만 다음 단계로 통일을 향한 새로운 그림을 그려 나갈 수 있다.

공공토지임대제, 상생의 기초

모든 위대한 개혁이나 사건들은 궁극적으로 평범한 일상으로 녹아들어 간다. 종전협정과 평화협정 체결, 핵실험 중단 등 언론을 떠들썩하게 하는 사건들도 시간이 지나면 평범한 일상의 일부가 된다. 일상은 그만큼 위대하다. 그래서 시인 이성복은 "부모님이 강건하시고 아이들이 내 품에서 잘 자라는 때가 가장 행복한 시절이다"라고 일상의 소중함을 일깨워 주었다.

평생에 걸쳐 '일상'을 탐구한 프랑스 철학자 앙리 르페브르는 일상에서 비참함과 위대함이라는 모순된 두 가지 특징을 발견했다. 일상의 비참함은 사물, 욕구, 돈 등 현실의 지배를 받는 분야와의 관계에서 비롯하며, 위대함은 땅에 뿌리박고 영원히 지속되는 속성에 기인한다고 봤다. 그런데 세대를 거듭하면서 영원히 지속되는 우리네 삶터가 사물(토지), 욕구, 돈 등의 지배를 받게 된다면 일상의 위대함이 어떻게 되는 것일까? 단언컨대 일상의 위대함은 지배받는 시간에 비례해 비참함의 정도가 깊어진다. 이런 점에서 동학농민전쟁은 권력과 재산의 극단적인 불평등으로 인한 일상의 비참함을 더 이상 견디지 못했던 농민들의 마지막 탈출구였다. 그리고 이러한 사건들이 모여 우리네 역사가 되었다.

1 북의 '위대한 일상' 프로젝트

북의 사회주의 국가 건설 역시 권력과 재산의 불평등을 해소하고 '위대한 일상'을 건설하기 위한 노력의 일환이었다. 그래서 국가 이름도 '조선민주주의인민공화국'이라고 명명했다. 새로운 국가 건설의 실질이 어땠느냐와 별개로, 형식상으로 인민들에게 주권이 부여되고(민주주의), 인민들이 지속적인 삶을 영위할 수 있는 물적 기초를 확보하려는(공화) 방향성을 지향했다. '권력'과 '부'라는 두 개의 역사 변수가 북측 국명에까지 영향을 끼친 것이다. 이는 조선시대 말에 경험한 관료층의 부패와 지주소작제를 극복하려는 의지가 담긴 표현이다.

'공화'(republic)라는 정치 용어는 흔히 대의제 정치를 말하지만 그 본질적인 의미는 라틴어 'res publica'에서 나온 것으로, '공공의 것' 또는 '공동의 부'(common wealth)를 의미한다. 이때 공동의 부가 창출되는 근원은 토지다. 헨리 조지 이론에 따르면, 공동의 부는 토지에서 발생하는 가치, 즉 지대가 핵심이다. 토지라는 자연자원이 철학적으로 공동의 것이지만, 이보다 더 본질적인 것은 토지에서 발생하는 지대를 공동의 부로 '지속적으로' 확보하는 것이다. 그래야 일상의 위대함이 비참함에 처하지 않고 진정한 의미를 갖게 된다.

그런데 북이 그동안 추진한 전략들을 살펴보면 가히 성공적이지 않아 보인다. 북은 김윤상이 분류한 네 가지 토지제도 중에서 토지공유제를 택하면서 계획경제와 강하게 결합되었고 결과적으로 한계가 분명했기 때문이다. 북은 이러한 국면을 극복하기 위해 일찍부터 자립적 민족경제를 핵심 키워드로 하는 경제발전 전략을 추진했다. 북은 이를 개혁·개방 정책이 아니라고 극구 부인했으나, 외자유치를 위한 경제특구와 개발구 건설 및 토지제도 개혁 등의 조치를 취했다는 점에서 상당히 유사하다. 최근에는 남북 간 평화 분위기가 고조되면서 2018년 4월에 경제발전 집중전략을 제시했다. 북의 '위대한 일상' 프로젝트에 새로운 변화가 예상된다.

2 북의 자립경제 전략 추진

북의 자립경제 전략은 상당히 이른 시기부터 시작되었다. 1960년대에 들어서면서 경제 건설의 기본 전략으로 '자립적 민족경제 건설 노선'을 제창했다. 그 배경은 당시 사회주의적 국제분업을 강조한 소련과 갈등하면서 개별 사회주의 국가 차원의 자립경제를 강조하게 된 것이다. 북이 내세운 자립적 민족경제란 "민족국가 내부에서 생산 소비적 연계가 완결되어 독자적으로 재생산을 실현해 나가는 경제 체제"로 정의되며, 이러한 노선에 따라 북의 경제는 체제 내부의 완결성을 추구했다. 그러나 외부 경제와 유기적인 관계를 맺지 못하고 지나치게 내수 중심 산업 정책을 추구하면서 성장 동력이 제대로 발현되지 못했다. 이와 비슷한 현상이 농업 분야에서도 나타났다. 게다가 1962년 12월, 조선노동당 중앙위원회 제4기 5차 전원회의를 통해 '국방·경제 병진 노선'을 채택하면서 군사 분야로 과다한 지출이 이뤄졌고, 그 결과 경제가 함께 발전한다는 전략은 실패했다.[7] 이러한 전략의 실패는 향후 북으로 하여금 자립경제를 강조하되 부분적인 개혁과 개방을 통해 외부 경제와의 유기적인 결합을 도모하는 계기가 되었다.

최근 들어 북의 자립경제 전략에 중대한 변화가 발생했다. 2018년 4월 20일, 북은 조선노동당 중앙위원회 제7기 제3차 전원회의를 열고 '경제 건설과 핵무력 건설 병진노선의 위대한 승리를 선포함에 대하여'라는 제목의 결정서를 만장일치로 채택했다. 이날은 남과 북 정상이 판문점 남측 평화의 집에서 정상회담을 열기 불과 일주일 전이었다. 북은 결정서에서 핵실험 및 ICBM 시험 발사 중지를 선포했다. 그리고 핵 - 경제 병진노선을 마무리하고 '경제건설 총력 집중'을 당의 새로운 전략 노선으로 공식화했다. 북은 2013년 3월 31일 김정은 노동당 위원장 주재로 열린 당 중앙위 전원회의에서 '핵·경제 병진' 노선을 채택했는데 이번에 그 기조를 바꾼 것이다. 정상회담 개최 일주일 전에 이렇게 중대한 결정을 한 이유에 대해 확실한 시그널을 남측과 미국에게 보내려는 것으로 해석하는 것이 지배적이지만, 충분히 강조되지 않는 지점이 바로 북의 '정상국가'를 향한 분명한 의지라는 점이다.

3 자립경제 추진을 위한 북의 토지제도 변화

경제적 어려움을 겪은 북은 부분적인 개혁과 개방을 시도하기 시작했다. 첫 시도는 1984년에 외국인 투자를 유치하기 위해 '합영법'을 제정한 것이다. 그 후 1992년에 '외국인투자법'을 제정·공포하고, 제15조에서 외국의 투자기업 또는 개인투자자에게 토지이용권 설정 가능성을 인정했다. 토지부문 개혁에서 가장 중요한 변화는 1993년에 '토지임대법'을 제정(1999년 개정)한 것과 이에 근거한 토지이용권의 인정이라 할 수 있다. 토지이용권 제도는 사회주의적 토지소유제에 의해 이념적으로 토지소유권은 국가 또는 협동단체에 속하지만, 외국기업이 장기간 토지이용권을 설정받아 토지를 사용할 수 있는 권리를 보장해 주는 것이다. '임대'라고 부르지만 실제적으로는 '토지이용권'의 설정이라고 할 수 있다. 그리고 북에 투자하는 외국의 기업과 개인 및 합영, 합작기업에 출자하려는 북의 기관, 기업소, 단체는 토지이용권을 설정받을 수 있도록 했다('토지임대법' 제2조, 제5조). 그 전제로, '합영법'을 개정해 토지이용권을 합영기업에 출자할 수 있도록 했다(합영법 제11조). 토지이용권은 토지관리기관과의 임대계약에 의해 최장 50년까지 설정할 수 있다.

북은 1992년 헌법 개정 이후, 1998년에 다시 헌법을 개정해 개혁과 개방을 좀더 넓게 추진할 수 있는 헌법적 기초를 마련했다. 1998년 개정헌법에서는, 생산수단의 소유주체를 종래에는 국가와 협동단체로만 인정했던 것을 국가와 사회협동단체로 확대했으며, 도로, 해상운송 분야의 건설 및 운영사업에 외국인 또는 외국기업이 진출할 수 있도록 교통부문에 있어서 국가소유의 대상을 철도, 항공운수로 제한했고, 중국의 경제특구와 같은 "특수경제지대" 창설을 위한 헌법적 근거를 마련했다.

북이 추진하고 있는 개혁·개방 정책의 핵심은, 중국이 추진했던 큰 틀의 경제체제 개혁보다는, 당면한 경제적 난관을 벗어나기 위해 외자를 유치하려는 대외개방에 치중하고 있다는 점이다. 이러한 이유로 토지이용권 유상사용은 주로 경제특구(개발구 포함) 내에서 이루어지고 있다. 한편, 2002년 7월 1일에 발표된 '7.1 경제관리개선조치'와, 같은 해 7월 31일에 '토지사용료 납부규정'이 발표된 이후, 농민들이 농업생산물중 일부를 지대로 국가에 납부하는 현물지대 납부방식의 토지 유상사용이 초보적으로 적용되기 시작했다. 현재 주택 유지보수를 위해 낮은 수준의 살림집 사용료를 부과하고, 장마당 자릿세를 부과하기는 하지만 물권에 해당하는 토지이용권 설정에 기초하는 방식이 아니어서 본격적인 공공토지임대제 개혁 확대로 보기에는 무리다. 자립경제 전략의 효과적인 추진을 위해서는 공공토지임대제 개혁을 경제특구와 개발구를 넘어 전국으로 확대할 필요가 있다.

4 경제특구와 개발구에서 진행된 공공토지임대제 개혁

기본적으로 북의 경제특구 토지제도는 토지의 국유를 유지하면서 물권 성격의 토지이용권만 분리해 유상설정해 주는 방식이다. 북은 아직까지 '토지이용권의 설정'을 전면적으로 허용하지 않고, 라선경제무역지대, 신의주특별행정구, 개성공업지구, 금강산관광지구 같은 특구와, 최근 설립한 지방급 개발구에서만 허용하고 있으므로, 중국의 개혁·개방 초기 실험단계를 크게 벗어나지 못하고 있다. 북이 제정한 '토지임대법'은 특구가 아니라 하더라도 토지이용권의 설정이 가능하다고 규정하고 있다. 이와 같이 토지이용권을 확대 설정할 수 있는 법적장치는 마련되어 있으나, 실질적인 토지이용권의 설정이 허용되고 있지 않으며, 구체적인 토지이용권의 설정은 특구 및 개발구에서만 이루어지고 있다. 또한, 외국투자기업 및 외국의 개인투자자를 주 대상으로 하고, 북 내에서는 합영, 합작기업에 출자하는 북측 기관, 기업소 및 단체로 제한된다.

북측 경제특구의 토지유상사용 방식을 핵심적으로 정리하면 50년 단위의 토지이용권을 매각하면서 일시에 임대료를 받고, 매년 토지사용료를 납부하는 방식이다. 구체적인 내용에 있어서도 토지이용권 등기 등을 통해 물권적 규정을 두고 있는 점, 토지사용권 기한을 50년으로 비교적 충분한 기간을 설정하고 있다는 점, 토지이용권 계약은 일반적으로 협의방식을 적용하면서도 나진선봉 자유무역지구의 경우 입찰, 경매 방식을 적용할 수 있는 점, 토지사용자의 권리를 보호하기 위한 규정을 두고 있는 점, 저당대출이 가능한 점 등 토지 유상사용제도가 갖추어야 할 체계들을 나름대로 취하고 있다. 또한, 토지이용권의 유상사용은 주로 외국기업 및 외국인에게 국한되어 있으며, 용도변경이 어렵다는 점, '토지법'이나 '토지임대법'에서 아직 토지이용권을 물권의 일종으로 명확하게 규정하고 있지 않다는 점 등을 특징으로 한다. 그럼에도 북측 경제특구에서 적용되는 토지이용권 유상사용제도는 필자가 정의하는 공공토지임대제에 매우 가까운 형태다.

북은 외국인투자 유치를 위해 2013년 5월 경제개발구법을 제정하고, 그해 11월에 13개의 경제개발구를 지정했다. 이후 평양시를 포함한 전국 각 지역에 20개 이상의 경제개발구를 지정, 추진하고 있다. 가장 최근에 설치된 것은 2017년 12월 21일 발표된 것으로, 평양시 강남군 고읍리의 일부 지역에 설치되는 강남 경제개발구다. 경제개발구의 기본적인 토지사용 방식은 기본적으로 경제특구와 유사하다. 경제개발구의 기본 전략은 각 도 등 지방정부로 하여금 자력갱생을 추진하기 위한 것이다. 그런데 인프라 등 설치에 있어서 북측 지방정부가 책임지는 구조가 아니라 외국 투자기업이 책임지는 구조여서 경제개발구 사업 추진에 한계가 크다. 이 지점에서 평화체제 형성 전후에 남측의 건강한 자본과 지식이 적극적으로 북측 경제개발구에 참여할 필요성이 분명해짐을 알 수 있다.

<u>5</u> 평화체제 준비를 위해 공공토지임대제 제도개선 및 확대 필요

평화체제 이행 전후에, 북이 의미 있는 자립경제로 나아가기 위해서는 체제 내부의 자원에만 의존하는 전략이 아니라 외부 경제와의 유기적인 결합이 중요하다. 즉, 한국 지방정부, 시민사회 및 경제계가 주도적으로 참여하여 북과 협력할 수 있어야 한다. 이것이 두 나라가 살길이다.

그런데 북이 남의 도움을 일방적으로 받는 구조가 아니라 서로 협력하고 상생하기 위해서는 공공토지임대제라는 큰 틀에서 안정적이면서도 상호 간 이익을 공유할 수 있는 토지재산권 제도를 마련해야 한다. 개성공단 사례처럼 50년 토지사용에 대해 1제곱미터 당 1달러(미국)라는 낮은 수준의 지대는 남측 기업에는 유리할지 몰라도 북측에게는 매우 불합리하다. 물론 토지사용료 납부를 10년 동안 유예한 후 2015년부터 부과할 예정이었지만 말이다. 더 중요한 것은 향후 문재인 정부의 신경제지도 구상이 북의 동의를 얻어 북에서 철도와 도로 등 기간시설 개발사업이 본격화되면 과거 나선시의 사례처럼 필연적으로 토지투기가 따라오게 되는데, 이러한 부작용을 사전에 막기 위해서도 토지재산권 제도는 매우 중요하다.

현재로서는 경제특구과 개발구를 중심으로 이러한 제도들이 마련되어 있다. 그런데 북의 토지제도를 살펴보아서 알 수 있듯이, 아쉽게도 경제특구와 개발구도 충분히 활성화되어 있지 못할 뿐 아니라, 외부의 일반 도시에까지 확대 적용되지 못하고 있어서 북한 경제의 유기적인 산업연관효과가 낮다. 또한 그 제도에 보완할 지점들이 있다. 따라서 경제특구와 개발구에서 제도 개혁에 대한 실험이 안정적으로 마무리되었다면 다음 수순으로 제도개혁을 완비하여 외부 공간으로 확대할 필요가 있다.

발전 욕구의 두 얼굴

1 '정상국가'와 '자립적 민족경제' 추구는 북의 본질적인 욕구

2018년 5월 한 달, 한반도 시계는 긴박하게 돌아갔다. 조선의 풍계리 핵실험장이 공개적으로 폐기된 5월 24일, 미국의 트럼프 대통령은 6월 12일에 예정된 북미정상회담을 취소한다고 발표했다. 그러자 문재인 대통령과 김정은 위원장이 예고 없이 26일 토요일 오후 세 시부터 다섯 시까지 판문점 북측 지역에 있는 통일각에서 다시 만났다. 문재인 대통령이 27일 오전 열 시에 정상회담 결과를 발표하자, 기다렸다는 듯 북미정상회담이 예정대로 추진된다는 트럼프 대통령의 발언이 속보로 전해졌다. 이후 북미정상회담을 위해 실무차원의 물밑 협상이 진행되었다.

이러한 과정에서 북의 태도에 놀라운 변화가 감지됐다. 트럼프가 정상회담 취소를 결정하자 북측의 김계관 외무성 제1부상은 자극적인 비난을 삼가면서 상대를 존중하는 태도로 유연하게 대응했다. 전 같았으면 미국을 원색적으로 비난하며 다시 핵실험과 핵무장을 하겠다고 엄포를 놓았을 것이다.

왜 이런 변화가 일어났을까? 본질적인 이유는 체제유지에 기초하여 '정상국가'를 추구하려는 북측의 사회적 욕구가 분명해졌기 때문이다. 그리고 주변국가와 사회 문화적으로, 특히 경제적으로 교류하면서도 기존 체제가 유지될 수 있는 자립적 민족경제를 추구하겠다는 전략에 대한 의지와 시그널을 분명하게 보여 준 것이다. 이제 미국과 한국 정부가 할 일은 북측의 이러한 욕구를 정확하게 이해하고 이를 여러 차원에서 뒷받침하는 것이다. 그 출발점은 당연히 종전선언과 평화체제 구축이다.

2 북, 체제유지가 가능한 경제개방 모델 탐색 중

북은 그동안 경제개방 모델로 중국 모델을 탐색해 왔다. 그런데 최근 중국 모델에 대한 불편한 심기를 드러내고 있다. 바로 인접해 있으며 같은 사회주의 국가라는 점 등 유사점도 많지만, 국가의 크기가 달라 외부 자본에 휘둘리는 정도 등에 있어서 분명한 차이가 있다는 것이 주된 이유다. 또한 중국 모델이 보인 지나친 투기성 개발과, 그에 따른 부익부 빈익빈 현상 역시 의문을 갖도록 했다. 여기에 더해 북측 내에 진출한 중국 기업의 행태 역시 반감을 갖게 했다. 중국 자본, 정확히 말하면 홍콩 영화배우 청룽(成龍)이 북의 나선시 인근 비파섬에 카지노를 설치했는데, 이 카지노에 중국 관광객들이 몰려들자 나진특구 안에서도 카지노가 확대되는 조짐이 일어나고 있다. 사회주의 체제를 유지해야 하는 북측 정부로서는 이러한 해외자본 투자가 반가울 리만은 없다.

여러 매체를 통해 북측의 개혁·개방에 대한 태도를 종합해 보면, 북은 여전히 개혁·개방에 대해 신중한 입장이다. 중국이나 베트남, 러시아 등이 국가 차원에서 개혁과 개방을 선포하고 큰 틀을 바꾸려는 노력을 지속했다면 북은 이러한 변화를 분명하게 선포하지 않았다. 북은 북중 경협을 포함한 주변국과의 경협을 적극적으로 추진하여 경제 강성국가 건설을 달성하겠다는 입장에는 변함이 없지만, 전면적인 개혁·개방에 나설지는 여전히 미지수다. 사회주의 체제와의 모순을 해결할 수 있는 방안을 찾지 못해 개혁·개방의 수위와 폭을 조절하고 있기 때문이다. 이러한 태도는 종전선언 및 평화체제가 시작되어도 큰 틀에서는 당분간 변화가 크지 않을 것으로 보인다. 오히려 북이 제도적, 경험적으로 충분히 준비되지 않은 상황에서 한국 문재인 정부의 신경제지도 구상 등 다양한 버전의 국제경제협력 사업을 추진할 경우 북은 오히려 부담을 느낄 수 있다.

그러던 차에 제1차 판문점 정상회담 이후 김정은 위원장이 중국 모델 보다는 베트남 모델을 더 선호한다는 기사가 나왔다.[8] 김정은 위원장은 지난 4월 27일 판문점 남북 정상회담 도중 도보다리 대화에서 문재인 대통령에게 베트남식 개혁을 추진하고 싶다는 뜻을 직접 밝혔다고 한다. 독일의 조간신문 〈프랑크푸르터 알게마이네 차이퉁〉을 인용하며, "북은 외국인 투자 유치를 위해 경제특구를 신설하는 중국식 모델이 아니라 외국의 특정 기업을 선정해 자국에 투자하도록 하는 베트남식 개방을 선호한다"는 내용을 전해 왔다.

　그 이유를 정리하면 이렇다. 첫째, 베트남식 개혁·개방 모델은 정치적으로 공산주의 체제를 유지하면서 경제를 획기적으로 성장시켰다. 둘째, 미국과의 관계 개선에 유효하다. 베트남 모델의 주요 특징은 외국 투자자에게 시장을 개방해 자본을 유치하여 경제를 성장시키는 것인데, 이를 위해서는 미국과 관계개선을 해야만 서구 자본을 유입할 수 있다. 셋째, 중국과의 일정한 거리두기 효과다. 중국과 교류한 경험이 거의 없는 김정은 위원장은 중국이 북을 속국으로 인식하는 태도에 거부감을 느끼고 있으며, 최근 중국의 대북제재와 압박에 대해서도 실망했기 때문이라는 것이다. 이렇게 정리하고 보면, 중국 모델 역시 체제유지 및 경제발전의 동시 추구라는 측면에서 효과가 있었기 때문에 첫째 이유는 필연적인 것은 아니지만, 둘째 및 셋째 이유는 북으로서는 타당한 것임에 분명하다.

3 체제유지 및 경제발전의 동시 추구가 가능하려면

　그런데 베트남식 모델이라고 해서 한계가 없을까? 북은 앞에서 살펴본 세 가지 지정학적인 이유 외에 더 우선시해야 하는 본질적인 조건들이 있다. 북은 현재 토지가 저렴하며, 지하자원이 풍부하고, 지리적으로 아시아 및 유럽 대륙으로 이어지는 진출로다. 그리고 노동이 저렴하면서도 수준이 높다. 이러한 이유로 한국의 유휴 자본은 물론이고 해외 자본 역시 호시탐탐 북이라는 거대 시장이 열리기만을 고대하고 있다. 즉, 막대한 개발이익을 노릴 수 있다는 것이다. 그렇게 되면 과거 나진시의 토지투기 경험이 재현될 가능성이 크다. 따라서 본질적인 조건이란, 북이 개방되었을 때 어떻게 하면 미국 경제학자 조지프 스티글리츠가 우려하는 '지대추구'(rent-seeking)가 일어나지 않으면서도 북이 가진 잠재력을 활용하여 지속가능한 발전을 이룰 수 있을 것인가다.

자신의 존재가 보호받으면서 발전하려는 욕구는 개인이든 사회든 동일하다. 그런데 오늘날의 금융 자본주의 시스템은 발전에 대한 욕구를 강하게 자극하면서 결과적으로 개인과 사회를 위기에 빠뜨리는 경향이 강하다. 필자는 이와 같은 파괴적인 구조를 '토지+금융 매트릭스'라고 표현하는데, '매트릭스'라는 표현은 영화 '매트릭스'에서 따온 말이다. 경제의 최하위에 토지 매트릭스가 있다면, 최상위에는 금융 매트릭스가 있다. 토지 매트릭스에서는 토지 불로소득을 사유화하여 빈부격차를 심화시키고 서민들이 가난에서 빠져나오지 못하도록 한다. 금융 매트릭스에서는 강제된 성장 메커니즘이 정부나 기업 및 가계가 영원히 갚을 수 없는 부채의 늪에서 빠져나오지 못하도록 한다. 이제 두 매트릭스가 만나서 형성된 '토지+금융 매트릭스'는 개별적인 매트릭스가 지닌 파괴력을 극대화하여, 괴테의 말대로, 우리 스스로를 자유인이라고 믿도록 하는 노예의 삶으로 전락시킨다.[9]

평화체제가 형성되고, 남북 간 그리고 국제적인 경제협력이 진행된다고 할 때, 북이라고 '토지+금융 매트릭스'에서 예외일까? 북은 토지 소유권이 국가에게 있으며, 은행도 모두 국가소유지만, 평양을 중심으로 부동산의 투기적 개발이 진행되고 있으며, 농촌 마을에서는 고금리 가계부채 문제가 심각한 상황이다. 물론 정도에 있어서 차이가 있고, 지역적 편향성이 있기는 하지만, 드러나는 문제 양상만 놓고 보면 한국 자본주의 시스템이 초래하는 문제와 본질적으로 차이가 없다. 여기서 북이 경험하고 있는 두 가지 문제의 중심에는 소위 시장 허용 및 확대를 통해 형성된 '돈주'라는 자본가가 자리하고 있다. 여기에 더해 향후 투기적인 해외 자본이 물밀 듯 들어오면 상황은 더욱 심각해질 것이다. 따라서 북이 경제개방을 허용하더라도 특히 토지와 금융에 있어서 지대추구를 허용하지 않으면서도 지속가능한 경제발전이 가능하도록 하는 제도 구축이 매우 중요하다.

싱가포르 모델이 던지는 메시지

1 트럼프

시카고 트럼프 인터내셔널 호텔&타워, 뉴욕시 아메리카 애비뉴 1290번지, 뉴욕시 트럼프 타워, 플로리다 마라라고, 뉴욕시 트럼프 파크, 뉴욕시 월스트리트 40번지, 라스베이거스 트럼프 펜트하우스, 워싱턴 D. C. 트럼프 호텔. 건물 이름에서 알 수 있듯이, 이는 미국 트럼프 대통령의 부동산 자산 목록이다.[10] 심지어 한국 여의도에도 대우건설이 이름만 빌려 건설한 트럼프 월드가 있으니 모두 나열하려면 몇 줄이 더 필요해 보인다. 그의 재산은 대부분이 부동산으로, 현재 자산은 약 28억 달러(약 3조 원) 수준이다. 그는 현재 남북 평화체제 수립의 선봉장으로 대단한 활약을 하고 있다.

만약 트럼프 대통령이 남북 평화체제 수립의 시대적 역할을 잘 감당한 이후 북의 경제개발에까지 깊숙이 관여하려고 한다면 어떻게 될까? 그의 부동산 편향적인 이해관계 중심의 사고가 북미정상회담과 '비핵화―체제유지의 동시 진행'에 중요한 기여를 하고 있는 것을 부인할 수는 없다. 그럼에도 여기서 더 나아가 2008년 서브프라임 모기지 사태로 전 세계 경제를 흔들었던 미국이 자신의 금융자본주의 경제체제를 북에 이식한 후 북의 경제발전을 주도하는 것은 바람직하지 않다. 트럼프 대통령의 역할은 적어도 평화체제 수립 때까지지, 그 이후의 경제개발에까지 미치는 것은 곤란하다.

2 싱가포르

2018년 6월 12일 오전, 북미 두 정상이 싱가포르의 센토사섬 카펠라 호텔에서 역사적인 첫 만남을 갖기 전, 분주한 상황이 한 방송사를 통해 생중계되고 있었다. 이때 패널로 참석한 임을출 경남대학교 극동문제연구소 교수가 뜻밖의 이야기를 전해 주었다. 김정은 위원장이 싱가포르의 경제발전 모델에 주목하고 있다는 것이다. 실제로 김정은 위원장은 역사적인 정상회담 전날 밤에 2시간 정도 싱가포르 관료들과 외출을 했다.

조선중앙통신 12일자 보도를 보면, 전날 "최고영도자(김정은) 동지께서는 싱가포르의 자랑으로 손꼽히는 대화초원(가든바이더베이)과 세계적으로도 이름 높은 마리나베이샌즈 건물의 지붕 위에 위치한 스카이 파크, 싱가포르항을 돌아보시면서 싱가포르의 사회경제 발전 실태에 대하여 요해(파악)하시었다"라고 밝혔다. 그리고 "앞으로 여러 분야에서 귀국의 훌륭한 지식과 경험들을 많이 배우려고 한다"라고 말했다. 김정은 위원장을 안내한 이들은 싱가포르 정부의 비비안 발라크리쉬난 외무장관과 옹 예쿵 교육부 장관으로, 차기 총리로 유력한 인물들이다.[11] 싱가포르가 역사적인 만남의 장소로 결정된 이유는 여기에 있었던 것으로 보인다.

3 강원도 원산

우리가 모르는 사이에 싱가포르와 북은 긴밀한 경제 협력관계를 맺고 있었다. 싱가포르는 북의 일곱 번째 교역국으로, 평양에서 봄, 가을에 개최되는 국제상품전람회에도 자국 기업 열 개 정도가 매년 참여하여 기업 홍보도 하고 투자협력 사업도 진행하고 있다. 평양에서 아침 여섯 시부터 밤 열두 시까지 영업하는 편의점이 있는데, 이러한 서구 음식문화를 확산시킨 체인점은 모두 싱가포르 자본이라고 한다. 싱가포르와 북의 협력은 비영리 분야에서도 활발하게 전개되고 있다. 두 국가가 협력하여 만든 '조선 익스체인지'(Choson Exchange)는 북에 시장경제와 마케팅을 가르치고 있는데, 당이나 군에 들어가 고위직에 오르는 대신 성공적인 사업가가 되고 싶어 하는 젊은이들이 많기 때문이라고 한다.[12]

더 놀라운 일이 있다. 현재 금강산 위에 위치하고 있으며, 천혜의 요새로 알려진 원산 해안가를 따라 대형 호텔지구가 개발되고 있다. 2018년 5월 24일 진행된 풍계리 핵실험장 폐쇄를 위해 세계 기자들을 초청할 때 이용한 공항은 평양 순안국제공항이 아닌 원산 갈마국제공항이었다. 싱가포르 기업들이 요즘 집중적으로 투자하는 곳은 바로 이곳 갈마국제공항이 있는 '원산'이다. 전체적인 투자 규모는 정확하게 알 수 없지만 150억 달러 정도로 추정된다. 갈마국제공항도 싱가포르 기업의 투자로 성사된 경우다.[13] 갈마국제공항은 원래 군 비행장이었으나, 김정은 집권 이후 2014년 6월 11일에 '원산 - 금강산국제관광지대'(중앙급)가 결정되면서 2015년에 민간 국제공항으로 변신했다.

북은 현재 원산의 성공적인 개발에 주력하고 있다. 트럼프가 북미정상회담을 취소한 다음 날 김정은 위원장이 찾아간 곳은 바로 원산갈마해안관광지구 건설장이었다.[14] 2018년 신년사에서 김정은 위원장은 "군민이 힘을 합쳐 원산 갈마해양관광지구 건설을 최단기간 내에 완공"하겠다는 방향을 제시하기도 했다. 그 이유는 원산이 김정은 위원장에게 고향 같은 존재이기도 하지만 더 중요한 것은 김일성 주석이 이 사업을 유훈으로 남겨 놓았기 때문이다. 25년 전인 1994년 1월 27일 김일성 주석이 '금강산 관광개발 타당성조사보고서'에 서명을 했던 것이다. 계획의 핵심은 10년에 걸쳐 금강산에서 원산지역까지를 3단계로 나누어 개발하고, 원산에 이르는 해안선을 따라 관광시설을 분포시키는 것이다. 이는 현재 김정은 위원장의 개발계획과도 일치한다. 김정은 위원장은 자신이 2년간 유학했던 스위스의 수도 베른을 본받아, 마식령 스키장도 3억 달러를 들여 완공했다. 그런데 미국 제재로 인해 원산 지역을 세계적인 관광명소로 만들어 북의 경제를 살리려는 계획이 좌초 위기에 빠진 것이다.

4 다시 싱가포르

폐쇄적인 북이 싱가포르에만 문을 열어 주는 이유를, '조선 익스체인지'의 전 이사 안드레이 아브라미안은 "싱가포르는 사회주의 정책들이 많은 곳이다. 그러나 효율성을 증진시키기 위해 시장 원칙을 이용하고 있다. 그래서 북은 싱가포르의 효율성에 주목한다"라고 설명하고 있다. 북이 보기에 싱가포르 모델이 '체제유지'와 '경제발전'을 동시에 추구할 수 있는 모델로 인식하고 있는 것이다. 그런데 싱가포르는 평양이나 원산 개발사업의 투자국 이상으로, 싱가포르식 공공토지임대제와 경제개발구 관리운영 노하우에 있어서 배울 가치가 있는 국가다.

① 싱가포르식 공공토지임대제

세계경쟁력 지수 3위(스위스국제경영개발원 2009년 기준, 당시 한국은 27위)의 나라 싱가포르는 한때 영국의 식민지였다가 1965년 8월에 말레이시아로부터 분리 독립한 국토면적 659.9제곱킬로미터(서울 605.21제곱킬로미터)의 작은 도시국가다. 싱가포르가 독립하면서 추진한 대표적인 정책이 토지 국유화다. 정부가 토지 매입을 통해 토지 국가소유 비율을 85퍼센트 이상 끌어올렸다. 그리고 토지를 민간에게 장기 임대하는 싱가포르식 공공토지임대제를 실시하고 있다. 필자의 견지에서 보자면 싱가포르는 '공공토지임대제 전환형' 국가인 것이다. 개요를 잠깐 소개하면, 토지를 99년간 임대하면서 지대는 토지임대료와 조세로 환수한다. 그렇다고 지대 환수 비율이 아주 높은 것은 아니지만, 상업용 부동산의 경우 임대가치의 12퍼센트를 환수하며, 자가소유주택의 경우에는 매년 임대가치의 4퍼센트를 환수한다. 임대료로 환수하지 못하는 것은 높은 수준의 개발이익환수장치를 통해 환수한다. 여기서 눈여겨 볼 것은 지대 환수의 과표가 '지가'가 아닌 '지대', 즉 임대료라는 점이다.

싱가포르의 주택제도는 매우 유명하다. 싱가포르 주택모델은 노무현 정부 때 '토지임대부 주택'이라는 정책으로 도입되었다가 오늘날 서울시에서 추진하는 '토지임대부 사회주택'로 진화했다. 토지임대부 주택은 '반값 아파트'로도 유명했는데, 50년이라는 장기 토지 사용권과 건물 소유권이 결합하는 재산권 구조다. 싱가포르의 저렴한 주택가격과 높은 자가주택보유율은 임금상승 요구에 완충작용을 했으며, 상품의 국제경쟁력 제고 및 경제발전을 촉진하는 요인으로 작동했다. 싱가포르의 2016년 기준 1인당 GDP는 52,961 US달러로, 한국의 27,539달러를 크게 앞지른다. 공공토지임대제가 시장경제와 조화를 이루면서도 사회정책 추진의 기초가 될 수 있음을 알려 주는 대표적인 사례다.

② 경제개발구

김정은 위원장이 방문했던 리조트만큼 싱가포르에서 유명한 것이 바로 경제개발구 관리제도다. 1994년 중국이 수조우시에 경제개발구를 만들 때 싱가포르와 합작했다. 당시 싱가포르는 1980년대부터 구역발전전략을 전개하기 시작했고, 이미 인도(1992), 베트남(1996) 등지에 공업단지를 건설했다. 수조우 경제개발구는 다음과 같은 특징을 갖는다.

첫째, 경제개발구 개발은 중국-싱가포르 합작투자 개발공사가 책임지고, 행정 및 관리는 중국 정부가 전반적인 권한과 책임을 가지며, 대외 투자유치는 양국이 공동 책임지는 구조다. 둘째, 중국 국무원이 수조우 경제개발구에 자치권을 부여하여 싱가포르의 경제활동과 공공관리 방면의 경험을 참고하도록 했다. 싱가포르와의 합작이 성공하자 중국 내에 싱가포르 모델 확산을 위해 여섯 개의 거점이 만들어졌다.

싱가포르 경제개발구 모델에서 더 눈여겨 볼 지점은 토지임대 방식의 경제적 효율성이다. 한때 우리나라도 경제특구 개발이 이슈가 되었을 때, 남덕우 전 국무총리가 "공적 소유의 매립지는 매각보다 장기 임대하는 것이 바람직하다"는 관점을 제시한 적이 있는데, 싱가포르 국립대학의 신장섭 교수 역시 공단 부지는 정부의 총괄적인 계획 아래 한꺼번에 개발하고 전체를 임대하는 방식이 부동산 투기도 막고 재원을 확보하는 데도 유리하다고 보았다. 수조우 경제개발구는 한계가 많은 토지임대료 일시 납부 방식이 아닌 매년 납부 방식을 적용하고 있어, 토지제도에서 크게 앞선 것으로 평가된다.[15] 북이 정말로 싱가포르에게서 배워야 할 것은 국가 차원 및 경제개발구에서의 토지 관리방식인 것이다. 그리고 이를 원산-금강산국제관광지대라는 중앙급 경제개발구에 적용할 필요가 있다. 이렇게 함으로써 원산이 개방의 새로운 실험대가 되는 것이다.

다시 토지와 자유, 그리고 희년

어느 학자가 다음과 같이 말했다. "사회주의의 이상은 위대하고 숭고하다. 또 실현 가능성도 있다고 생각한다." 독자들은 이 말을 마르크스가 했을 거라 생각하겠지만, 실은 마르크스와 이론적으로 날선 대립을 했던 헨리 조지다. 그의 말을 끝까지 들어 보자. "그러나 이런 사회는 인위적으로 되는 것이 아니라 자연스럽게 성장하여야 한다. 사회는 유기체이지 기계는 아니다. 사회는 사회를 구성하는 개인의 삶에 의해서만 지속된다. 각 개인의 자유롭고 자연스러운 발전 속에서 전체의 조화가 이루어진다. 사회가 새롭게 태어나는 데 필요한 것은 … '토지와 자유'다."

현재로서 남북 간에 종전선언이 이루어지고 평화체제가 수립되는 것이 무엇보다 중요하다. 그러고 나면 결국 중요해지는 것은 경제발전이다. 이는 북에게도 그리고 청년실업 및 중장년층 실업이 심각한 한국에게도 마찬가지다. 이를 위해서는 지속가능하며 공정하고 성장의 과실이 골고루 돌아갈 수 있는 경제발전 전략이 매우 중요하다. 경쟁력 있는 혁신기업이란 먼저 출현한다고 해서 되는 것이 아니다. 오히려 다양한 시행착오를 분석한 이후 장기적으로 경쟁력 있는 아이디어를 가지고 시장에 나오는 기업이 더 생명력 있다. 혁신기업에 비유하자면, 마지막 사회주의 계획경제 국가인 북한은 혁신기업의 유리한 입장에 서 있다. 북이 한국보다 더 건강한 경제발전 전략을 취할 수 있다고 말하는 것은 지나친 낙관일까? 그 관건은 건강한 토지 소유 및 사용제도다. 하나님은 이미 그 원칙을 성서의 '희년'을 통해 보여 주셨다.

한국 사회
부채문제에 대한 응답으로서
'희년함께'의
희년 실천사례

김덕영 '희년함께' 사무처장

희년 사회를 오늘 여기서 이루기 위한 도전을 '신나는 모험'이라 여기며 감사한 하루하루를 살고 있다.

이성영 '희년함께' 학술기획팀장

'혼자 꾸는 꿈은 단지 꿈일 뿐이지만, 함께 꾸는 꿈은 현실이 된다'는 믿음을 품고 희년을 꿈꾸는 동지들과 함께 살아가고 있다.

희년 정신과 부채 사회

가계부채 1,500조 원 시대에 '조물주 위에 건물주'라는 말이 회자되고 있다. 건물주의 자녀로 태어나지 못해 부모의 지원 없이 인생을 출발하는 대다수 '흙수저' 청년들은 학자금, 전월세 보증금 등으로 빚에 시달린다. 생활비를 벌기 위해 아르바이트와 공부를 병행한다. 학점과 스펙 관리가 쉽지 않다. 혹시 본인이나 가족이 병이라도 나면 말 그대로 '실신'(실업+신용불량)할 상황이다. 부모의 지원을 받는 금수저, 은수저 청년들은 생계 걱정 없이 학점과 스펙 관리에 집중한다. 양질의 일자리는 금수저, 은수저 청년들의 몫이 된다. 흙수저 청년들은 자신들을 'N포세대', '청년실신세대'라 부르며 자조 섞인 탄식을 내뱉는다. 세대를 이어 가난이 고착화되는 메커니즘이다.

이러한 현실 앞에 그리스도인은 어떻게 반응해야 할까? 죄로 타락한 이 땅은 어쩔 수 없다고 체념하면서, 내세를 기다리며 고통당하고 있는 자신과 이웃들의 삶을 방관할 것인가? 아니면 현세와 내세 모두 하나님이 다스리신다는 믿음으로 이 땅의 고통과 아픔에 책임 있는 자세로 살아갈 것인가? 하나님께서는 우리를 선택의 기로에 세워 놓으신다.

'하나님 사랑, 이웃 사랑'을 이 땅에서 실현하고자 애쓰며 후자를 선택하는 이들에게 성령께서는 성경을 보는 새로운 눈을 뜨게 하신다. 예수께서 다시 오셔서 완성하실 새 하늘 새 땅의 하나님 나라를 보여 주시며, 하나님 나라의 모델하우스를 오늘 여기에서 어떻게 만들어 갈지 제시하는 성경적 방법들과 전망에 눈뜨게 하신다. 불의한 현실을 상수로 두는 사람들이 "현실을 바꾸는 건 불가능해"라고 말하며 힘을 빼려고 할 때도 현실을 돌파할 수 있는 상상력을 열어 주신다. 성경은 이 땅에 이루어질 하나님 나라를 꿈꾸는 그리스도인들에게 무한한 상상력의 원천이 된다.

하나님께서는 노아 홍수 이후 다시 죄가 관영한 이 땅에서 인간을 구원하기 위해 새로운 방식을 계획하신다. 한 사람을 택하여 하나님 나라의 본보기를 보여 주어 만민을 하나님 나라로 초대하려는 계획을 세우셨다. 하나님은 아브라함을 선택하시고 아브라함의 자손을 통해 의와 공도, 공평과 정의를 행하는 백성을 만들어 하나님 나라가 어떤 곳인지 보여 주고자 하셨다(창 18:19).

400년 후 하나님께서는 고대사회에서 가장 강한 제국 이집트에서 노예생활을 하던 아브라함의 후손인 이스라엘을 탈출시켜 노예착취에 기초한 제국의 질서가 아닌 형제애와 정의에 기초한 하나님 나라의 모델하우스를 세우고자 하셨다. 제국의 억압과 착취에 시달리는 만민을 하나님 나라로 초청하기 위해 이스라엘을 먼저 당신의 백성으로 선택하셨다. 그리고 이스라엘 백성과 시내산 언약을 맺어 하나님 나라의 법과 제도를 가르쳐 주셨다.

레위기는 시내산 언약의 내용이 담긴 이스라엘의 법전 같은 책이다. 이집트 제국의 백성이 아닌 하나님 나라 백성으로서 하나님께서 명령하신 '하나님 사랑, 이웃 사랑'을 어떻게 실천해야 할지 구체적으로 가르쳐 주고 있다. 노예착취에 기초하여 번성한 이집트 제국과 달리 형제자매 우애와 지파들의 연대에 기초한 이스라엘의 법과 제도는 어떠해야 하는지 담겨 있다.

동서고금을 막론하고 빈부의 양극화를 고착시키고 심화시키는 주요한 도구는 '땅'과 '빚'이다. 레위기 25장에는 토지반환, 노예해방, 부채탕감, 생태계 휴경 등 착취와 억압이 아닌 형제(자매)애와 정의를 담은 제도적 대안이 제시되어 있다. 아래에서는 희년의 여러 실천 과제 중에 부채 문제, 즉 빚에 대한 구체적인 성경의 가르침을 살펴보고, 기독단체 '희년함께'의 빚 탕감 프로젝트인 '희년은행'의 사례를 자세히 살펴본다. 이를 통해 희년은 오늘날에도 충분히 실천할 수 있으며, 이러한 실천 사례의 축적을 통해 희년이 실현 불가능한 이상이 아님을 보여 주려 한다.

빚에 대한 성경의 가르침

나는 너희 중에 행하여 너희의 하나님이 되고 너희는 내 백성이 될 것이니라 나는 너희를 애굽 땅에서 인도해 내어 그들에게 종된 것을 면하게 한 너희의 하나님 여호와이니라 내가 너희의 멍에의 빗장을 부수고 너희를 바로 서서 걷게 하였느니라(레 26:12-13).

이집트 제국에서 종노릇하던 이스라엘을 구출하여 자신의 백성으로 삼으신 하나님은 이스라엘에게 서로를 형제자매로 대우할 것을 명령하신다. 이웃이 가난하게 되어 생존의 문제로 어려움을 겪고 있거든 후히 빌려 주라고 하신다. 착취와 억압 위에 세워진 이집트 제국과 달리 이스라엘은 하나님의 성품인 사랑과 자비 위에 세워졌기 때문이다.

1 이자에 관하여

네가 만일 너와 함께한 내 백성 중에서 가난한 자에게 돈을 꾸어 주면 너는 그에게 채권자같이 하지 말며 이자를 받지 말 것이며(출 22:25).
네 형제가 가난하게 되어 빈손으로 네 곁에 있거든 … 너는 그에게 이자를 받지 말고 네 하나님을 경외하여 네 형제로 너와 함께 생활하게 할 것인즉 너는 그에게 이자를 위하여 돈을 꾸어 주지 말고 이익을 위하여 네 양식을 꾸어 주지 말라(레 25:35-37).

가난한 이웃이 곁에 있으면 빚진 사람의 목줄을 틀어쥐고 있는 채권자처럼 행세하지 말고, 이자를 위해 돈을 꾸어 주거나 이익을 위해 양식을 꾸어 주지 말라고 하신다. 이집트 제국에서 노예살이 하던 자신을 구출해 주신 하나님을 경외하는 마음으로 이웃을 맞아들여 어려움을 돌보라고 명령하신다.

2 담보에 관하여

네가 만일 이웃의 옷을 전당 잡거든 해가 지기 전에 그에게 돌려보내라 그것이 유일한 옷이라 그것이 그의 알몸을 가릴 옷인즉 그가 무엇을 입고 자겠느냐 그가 내게 부르짖으면 내가 들으리니 나는 자비로운 자임이니라 (출 22:26-27).

사람이 맷돌이나 그 위짝을 전당 잡지 말지니 이는 그 생명을 전당 잡음이니라(신 24:6).

그가 가난한 자이면 너는 그의 전당물을 가지고 자지 말고 해 질 때에 그 전당물을 반드시 그에게 돌려줄 것이라 그리하면 그가 그 옷을 입고 자며 너를 위하여 축복하리니 그 일이 네 하나님 여호와 앞에서 네 공의로움이 되리라(신 24:12-13).

모세오경 곳곳의 기록은 가난한 이웃에게 돈을 빌려주면서 옷이나 맷돌이나 생존에 필요한 필수재는 담보를 잡지 말거나 잡더라도 밤이 되기 전에 돌려주라고 명령한다.

무이자로 돈을 빌려주거나 담보를 잡지 말라는 성경의 명령은 부자의 소유권보다 가난한 이들의 생존권을 더 우선시하는 가치를 담고 있다. 가난한 이들의 생존권을 무엇보다 중시하는 성경의 가르침은 사유재산권이 신성화된 자본주의 사회를 살아가는 현대인들에게는 매우 낯선 발상이다.

하지만 오경에서 예언서(참조. 암 2장; 겔 18, 22장; 느 5장)까지 구약의 전통은 일관되게 이웃의 가난한 처지를 볼모 삼아 자신의 이익을 충족하려는 이들에 대해 신랄하게 비판하며 멸망을 선포하고 있다. 곤궁에 처해 있는 가난한 이들의 삶을 기회로 삼아 자신의 이익을 추구하는 행위는 하나님의 심판을 자초하는 행위다.

3 빚 탕감에 관하여

매 칠 년 끝에는 면제하라 면제의 규례는 이러하니라 그의 이웃에게 꾸어 준 모든 채주는 그것을 면제하고 그의 이웃에게나 그 형제에게 독촉하지 말지니 이는 여호와를 위하여 면제를 선포하였음이라(신 15:1-2).

네 하나님 여호와께서 네게 주신 땅 어느 성읍에서든지 가난한 형제가 너와 함께 거주하거든 그 가난한 형제에게 네 마음을 완악하게 하지 말며 네 손을 움켜쥐지 말고 반드시 네 손을 그에게 펴서 그에게 필요한 대로 쓸 것을 넉넉히 꾸어 주라 삼가 너는 마음에 악한 생각을 품지 말라 곧 이르기를 일곱째 해 면제년이 가까이 왔다 하고 네 궁핍한 형제를 악한 눈으로 바라보며 아무것도 주지 아니하면 그가 너를 여호와께 호소하리니 그것이 네게 죄가 되리라(신 15:7-9).

7년에 한 번씩 돌아오는 안식년의 또 다른 이름은 면제년이다. 안식년이 돌아오면 가난한 이웃들이 진 빚을 모두 탕감해야 하고 빚으로 종이 되었다면 해방시켜야 하기 때문이다. 면제년이 가까웠다고 해서 가난한 형제의 어려움을 외면한다면 하나님 앞에 죄가 될 것이라 경고한다.

인권의 첨단을 달리고 있는 21세기 대한민국에서는 긴급한 생계로 인해 발생한 소액부채 장기연체자들의 부채를 탕감해 주려고 할 때마다 보수언론을 중심으로 '도덕적 해이' 논란이 나온다. 하지만 성경은 가난한 이들의 도덕적 해이에 대해서는 일언반구도 없다. 그저 돈을 빌려주는 이들에게 이웃의 곤궁한 상황보다 면제년에 빚이 탕감될 것을 염려해 돕지 않으면 하나님 앞에 죄가 될 것이라 경고한다.

4 무이자, 무담보, 빚 탕감의 토대: 형제자매 우애와 연대

성경은 곁에 있는 가난한 이웃이 곤궁에 처해 있으면 무이자로 담보 없이 빌려주라고 한다. 그것도 모자라 7년에 한 번씩 빚을 탕감해 주라고 한다. 성경이 이상적인 이야기라는, 그래서 인간은 모두가 죄인이라는 것을 보여 주기 위한 책이라는 말이 나올 만하다.

하나님께서 무이자, 무담보, 빚 탕감과 같은 조치를 요청하시는 근거는 무엇인가? 그것이 실현가능하기 위해서는 무엇이 필요한가?

레위기 25장에서는 경제적 불평등을 근원적으로 차단하고 하나님 나라의 근사치인 희년을 실현하는 방안으로 안식일, 안식년, 희년이라는 제도적 차원과 희년이 되기 전에 친족이 빚을 대신 갚아 주거나 땅을 사서 돌려주는 '고엘'(אגל)이라는 관계적 차원을 함께 제시하고 있다.

형제자매 우애와 연대를 상징하는 것이 고엘이다. 이웃의 곤궁한 상황보다 빌려준 돈을 떼일지도 모른다는 두려움이 더 큰 상태에서는 무이자, 무담보로 돈을 빌려주기 힘들다. 또한 7년마다 빚을 탕감해 주는 면제년이 부담스러워 어려운 이웃에게 돈을 빌려주고 싶지 않다.

하지만 형제자매 우애와 연대의식이 충만하다면 생각은 달리 전개된다. 곤궁한 상황에 처해 있는 이웃에 대한 긍휼한 마음으로 이웃의 어려운 상황을 도우면 나중에 나도 어려운 상황에 처했을 때 도움받을 수 있을 것이라는 안정감 속에서 삶을 영위할 수 있다.

관건은 어떻게 먼저 형제자매 우애와 연대의식을 가지고 가난한 이웃들에게 손을 뻗을 수 있는가다. 여기서 믿음이 필요하다. 하나님은 이스라엘 백성에게 파라오의 노예로 살던 너희를 내가 구원하였으니 너희는 나에게 순종하라고 명령하신다. 명령에 순종하면 하나님의 복이 임할 것이라고 한다. 출애굽을 경험한 이스라엘이 다음 세대에게 율법과 하나님에 대한 믿음을 제대로 전수했다면 하나님의 복을 경험했을 것이다.

> 나는 너를 애굽 땅, 종 되었던 집에서 인도하여 낸 네 하나님 여호와라(신 5:6).
>
> 네가 만일 네 하나님 여호와의 말씀만 듣고 내가 오늘 네게 내리는 그 명령을 다 지켜 행하면 네 하나님 여호와께서 네게 기업으로 주신 땅에서 네가 반드시 복을 받으리니 너희 중에 가난한 자가 없으리라(신 15:4).
>
> 너는 반드시 그에게 줄 것이요, 줄 때에는 아끼는 마음을 품지 말 것이니라 이로 말미암아 네 하나님 여호와께서 네가 하는 모든 일과 네 손이 닿는 모든 일에 네게 복을 주시리라(신 15:10).

문제는 오늘이다. 돈이 최고의 가치로 등극한 자본주의 사회에서 형제자매 우애와 연대의식이 확산될 수 있을까?

근족, 기업 무를 자를 의미하는 히브리어 '고엘'은 우리말로 '대속자', '구속자'로 번역할 수 있다. 예수께서 우리의 죄를 대신 지고 십자가에 달려 돌아가셔서 우리가 '구속'(救贖) 또는 '대속'(代贖)받았다는 것은 예수께서 우리의 '고엘'이 되어 주셨다는 의미다. 예수께서 우리의 '고엘'이 되어 주신 것처럼 그리스도의 몸 된 교회도 머리 된 예수를 따라 이 땅의 곤궁한 이웃들에게 '고엘'이 되어 주기를 요청하신다.

하나님께서는 출애굽을 경험한 이스라엘에게 요청한 명령을 오늘 예수님으로 인해 구원받았다고 고백하는 교회와 그리스도인에게 동일하게 요청하신다. 형제자매 우애와 연대로 가난한 이가 없는 하나님 나라를 교회가 먼저 보여 주고 세상을 변화시켜 나가라고 말이다. 성경의 가르침이 오늘날에도 가능한지의 문제가 아니라 주인의 명령임이 핵심이다.

빚에 관한 희년 정신 오늘날에 적용하기

무이자, 무담보, 빚 탕감에 담긴 희년 정신을 오늘날 어떻게 구체적으로 적용할 수 있을까? 상업이 거의 발달하지 않은 농경사회였던 고대 이스라엘에 주신 명령을 오늘날 '빚'이 일상화된 자본주의 사회에 문자 그대로 적용하는 것은 어렵다. 그뿐 아니라 희년을 통해 이루려는 효과도 담보할 수 없다. 의미와 본질은 살리되 여건과 상황에 맞추어 재해석하고 적용하는 과정이 필요하다.

1 빚을 바라보는 새로운 관점,
'억압과 속박의 사슬'이 아닌 '사랑과 연대의 끈'으로

예나 지금이나 권력 있는 계층이 사람을 노예로 만들 때 사용하는 중요한 도구는 '빚'이다. 하나님께서 이스라엘에 명령하신 '무이자, 무담보, 빚 탕감'에 담긴 의미는 곤궁한 처지에 놓인 이웃을 착취하고 억압하는 도구로 '빚'을 사용하지 말라는 것이다. 신약에서는 더 나아가 "서로 사랑의 빚 외에는 아무 빚도 지지 말라"(롬 13:8)라고 한다. 성경은 빚에 대한 관점을 전복시켜 '이웃을 착취하고 속박하는 사슬'이 아니라 '사랑과 연대의 끈'으로 생각하도록 만든다. 혁명적 가르침이자 복된 소식이다.

2 금융의 본질 회복, 여유와 필요 사이 이어 주기

'억압과 족쇄의 도구'로 사용되던 '빚'이 '사랑과 연대의 도구'가 되기 위해서는 빚을 관장하는 '금융'이 본연의 목적을 회복해야 한다. 금융의 본래 목적과 역할은 '여유와 필요 사이에 돈을 중개하는 것'이다.[1] 금융을 통해 본래 달성하고자 했던 목적은 돈 놓고 돈 먹기 방식으로 무한히 돈을 버는 것이 아니라 지금 당장 돈을 쓸 일이 없는 여유로운 사람에게서 당장 돈이 필요한 사람에게로 돈을 흘려보내 더 많은 사람의 살림살이를 풍성하게 해주는 것이다.

금융기관이 금융의 본분을 회복하면 빚은 '억압과 족쇄의 사슬'에서 '사랑과 연대의 끈'으로 바뀐다. 2008년 세계적인 금융위기를 겪으면서 '실물경제'가 원활히 돌아가도록 하기 위한 윤활유 역할을 해야 할 '금융'이 본연의 목적을 잃었을 때 주기적인 경제불황을 만들어 내는 악의 축이 됨을 확인했다. 무한탐욕에 기초하여 오직 이윤극대화를 목적으로 달려가는 금융자본주의에 제동을 걸어야 한다는 인식이 확산되고 있다. 지구촌 곳곳에서는 여유와 필요 사이를 이어 주며 사람들의 살림살이를 풍성하게 하려는 금융의 본분을 추구하는 은행들이 탄력을 받고 있다.

3 사회적 금융

이처럼 여유와 필요 사이를 이어 주며 사람들의 살림살이를 풍성하게 하려는 은행을 '사회적 금융'이라 부른다. 사회적 금융의 구체적인 정의는 '경제적 지속성과 더불어 사회적, 생태적 임팩트를 적극적으로 추구하는 가치 지향 금융의 한 갈래'다.[2] 쉽게 말해 적절한 이윤과 지구환경 보존과 사람의 회복을 함께 생각하는 금융이라는 것이다.

사회적 금융은 크게 두 가지 특성이 있다. 첫 번째는 '가치 및 임팩트 지향'이다. 일반 은행처럼 단순히 이자를 많이 주겠다는 곳에 묻지도 따지지도 않고 돈을 빌려주는 것이 아니라, 기업과 사람들이 그 돈을 빌려 가서 우리 사회와 지구환경을 이롭게 하는지, 해롭게 하는지를 검토하며 돈을 빌려주겠다는 것이다. 즉, 이윤만이 유일한 대출기준이 아니라 사회적·환경적·문화적 영향을 함께 검토한다는 원칙이다.

사회적 금융으로 유명한 네덜란드의 트리오도스 은행의 탄생 과정은 사회적 금융의 '가치 지향'을 잘 보여 준다.

트리오도스 은행은 주류 금융기관들이 영리만을 추구하면서 사회와 공공의 이익에는 무관심한 현실에 반발하여 탄생했다. 설립자들은 잘못된 현실을 발견한 덕분에 적극적으로 사회의 이익을 추구하는 '다른 금융'에 관심을 갖게 되었다고 말한다. 이들은 기독교적 사상과 자연과학이 융합된 철학이자 정신적 문화운동인 인지학의 영향을 받았다.[3]

사회적 금융의 두 번째 특성은 '관계 지향'이다. 사회적 금융은 대출자와 저축자들이 익명의 관계 속에서 돈만을 중개해 주는 은행을 지양한다. 사회적 금융의 또 다른 사례인 독일의 GLS은행은 예금과 대출을 아래와 같이 설명하고 있다.

자금중개를 통해 예금자와 대출자가 익명의 관계가 아닌 사람과 사람으로 이어 주려는 것이다. GLS은행이 일찍부터 예금자에게 맡긴 돈이 어디에 쓰였으면 좋겠는지를 묻고, 이자를 예금자의 자발적 선택에 따라 전부나 일부를 기부할 수 있는 예금 상품을 내놓은 것도 이런 철학에 바탕을 두고 있다. … 이런 점에서 GLS은행은 고객을 대단히 피곤하게 만드는 은행이다. 세상에 대해 무관심해지지 말고 늘 깨어 있는 시민이 되라고 고객을 닦달한다. 이 욕심 많은 은행과 거래를 하려면 고객들은 부지런해야만 한다.[4]

일반 은행이나 사회적 금융 모두 빚(대출)을 다루지만 빚을 대하는 방식은 확연히 다르다. 이웃의 형편과 여건보다 돈을 중시할 때 빚은 이웃을 향한 '억압과 족쇄'가 되지만 이웃의 어려움과 더 나아가 우리가 살아가는 지구환경에 대한 책임 있는 태도를 가질 때 빚은 '사랑과 연대'의 상징이 된다. 세계 곳곳에서 진행되고 있는 사회적 금융의 다양한 시도는 희년 정신을 확산하는 마중물이 되고 있다.

4 오늘 여기에서 한 걸음, '희년은행'

청년들이 고단한 현실 가운데 어떻게 희년의 꿈을 꾸고 참여하도록 할 것인지 고민하는 가운데 희년은행이 나왔다. 기본 모델은 사회적 금융의 사례 중 하나인, 무이자금융을 지향하는 스웨덴의 JAK 협동조합은행 모델이다.

돈이 이윤의 극대화만을 위해서가 아니라 이웃을 향한 사랑과 연대의 도구로 쓰이길 바라며 희년은행에 무이자로 저축해 준 조합원들의 선한 의지는 한국 사회에 공평과 정의가 마르지 않는 강같이 흐르게 할 마중물이 될 것이다.

고금리 청년부채 문제에 대한 희년 실천의 첫걸음

1 희년은행의 시작

오늘 한국 사회의 많은 청년들이 고금리 빚으로 고통받는 동시에 높은 주거비 부담으로 빈곤의 굴레에서 쉽사리 벗어나지 못하고 있다. '희년함께'는 오늘날 청년들에게 작은 희망을 선물하고자 무이자 은행, 희년은행을 시작했다. 희년은행은 무이자 저축으로 모인 자본을 수익률 목적이 아닌 청년들의 삶을 지속가능하게 회복하는 것에 초점을 두고 투자한다.

희년은행을 시작한 기독단체 '희년함께'는 1984년에 성경의 희년 정신을 오늘날 자본주의 사회에서 실천하기 위한 목적으로 설립되었다. 고대 유대사회 50년마다의 희년에는 부채탕감, 노예해방, 토지반환이 이루어져 빈곤의 대물림이 근본적으로 차단될 수 있었다. 모두가 땀 흘린 만큼의 정당한 대가를 누리는 사회, 그야말로 공평과 정의의 나라였다. 오늘날 자본주의 사회에서도 토지투기로 인한 양극화 문제는 여전하다. '희년함께'는 특별히 토지의 공적 가치를 사회가 함께 누리는 것을 희년 정신의 핵심으로 보고 '토지공개념' 운동에 집중해 왔다. 땀 흘리지 않고 얻은 소득인 불로소득(부동산 투기소득)이 발생하지 않도록 하여 모두가 안정적인 주거권을 누리게 하는 것이 오늘날의 희년 정신 실천이라고 본 것이다.

정책운동과 함께 희년 정신의 확산을 위해서 다양한 참여와 실천운동의 중요성을 절감해 2014년 '희년함께'는 부채탕감운동을 전개했다. '희년함께'가 초기에 주목한 부채탕감운동 방식은 부실채권을 소각하며 채무자 권익운동에 앞장선 희망살림의 '한국판 롤링주빌리 운동'이었다. 2011년 미국 '월가를 점령하라' 시위운동의 '롤링주빌리'는 부실채권이 헐값에 거래되고 있는 사실에 기초해 부실채권을 시민모금을 통해 매입해 소각하는 것이었다. 이는 부채문제의 심각성을 알리고 월가 금융 자본가를 필두로 한 채권자의 도덕적 해이 문제를 지적하며 미국 시민사회에 큰 반향을 일으킨 운동이다. 희망살림은 미국의 롤링주빌리 운동과 동일한 문제의식으로 '한국판 롤링주빌리' 운동을 시작했다. '희년함께'는 운동에 앞서 희망살림과 함께 부채문제 신학토론회를 개최하여 부채탕감운동의 성서적 근거를 한국교회에 알렸다. 이후 한국교회의 실상을 고발한 〈쿼바디스〉 김재환 감독은 영화 수익금 3,000만 원을 부채탕감운동에 기부했다.

'희년함께'는 3,000만 원을 의미 있게 사용하기 위해 부채문제 중 가장 심각한 부문 중 하나인 청년부채문제에 집중하기로 했다. 청년부채문제 해결을 위해 청년문제에 관심 있는 단체들을 섭외했다. '청어람 아카데미', '기윤실', '기독청년아카데미', '복음과상황', '교회개혁실천연대'를 비롯한 기독교 단체와 비기독교 단체인 청년연대은행 '토닥'과 함께 '청춘 희년운동본부'를 조직했다. 무엇보다 오늘날 청년부채문제에 동일한 문제 의식을 가진 단체들의 연합이었다.

'희년함께'는 '청춘희년운동본부' 활동에 참여하면서 다양한 부채청 년을 만나게 되었다. 이 과정에서 부채문제가 청년들의 주거문제, 심리문 제, 사회문제와 긴밀히 연결되어 있다는 사실을 명백하게 깨닫게 되었다. 부채문제를 해결할 뿐 아니라 어떻게 작은 힘을 모아 구조적인 문제를 해 결하는 창조적 힘을 발휘할 수 있을지 고민하다가 해외의 대안은행 사례를 주목했다. 특별히 스웨덴 JAK은행[5]의 사례를 통해 무이자저축을 통한 자본 의 형성과 대안적 자본흐름을 통한 사회적 가치 창출의 가능성을 확인했 다. 이후 2016년 4월 29일 희년은행이 출범하게 되었다.

2 희년은행의 핵심구조

희년은행은 이윤창출이 목적이 아니라 자본의 공익적 선순환을 지향 한다. 고금리 부채를 지닌 청년들은 조합원에 가입해 무이자 전환대출의 혜택을 받는다. 또한 자신이 무이자 출자한 만큼 무이자대출권을 부여받 아 안정적 저축습관과 재무관리를 가능하게 한다. 지속적으로 무이자 저 축이 모이면 자본의 누적 정도에 따라 단계적으로 대안적 가치를 지향하는 자본의 선순환 흐름을 만들어 나간다.

희년은행의 기본조합원은 무이자로 저축한 시간과 금액의 크기에 비 례해 거치기간 이후에 '무이자대출권'이 생성된다. 안정적 소득과 자산이 부재한 대부분의 청년들은 생활 필수재 구매를 위해 목돈이 필요할 때마다 반복적으로 고금리 대출 유혹에 노출되어 있다. 이런 청년들이 안정적으로 재무습관을 개선하고 저축을 통한 무이자대출권을 확보하게 되면 청년의 삶이 재생되는 것과 함께 서로를 살릴 수 있는 대안적 자본의 흐름을 만들어 낼 수 있다. 무이자대출권은 '저축포인트 시스템'을 통해 정확하게 대출가능 기간과 금액을 계산한다.

3 희년은행의 핵심사업

희년은행은 모인 무이자 출자 자본을 가장 우선적으로 청년문제를 해결하는 데 투자하고자 한다. 청년의, 청년에 의한, 청년을 위한 희년은행 핵심사업을 통해 청년의 부채문제와 주거문제를 자발적으로 풀어 갈 단초를 제시한다.

① 빛내는 청춘에게 빛나는 희년을
: 고금리부채 청년 무이자전환 대출 사업
희년은행은 고금리 부채로 고통받는 청년들에게 재무상담 및 교육과 무이자 전환대출을 지원한다.

② 지.옥.고 탈출 프로젝트
: 청년 공동주거지원 대출 사업
반'지'하, '옥'탑방, '고'시원에서 홀로 살아가는 청년들에게 쾌적한 주거환경과 사회적 관계망을 제공하고 주거비까지 절감할 수 있는 청년 공동주거지원 대출을 진행한다.

③ 기본조합원 대출
: 저축한 만큼 쌓이는 무이자대출권리

기본 조합원에게는 저축한 만큼의 무이자대출권이 나온다. 저축한 금액과 기간에 비례하여 커지는 1년 무이자대출권, 2년 무이자대출권을 매달 확인하며 삶의 안정망을 함께 만들어 나간다. 예를 들어 1년간 100만 원을 희년은행 기본조합원 저축 유지 시, 1년 후에 100만 원 인출이 가능하고 1년 후 최대 100만 원 무이자대출권이 주어진다.

4 희년은행의 주요현황

희년은행은 2016년 4월 29일에 출범하여 2019년 1월 20일 현재 조합원 448명, 출자금 338,267,948원이 모였다. 모인 출자금으로 지금까지 고금리 무이자 전환대출 누적 25,529,256원을 실시했다. 공동주거지원 누적대출액은 7,000만 원, 기본조합원 누적대출액은 440만 원을 달성했다. 희년은행은 다양한 교회와 공동체 그리고 기독교인을 중심으로 십시일반 무이자 저축운동을 지속적으로 전개해 이 땅의 청년들이 회복되는 비전을 구체적으로 수행해 나갈 것이다.

① 희년은행의 안정성 확보노력

희년은행은 금융인 및 법조인이 함께 참여하는 책임 있는 관리 감사, 대출심사 프로세스를 갖추고 있다.

- **감사 시스템**
  세무사와 변호사로 구성된 외부 감사위원회는 희년은행의 전반적인 운영을 감사하여 희년은행의 투명성과 안정성을 보장한다.

- **관계기반 대출심사 시스템**
  희년은행은 상담과 교육을 통해 관계 형성 후 고금리청년들에게 대출을 실시한다. 대출자의 자격과 대출금액의 적정 관리를 위해 금융인으로 구성된 대출심사 위원회에서 최종적으로 대출여부를 결정한다.

– 대손준비금[6]

2018년 700여 만 원+대출금 0.5% 누적

희년은행은 대손준비금을 별도로 운영하여 조합원의 출자금을 책임 있게 보호한다. 대손준비금은 매 대출 시 대출금의 0.5퍼센트를 대손준비금 항목으로 누적시켜 손실에 대비한다.

② 고금리전환대출지원 프로세스

희년은행의 고금리전환대출지원은 모두 재무상담과 재무교육을 전제로 이루어진다. 희년은행의 대출지원을 신청한 청년은 모두 기존 조합원 및 단체 조합원 관계망에 연결된다. 또한 지원 대출을 받는 청년은 재무상담 및 재무교육을 의무적으로 받아야 하며 고금리 청년들이 지원 대출 (최대 300만 원)을 마중물 삼아 안정적으로 삶이 회복되는 것을 목표로 한다.

고금리 과다 채무자(금리 20퍼센트 이상, 부채 500만 원 이상)의 경우 (사)희망만드는사람들과 협력하여 채무조정, 재무관리를 병행한다. 500만 원 이상의 고금리 과다채무자이거나 현금흐름이 불안정할 경우에는 (사)희망만드는사람들의 전문가 채무조정상담을 우선적으로 받게 한다. 이후 사후 재무보고서를 통해 지원 대출 여부를 결정한다. 기존 채무자에게는 보다 실질적인 채무조정과 무이자대출을 통해 재무관리 및 부채의 늪에서 탈출할 수 있는 기회를 제공하고 '희년은행'의 차원에서는 리스크를 관리할 수 있는 프로세스다.

③ 청년생활경제교육 진행

희년은행이 자조금융을 운영하는 가장 큰 목적은 청년의 삶이 회복되고 그 회복된 청년이 새로운 사회혁신의 주역이 되는 것이다. 따라서 구체적인 대출 지원뿐 아니라 청년의 삶을 돕기 위한 생활밀착형 경제교육이

절실하다. 2016년 희년은행은 우선 청년의 주거문제와 보험 관련 생활경제매뉴얼을 제작해 희년은행 조합원 경제교육에 활용했다. 희년은행은 지속적으로 재무상담, 부채, 보험 및 소비 강의 등을 기획해 청년들의 삶에 도움이 되는 생활경제교육을 진행하고 있다.

<u>5</u> 희년은행의 목표: 사회적 금융을 통한 희년 생태계 조성

희년은행은 자본이 일정 정도 쌓이면 고금리 전환대출, 공동주거지원대출뿐 아니라 토지가치공유의 다양한 실험인 사회주택, 공동체토지신탁, 토지협동조합 등 다양한 영역에 자본을 빌려주어 대안적 가치가 실현되고 다시 자본이 선순환되는 '희년 생태계'를 조성하고자 한다.

희년은행은 관계금융의 지속적 확장을 통해 개인의 문제뿐 아니라 사회문제의 해결을 위한 사회적 금융의 긍정적 역할을 기대한다. 지속적인 성장을 통한 규모화의 여부는 매우 중요하다. 이를 위한 각 사업별 임팩트 지점을 구상하고 사업별 특색에 맞는 적정규모의 자본형성 목표와 성공적인 사업 선순환 모델을 만들어 갈 파트너 단체와 적극적으로 협력하고자 한다.

희년은행의 대안적 자본흐름이 한 지역의 선순환 경제모델의 구축으로 이어질 수 있도록 지역 거점을 형성하는 것은 앞으로 희년은행의 중요한 목표다. 거점 지역의 지방정부, 교회 및 지역시민단체와 네트워크를 형성하여 함께 지역의 경제 선순환 모델을 만들어 나가는 꿈을 그리고 있다.

희년 사회를 향한 첫걸음, 희년은행

오늘날 우리의 일상은 대부분 금융화되어 있다. 당장 편의점에서 음

료수를 하나 사더라도 신용카드를 사용하고 우리의 현금은 대부분 예금통장에 입금되어 있다. 자동차 구매, 주택 구매까지 할부, 모기지론을 이용하여 소비가 이루어진다. 금융은 거대자본을 통해 우리의 일상에서 막대한 수익을 올리고 있다. 우리가 접하기 쉬운 신용카드 회사나 은행들은 공익기관이 아니다. 철저히 이윤을 쫓고 있다. 규모화되니 금융자본이 과도한 수익률만을 쫓다가 유동성의 위기가 오는 것이 경제공황이다. 당장 대출해서 집 사라고, 대부업체에 전화만 하면 바로 현금을 준다는 광고가 쉴 없이 우리를 포위하고 있다. 이에 편승해 현대인들은 집과 자동차를 사고 대부업체에 전화를 건다. 거대자본은 어릴 때부터 익숙한 브랜드 이미지로 다가와 우리의 일상을 장악하고 있다.

희년은 우리의 일상뿐 아니라 사회의 제도 변혁을 꿈꾸게 한다. 그러나 현실의 변화는 쉽게 그려지지 않는다. 일부 소수의 외침과 실천이거나 실현가능성과 동떨어진 거대 담론을 외치는 변혁운동에 그치는 경우가 다반사다. 작은 희망과 작은 실천이 누적되어 새로운 대안운동의 흐름이 만들어지고 그 흐름이 제도적 변혁에 이를 수는 없을까. 희년은행의 꿈은 작은 물방울이 모여 강을 이루고 바다를 만나는 이치와 같이 무이자 저축 자본을 통해 청년들의 삶을 회복시키는 발걸음으로 더 큰 꿈을 꿀 수 있다고 믿는다.

무이자 전환대출을 통해 부채의 노예가 된 청년들의 존엄한 삶을 일깨우고, 무방비로 끌려다니던 일상의 소비생활을 점검하여 주체적으로 살도록 새롭게 정비한다. 변화된 우리의 일상은 스스로의 만족으로 끝나지 않고 대안소비, 대안저축 운동으로 확장될 수 있다. 희년은행이 생활경제 교육에 집중하는 이유이기도 하다. 작은 실천과 희망이 모여 연대의 공간이 커질수록 희년 사회를 향한 도전의 영역은 커진다. 마치 자본이 모일수록 수익률과 안정성이 높아지듯이 우리의 희년 실천은 산개되지 않고 더 큰 희년의 꿈을 향해 역량을 누적시킬 수 있다. 무이자 저축이라는 작은 실천으로 시작한 희년은행의 걸음은 우리의 자본주의 문화를 변혁시키는 힘으로 이어진다. 문화의 지속가능한 변혁의 꿈은 제도변혁으로 이어질 것이다. 누룩처럼 번지는 하나님 나라 운동이다.

희년은행 선언문

가장 청춘이어야 할 청년의 삶에서 청춘의 기상이 거세되고 있다. 푸르름과 싱그러움, 강인함과 열정을 상징했던 청년은 어느덧 이 시대의 '고아와 과부와 나그네'가 되어 가고 있다. '지옥고, 청년의 방'이라 불리는 반지하, 옥탑방, 고시원은 오늘의 청년주거빈곤의 현실을 보여 주며, 오늘의 청년 세대는 연애, 결혼, 출산을 포기한 3포세대, 내 집 마련, 인간관계까지 포기한 5포세대를 넘어 꿈과 희망까지 포기할 지경에 이르렀다.

하지만 모든 것이 넘어지고 무너져도 무너지지 않는 곳이 있다. 아니, 무너지고 넘어져도 다시 오뚝이처럼 일어나는 곳이 있다. 자본주의의 꽃이라 불리는 금융산업의 핵심기관인 '은행'은 절대 시들지 않는 꽃이다. 자본주의 정신에 충실하게 이윤의 극대화를 위해 애쓰다 은행이 무너지더라도 정부는 청년과 노인들의 피땀 어린 세금을 들여서라도 반드시 살려 낸다. 심장은 인체 구석구석으로 산소가 가득 담긴 신선한 피를 공급하여 생명력 있는 신체활동을 할 수 있도록 돕는 기관이기에 심폐소생술을 통해서라도 반드시 살려 낸다. 자본주의의 심장이라 할 수 있는 은행 역시 사회 구석구석으로, 가장 필요한 곳으로 경제의 피인 돈을 순환시켜 공동체 구성원들의 살림살이 경제를 건강하게 만드는 데 그 존재가치가 있다.

하지만 오늘의 은행은 어떠한가? 돈이 가장 필요한 곳보다 이윤을 극대화할 수 있는 곳이면 묻지도 따지지도 않고 돈을 흘려보낸다. 신체의 가장 끝부분인 모세혈관까지 피가 돌지 못하면 신체 곳곳의 조직이 점점 괴사하듯이, 가장 필요한 곳으로 돈이 돌지 않는 금융시스템과 취약한 사회안전망으로 인해 괴사상태로 몰리는 사회 구성원들이 점차 늘어나고 있다. 1:99 사회의 흐름과 청년들의 현실은 이러한 금융시스템과 무관하지 않다.

하지만 1:99 사회를 만드는 금융시스템을 보며 회의 어린 체념에만 빠져 있지 않으려 한다. 청년 스스로의 저축과 청년들의 삶에 애정 어린 눈빛을 보내는 기성세대들의 무이자 저축을 통해 '희년은행'은 청년들이 처한 현시를 돌파하고자 한다.

우리가 저축한 돈은 고금리-무이자전환대출과 공동주거지원대출을 통해 고금리부채와 주거빈곤에 시달리던 청년들에게 더 나은 삶을 가꾸어 갈 희망을 준다. 청년의, 청년에 의한, 청년을 위한 '희년은행'은 미래에 대한 꿈과 희망마저 잃어버리려 하는 빚내는 청년들에게 빛나는 희년을 꿈꿀 수 있는 기회를 제공하려 한다.

더 나아가 이 땅에 하나님 나라의 가치를 실현하려는 다양한 사업들에 '희년은행'의 돈을 흘려보내려 한다. 피조 세계를 향한 하나님의 마음을 담은 친환경 재생에너지 사업, 토지는 하나님의 것임을 증언하는 공동체토지신탁, 토지협동조합, 사회주택 등 토지가치를 공유하는 다양한 실험에 '희년은행'의 돈을 흘려보내려 한다.

'희년은행' 조합원들의 무이자저축은 사람과 환경을 살리는 저축, 이 땅을 회복시키는 저축이 되어 하나님 나라의 가치가 실현되는 희년 생태계를 조성하는 마중물이 될 것이다. 하나님께서 우리의 작은 저축을 통해 꿈과 희망을 잃어 가는 헬조선의 청년들에게 오병이어의 기적을 일으켜 주시기를 간절히 소망하며 희년 생태계의 여정을 시작한다.

주

머리말

1 강인태,《죄인의 길》(케노시스영성원, 2008), 178.
2 위의 책, 177.

1 희년과 하나님 나라

1 하나님 나라에 관한 이 글의 논의는《복음과 상황》232호에 실린 필자의 "왜 우리는
   '하나님 나라 운동'을 하는가?"(34–46쪽)를 확장한 것임을 밝힌다.
2 이 두 입장 모두를 포괄하며 절충하는 입장을 보려면 크리스토퍼 라이트,《하나님의 선교》,
   정옥배·한화룡 옮김(서울: IVP, 2006)과 칼 헨리,《복음주의자의 불편한 양심》, 박세혁 옮김
   (서울: IVP, 2009)을 참조하라.
3 왜 그리고 어떻게 기독교인들과 교회가 자신의 신앙을 공적 영역에서 드러내야 하는가를
   잘 다룬 책으로는 미로슬라브 볼프·라이언 매커널리린츠 공저,《행동하는 기독교》,
   김명희 옮김(서울: IVP, 2016)이 있다.
4 '이미'와 '아직 아니'의 절충을 견지하면서도 '이미' 도래한 하나님 나라를 더 부각시킨
   저자의 입장을 보려면,《하나님 나라 신학으로 읽는 사도행전 1》,《하나님 나라 신학으로
   읽는 사도행전 2》(서울: 복있는사람, 2007)를 참조하라.
5 헤르만 궁켈은 새가 알을 품는 모습을 묘사하는 이 동사가 고대 세계의 난생창조설화를
   되울리고 있다고 본다[Genesis, trans. Mark E. Biddle(Macon, GA.: Mercer University Press,
   1997), 105–106]. 하지만 여기서는 바람이 너풀거리는 적극적 동작을 묘사하는 것으로
   이해하는 것이 낫다. 그래서 개역개정의 "운행하시니라"가 원어에 가까운 번역이라고
   생각된다.
6 Nahum M. Sana, *The JPS Torah Commentary Genesis* (Philadelphia et al.: The Jewish
   Publication Society, 1989), 6.
7 김회권,《하나님 나라 신학으로 읽는 사도행전 1》, 67–73.
8 한스-요아힘 크라우스,《조직신학. 하느님의 나라-자유의 나라》, 박재순 옮김(서울:
   한국신학연구소, 1986), 13–33.
9 김회권,《하나님 나라 신학으로 읽는 모세오경》(수정증보판: 서울: 복있는사람, 2017), 27–35.
10 하나님 나라의 신적 주도성과 인간적 응답성을 더 자세하게 다룬 글을 보려면, 김회권 외,
   《하나님 나라 복음》(서울: 새물결플러스, 2014)을 보라. 특히 김회권이 쓴 서문을 참조하라.
11 한나 아렌트,《예루살렘의 아이히만》, 김선욱 옮김(서울: 한길사, 2006), 349. 또한 같은
   책에 해설의 글을 실은 정화열, "악의 평범성과 타자 중심적 윤리," 25–43쪽 중 35–37.
   아우슈비츠 유대인 집단학살의 실무책임자로 지목되어 기소된 아이히만은 관료적인
   상명하복의 한 요원으로 자신에게 부여된 임무를 수행했다고 강변하며 자신의 무죄를

주장한다. 한나 아렌트는 아이히만의 무사유적 특성, 즉 타자에게 공감할 수 있는 능력의 근원적 박탈이야말로 가장 만연하고 평범한 인간악행의 뿌리라고 진단한다.

12 Edward H. Carr, *What is History?* (Houndmills: Palgrave, 2001), 69-70.

13 아브라함 요수아 헤셸, 《예언자들》, 이현주 옮김 (서울: 삼인, 2004), 263-301.

14 크라우스, 《조직신학》, 463 – 466, 470 – 471.

15 위의 책, 470-471.

16 위의 책, 483 – 484.

17 위의 책, 같은 쪽.

18 이 단원의 논의는 필자의 2004년 겨울호 《신학사상》(127호)에 실린 "구약성서의 희년 사상과 사회윤리적 함의"(131 – 166쪽)와 《하나님 나라 신학으로 읽는 모세오경》, 808 – 815에 빚지고 있다.

19 Frank Crüsemann, *The Torah. Theology and Social History of Old Testament Law*, trans. Allan W. Mahnke (Minneapolis, IN.: Fortress Press, 1996), 283.

20 희년법은 이사야서 40 – 66장, 학개서, 스가랴서의 정황에서 가장 잘 이해될 수 있다 (Crüsemann, The Torah, 283 – 284).

21 '희년'(禧年)이라고 번역된 히브리어는 '쉬나트 하요벨'(나팔의 해)이다. 나팔은 이스라엘 백성을 한데 회집시킬 때 부는 악기였는데[민 10:2-10, "또 너희의 희락의 날과…나팔을 불라 그로 말미암아 너희의 하나님이 너희를 기억하시리라"(10절)], 희년의 나팔은 각자 자신의 기업의 땅으로 돌아가 야훼 하나님 앞에 다시 설 것을 통보하는 나팔이었을 것이다.

22 John Locke, "Two Treatises of Government", in *Economic Writings and Two Treatises of Government, vol. 4 of The Works of John Locke* volumes 1-9 (12th ed.; London: Rivington, 1824), 128-324. 로크가 토지사용자에 비해 토지가 충분히 존재하는 상황에서 이런 사적 소유를 정당화했다는 점이 중요하다. 오늘날처럼 토지(주거지와 경작지)가 수요에 비해 비대칭적으로 부족할 때는 적용될 수 없는 토지사유론인 셈이다. 토지의 사적 소유를 기반으로 하는 자본주의는 순전히 18-19세기 상황의 산물임을 유념해야 한다. 토지의 사적 소유를 건들면 마치 하나님이 거룩하게 재가한 신적 질서에 도전하는 것처럼 간주하는 일부 자유주의 기독교 경제사상가들의 반발은 근거가 없다.

23 므나헴은 앗수르의 디글랏빌레셀 3세에 조공을 바치기 위해 6만 명의 지주들로부터(땅의 백성들)은 50세겔(1.6 파운드)을 징수했다[도날드 E. 고웬, 《구약 예언서 신학》, 차준희 옮김 (서울: 대한기독교서회, 2004), 71].

24 이 문제에 대한 좋은 논문들을 담고 있는 책은 패트릭 밀러가 엮은 월터 브루그만의 논문집을 참조하라. Walter Brueggemann, *A Social Reading of the Old Testament: Prophetic Approaches to Israel s Communal Life*, ed. Patrick D. Miller (Minneapolis, IN.: Fortress, 1994). 특히 브루그만의 "'Vine and Fig Tree': a Case Study in Imagination and Criticism", 91-110 을 참조하라.

25 Moshe Weinfeld, *The Promise of the Land* (Berkeley, CA. et al.: University of California Press,

1993), 184.

26 성경적인 경제 의미에 대한 필자의 자세한 논의를 참조하려면,《복음과 상황》239호, 34-46에 실린 "'고용없는 경제성장' 시대에 생각하는 하나님 나라 경제학"을 보라.

27 Norman C. Habel, *The Land is Mine* (OBT; Minneapolis, IN.: Fortress, 1995), 111-112.

28 앙드레 트로끄메,《예수와 비폭력 혁명》, 박혜련 옮김(서울: 한국신학연구소, 1986).

29 희년사상의 실천을 위한 중간 공리 개발의 필요성에 대한 이 논의는《복음과 상황》226 호에 실린 "우리가 추구하는 '성서한국'"(32-45쪽)의 논의에 빚지고 있음을 밝힌다. 또한 《복음과 상황》294호에 실린 저자의 "기본소득 논의의 성경적 토대"를 참조하라. 이 글은 기본소득 제도가 땅의 모든 소출을 모든 구성원에게 정률적으로 배당하는 중간공리가 될 수 있음을 주장한다.

30 1990년대 초 노태우 정부와 2000년 중반 노무현의 참여정부는 토지공개념을 입법원리에 반영하려는 시도를 했으며 올해 초 청와대가 국회에 제출한 헌법개정안 초안에도 토지공개념의 입법화 의지가 천명되어 있다. 최근에 여당대표가 된 이해찬도 토지공개념의 입법반영의 필요성을 공공연히 언급하고 있다.

31 이 단락은 주로《복음과 상황》294호에 실린 필자의 "기본소득 논의의 성경적 토대"에서 발췌한 문장들로 구성되었다.

32 아우렐리우스 아우구스티누스,《하나님의 도성》, 조호연·김종흡 옮김(서울: 크리스찬다이제스트사, 2007), 157.

33 위의 책, 949.

34 위의 책, 950.

35 김회권,《하나님의 도성, 그 빛과 그림자》(서울: 비아토르, 2018), 556-563.

36 브루스 액커만·반 빠레이스 외,《분배의 재구성: 기본소득과 사회적 지분 급여》(서울: 나눔의집, 2010).

37 최광은,《국민 모두에게 소득을》(서울: 박종철, 2011).

38 이반 일리치,《그림자 노동》, 노승영 옮김(고양: 사월의책, 2015).

39 김종철, "'기본소득'이라는 희망," 경향신문 2014년 3월 5일 수하한화 칼럼.

40 칼 폴라니,《거대한 전환: 우리 시대의 정치·경제적 기원》, 홍기빈 옮김(서울: 길, 2009). 이 책은 영국의 경제사를 집중적으로 분석해 시장전체주의적 사회로 가는 길을 가로막아 사회보호형 경제체제를 산파한 노동운동의 역사를 다룬다. 사회보호형 경제 옹호자들은 경제활동은 사회를 보호하고 유지하는 활동으로 사회 속에서 묻혀(embedded) 작동해야 한다는 주장을 개진한다.

2 구약성경에 나타난 희년법

1 M. Noth, Leviticus (OTL; London: SCM Press, 1965), 184; C. J. H. Wright, 'Jubilee, Year

of', in The Anchor Bible Dictionary, vol. 3(Ed., D.N. Freedman; London: Doubleday, 1992), 1025.

2   A. Alt, 'The Origin of Israelite Law', in Essay on Old Testament History and Religion (trans., R.A. Wilson; Sheffield: Sheffield Academic Press, 1989), 80 – 132.

3   D. L. Baker, 'The Jubilee and the Millennium', Themelios vol. 24.1, 44 – 45; N. Kiuchi, Leviticus (Downers Grove,Ill.: Inter Varsity Press), 2007, 452 – 453.

4   Nobuyoshi Kiuchi, Leviticus [Apollos Old Testament Commentary (AOTC); Nottingham: Apollos; Downers Gove, Ill: IVP, 2007], 455.
    Jacob Milgrom, Leviticus 23-27: A New Translation with Introduction and Commentary (Anchor Bible; New York: Doubleday, 2001), 2154.

5   A. Harman, Isaiah: A Covenant to be kept for the sake of the Church (Scotland: Christian Focus, 2005), 400. 오성호는 이사야서 61장 1-3절에서 기름부음 받은 인물은 집단적 시온을 대표하는 자이며, 메시아적 인물로 이해할 수 있다고 주장한다[참조. 오성호,《56-66장을 중심으로 본 이사야서의 종말론 신학》(서울: 솔로몬, 2012), 209-221].

6   존 와츠,《이사야》, 장세훈·김홍련 옮김(서울: 솔로몬, 2015), 760.

7   참조. John Sietze Bergsma, The Jubilee from Leviticus to Qumran: A History of Interpretation [Supplements to Vetus Testamentum (VTS); Leiden: Brill, 2007], 202-203.

8   브라이언 E. 베이어,《이사야서의 역사적 신학적 강해》, 곽철호·류근상 옮김(서울: 크리스챤출판사, 2009), 433.

9   Jacob Stromberg, 'An Inner-Isaianic Reading of Isaiah 61:1-3,' in Interpreting Isaiah (ed. by D.G. Firth & H.G.M. Williamson (Nottinghan: Apollos, 2009), 267.

10   김근주,《이사야가 본 환상》(서울: 비블리카아카데미아, 2010), 256.

11   자세한 논의는 같은 책 4장 신현우 교수의 '신약성경에는 희년법이 없는가'를 참조하라.

12   Shalom M. Paul, Isaiah 40-66 (Grand Rapids, Mic.,: William B. Eerdmans Publishing Company, 2012), 540.

13   누가복음 4장 18-19절은 이사야서 61장 1-2절을 인용할 때 맛소라 본문이 아닌 칠십인경을 인용한 것으로 파악되며, 이사야서의 선포는 메시아적 여호와의 종(Messiah-servant)을 통해 미래에 성취될 사건으로 보도되고 있는 반면, 누가복음 4장 21절은 "오늘 이 말씀이 임하였다"라는 선포를 통해 이 말씀이 지금 이루어졌음을 말하고 있다[참조. 김근주,《이사야가 본 환상》(서울: 비블리카아카데미아, 2010), 269-277].

14   참조. J. B. Green, The Gospel of Luke (Grand Rapids, Mich.: William B. Eerdmans, 1997), 210.

15   Robert H. Stein, Luke (The New American commentary; Nashville, Tenn: Broadman Press, 1992), 156.

16   복음서에 나타난 희년법의 의미는 같은 책 4장 '신약성경에는 희년법이 없는가'를 참조하라.

3 하나님 나라와 정의와 공의

1 그에 비해 개역한글판에서는 거의 원칙 없이 번역되었다고 할 수 있다. "의와 공도"
   (창 18:19); "공의와 법도"(신 33:21); "의와 공"(삼하 8:15; 왕상 10:9; 시 99:4); "공의와 심판"
   (욥 37:23); "정의와 공의"(시 33:5); "의와 판단"(시 36:6); "의와 판단력"(시 72:1); "의와 공의"
   (시 106:3); "의와 공평"(잠 21:3; 사 1:27; 5:7; 32:16; 56:1; 59:9); "정의와 공평"(사 9:7; 렘 4:2;
   22:3; 23:5); "정직과 공평"(렘 9:24); "의리와 공평"(렘 22:15); "의와 법"(겔 18:5, 19, 21, 27;
   33:14, 16); "공의와 공평"(겔 45:9); "정의와 공법"(암 5:7, 24; 6:12).
2 쩨다카와 쩨데크의 구별에 대해서는 많은 논의가 있다. 이에 대해 유선명, 《잠언의 의
   개념 연구》(새물결플러스, 2017), 32-33을 보라. 둘 사이 의미를 구분하기 쉽지 않지만,
   미슈파트와 함께 쓰인 경우에는 더더욱 쩨다카와 쩨데크의 의미 차이를 분간하기 어렵다.
3 유선명, 《잠언의 의 개념 연구》, 118, 각주 51.
4 롤프 렌토르프, 《구약 정경 신학》(새물결플러스, 2009), 181.
5 위의 책, 412-413.

4 신약성경에는 희년법이 없는가

1 이 부분은 필자의 글 "영생의 길", 《복음과 상황》 238호, 142-151을 사용했다.
2 이 부분은 필자의 글 "마가복음 10:22은 과연 토지에 관한 본문인가?", 《복음과 상황》 216
   호, 191-197을 사용했다.
3 J. R. Donahue&D. J. Harrington, *The Gospel of Mark* (Collegeville: Liturgical Press, 2002),
   304.
4 P. H. Davids, 'Rich and Poor', *DJG*, 702.
5 이 부분은 필자의 글 "역사적 예수와 토지", 《복음과 상황》 217호, 183-190을 사용했다.
6 P. H. Davids, 'Rich and Poor', *DJG*, 702.
7 R. T. France, *The Gospel of Mark* (Grand Rapids: Eerdmans, 2002), 80 참조.
8 이러한 역사적 배경은 마가복음 6장 18절과 Josephus, *Antiquity*, 18. §136 증언에 의해
   지원받는다.
9 R. T. France, *The Gospel of Mark* (Grand Rapids: Eerdmans, 2002), 80 참조.
10 C. A. Evans, *Mark 8:27-16:20*, WBC 34B (Nashville: Thomas Nelson, 2001), 85 참조.
11 김경진, 《누가신학의 제자도와 청지기도》(서울: 솔로몬, 1996), 353.
12 P. H. Davids, 'Rich and Poor', *DJG*, 701-2.
13 Ibid., 702.
14 J. Jeremias, 《예수시대의 예루살렘》, 번역실역, 제2판(서울: 한국신학연구소, 1989), 139; *b.
   Joma* 35b.

15 이 부분은 필자의 글 "신약성서와 토지", 《복음과 상황》, 214호, 166-172을 사용했다.

16 이 부분은 필자의 글 "개혁주의 율법론", 《신학지남》 83/2 (2016), 29-59를 사용했다.

17 M. Luther, *Lectures on Deuteronomy*, Luther's Works, vol.9, tr. R. R. Caemmerer, ed. J. Pelikan (St. Louis: Concordia, 1960), 144: "Christ is speaking to Christians, who are above every law and do more that the laws ordain; but Moses provides laws for people in civil society, who are subject to the government and the sword, so that evildoers are curbed and the public peace is preserved."

18 김유준, "종교개혁자들의 희년사상" 《희년, 한국사회, 하나님 나라》, 남기업 엮음(서울: 홍성사, 2012), 228.

19 M. Luther, "How Christians Should Regard Moses", trans. by E. T. Bachmann, in *Luther's Works*, vol.35, ed. E. T. Bachmann & H. T. Lehmann (Philadelphia: Fortress, 1960), 167: "Again in Moses it is also stipulated that no man should sell his field into a perpetual estate, but only up to the jubilee year. When that year came, every man returned to the field or possessions which he had sold. In this way the possessions remained in the family relationship. There are also other extraordinary fine rules in Moses which one should like to accept, use, and put into effect. Not that one should bind or be bound by them, but (as I said earlier) the emperor could here take an example for setting up a good government on the basis of Moses, just as the Romans conducted a good government, and just like the *Sachsenspiegel* by which affairs are ordered in this land of ours."

20 김유준, "종교개혁자들의 희년사상" 《희년, 한국사회, 하나님 나라》, 남기업 엮음(서울: 홍성사, 2012), 228.

21 앙드레 비엘러, 《칼빈의 경제 윤리》, 홍치모 옮김(서울: 성광문화사, 1985), 73-74.

22 로널드 S. 월레스, 《칼빈의 사회개혁사상》, 박성민 옮김(서울: 기독교문서선교회, 1995), 134.

23 J. Calvin, *Commentary on Matthew, Mark, Luke*, vol.1, tr. W. Pringle (Grand Rapids: Christian Classics Ethereal Library, 1999), 292: "The command to *sell possessions* must not be literally interpreted, as if a Christian were not at liberty to retain any thing for himself. He only intended to show, that we must not be satisfied with bestowing on the poor what we can easily spare, but that we must not refuse to part with our estates, if their revenue does not supply the wants of the poor. His meaning is, 'Let your liberality go so far as to lessen your patrimony, and dispose of your lands'."

24 Ambrosius, *Hexaemeron* 5,26, *Patrologia Latina* 14:217.
김유준, "초대교부들의 희년사상", 《희년, 한국사회, 하나님 나라》, 남기업 엮음(서울: 홍성사, 2012), 188에서 재인용.

25 위의 책, 197.

26 J. Chrysostomus, *Homiliae XXI de Statuis ad populum Antiochenum habitae* 2.6, *Patrologia Graeca* 49, ed. J. P. Migne (Paris: Brepolis, 1996), 42.

27 Augustinus, *Patrologia Latina* 33:665: "Nam jure divino, Domini est terra et plenitudo ejus." 김유준, "초대교부들의 희년사상", 《희년, 한국사회, 하나님 나라》, 남기업 엮음(서울: 홍성사, 2012), 203에서 재인용.

28 Augustinus, *Homilies on the Gospel of John* 6.25, A Select Library of Nicene and Post-Nicene Fathers of the Christian Church, 1st series, vol.7 (Grand Rapids: Eerdmans, 1986) 47.

29 이상원, 《기독교 윤리학》(서울: 총신대학교출판부, 2010), 152.

30 위의 책, 153.

31 김정우, "구약율법과 신약윤리의 연속성과 불연속성", 18.

5 초대 교부들의 희년사상

1 마르셀 뒤메, 《이천년대 복음화의 근거와 방향을 제시하는 사도행전》, 안병철 옮김(서울: 가톨릭출판사, 1995), 48.

2 A. H. M. Jones, *The Later Roman Empire*, 284 – 602: *A Social Economic and Administrative Survey*, 2 vols.; (Norman, Oklahoma: University of Oklahoma Press, 1964), 2:769 – 770.

3 Ibid., 2:781.

4 Ibid., 2:772.

5 Karl Kautsky, *Der Ursprung des Chrisientums: Eine historische Untersuchung*, tr. Henry F. Mins, *Foundations of Christianity* (New York: Russell and Russell, 1953).

6 John B. Bury, *A History of the Later Roman Empire* (London, New York: Macmillan, 1889), 1:25 – 28.

7 Karl Kautsky, *Der Ursprung des Chrisientums: Eine historische Untersuchung*, 36 – 44.

8 A. H. M. Jones, *The Later Roman Empire*, 284 – 602, 1:802.

9 Libanius의 글을 A. H. M. Jones, *The Later Roman Empire*, 284 – 602, 1:811에서 재인용함.

10 초대 교부들의 경제사상에 대해서는 찰스 아빌라, 《소유권: 초대 교부들의 경제사상》, 김유준 옮김(서울: 기독교문서선교회, 2008)을 참조하라.

11 H. F. Jolowicz & Barry Nicholas, *Historical Introduction to the Study of Roman Law*, 3rd ed. (Cambridge: Cambridge University Press, 1972), 439.

12 Augustinus, *Confessions*, 6, 3.

13 Martin R. P. McGuire, S. *Ambrosii De Nabuthe Jezraelia: A Commentary with an Introduction and Translation* (Washington, D. C.: Catholic University of America Press, 1927), 2 – 3.

14 Ambrosius, *De Nabuthe*, 1, Patrologia Latina 14:731; Martin R. P. McGuire, S. *Ambrosii De Nabuthe Jezraelia: A Commentary with an Introduction and Translation* (Washington, D. C.: Catholic University of America Press, 1927), 47.

15 "가옥에 가옥을 이으며 전토에 전토를 더하여 빈틈이 없도록 하고 이 땅 가운데에서 홀로

거주하려 하는 자들은 화 있을진저"(사 5:8).

16 Ambrosius, *De Nabuthe*, 1, Patrologia Latina 14:732; Martin R. P. McGuire, S. *Ambrosii De Nabuthe Jezraelia: A Commentary with an Introduction and Translation*, 47.

17 Ibid.

18 스토아학파에서 '자연'은 우주인 동시에 특별히 인간 본성을 의미했다. 두 가지 의미에서 동일한 용어가 표현된 것이다. Frederick Mayer, *A History of Ancient and Medieval Philosophy* (New York: Americana, 1950), 238.

19 Ambrosius, *Haxaemeron*, 5, 26, Patrologia Latina 14:217.

20 Ambrosius, *De Nabuthe*, 11, Patrologia Latina 14:748; Martin R. P. McGuire, S. *Ambrosii De Nabuthe Jezraelia: A Commentary with an Introduction and Translation*, 190. 특히 "네 손가락에 끼고 있는 반지의 보석으로 다른 사람의 생명을 유지할 수 있었다"는 말은 영화 '쉰들러 리스트'의 마지막 장면에서 주인공이자 독일인 사업가인 쉰들러가 자신의 반지를 빼 보이면서 학살당하는 유대인을 한 명이라도 더 구하지 못한 사실을 처절하게 울부짖으며 회개한 대사를 떠올리게 한다.

21 Ambrosius, *De Nabuthe*, 5, Patrologia Latina 14:738; Martin R. P. McGuire, S. *Ambrosii De Nabuthe Jezraelia: A Commentary with an Introduction and Translation*, 63.

22 Ibid., 11, Patrologia Latina 14:748; Martin R. P. McGuire, S. *Ambrosii De Nabuthe Jezraelia: A Commentary with an Introduction and Translation*, 89.

23 Ibid., 14:747; Martin R. P. McGuire, S. *Ambrosii De Nabuthe Jezraelia: A Commentary with an Introduction and Translation*, 83.

24 Ambrosius, *De Nabuthe*, 14, Patrologia Latina 14:749; Martin R. P. McGuire, S. *Ambrosii De Nabuthe Jezraelia: A Commentary with an Introduction and Translation*, 87 – 89.

25 Ibid., 15, Patrologia Latina 14:751; Martin R. P. McGuire, S. *Ambrosii De Nabuthe Jezraelia: A Commentary with an Introduction and Translation*, 93.

26 "또 비유로 그들에게 말하여 이르시되 한 부자가 그 밭에 소출이 풍성하매 심중에 생각하여 이르되 내가 곡식 쌓아 둘 곳이 없으니 어찌할까 하고, 또 이르되 내가 이렇게 하리라 내 곳간을 헐고 더 크게 짓고 내 모든 곡식과 물건을 거기 쌓아 두리라 또 내가 내 영혼에게 이르되 영혼아 여러 해 쓸 물건을 많이 쌓아 두었으니 평안히 쉬고 먹고 마시고 즐거워하자 하리라 하되, 하나님은 이르시되 어리석은 자여 오늘 밤에 네 영혼을 도로 찾으리니 그러면 네 준비한 것이 누구의 것이 되겠느냐 하셨으니, 자기를 위하여 재물을 쌓아 두고 하나님께 대하여 부요하지 못한 자가 이와 같으니라"(눅 12:16 – 21).

27 Ambrosius, *De Nabuthe*, 7, Patrologia Latina 14:741; Martin R. P. McGuire, S. *Ambrosii De Nabuthe Jezraelia: A Commentary with an Introduction and Translation*, 71.

28 Ibid., 69 – 70.

29 Ibid.

30 Ambrosius, *De Officiis Ministrorum*, 1, 11, Patrologia Latina 16:34.

31 Ibid., 16:34 – 35.

32 Ibid.

33 Ibid.

34 "네 선조가 세운 옛 지계석을 옮기지 말지니라"(잠 22:28). Ambrosius, *Hexaemeron*, 5, 26, Patrologia Latina 14:217; John J. Savage, *St. Ambrose: Hexaemeron, Paradise and Cain and Abel* (New York: Fathers of the Church, 1961), 181.

35 Ambrosius, *Hexaemeron*, 6, 52, Patrologia Latina 14:263; John J. Savage, St. *Ambrose: Hexaemeron, Paradise and Cain and Abel*, 265.

36 Ambrosius, *In Psalmum CXVIII Expositio*, 8, 22, Patrologia Latina 15:1303; John A. Ryan, *Alleged Socialism of the Church Fathers*, 15.

37 Ibid.

38 Ambrosius, *De Officiis Ministrorum*, 1, 28, Patrologia Latina 16:61 – 62.

39 Ambrosius, *Commentarium in Epistolam II as Corinthios*, 9, 9, Patrologia Latina 17:313 – 14.

40 Ibid.

41 Ambrosius, *Commentarium in Epistolam ad Colossenses*, 3, 5, Patrologia Latina 17:435.

42 John B. Bury, *A History of the Later Roman Empire* (London, New York: Macmillan, 1889), 95; F. Cayre, *Manual of Patrology and History of Theology*, 461ff; Johannes Quasten, *Patrology* (Westminister, Md.: Newman, 1950), 2:424ff; Berthold Altaner, *Patrology*, tr. by Hilda C. Graef (Frreibrug: Herder and Herder, 1960), 373ff.

43 Chrysostomus, *In Ioannem Homilia*, 63, 1, Patrologia Graeca 59:349 참조.

44 Chrysostomus, *De Lazaro Concio*, 2, 4, Patrologia Graeca 48:987 – 988.

45 Ibid., 48:988.

46 Ibid.

47 Chrysostomus, *Ad Populum Antiochenum Homilia* 2, 6 – 7, Patrologia Graeca 49:43.

48 Ibid.

49 Ibid.

50 "믿는 무리가 한마음과 한뜻이 되어 모든 물건을 서로 통용하고 자기 재물을 조금이라도 자기 것이라 하는 이가 하나도 없더라"(행 4:32).

51 Chrysostomus, *In Dictum Pauli, "Oportet Haereses Esse"*, 2, Patrologia Graeca 51:355.

52 Chrysostomus, *Peccata Fratrum Non Evulganda*, 2, Patrologia Graeca 51:355.

53 Ibid.

54 Chrysostomus, *In Inscriptionem Altaris et in Principium Actorum*, 1, 2, Patrologia Graeca 51:69. *In Ioannem Homilia* 19, 3, Patrologia Graeca 59:123 – 24 참조.

55 Ibid.

56 Gerhart Kittel, *Theological Dictionary of the New Testament* (Ann Arbor, Mich.: Eerdmans, 1964 – 76), 9:261 참조.

57 Chrysostomus, *In Epistolam ad Romanos*, 7, 9, Patrologia Graeca 60:453.

58 Chrysostomus, *De Eleemosyna*, 6, Patrologia Graeca 51:269.

59 Ibid.

60 Ibid.

61 Chrysostomus, *In Epistolam ad Hebraeos*, 11, 3, Patrologia Graeca 63:94; Philip Schaff, ed., *A Select Library of the Nicene and Post-Nicene Fathers of the Christian Church* (New York: Scribner's, n.d.), 421.

62 Ibid.

63 Chrysostomus, *In Matthaeum*, 77, 4, Patrologia Graeca 58:707; Schaff, 466.

64 Chrysostomus, *De Lazaro Concio*, 2, 5, Patrologia Graeca 48:988. In Epistolam I ad Corinthios, 10, 2, *Patrologia Graeca* 61:84 참조.

65 Ibid.

66 Chrysostomus, *De Poenitentiam* 7, 7, Patrologia Graeca 49:336.

67 Chrysostomus, *In Capitulum XV Genesis*, 37, 5, Patrologia Graeca 53:348.

68 Chrysostomus, *Ad Populum Antiochenum*, 2, 6, Patrologia Graeca 49:42.

69 Ibid.

70 Chrysostomus, *De Decem Millium Talentorum Debitore*, 4, Patrologia Graeca 51:22.

71 Chrysostomus, *De Verbis Apostoli*, "*Habentem Eumdem Spiritum*", 3, 11, Patrologia Graeca 51:299.

72 Chrysostomus, *In Epistolam I ad Timotheum*, 12, 4, Patrologia Graeca 62:562 – 63; Schaff, *Nicene Fathers*, 447 – 448.

73 Ibid.

74 Chrysostomus, *In Epistolam I ad Timotheum*, 12, 4, Patrologia Graeca 62:563 – 64.

75 Jolowicz and Nicholas, *Roman Law*, 142.

76 Chrysostomus, *In Epistolam I ad Corinthios*, 10, 3, Patrologia Graeca 61:85; Schaff, *Nicene Fathers*, 57.

77 Chrysostomus, *In Epistolam ad Hebraeos*, 11, 3, Patrologia Graeca 63:93 – 94; Schaff, *Nicene Fathers*, 420.

78 Chrysostomus, *In Joannem*, 33, 3, Patrologia Graeca 59:192; Schaff, 118.

79 Ibid.

80 Chrysostomus, *In Acta Apostolorum*, 25, 4, Patrologia Graeca 60:196; Schaff, 166.

81 Chrysostomus, *In Acta Apostolorum*, 11, 3, Patrologia Graeca 60:96 – 98; Karl Kautsky, *Der Ursprung des Chrisientums: Eine historische Untersuchung*, Henry F. Mins, *Foundations of Christianity* (New York: Russell and Russell, 1953), 357 – 359; Agnes C. Way, tr., *Exegetical Homilies* (Washington: Fathers of the Church, 1963), 161 – 163.

82 "Immortalitatem sapientiae concupiscebam aestu cordis incredibili", Augustinus, *Confessions*,

3, 4, Patrologia Latina 32:685.

83 Augustinus, *Confessions*, 9, 8, Patrologia Latina 32:771.

84 Augustinus, *Epistola* CXXVI, 7, Patrologia Latina 33:479 – 580.

85 Augustinus, *De Doctrina Christina*, 1, 3 – 4, Patrologia Latina 34:20 – 21; John Gavigan, *Saint Augustine: Christian Instruction* (New York: CINA, 1947), 29 – 30.

86 Hirschberger, *History of Philosophy*, 333.

87 Augustinus, *Epistola* CLIII, 26, Patrologia Latina 33:665.

88 "Hoc dat bonis et malis", Augustinus, *Sermo* CCCXVII, 1, Patrologia Latina 38:1435; Augustinus, *Sermo* CCCXI, 13 – 16, Patrologia Latina 38:1418 – 1419; "Sed ne putentur mala, dantur et bonis: ne putentur magna vel summa bona, datur et malis", Augustinus, *Epistola* CCXX, Patrologia Latina 33:996.

89 Augustinus, *Epistola* CLIII, 26, Patrologia Latina 33:665.

90 "Nam jure divino, Domini est terra et plenitudo ejus", Augustinus, *In Ioannis Evangelium*, 6, 25, Patrologia Latina 35:1437.

91 Portalie, *Thought of Saint Augustine*, 281.

92 Augustinus, *City of God*, 4, 4, Patrologia Latina 41:115.

93 Augustinus, *Sermo* LXXXV, 5, 6, Patrologia Latina 38:522 – 523.

94 Augustinus, *Enarratio in Psalmum* CXLVII, 12, Patrologia Latina 37:1922.

95 Augustinus, *Sermo* XXXVI, 9, 9, Patrologia Latina 38:219.

96 Augustinus, *Sermo* XXXIX, 2, Patrologia Latina 38:242.

97 Augustinus, *Sermo* L, 2, 4, Patrologia Latina 38:327; Augustinus, *City of God*, 4, 4, Patrologia Latina 41:115.

98 Augustinus, *Sermo* CXLIV, 7, 9, Patrologia Latina 38:899.

99 Augustinus, *De Genesi*, 11, 15, Patrologia Latina 34:436.

100 Augustinus, *Sermo* CCCLIX, 2, Patrologia Latina 39:1591.

101 Augustinus, *Sermo* IX, 12, 20, Patrologia Latina 38:89 – 90.

102 Augustinus, *Sermo* CXXIV, 5, 5, Patrologia Latina 38:686.

103 Augustinus, *Enarratio in Psalmum* CXXXI, 5, Patrologia Latina 37:1718.

104 *Ibid.*, 6 – 7, Patrologia Latina 37:1718 – 1719.

105 Augustinus, *Epistoloa* CLVII, 25, Patrologia Latina 33:687.

106 Augustinus, On Free Choice of the Will, tr. A. S. Benjamin & L. H. Hackstaff (Indianapolis: Bobbs – Merrill, 1964), 1, 15, 33; Patrologia Latina 32:1239.

107 George V. Pixley, *God's Kingdom* (Maryknoll, N. Y.: Orbis, 1981); Jose Miranda, Jose Miranda, *Being and the Messiah* (Maryknoll: Orbis, 1977).

108 김병하,《희년사상의 영성화》(서울: 대한기독교서회, 2005), 129 – 130.

109 George V. Pixley, *God's Kingdom*, 89.

110 Peter Brown, *The World of Late Antiquity*: A.D. 150 - 750 (London: Thames and Hudson;
   New York: Harcourt Brace Jovanovich, 1971), 34 - 45.

111 Adolf von Harnack, *Monasticism*: *Its Ideals and History* (London, Oxford: Williams and
   Norgate, 1901), 32.

112 Peter Brown, *The World of Late Antiquity*, 110.

113 Ian C. Hannah, *Christian Monasticism, a Great Force in History* (New York: Macmillan, 1925),
   39 - 55.

6 종교개혁자들의 희년사상

1 프레드 그레이엄은 칼뱅이 중세 신학자들이나 루터와 달리 상업을 인정했다고 보았지만,
   루터는 상업에 대해 지속적인 혐오감을 가지고 있었다고 보았다. Max Stackhouse, *Creeds,
   Society, and Human Rights*: *A Study in Three Cultures* (Grand Rapids, Michigan: Eerdmans,
   1984), 54 - 55. 로날드 월리스도 루터가 보기에 "모든 상인이 불가피하게 사기꾼이었으며,
   무역에 무슨 선한 것이 있을 수 있느냐"고 반문했다. Ronald S. Wallace, *Calvin, Geneva and
   the Reformation* (Grand Rapids, Michigan: Baker Book House, 1988), 85 - 86. R. H. 토니는
   루터에 대해서 사회적으로 보수적이고, 기성 정치권력을 존중하며, 개인적인 제창자였던
   데 비해, 칼빈주의는 적극적이고 급진적인 세력이었다고 했다. R. H. 토니, 《종교와
   자본주의의 발흥》, 김종철 옮김(서울: 한길사, 1983), 119 - 147.

2 Max Weber, *The Protestant Ethic and the Spirit of Capitalism*, tr. Talcott Parsons (London:
   George Allen & Unwin, 1978), 81.

3 트뢸치는 루터가 기독교인의 윤리에 있어서 근본적으로 기독교적 기준에 따라 세상에서
   살아갈 것을 요구했지만, 가톨릭 신학자들처럼 윤리의 이원성을 극복하지 못해 세상
   윤리와 은총의 윤리 사이에서의 타협이 불가피하다고 평가했다. Ernest Troeltsch, *The
   Social Teaching of the Christian Churches*, tr. Olive Wyon, 2 vols.; (London: George Allen &
   Unwin, 1931), 506 - 511.

4 Max Stackhouse, *Creeds, Society, and Human Rights*: *A Study in Three Cultures* (Grand Rapids,
   Michigan: Eerdmans, 1984), 54 - 55.

5 Carter Lindberg, *Beyond Charity*: *Reformation Initiatives for the Poor* (Minnea-polis: Fortress
   Press, 1993), 162.

6 Martin Luther, *Trade and Usury*, Luther's Works. vol. 45.; American Edition. ed. Jaroslav
   Pelikan & Helmut Lehmann. 55 vols.; (Philadelphia and St. Louis: Fortress Press and
   Concordia Pub. House, 1955ff), 233 - 243.

7 루터의 희년사상은 필자의 연구논문, "루터의 경제사상", 〈연세학술논집〉 41 (2005):
   111 - 158을 참조하라.

8 Martin Luther, *Trade and Usury*, Luther's Works. vol. 45.; American Edition. ed. Jaroslav
   Pelikan & Helmut Lehmann. 55 vols.; (Philadelphia and St. Louis: Fortress Press and
   Concordia Pub. House, 1955ff), 250 - 251.

9 Ibid., 248 - 250.

10 막스 베버는 루터가 직업 소명설을 자기 신분에 충실하라고 하는 전통주의적 관념에
    머물러 있었다고 하나, 알트하우스는 루터가 사회의 전반적인 기존 질서에 대해
    무비판적인 보수적 태도를 취한다는 뜻이 아니라고 했다. 필자 역시 루터의 견해는
    츠빙글리나 칼뱅 그리고 재세례파보다는 매우 점진적이고 전통적이라고 평가될 수
    있지만, 그 당시 중세 로마 가톨릭 교회의 큰 틀에서 볼 때는 상당히 개혁적이며 '급진적'인
    사상이었기에 전통주의적 관념에 머물렀다거나 보수적인 태도라고 보기엔 무리가 있다.

11 루터는 예수님께서 "네게 있는 것을 팔라"는 권고의 말씀을 사유재산을 전제하고 하신
    말씀으로 보았다. 예수님께서 우리가 부당하게 소유하고 있는 물건을 주거나 또는
    돌려주라고 말씀하시는 게 아니라 그것을 팔라고 하시는 것은 그의 말씀을 듣고 있는
    사람이 그 재산을 합법적으로 소유하고 있다는 것을 암시하기 때문이다. 같은 방법으로
    도둑질을 금하는 계명 역시 사유재산을 인정하고 있다고 루터는 보았다.

12 Luther, Martin. *D. Martin Luthers Werke: Kritische Gesamtausgabe* (Weimar: Hermann Boehlau,
    1883), vol. 39, 39 - 40.

13 Ibid.

14 로마 가톨릭에 의하면 사유재산의 올바른 질서란 하나님의 사랑의 계명의 완성에 있는
    것이다: 손규태, "기독교 역사에 나타난 경제사상",《기독교 신앙과 경제문제》, 채수일 엮음
    (서울: 한국신학연구소, 1993), 69 - 70.

15 파울 알트하우스,《말틴 루터의 윤리》, 이희숙 옮김 (서울: 컨콜디아사, 1989), 73 - 76.

16 로버트 슐츠는 알트하우스가 기독교 에토스와 기독교 윤리를 구별하고 있는데, 기독교
    에토스를 하나님과의 관계에 있어서 그리스도인 개인의 실존으로 기술하고 있는 반면에,
    기독교 윤리는 그리스도인의 활동으로 기술하고 있다고 보았다.

17 Paul Althaus, *Die Ethik Martin Luthers*, 73 - 76.

18 Ibid., 148 - 149.

19 Ibid., 150 - 151.

20 Ibid.

21 Luther, *Trade and Usury*, Luther's Works. vol. 45, 246 - 247.

22 Ibid.

23 Ibid.

24 Ibid.

25 이러한 루터의 경제사상은 하나님의 절대적인 의를 향한 인간의 상대적인 의가 항상
    수정 가능하다는 전제 속에 발전시킨 츠빙글리의 경제사상이나, 일정한 범위 내에서의
    이자증식을 긍정적으로 평가한 칼뱅의 경제사상과 일맥상통한다.

26 Luther, *Trade and Usury*, Luther's Works. vol. 45, 246 – 247.

27 Ibid.

28 또한 상인은 가격을 공정하게 결정해야 한다는 강박관념에 사로잡힐 필요가 없다고 했다.

29 Ibid., 233 – 235.

30 Ibid.

31 Ibid.

32 Ibid., 247 – 273.

33 당시 이탈리아에서 공적 고리대금업자들은 일반적으로 32퍼센트에서 43퍼센트까지
    이자를 받았다. 1430년에 플로렌스에서는 20퍼센트, 1488년에는 32.5퍼센트, 북부
    유럽에서는 100퍼센트에 달하기도 했다. Philip Schaff, *The Middle Ages* 9, 79; 최종태,
    "개혁주의 경제윤리", 〈한국개혁신학회 논문〉 6(1999), 77.

34 이양호, 《루터의 생애와 사상》(서울: 대한기독교서회, 2002), 236 – 237.

35 Luther, *Trade and Usury*, 282.

36 Ibid., 282 – 283.

37 Ibid., 283 – 284.

38 Luther, (Großer) *Sermon von dem Wucher*. D. Martin Luthers Werke (Weimar: Hermann
    Böhlau, 1888), Band. 6. 51 – 60.

39 루터는 이 글을 독일어로 썼다. 원문에서 루터는 'zinß'(zinss, 지대)와 'intereffe'(interesse,
    이자)를 라틴어로 구분하여 사용했다. zinss는 14세기에는 지대(소작료)의 의미로
    사용되었고 현재 독일에서는 세금(tax) 혹은 이자(interest)로 번역되고 있다. 필자는 이
    용어를 본문에서 '지대'로 번역했다. 이 지대(zinss)의 거래를 원문에서는 'zinßkauff'
    로 사용하고 있는데, 오늘날 용어로는 지대차액을 노리는 불로소득으로 '땅 투기'에
    해당된다. 루터는 이에 대해 아주 강력하게 반대했다. 반면 interesse는 손실을 끼친 편의
    잘못 때문에 거래에서 생긴 피해자 편의 손실에 근거해서 허용된 이자로 설명하고 있다.

40 Luther, (Großer) *Sermon von dem Wucher*, 51.

41 Ibid., 51 – 52.

42 Ibid.

43 Ibid., 57 – 60.

44 Luther, Luther's Works. vol. 35.; ed. E. Theodore Bachmann & Helmut T. Lehmann,
    (Philadelphia: Muhlenberg Press, 1960), 166 – 167.

45 Ibid.

46 헨리 조지, 《헨리 조지의 세계관: 명연설과 어록》, 김윤상·전강수 옮김(서울: 진리와자유,
    2003).

47 Luther, Luther's Works. vol. 35, 167.

48 Ibid.

49 Luther, (Großer) *Sermon von dem Wucher*, 57 – 60.

50 Ibid.

51 Ibid.

52 Ibid.

53 Luther, *Trade and Usury*, Luther's Works. vol. 45.; ed. Walther I. Brandt & Helmut T. Lehmann, (Philadelphia: Muhlenberg Press, 1962), 233 – 243.

54 Ibid., 307 – 310.

55 Ibid. 칼뱅의 희년사상은 필자의 연구논문 "칼빈의 경제사상에 관한 지공주의적(地公主義的) 고찰", 〈한국기독교신학논총〉 67(2010), 149 – 168의 내용을 토대로 정리한 것임.

56 김주한, "칼빈과 가난의 문제: 칼빈의 기독교 사회복지정책", 〈한국교회사학회지〉 24(2009), 123 – 124.

57 Max Weber, *The Protestant ethic and the Spirit of Capitalism*, trans. Talcott Parsons (London: George Allen & Unwin, 1952), 79ff.

58 Ernst Troeltsch, *The Social Teaching of the Christian Churches*, tr. Olive Wyon, 2 vols.; (London: George Allen & Unwin Ltd., 1931), vol. 2, 647ff; André Biéler, *The Social Humanism of Calvin*, tr. Paul T. Fuhrmann, (Richmond: John Knox Press, 1964), 62; W. Fred Graham, *The Constructive Revolutionary: John Calvin and His Socio-Economic Impact*(Atlanta: John Knox Press, 1978), 196; W. Stanford Reid, "John Calvin: the father of capitalism," *Themelios* 8/2(1983), 19ff; Ronald S. Wallace, *Calvin, Geneva and the Reformation*(Grand Rapids, Michigan: Baker Book House, 1988), 94.

59 William J. Bouwsma, *John Calvin: A Sixteenth-Century Portrait* (New York: Oxford University Press, 1988), 191ff; 이양호, 《칼빈 생애와 사상》(서울: 한국신학연구소, 1997), 259.

60 지공주의(地公主義, Georgism)는 토지로 말미암아 생기는 불로소득인 지대(地代)를 공유(公有)함으로 만인이 지권을 공유하며 진정한 토지공개념을 실현하는 경제사상을 의미한다. 지공주의는 모든 사람이 토지에 대한 권리를 평등하게 가지고 있다는 사상으로 생산요소 중 토지와 자본의 사유를 허용하는 자본주의와 양자의 공유를 기반으로 하는 사회주의를 지양하여 토지 공유, 자본 사유를 주장한다. Henry George, *Progress and Poverty* (New York: Robert Schalkenbach Foundation, 1981); Fred Harrison, *The Power in the Land: An Inquiry into Unemployment, the Profits Crisis and Land Speculation* (New York: Universe Books, 1983); 김윤상, 《알기 쉬운 토지 공개념: 지공주의 해설》(대구: 경북대학교출판부, 2006); 남기업, 《지공주의: 새로운 대안경제체제》(서울: 한국학술정보, 2007).

61 이양호, 《칼빈 생애와 사상》(서울: 한국신학연구소, 1997), 264.

62 재세례파 공동체를 모은 발타자르 허브마이어(Balthasar Hubmaier)는 1526년 모라비아의 니콜스부르크에 재세례파 교회를 세웠는데, 그 모라비아 세력파 안에 많은 분파가 있었다. 1526년 말에 니콜스부르크에서 한스 후트(Hans Hut)와 허브마이어 사이에 토론이 일어났다. 후트는 1528년에 종말이 올 것을 기대하면서 극단적인 평화주의를 옹호했고, 허브마이어는 정부의 필요성을 주장하면서 정부에 굴복하여 군대와 세금의 의무를 다해야

한다고 했다. 후트 편의 동료들은 1528년 아우스터를리츠에 공동체를 설립했는데, 곧 수천 명의 회원으로 급속히 성장했다. 그들은 공산주의적인 사회체제로 공동체를 발전시켜 사유재산을 폐지하고 서로 유무상통했다[윌리스턴 워커,《세계기독교회사》, 민경배 외 공역(서울: 대한기독교서회, 1998), 362 - 369].

63 George H. Williams, *The Radical Reformation* 3rd edition; (Kirksville, MO.: Truman State University Press, 2000), 432ff.

64 Joannis Calvini, *Institutio Christianae Religionis* 1559, in Opera Selecta, vol. 5; Petrus Barth & Guilelmus Nisel, ed. (Monachii, Aedibus: Chr · Kaiser, 1974), IV.I.3(이하 Calvin, Inst.로 표기함).

65 John Calvin, *Calvin's Commentaries*, A. W. Morrison, tr., D. W. Torrance & T. F. Torrance, ed.; (Edinburgh: The Saint Andrew Press, 1972), Acts 2:44(이하 Calvin, Comm.으로 표기함).

66 Calvin, *Comm. Ps.* 31:19.

67 Calvin, *Comm.* 2 Cor. 8:13.

68 벤터가《기독교강요》에서 찾아 정리하여 놓은 목록이다. 한상화, "칼빈의 경제윤리",《칼빈 신학 해설》(서울: 대한기독교서회, 1998), 404에서 재인용함.

69 Calvin, *Comm. Ps.* 15:5.

70 Calvin, *Ioannis Calvini opera quae supersunt omnia*, ed. G. Baum & E. Cunitz & E. Reuss, 59 vols., "Corpus Reformatorum" (Brunsvigae: Schwetschke et Filium, 1863 - 1900), vol. 10a, 247(이하 Calvin, CO.로 표기함).

71 첫째, 누구든 가난한 사람에게 돈을 빌려줄 때 결코 이자를 받아서는 안 된다. 둘째, 누구든 돈을 가지고 빌려주기 위해 자선을 소홀히해서는 안 된다. 셋째, 황금률과 일치하지 않는 것은 무엇이든 일어나서는 안 된다. 넷째, 차용인은 최소한 대부인에게 빌린 돈만큼 갚아야 한다. 다섯째, 우리의 관습들을 세상의 불공평에 따른 합법성이 아니라 하나님의 말씀으로 평가해야 한다. 여섯째, 공익이 사익보다 우선한다. 일곱째, 합법적인 것이 비기독교적이고 그리스도인에게 금지된 것일 수 있다[프레드 그레이엄,《건설적인 혁명가 칼빈: 사회와 경제에 끼친 영향》, 김영배 옮김(서울: 생명의말씀사, 1995), 135 - 136].

72 Calvin, *Comm. Jn.* 9:4.

73 Calvin, *Comm. 2 Cor.* 8:15.

74 Calvin, CO. 27, 337 - 338.

75 Calvin, *Serm. Eph.* 4:26 - 28.

76 Ibid.

77 Calvin, *Comm. Mt.* 25:24.

78 Calvin, *Serm. Deut.* 24:14 - 18.

79 이양호,《칼빈 생애와 사상》(서울: 한국신학연구소, 1997), 273.

80 Calvin, *Inst.* IV.iv.6.

81 프레드 그레이엄,《건설적인 혁명가 칼빈: 사회와 경제에 끼친 영향》, 김영배 옮김

(생명의말씀사, 1995), 142 – 149.

82 Calvin, *Inst.* IV.iv.7.

83 Calvin, *Inst.* IV.iv.8.

84 이양호,《칼빈 생애와 사상》(서울: 한국신학연구소, 1997), 275.

85 Calvin, *Inst.* IV.xx.13.

86 Ronald S. Wallace, *Calvin, Geneva and the Reformation*, 91 – 92.

87 Calvin, *Comm. 1 Cor.* 12:4.

88 Calvin, *Comm. Deut.* 24:6, 14 – 15.

89 Herbert D. Foster, "Calvin's Programme for a Puritan State in Geneva, 1536 – 1546",
    Harvard Theological Review 1 (1908), 426 – 429.

90 Calvin, *Serm. Deut.* 15:1 – 15.

91 Calvin, *Inst.* IV.iv.6.

92 Calvin, *Inst.* IV.iv.8.

93 Calvin, *Inst.* IV.v.16.

94 Calvin, *Inst.* IV.iv.7.

95 찰스 아빌라,《소유권: 초대 교부들의 경제사상》, 김유준 옮김(서울: 기독교문서선교회, 2008),
    46.

96 "하나님께서는 탐욕스런 손으로 경작하는 땅 위에도 비를 내려 주신다. 그분은 씨앗이
    따스해져 풍성한 열매를 맺도록 태양을 내려 주신다. 이런 것들은 하나님께로부터 온
    것이다. 비옥한 땅, 적절한 바람, 풍성한 씨앗, 공기의 작용, 그리고 풍성한 열매를 맺게
    하는 농장에서의 다른 모든 것들…. 그러나 탐욕스러운 자는 우리에게 공동으로 주신
    자연을 기억하지도 않고, 분배에 대해 생각하지도 않는다." Basilius, *Homilia in Divites* 8,
    Greek Patrologiae Cursus Completus, vol. 31, 281.

97 "너는 누구로부터 대토지를 받았으며, 너에게 그것을 물려준 사람은 누구로부터 받은
    것인가? … 그것의 근원과 기원은 분명 불의한 것임에 틀림없다. 왜냐하면 태초에
    하나님께서 어떤 사람은 부유하게 만들고 다른 사람은 가난하게 만들지 않으셨기
    때문이다. … 그분은 모두에게 동일하게 자유로운 땅을 주셨다. 그런데 왜, 그것이 공동의
    것이라면 너는 그렇게 많은 토지를 소유하고 있고 네 이웃들은 적게 소유하고 있는가?
    … 공동으로 즐겨야 할 것을 너 혼자 즐기고 있다면, 그것이야말로 악하지 않은가?" John
    Chrysostom, *In Epistolam ad Timotheum* 12, 4, Greek Patrologiae Cursus Completus, vol. 62,
    562 – 563.

98 앙드레 비엘러,《칼빈의 경제 윤리》, 홍치모 옮김(서울: 성광문화사, 1985), 60 – 61.

99 위의 책.

100 Calvin, *Comm. Ps.* 41:1.

101 Calvin, *Comm. 2 Cor.* 8:13.

102 Calvin, *Serm. Deut.* 15:11 – 15.

103 "우리는 법적으로 획득한 이익을 누가 즐길지에 대해선 확인하지 않고, 실제로 타인의
    재산을 착복한 그것들을 어떻게 사용하는지에 대해서도 알지 못한다. … 자신의 부를
    악하게 사용하는 사람은 그것을 부정하게 소유하며, 부정한 소유는 그것이 또 다른
    사람의 재산임을 의미한다. 그러면 반환해야 할 다른 사람의 물건이 얼마나 많은지 보라."
    Augustinus, *Epistola* CLIII 26, Latin Patrologiae Cursus Completus, vol. 23, 665.
104 찰스 아빌라,《소유권: 초대 교부들의 경제사상》, 김유준 옮김(서울: 기독교문서선교회, 2008),
    191.
105 앙드레 비엘러,《칼빈의 경제 윤리》, 홍치모 옮김(서울: 성광문화사, 1985), 73 – 74.
106 위의 책.
107 손규태,《마르틴 루터의 신학사상과 윤리》(서울: 대한기독교서회, 2004), 259 – 260.
108 칼뱅은 실제로 제네바 컨시스토리를 통해서 제네바시가 구교적 신앙과 그 행위에서
    벗어나 개신교 원리에 입각한 삶을 살 수 있도록 훈련과 권징을 통해 구체적으로 도왔다.
    이정숙, "제네바 컨시스토리: 칼빈의 신학과 목회의 접목", 〈기독교신학논총〉 8(2000),
    170 – 171.
109 이양호,《칼빈 생애와 사상》(서울: 한국신학연구소, 1997), 275.

7 희년경제, 어떻게 가능한가

1 이동영,《송영의 삼위일체론》(서울: 새물결출판사, 2017), 176.
2 김상봉,《학벌사회: 사회적 주체성에 대한 철학적 탐구》(서울: 한길사, 2004), 36.
3 헨리 조지,《정치경제학》, 김윤상 옮김(아름다운땅, 2010), 27.
4 김종철, "회사(corporation)의 본질: 정치학적 해석",《국제정치논총》Vol 56. No. 2(2016),
    79-115.
5 김상봉,《기업은 누구의 것인가: 철학 자본주의를 뒤집다》(서울: 꾸리에, 2012), 307.
6 '지대'가 불로소득인 까닭은 지대는 사회가 만들었기 때문이다. 이에 대해 헨리 조지는
    "지대는 토지에서 자연히 생기는 것도 아니고 토지소유자의 행위에 의해 생기는 것도
    아니다. 지대는 사회 전체에 의해 창출된 가치를 대표한다"고 주장했다.
7 '부동산'은 '토지+토지개량물'을 의미한다. 여기서 토지개량물의 대표적인 예가 건물이다.
    그러나 건물과 같은 토지개량물은 시간이 지남에 따라 가치가 떨어지고 토지 가치는
    대개의 경우 상승하기 때문에 부동산 불로소득은 건물이 아닌 토지에서 발생한다. 따라서
    부동산 불로소득을 토지 불로소득과 같은 말로 보아도 상관없다.
8 김영주 의원실, "1% 기업 부동산 보유액 966조 원, 상위 10개 기업 부동산 보유액 6년 새
    147% 폭증", 2016년 8월 30일 보도자료.
9 국토교통부, "전국 토지소유 현황을 '한눈에'…통계작성 공표", 2013년 11월 5일 보도자료.
10 한국은행이 발표한 자료에 따르면 우리나라의 지가는 2017년 현재 GDP의 4.3배나

된다. 자료를 공개하는 대부분의 OECD 국가들이 1-2배 정도 된다는 것을 생각하면
우리나라의 지가가 얼마나 높은지를 실감할 수 있게 된다.

11 황지태·김경찬, "한국사회 부패의 발생구조와 변화트렌트 분석(II)", 《경제·인문사회연구회
합동연구 총서》(한국형사정책연구원, 2016), 64.

12 〈한국일보〉, "근로시간 같은데… 원청 560만 원 하청 236만 원", 2017년 6월 17일
보도자료.

8 희년과 특권 없는 세상

1 이 저서는 교황 레오 13세가 사회주의를 비판하면서 노동 빈곤의 해법을 제시한 유명한
회칙 〈새로운 사태〉(Rerum Novarum, 1891)에 대한 논평으로서, 교황에게 보내는
공개서한 형식으로 되어 있다. 〈새로운 사태〉는 〈노동회칙〉이라고도 불린다.

9 희년으로 본 북한 상생발전 모델

1 본 원고는 필자가 2018년 3월 30일부터 6월 19일까지 6회에 걸쳐 〈뉴스앤조이〉에 기고한
연속칼럼 원고를 바탕으로 하여, 이를 수정·보완한 것임.

2 김윤상, 《지공주의》(대구: 경북대학교출판부, 2009), 13-14.

3 찰스 아빌라, 《소유권: 초대 교부들의 경제사상》, 김유준 옮김(서울: 기독교문서선교회, 2008),
183-184.

4 *In Epistolam ad Timotheum*, 12, 4 PG 62: 562-563; 아빌라: 188-189쪽에서 재인용.

5 김학재, 《판문점 체제의 기원》(서울: 후마니타스, 2015).

6 전봉관, "나진의 추억", 《나라경제》, KDI 경제정보센터, 2009. 06월호.

7 이종석, 《북한의 역사 2》(역사비평사, 2014).

8 〈매일경제〉, 2018년 5월 3일자; 〈주간조선〉,

9 2018년 5월 21일자; 김윤상·조성찬 외, 《토지정의, 대한민국을 살린다》(서울: 평사리, 2012).

10 〈Forbes Korea〉, 2017년 5월 26일자 기사.

11 〈연합뉴스〉, 2018년 6월 12일자.

12 JTBC, 이규연의 스포트라이트 149회, 2018년 5월 31일 방송.

13 JTBC, 이규연의 스포트라이트 149회, 2018년 5월 31일 방송.

14 〈노동신문〉 6월 13일자 기사.

15 김윤상·조성찬 외, 《토지정의, 대한민국을 살린다》(서울: 평사리, 2012).

1   이종수·유병선 외,《보노보 은행》(부키, 2013), 10.

2   위의 책, 13.

3   위의 책, 13.

4   위의 책, 35.

5   이 은행의 시스템은 구성원들이 은행에 금리 없이 저축을 하는 대신 대출을 할 때는 2퍼센트 미만의 은행 수수료만 지급하면 된다. (http://biz.chosun.com/site/data/html_dir/2013/08/18/2013081800876.html#csidx5a18203ec639a77b1c435c0f85928d2)

6   대출금에 손실이 발생할 경우를 대비해 항시 확보하는 자금으로, 출자자들의 출자금을 안정적으로 보장하는 역할을 한다.

희년
Jubilee

지은이 김근주 김덕영 김유준 김윤상 김회권 남기업 신현우 이성영 장성길 조성찬
펴낸곳 주식회사 홍성사
펴낸이 정애주
국효숙 김의연 김준표 박혜란 송승호 오민택 오형탁
이현주 임영주 주예경 차길환 최선경 허은

2019. 2. 15. 초판 발행   2019. 12. 24. 2쇄 발행

등록번호 제1-499호 1977. 8. 1.
주소 (04084) 서울시 마포구 양화진4길 3   전화 02) 333-5161   팩스 02) 333-5165
홈페이지 hongsungsa.com   이메일 hsbooks@hongsungsa.com   페이스북 facebook.com/hongsungsa
페이스북 facebook.com/hongsungsa   양화진책방 02) 333-5163

ⓒ 남기업 외 9인, 2019

• 잘못된 책은 바꿔 드립니다. • 책값은 뒤표지에 있습니다.
• 이 도서의 국립중앙도서관 출판예정도서목록(CIP)은 서지정보유통지원시스템 홈페이지(http://seoji.nl.go.kr)와
  국가자료공동목록시스템(http://www.nl.go.kr/kolisnet)에서 이용하실 수 있습니다.(CIP제어번호: CIP2019002728)

ISBN 978-89-365-0357-4 (03230)